Date: 1/3/22

SP 576.5 ISA
Isaacson, Walter,
El código de la vida : Jennifer
Doudna, la edición genética y

D1071726

PALM BEACH COUNTY
LIBRARY SYSTEM
3650 SUMMIT BLVD.
WEST PALM BEACH, FL 33406

El código de la vida

El código de la vida

Jennifer Doudna, la edición genética y el futuro de la especie humana

WALTER ISAACSON

Traducción de
Inga Pellisa Díaz y Luis Jesús Negro García

Papel certificado por el Forest Stewardship Council®

Título original: *The Code Breaker. Jennifer Doudna, Gene Editing and the Future of the Human Race*
Primera edición: mayo de 2021

© 2021, Walter Isaacson
© 2021, Penguin Random House Grupo Editorial, S. A. U.
Travessera de Gràcia, 47-49. 08021 Barcelona
© 2021, Inga Pellisa Díaz y Luis Jesús Negro García, por la traducción

Penguin Random House Grupo Editorial apoya la protección del *copyright*.
El *copyright* estimula la creatividad, defiende la diversidad en el ámbito de las ideas y el conocimiento,
promueve la libre expresión y favorece una cultura viva. Gracias por comprar una edición autorizada
de este libro y por respetar las leyes del *copyright* al no reproducir, escanear ni distribuir ninguna
parte de esta obra por ningún medio sin permiso. Al hacerlo está respaldando a los autores
y permitiendo que PRHGE continúe publicando libros para todos los lectores.
Diríjase a CEDRO (Centro Español de Derechos Reprográficos, http://www.cedro.org)
si necesita fotocopiar o escanear algún fragmento de esta obra.

Printed in Spain — Impreso en España

ISBN: 978-84-18056-64-2
Depósito legal: B-4.771-2021

Compuesto en Pleca Digital, S. L. U.
Impreso en Limpergraf
Barberà del Vallès (Barcelona)

C 0 5 6 6 4 2

A la memoria de Alice Mayhew y Carolyn Reidy
Qué felicidad daba verlas sonreír

Índice

PRIMERA PARTE
EL ORIGEN DE LA VIDA

SEGUNDA PARTE
CRISPR

TERCERA PARTE
LA EDICIÓN DE LOS GENES

CUARTA PARTE
LAS CRISPR EN ACCIÓN

QUINTA PARTE
CIENTÍFICO PÚBLICO

INTRODUCCIÓN

Manos a la obra

Jennifer Doudna no era capaz de conciliar el sueño. Berkeley, la institución universitaria de la que se había convertido en una superestrella gracias al papel que había desempeñado en la invención de la técnica de edición genética conocida como CRISPR, había echado el cierre al campus debido a la pandemia del coronavirus, que se expandía a gran velocidad. En contra de su propio criterio, había llevado en coche a su hijo Andy, en el último año de secundaria en aquel momento, hasta la estación de tren para que pudiera ir a Fresno, con el fin de asistir a un concurso de fabricación de robots. Sin embargo, a las dos de la madrugada despertó a su marido y lo instó a que volviesen a por él antes de que comenzase el certamen, momento en que más de mil doscientos niños y profesores se reunirían en un centro de convenciones cerrado. Se vistieron, subieron al coche, fueron en busca de una gasolinera abierta y condujeron hasta allí durante tres horas. Andy, hijo único, no se alegró mucho de verlos, pero lo convencieron de que hiciese el equipaje y regresase con ellos a casa. Mientras caminaban hacia el aparcamiento, el chico recibió un mensaje de texto de la organización: «¡Concurso de robótica cancelado! ¡Que todo el mundo abandone el lugar de inmediato!».[1]

Doudna recuerda que fue en aquel momento cuando comprendió que el mundo que la rodeaba, así como el mundo de la ciencia, había cambiado. El Gobierno titubeaba con la respuesta a la COVID, de forma que era el momento de que profesores y estudiantes de posgrado cogiesen los tubos de ensayo y alzasen las pipetas para apresurarse a hacer el trabajo. Al día siguiente, el viernes 13 de marzo de 2020, organizó una reunión con sus colegas de Berkeley y otros científicos del área de la bahía para hablar de cuál era la función que

debían asumir. Un puñado de ellos acudió al ahora abandonado campus universitario para confluir en el estilizado edificio de piedra y cristal en el que se encontraba su laboratorio. Las sillas de la sala de conferencias de la planta baja estaban muy pegadas, de manera que lo primero que hicieron fue separarlas un par de metros. Después, se conectaron a un sistema de videocomunicaciones para que otros cincuenta investigadores de las universidades aledañas pudiesen participar vía Zoom. Doudna, de pie y al frente de la sala para poder dirigirse a todo el mundo, hizo gala de una vehemencia que, en general, permanecía velada, tras un semblante de aparente calma. «Esto no es algo a lo que los investigadores nos dediquemos normalmente —les dijo—. Debemos estar en todo momento un paso por delante.»[2]

Tenía sentido que un equipo que iba a enfrentarse al virus estuviese dirigido por una pionera de la CRISPR, pues la herramienta para la edición de los genes que Doudna y otros habían desarrollado en 2012 se fundamentaba en un truco que las bacterias han estado utilizando para combatir a los virus desde hace más de mil millones de años. En su ADN hay una serie de secuencias repetidas y agrupadas, lo que se conoce como CRISPR, que pueden recordar y más adelante destruir a los virus que las atacan. En otras palabras, se trata de un sistema inmune que puede adaptarse para combatir cada nueva oleada de virus, justo lo que los seres humanos necesitamos en un momento en que nos hallamos asolados, como si estuviéramos en plena Edad Media, a causa de unas epidemias víricas recurrentes.

Siempre preparada y metódica, Doudna pasó una serie de diapositivas en las que se presentaban distintas opciones con las que podrían encargarse del coronavirus. Ejercía su liderazgo mediante la escucha atenta. Aunque se había convertido en una celebridad científica, la gente se sentía cómoda al colaborar con ella, que había llegado a ser una maestra en el arte de trabajar con los plazos más ajustados y, aun así, encontrar tiempo para empatizar con los demás.

Al primer equipo que juntó le encomendó la tarea de montar un laboratorio de pruebas del coronavirus. Uno de los responsables a quien puso a cargo era Jennifer Hamilton, una posdoctoranda que solo unos meses antes había dedicado todo un día a enseñarme a utilizar la CRISPR para editar genes humanos. Me quedé encantado, aunque también un poco desconcertado, al ver lo fácil que era. ¡Hasta yo podía hacerlo!

A otro equipo se le encomendó la misión de desarrollar nuevos tipos de pruebas para el coronavirus con base en la CRISPR. La inclinación de Doudna hacia las iniciativas comerciales vino de perlas. Tres años antes, había fundado una empresa junto con dos de sus estudiantes de posgrado para utilizar la CRISPR como herramienta de detección de enfermedades víricas.

Al poner en marcha esta labor con el fin de ingeniar nuevas pruebas para detectar la presencia de coronavirus, Doudna abría un nuevo frente en su encarnizado pero fructífero conflicto con un competidor del otro lado del país, el investigador Feng Zhang, un encantador joven nacido en China y criado en Iowa que desempeñaba sus tareas en el Instituto Broad del MIT y Harvard y que había sido su rival en la carrera de 2012 por convertir la CRISPR en una herramienta de edición genética. Desde entonces, se habían obstinado en una impetuosa competición por hacer descubrimientos científicos y formar empresas que girasen en torno a la CRISPR. Ahora, con el estallido de la pandemia, se iban a enzarzar en una nueva carrera, cuyo acicate no sería el de la obtención de patentes, sino el deseo de hacer el bien.

Doudna puso en marcha diez proyectos, propuso un responsable para cada uno y pidió a los demás que se repartiesen en los distintos equipos. Debían emparejarse con alguien que pudiese llevar a cabo las mismas tareas, de manera que se estableciera una especie de sistema de promoción en el campo de batalla por el que, si alguien se veía afectado por el virus, otra persona pudiese hacerse cargo de inmediato de su trabajo. La colaboración entre los equipos se materializaría mediante Zoom y Slack.

—Me gustaría que todo el mundo se pusiese manos a la obra lo antes posible —dijo—; en serio, lo antes posible.

—No se preocupe —respondió uno de los participantes—; no teníamos planeado ir de viaje a ninguna parte.

Lo que nadie puso en duda fue la perspectiva a largo plazo de efectuar modificaciones hereditarias en los seres humanos mediante la CRISPR, las cuales harían a nuestra prole, y en general a toda nuestra descendencia, vulnerable a las infecciones víricas. Semejantes mejoras genéticas podrían suponer una alteración irreparable de la especie humana.

—Eso es cosa de ciencia ficción —aseveró Doudna con desdén cuando saqué el tema tras la reunión. Yo estaba de acuerdo, sería un poco como *Un mundo feliz* o *Gattaca*. Sin embargo, como suele ocurrir con la buena ciencia ficción, algunos aspectos ya se habían hecho realidad. En noviembre de 2018, un joven científico chino que había asistido a algunas de las conferencias de Doudna sobre la edición de genes recurrió a la CRISPR para modificar embriones y eliminar un gen que codifica un receptor para el VIH, el virus causante del sida. De ellos nacieron dos hermanas gemelas, las primeras «bebés de diseño» de toda la historia.

De inmediato se siguió un arrebato de admiración, y luego cierta conmoción. Cundió la agitación y comenzaron a reunirse comités por todas partes. La vida llevaba evolucionando en este planeta desde hacía más de tres mil millones de años y, de repente, una especie (la nuestra) había desarrollado el talento y la osadía de controlar su propio futuro genético. Reinaba la sensación de que se había traspasado el umbral a una nueva era, quizá «un mundo feliz», como cuando Adán y Eva mordieron la manzana o cuando Prometeo robó el fuego a los dioses.

Esta capacidad recién hallada de editar nuestros genes arroja una serie de preguntas fascinantes. ¿Debemos modificar a nuestra propia especie para hacernos menos susceptibles a virus mortales? ¡Sería un maravilloso don!, ¿no es cierto? ¿Y recurrir a la edición genética para eliminar desórdenes graves como la enfermedad de Huntington, la anemia de células falciformes o la fibrosis quística? También suena bastante bien. ¿Y si hablamos de sordera o ceguera? ¿O de la baja estatura? ¿O de la depresión? Reflexionemos... ¿Cómo deberíamos pensar en todo esto? Dentro de unas pocas décadas, si llega a ser posible y seguro, ¿debería permitirse a los padres mejorar el cociente intelectual o la musculatura de sus hijos?, ¿o decidir el color de los ojos, el de la piel o la altura?

¡Demasiadas cosas! Vamos a detenernos un momento, antes de escurrirnos hasta el final de esta cuesta tan resbaladiza. ¿Qué ocurriría con la diversidad de nuestras sociedades? Si ya no estamos sujetos a la aleatoriedad de la lotería natural en lo que respecta a nuestras dotaciones genéticas, ¿implicará esto una reducción de la empatía y la capacidad de aceptación? Si las ofertas del supermercado genético no son

17

gratuitas (y no lo serán), ¿supondrá esto un importante aumento de la desigualdad? En definitiva, ¿codificará de hecho y de forma permanente a la especie humana? Dados estos problemas, ¿habrían de dejarse tales decisiones al criterio de cada individuo o es la sociedad en conjunto la que debe hablar? Quizá sea conveniente que demos forma a algunas normas.

Y cuando hablo en primera persona del plural me refiero a «todo el mundo», incluidos ustedes y yo. Resolver si se deben, y cuándo, modificar o no los genes humanos será una de las cuestiones más relevantes del siglo XXI, de manera que creo que entender cómo se hace puede resultar útil. Asimismo, las olas recurrentes de epidemias víricas hacen que sea importante comprender la ciencia de la vida. Profundizar en el modo en que algo funciona produce una gran satisfacción, en especial cuando ese algo somos nosotros. Doudna lo saboreaba, y el resto de las personas también podemos hacerlo. Sobre eso trata este libro.

La invención de la CRISPR y la epidemia de la COVID-19 vienen a acelerar la transición hacia la tercera gran revolución de los tiempos modernos. Este conjunto de revoluciones ha tenido como desencadenante el descubrimiento sucesivo de los tres núcleos fundamentales de nuestra existencia (el átomo, el bit y el gen), siguiendo una cadena que se puso en marcha hace ya un siglo.

La primera mitad del siglo XX, con los artículos que Albert Einstein publicó en 1905 sobre la relatividad y la teoría cuántica como punta de lanza, conocería una revolución encabezada por la física. En las cinco décadas que siguieron a ese año milagroso, dichas teorías se saldaron con la bomba atómica y la energía nuclear, los transistores y las naves espaciales, el láser y los radares.

La segunda mitad del siglo fue la de la era de la tecnología informática, fundamentada en la idea de que toda información puede codificarse en unos dígitos binarios conocidos como bits y de que todo proceso lógico se puede ejecutar mediante circuitos con un sistema de conmutación de encendido y apagado. En la década de 1950, se desarrollaron los microchips, los ordenadores e internet. Cuando estas tres innovaciones se combinaron, la revolución digital cobró vida.

Ahora hemos entrado en una tercera era, puede que incluso más trascendental, la de la revolución de las ciencias de la vida. A los niños que estudian el código digital, vendrán a unirse los que estudien el código genético.

Cuando Doudna estaba en los primeros años de carrera, en la década de 1990, otros biólogos estaban en la carrera de trazar el mapa de los genes que hay codificados en el ADN. No obstante, a ella le parecía más interesante el hermano menos ilustre del ADN, el ARN, la molécula celular que se encarga de hacer el trabajo de copiar algunas de las instrucciones contenidas en el ADN y traducirlas en proteínas. Su afán por entender el ARN la condujo a una cuestión más fundamental, a saber, la de cómo empezó la vida. Se dedicó a estudiar unas moléculas de ARN que podían copiarse a sí mismas, lo que abría la puerta a la posibilidad de que ya hubiesen comenzado a reproducirse en el guiso de la química planetaria de hace cuatro mil millones de años, antes de que el ADN ni tan siquiera existiese.

Como figura de la bioquímica dedicada a estudiar las moléculas de la vida en Berkeley, puso el foco en desentrañar la estructura de aquellas. Si se está haciendo de detective, las pistas más básicas a la hora de atar los cabos biológicos vienen de descubrir cómo los giros y plegamientos de una molécula determinan el modo en que interactúa con otras. En el caso de Doudna, esto significaba estudiar la estructura del ARN, un trabajo con ecos del que Rosalind Franklin había llevado a cabo con el ADN, del que se valieron James Watson y Francis Crick para descubrir la estructura de doble hélice del ADN en 1953. Sin ir más lejos, Watson, un personaje complejo, tuvo una gran influencia en la vida de Doudna.

Los conocimientos de Doudna sobre el ARN motivaron la llamada de un biólogo de Berkeley que estaba estudiando el sistema CRISPR que desarrollaban las bacterias en su lucha contra los virus. Como muchos de los descubrimientos en ciencia fundamental, resultó tener aplicaciones prácticas. Algunas eran bastante ordinarias, como la protección de los cultivos de las bacterias del yogur, pero, en 2012, Doudna y otros resolvieron un nuevo uso, en este caso de importancia capital, a saber, hacer de la CRISPR una herramienta de edición genética.

En la actualidad, la CRISPR se utiliza para tratar la anemia de células falciformes, algunos tipos de cáncer y la ceguera. Y, en 2020, Doudna y los equipos que había formado comenzaron a indagar en cómo se podría detectar y destruir el coronavirus con ayuda de esta herramienta.

—Las CRISPR evolucionaron en las bacterias debido a su guerra contra los virus, que venía de largo —sostiene Doudna—. Los seres humanos no tenemos tiempo para esperar a que en nuestras propias células evolucione una resistencia natural para este virus, así que debemos poner a funcionar todo nuestro ingenio para hallar la solución. ¿No es oportuno que una de las herramientas con las que contamos sea ese mismo y antiguo sistema inmune bacteriano al que llamamos CRISPR? Vista así, la naturaleza es hermosa.

Así es. Y recuerden esas palabras, «la naturaleza es hermosa»; se trata de otro de los temas de este libro.

Hay otros jugadores estrella en el campo de la edición genética. La mayoría de ellos merecen ser objeto de biografías o incluso de películas. (El gancho de cara al público sería «Una mezcla entre *Una mente maravillosa* y *Parque Jurásico*».) Todos interpretan un papel importante en esta obra, porque también quiero mostrar que la ciencia es un deporte de equipo. No obstante, eso no será óbice para evidenciar, asimismo, el impacto que un jugador perseverante, considerablemente inquisitivo, obstinado y atrevido puede tener. Con una sonrisa que a veces (aunque no siempre) enmascaraba el recelo que se averiguaba en su mirada, Jennifer Doudna llegó a convertirse en un importante personaje central. Posee el instinto de la colaboración, como ocurre con cualquier científico, pero también tiene enraizada en el carácter una vena competitiva, como ocurre con cualquier gran innovador. En general, controla las emociones de manera estudiada, por lo que no se toma muy en serio su estatus de estrella.

La historia de su vida —como investigadora, ganadora del Premio Nobel y pensadora en el campo de las políticas públicas— conecta la epopeya de la CRISPR con hilos históricos mayores, incluido el del papel de las mujeres en la ciencia. Su trabajo también ilustra, como lo hizo el de Leonardo da Vinci, que la clave de la innovación es enlazar la curiosidad por la ciencia fundamental con el trabajo más práctico de idear herramientas que se puedan emplear en nuestra vida, esos descubrimientos transformadores que van de la mesa del laboratorio directos al jardín de casa.

Al contar esa historia, espero ofrecer también un primer plano de cómo funciona la ciencia. ¿Qué es lo que ocurre en realidad en un laboratorio? ¿Hasta qué punto los descubrimientos dependen del genio individual y hasta qué punto resulta más crítico el trabajo en equipo? ¿Ha venido la competición por los premios y patentes a socavar las posibilidades de colaboración?

Por encima de todo, quisiera transmitir la importancia de la ciencia fundamental, es decir, aquellas indagaciones motivadas por la simple curiosidad antes que orientadas a una aplicación práctica. Este tipo de investigaciones sobre los prodigios de la naturaleza siembra las semillas, no pocas veces de forma impredecible, para ulteriores innovaciones.[3] La investigación sobre la física del estado sólido, en un momento dado, llevó a la invención del transistor y de los microchips. Asimismo, el estudio de un sorprendente método por el que las bacterias luchan contra los virus condujo al desarrollo de unas herramientas y técnicas de edición genética de las que los seres humanos se pueden valer en su propia lucha contra los virus.

Se trata de una historia entrecruzada por una serie de grandes preguntas, desde los orígenes de la vida hasta el futuro de la especie humana, la cual comienza con una estudiante de sexto grado a quien le encantaba buscar plantas «dormilonas» y otros fenómenos fascinantes entre las rocas volcánicas de Hawái, y que un día, al llegar a casa del colegio, encontró sobre su cama un libro de detectives que intentaban descubrir lo que denominaban, no de forma muy exagerada, «el secreto de la vida».

El origen de la vida

Luego el Señor Dios plantó un jardín en Edén
y colocó en él al hombre que había modelado.
El Señor Dios hizo brotar del suelo toda clase de árboles
hermosos para la vista
y buenos para comer;
además, el árbol de la vida en mitad
del jardín, y el árbol del conocimiento
del bien y del mal.

Génesis, 2, 8-9

Jennifer en Hilo

Don Hemmes

Ellen, Jennifer, Sarah, Martin y Dorothy Doudna

1

Hilo

Si se hubiese criado en cualquier otra parte de Estados Unidos, Jennifer Doudna se habría considerado una chica más. Sin embargo, en Hilo, una antigua ciudad de la región tachonada de volcanes conocida como la Isla Grande de Hawái, el hecho de ser rubia, con los ojos azules y larguirucha la hacía sentir, como recordaría más tarde, «un bicho raro». Los otros niños se burlaban de ella, sobre todo los chicos, porque, a diferencia de ellos, tenía vello en los brazos. La llamaban *haole*, un término que, aunque no es tan malo como pueda sonar, a menudo se utilizaba para denominar de forma peyorativa a quienes no eran nativos. La experiencia se quedó enquistada en la forma de un leve estrato de desconfianza, justo por debajo de la capa superficial de lo que más tarde se convertiría en una conducta genial y encantadora.[1]

Viene ahora a cuento la historia de una de las bisabuelas de Jennifer, que ha pasado a formar parte del acervo cultural familiar. En la familia de aquella eran tres hermanos y tres hermanas. Sus padres no podían permitirse que los seis fuesen a la universidad, así que decidieron enviar a las tres chicas. Una de ellas llegaría a ejercer de profesora en Montana, y escribió un diario que ha pasado de mano en mano, generación tras generación. Estaba plagado de relatos de perseverancia, duros esfuerzos, trabajo en el almacén de la familia y otras faenas de frontera. «Tenía carácter, era muy tozuda y también tenía un gran espíritu pionero», me contaba Sarah, la hermana de Jennifer; es su generación la que ahora custodia el diario.

Jennifer también era una de tres hermanas, aunque no tenía hermanos. Como era la mayor, era la niña mimada de su padre, Martin

Doudna, quien a veces se refería a sus hijas como «Jennifer y las chicas». Nació el 19 de febrero de 1964, en Washington D. C., donde su padre trabajaba como redactor de discursos para el Departamento de Defensa. Sin embargo, lo que él anhelaba era dar clases de literatura norteamericana, así que se mudó a Ann Arbor con su esposa, una profesora de colegio universitario que respondía al nombre de Dorothy, y se matriculó en la Universidad de Michigan.

Tras obtener el doctorado, mandó el currículo a unas cincuenta vacantes; solo recibió una oferta, la del campus de la Universidad de Hawái en Hilo. De manera que tomó novecientos dólares prestados del fondo de pensiones de su esposa y se mudó allí con toda la familia en agosto de 1971, cuando Jennifer tenía siete años.

Son muchas las personas creativas —incluidas muchas de las que también he escrito su biografía, como Leonardo da Vinci, Albert Einstein, Henry Kissinger o Steve Jobs— que crecen con una cierta sensación de alejamiento de su entorno. Este fue el caso de Doudna, esa chica rubia que vivía en Hilo entre polinesios. «En la época del colegio, estaba muy muy sola y aislada», comenta. En tercero, se sentía tan marginada que llegó a tener problemas para comer. «Tenía todo tipo de trastornos digestivos, los cuales, como comprendí más tarde, se debían al estrés. Los chicos se metían conmigo cada día.» Se refugiaba en los libros y desarrolló una barrera defensiva. «Nadie podrá alcanzar nunca esa parte de mí que solo está en mi interior», se decía a sí misma.

Como muchas otras personas que en algún momento de la vida se han sentido extrañas, desarrolló una curiosidad sin límite por el lugar de los seres humanos en el universo. «Durante mi etapa formativa, trataba de determinar quién era yo en el mundo y cómo encajar en él de alguna manera», diría más adelante.[2]

Por fortuna, esa sensación de aislamiento no llegó a enraizarse hasta hacerse desmesurada. La vida en el colegio fue mejorando, desarrolló un espíritu afable y el tejido cicatrizal de la primera infancia comenzó a difuminarse. A partir de entonces, solo se avivaría en contadas ocasiones, cuando se encontrase con alguna actitud —trampas en la solicitud de una patente, un compañero varón haciendo gala de secretismos o incluso proporcionando información engañosa...— que arañase con profundidad.

FLORACIÓN

Las mejoras llegaron a lo largo del tercer curso, cuando la familia se mudó del centro de Hilo a una nueva urbanización de adosados, levantada en una ladera tomada por el bosque y algo más cercana a las faldas del volcán Mauna Loa. Cambió de un gran colegio, con sesenta niños por curso, a uno más pequeño, con tan solo veinte. Allí, comenzó con la asignatura de Historia de Estados Unidos, una materia con la que se sintió más unida. «Fue un punto de inflexión», recordaba más tarde. Se le daban tan bien los estudios que, cuando estaba en quinto, el profesor de matemáticas y ciencias insistió para que saltara de curso, así que sus padres la pasaron a sexto.

Aquel año encontraría por fin una buena amiga, una que la acompañaría durante toda la vida. La de Lisa Hinkley, Lisa Twigg-Smith en la actualidad, era la típica familia hawaiana con un montón de orígenes mezclados; era en parte escocesa, danesa, china y polinesia. Ella sabía cómo tratar a los abusones.

—Cuando alguien me venía fastidiando con eso de *haole*, yo agachaba la cabeza —evocaba Doudna—. Pero cuando algún abusón se ponía a insultar a Lisa, ella se volvía, lo miraba fijamente y luego le daba la espalda. Yo quería ser así.

Un día, en clase, preguntaron a los estudiantes qué querían ser de mayores; Lisa dijo que quería ser paracaidista.

—Yo pensé: «Qué guay»; no podía ni imaginarme una respuesta así. Era muy atrevida, a diferencia de mí, y en eso también quise ser así.

Doudna y Hinkley pasaban las tardes yendo en bicicleta y paseando por las plantaciones de caña de azúcar. La biología era exuberante y diversa; musgo y setas, pejibayes y arengas... También disfrutaban de las praderas parcheadas con rocas volcánicas y cubiertas de helechos. En las cuevas formadas por las corrientes de lava vivía una especie de araña que carecía de ojos; ¿cómo —se preguntaba Doudna— es posible que llegase a ser de este modo? También la intrigaba la hila-hila o dormilona, una especie de enredadera espinosa cuyas hojas, parecidas a las de los helechos, se repliegan cuando se tocan. «Me entraba mucha curiosidad —rememora—. ¿Qué hace que las hojas se cierren cuando las tocas?[3]

Todos somos testigos de las maravillas de la naturaleza cada día, tanto si se trata de una planta que se mueve como de una puesta de sol que se extiende con unos dedos anaranjados hacia un cielo azul. La clave de la auténtica curiosidad es pararse a sopesar la causa. ¿Qué hace que el cielo sea azul o el atardecer naranja, o que la hoja de la dormilona se haga un ovillo?

Doudna no tardó en encontrar a alguien que le ayudase a responder esas preguntas. Sus padres eran amigos de un profesor de biología llamado Don Hemmes, y a menudo hacían caminatas por la naturaleza todos juntos.

—Íbamos de excursión por el valle de Waipio y otros lugares de la Isla Grande, para buscar setas, que eran mi campo principal de interés —recuerda Hemmes.

Después de hacerles unas fotos, agarraba alguno de sus libros de consulta y enseñaba a Doudna cómo identificarlas. Asimismo iba a la playa a recoger conchas microscópicas, que clasificaban juntos para tratar de determinar cómo habrían evolucionado.

El padre de Doudna le compró un caballo, un capón de color castaño al que llamaron Mokihana, por un árbol hawaiano cuya fruta es muy aromática. Por otra parte, se apuntó al equipo de fútbol para jugar como centrocampista, una posición para la que pocas estaban dotadas, debido a que era preciso ser una corredora con largas piernas y bastante resistencia.

—Se corresponde muy bien con cómo he enfocado mi trabajo —dice—. Siempre he tratado de buscar oportunidades en las que hubiese un nicho que yo pudiera ocupar, donde no hubiese demasiadas personas con el mismo conjunto de capacidades.

Su asignatura favorita eran las matemáticas, porque trabajar con pruebas le recordaba el trabajo detectivesco. En el décimo año, también contó con un profesor de química muy estimulante, que hacía que los experimentos pareciesen toda una aventura.

A pesar de destacar académicamente, tenía la impresión de que las expectativas en aquel colegio diminuto a las afueras de Hilo no eran muy altas. «Sentía que los profesores, en realidad, no esperaban gran cosa de mí», contaba en una ocasión. Su respuesta inmune fue interesante; la ausencia de retos hizo que se sintiera libre para aprovechar cualquier oportunidad. «Decidí que lo que había que hacer era lanzarse, porque, total... —recordaba—. La situación me predispuso a asumir riesgos, algo que luego seguí haciendo en ciencia, cuando iba detrás de algún proyecto.»

Su padre era quien más la apretaba. Veía a su hija mayor como un espíritu afín dentro de la familia, como un intelecto destinado a ir a la universidad y labrarse una carrera académica.

—Siempre creí que era como el hijo varón que él hubiese querido tener —dice ella—. No me trataba igual que a mis hermanas.

LA DOBLE HÉLICE, DE JAMES WATSON

El padre de Doudna era un lector voraz y, todos los sábados, sacaba una pila de libros de la biblioteca, de la que ya había dado cuenta cuando llegaba el siguiente fin de semana. Sus escritores preferidos eran Emerson y Thoreau, pero a medida que Jennifer crecía, se dio cuenta de que las obras que le mandaban leer en clase estaban escritas en su gran mayoría por hombres, de manera que añadió a Doris Lessing, Anne Tyler y Joan Didion al plan de estudios.

A menudo, aparecía en casa con algún libro para ella, fuese de la biblioteca o de la librería de segunda mano. Fue así como, cuando estaba en sexto curso, una copia usada de bolsillo de *La doble hélice*, de James Watson, acabó sobre su cama, esperando a que regresase del colegio.

Lo reservó para otro momento, pensando que sería una historia de detectives. Cuando por fin se puso con él, en la tarde de un lluvioso sábado, descubrió que así era, aunque solo en cierto sentido. A medida que fue pasando las hojas, se fue quedando cautivada por lo que constituía toda una obra detectivesca, intensamente personal y plagada de personajes retratados con gran expresividad, sobre la ambición y la rivalidad en la persecución de la verdad oculta de la naturaleza.

—Cuando lo acabé, mi padre quiso que hablásemos sobre el libro —recuerda—. Le había gustado la historia, en particular la parte más personal, el lado humano de una investigación de esas características.

En la obra, Watson ponía en escena (y dramatizaba) la historia de cómo un pomposo chico de veinticuatro años, estudiante de Biología en la American Midwest, terminó en la Universidad de Cambridge, en Inglaterra, codo a codo con el bioquímico Francis Crick, con quien ganó la carrera por descubrir la estructura del ADN en 1953. En un estilo narrativo, imbuido del carácter vivaracho y chismoso de un desenvuelto estadounidense que ha llegado a ser un maestro en el arte inglés de practicar la autoflagelación de sobremesa y conseguir mostrar jactancia al mismo tiempo, se trata de un libro en el que una cucharada grande de ciencia se mezcla como ingrediente de una historia llena de chismes sobre los puntos débiles de célebres profesores, además de dar cuenta de los placeres del flirteo, del tenis, de los experimentos en el laboratorio y del té de las cinco.

Junto con el papel de ingenuo con suerte que concibió para su propio personaje en la obra, la otra figura de mayor interés en el libro de Watson es Rosalind Franklin, una bióloga estructural y cristalógrafa cuyos datos él utilizó sin su permiso. Exhibiendo el despreocupado sexismo característico de la década de 1950, Watson se refiere a ella con condescendencia como Rosy, un nombre que ella jamás utilizó, y se burla de su apariencia seria y de su fría personalidad. No obstante, tampoco escatima a la hora de mostrar un gran respeto por el dominio que ella poseía de la ciencia compleja y del maravilloso arte de utilizar la difracción de rayos X para desvelar la estructura de las moléculas.

—Supongo que me daba cuenta de que recibía cierto trato condescendiente, pero lo que sobre todo me impactó fue reparar en que una mujer podía ser una gran científica —relata Doudna—. Puede parecer una locura; me imagino que ya debía de haber oído hablar de Marie Curie, pero fue tras leer este libro cuando me paré a pensar en ello por primera vez, cuando se me abrieron los ojos. Las mujeres podían ser científicas.[4]

El texto también le ayudó a entender algo acerca de la naturaleza que estaba lleno de lógica y que al mismo tiempo resultaba increíble. Existían mecanismos biológicos que gobernaban sobre las cosas vivas, incluso sobre aquellos prodigiosos fenómenos de los que no podía apartar la mirada cuando salía a caminar por la selva tropical.

—Durante la época en que crecía en Hawái, siempre me gustó ir con mi padre por la naturaleza en busca de cosas interesantes, como la dormilona, que se retrae cuando la tocas —recuerda—. El libro me hizo entender que también se podían buscar las razones por las que la naturaleza funcionaba así.

La carrera de Doudna quedaría marcada por la idea que constituye el núcleo de *La doble hélice*, a saber, que la forma y la estructura de una molécula química determinan el papel biológico que puede llegar a desempeñar. Se trata de una increíble revelación para quienes puedan tener interés en desvelar los secretos fundamentales de la vida. Así es como la química, el estudio de cómo los átomos se unen para componer moléculas, se convierte en biología.

En un sentido más amplio, su carrera quedaría marcada por el momento en que comprendió haber estado en lo cierto cuando se había encontrado por primera vez con *La doble hélice* sobre la cama y había pensado que se trataba de una novela de misterio de las que a ella tanto le gustaban.

—Siempre me atrajeron las historias de detectives —indicaría años más tarde—. Quizá eso explique mi fascinación con la ciencia, que es el intento de la humanidad de entender el misterio de mayor alcance que conocemos, el origen y la función del mundo natural, así como nuestro lugar en él.[5]

Aun cuando en el colegio no animasen a las niñas a convertirse en científicas, decidió que era justo eso lo que quería ser. Motivada por la pasión de conocer cómo funciona la naturaleza, así como por un competitivo deseo de convertir los descubrimientos en inventos, acabaría participando en lo que Watson, más adelante, con su típica grandilocuencia envuelta en falsa humildad, llegó a decirle que era el mayor avance en biología desde el descubrimiento de la doble hélice.

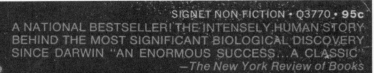

SIGNET NON-FICTION • Q3770 • **95c**

A NATIONAL BESTSELLER! THE INTENSELY HUMAN STORY
BEHIND THE MOST SIGNIFICANT BIOLOGICAL DISCOVERY
SINCE DARWIN "AN ENORMOUS SUCCESS...A CLASSIC"
—*The New York Review of Books*

The Double Helix

BY NOBEL PRIZE WINNER
JAMES D. WATSON

"A publishing triumph...
Clearly a great book"
—*John Fischer*

2

El gen

DARWIN

Los caminos que llevaron a Watson y Crick al descubrimiento de la estructura del ADN habían tenido pioneros en la década de 1850, cuando el naturalista inglés Charles Darwin publicara *El origen de las especies* y Gregor Mendel, un sacerdote ocioso de Brno, hoy en la República Checa, comenzara a cultivar guisantes en la huerta de la abadía. Las diferencias que había tanto entre los pinzones de Darwin como entre los caracteres de los guisantes de Mendel dieron nacimiento a la idea del gen, una entidad que existiría en los organismos vivos y que portaría el código de su herencia.[1]

En un principio, Darwin había planeado seguir los pasos de su padre y de su abuelo, quienes ejercían como médicos distinguidos. Sin embargo, descubrió que el más mínimo contacto con la sangre lo dejaba horrorizado, por no hablar de los gritos de los niños a los que se ataba para que pasasen por cirugía. Así, no tardó en abandonar la facultad de Medicina para comenzar a formarse como pastor anglicano, otra vocación del todo inapropiada para él. Su auténtica pasión, ya desde que con ocho años se dedicara a recoger especímenes, era llegar a ser naturalista. La ocasión se presentó en 1831, cuando, a la edad de veintidós años, le ofrecieron la oportunidad de embarcar como caballero coleccionista, en una travesía alrededor del mundo y de financiación privada, a bordo del velero bergantín HMS *Beagle*.[2]

En 1835, el cuarto año de los cinco que duró el viaje del *Beagle*, se llevó a cabo la exploración de un puñado de pequeñas islas de las Galápagos, cercanas a la costa sudamericana del Pacífico. Allí, Darwin recogió una serie de restos de aves que registró como pinzones,

Darwin   Mendel

mirlos, picogordos, sinsontes y reyezuelos. Sin embargo, dos años después, cuando ya estaba de vuelta en Inglaterra, el ornitólogo John Gould le informó de que aquellos pájaros eran, de hecho, distintas especies de pinzón. Entonces Darwin comenzó a formular la teoría de que habrían evolucionado a partir de un ancestro común.

Ya sabía que, a veces, los caballos y las vacas del área de la Inglaterra rural donde había vivido durante su infancia nacían con ligeras variaciones, así como que los criadores, a lo largo de los años, iban seleccionando a los mejores para obtener rebaños y yeguadas con unas características más deseables. Quizá la naturaleza procedía de igual modo. Llamó a esto «selección natural» y desarrolló la teoría de que, en ciertos lugares aislados, como eran las islas Galápagos, las pequeñas mutaciones —aunque él acuñó el término más juguetón de *sports*— que se daban en cada generación hacían que, cuando hubiese un cambio en las condiciones, los individuos disfrutasen de más posibilidades para imponerse en la competición por unos alimentos escasos y, en consecuencia, contasen con más probabilidades de reproducirse. Supongamos que una especie de pinzón tuviera un pico diseñado para alimentarse de fruta y que una grave sequía mermase la población de árboles frutales; en tal caso, unas pocas variaciones aleatorias que diesen lugar a unos picos mejor adaptados para partir nueces prosperarían. «En estas circunstancias, la tendencia sería que las variaciones favorables se preservasen y que las desfavorables desapareciesen —dejó escrito—. El resultado sería la formación de una nueva especie.»

Darwin no sabía si publicar esta teoría, pues suponía una herejía, pero la competencia actuó como un acicate, como tantas veces ha pasado en la historia de la ciencia. En 1858, Alfred Russel Wallace, un joven naturalista, envió a Darwin un borrador de un artículo en el que proponía una teoría similar. Este se apresuró en preparar otro documento, escrito por él mismo, para su publicación, y ambos acordaron presentar su trabajo el mismo día, en un próximo congreso de una prominente sociedad científica.

Darwin y Wallace tenían un rasgo clave que actúa como catalizador de la creatividad, a saber, una gran amplitud de intereses, lo que hacía que estuvieran abiertos a establecer relaciones entre disciplinas muy diferentes. Ambos habían viajado a lugares exóticos, en donde habían podido observar la variación de las especies y ambos habían

35

leído el *Ensayo sobre el principio de la población*, de Thomas Malthus, un economista inglés que sostenía que la población humana crecería más rápido que la provisión de víveres, de manera que la superpoblación resultante obligaría a dejar de lado a la gente más débil y más pobre. Darwin y Wallace comprendieron que esto se podía aplicar a cualquier especie, lo que los llevó a desarrollar una teoría de la evolución impulsada por la supervivencia del más apto.

«Leí el volumen de Malthus sobre la población por puro entretenimiento, y [...] me vino de repente a la cabeza la idea de que, en tales circunstancias, la tendencia sería que las variaciones favorables se conservasen y las desfavorables desapareciesen», recordaba Darwin.

Como el escritor de ciencia ficción y profesor de Bioquímica Isaac Asimov pondría más tarde de relieve sobre la génesis de la teoría evolutiva: «Lo único que hacía falta era alguien que hubiese estudiado las especies, que hubiese leído a Malthus y que tuviese la capacidad de conectar las cosas».[3]

La comprensión de que las especies evolucionan mediante las mutaciones y la selección natural se saldaba con una muy importante pregunta que responder, a saber, cuál era el mecanismo por el que esto sucedía, es decir, ¿cómo puede ocurrir una variación beneficiosa en el pico de un pinzón o en el cuello de una jirafa y después pasar a las generaciones siguientes? Darwin pensaba que quizá los organismos tuviesen unas partículas diminutas que contendrían la información hereditaria y especuló sobre la posibilidad de que las del macho y las de la hembra se uniesen en un embrión. Aunque pronto comprendió, como lo hicieron otros, que esto implicaba que un rasgo beneficioso más bien se diluiría a lo largo de las generaciones, antes que pasar intacto de unas a otras.

En la biblioteca personal de Darwin, había una copia de una revista científica poco conocida, que contenía un artículo escrito en 1866 con la respuesta; pero Darwin nunca llegó a dar el paso de leerlo, como casi ningún otro científico de la época.

MENDEL

El autor era Gregor Mendel, un monje rollizo y corto de estatura nacido en 1822, cuyos padres germanoparlantes se dedicaban a trabajar el campo en la región de Moravia, entonces parte del Imperio austrohúngaro. A él se le daba mejor holgazanear por el jardín de la abadía de Brno que ejercer como párroco; hablaba poco checo y era demasiado tímido para ser un buen ministro de Dios. De manera que decidió hacerse profesor de matemáticas y ciencias. Por desgracia, suspendió una vez tras otra en los exámenes de cualificación, incluso después de haber estudiado en la Universidad de Viena. Los resultados que obtuvo en un examen de Biología fueron particularmente terribles.[4]

Con pocas perspectivas tras el definitivo fracaso en los exámenes, Mendel se retiró al huerto de la abadía para concentrarse en lo que para él se había convertido en un obsesivo interés, el cultivo de guisantes. En los años anteriores, había estado trabajando para obtener variedades puras. Las plantas que cultivaba poseían siete caracteres que se expresaban en dos variantes, a saber, con semillas amarillas y otra con semillas verdes, con flores blancas y flores violetas, con la superficie lisa y con la superficie rugosa, etcétera. Mediante una cuidadosa selección, obtuvo cepas puras, que tenían, por ejemplo, solo flores violetas o solo semillas con la superficie rugosa.

Al año siguiente se dedicó a experimentar con una nueva técnica, la de cruzar plantas con caracteres distintos, como, por ejemplo, las que tenían flores blancas con las que tenían flores violetas. Constituía una labor concienzuda, que implicaba cortar los receptores de las plantas con un fórceps y valerse de un pincel diminuto para transferir el polen.

Lo que los experimentos demostraron era algo trascendental, dado lo que Darwin estaba escribiendo en aquel momento. Los caracteres no se fusionaban; las plantas más altas, cuando se cruzaban con las más bajas, no resultaban en una progenie de tamaño mediano, ni las plantas con flores violetas cruzadas con las de flores blancas daban lugar a alguna especie de matiz malva. En lugar de eso, toda la descendencia del cruce de plantas altas con plantas bajas consistía en plantas altas, mientras que los cruces de flores violetas con flores blancas rendían solo flores violetas. Mendel llamó a estas expresiones «caracteres dominantes», mientras que a aquellos que no prevalecían los denominó «recesivos».

El verano siguiente se produjo un descubrimiento mayor, cuando los híbridos tuvieron su propia descendencia. Y es que, aunque el primer grupo de estos se había caracterizado por la presencia exclusiva de caracteres dominantes, como las flores de color violeta o los tallos alargados, los recesivos reaparecieron en la siguiente generación. Además, los registros recogían un patrón, a saber, en esta segunda generación los caracteres dominantes aparecían en tres de cada cuatro casos, lo que se saldaba, como es obvio, con una vez en el caso de los recesivos. Cuando una planta heredaba dos versiones dominantes del gen, o bien una dominante y otra recesiva, se expresaría el carácter dominante. Sin embargo, si resultaba que se recibían dos versiones recesivas del mismo gen, sería el carácter menos común el que se expresaría.

Lo normal es que los avances de la ciencia reciban el empuje de la publicidad; sin embargo, Mendel, aquel discreto fraile, parecía haber nacido bajo un velo cobertor. Presentó su trabajo en 1865, en dos entregas mensuales, ante cuarenta agricultores y obtentores de la Sociedad de Ciencias Naturales de Brno, que más tarde las publicaría en su revista anual. Se citó en muy raras ocasiones entre esa fecha y 1900, momento en que una serie de científicos que llevaban a cabo experimentos similares lo redescubrió.[5]

Los descubrimientos, tanto de Mendel como de estos científicos, llevaron a la idea de la unidad de la herencia, lo que un botánico danés llamado Wilhelm Johannsen denominó «gen» en 1905. Al parecer, consistiría en un tipo de molécula con la capacidad de codificar pequeñas porciones de información hereditaria. En las décadas siguientes, los científicos se dedicarían a estudiar concienzudamente las células vivas, para tratar de determinar de qué molécula podría tratarse.

3

El ADN

En un primer momento, los científicos asumieron que las proteínas eran las portadoras de los genes. Después de todo, eran ellas las que realizaban la mayor parte de las tareas importantes en el organismo. No obstante, acabaron por descubrir que era otra sustancia común de las células vivas, los conocidos como «ácidos nucleicos», la que actuaba como burro de carga de la herencia. Estas moléculas están compuestas por un azúcar, fosfatos y cuatro sustancias denominadas «bases», enlazados en cadenas. Existen dos variedades, el ácido ribonucleico (o ARN) y otra molécula similar, pero sin un átomo de oxígeno, por lo que se conoce como ácido desoxirribonucleico (o ADN). Desde una perspectiva evolutiva, desde el más simple coronavirus hasta el humano más complejo son, en esencia, paquetes envueltos en proteínas que contienen el material genético codificado por los ácidos nucleicos y tratan de replicarlo.

El descubrimiento primordial que apuntó al ADN como el repositorio de la información genética lo realizaron, en 1944, el bioquímico Oswald Avery y sus colegas de la Universidad de Rockefeller de Nueva York. El equipo extrajo ADN de una cepa bacteriana, lo mezcló con otra y demostró que el ADN es transmisor de transformaciones heredables.

El siguiente paso para resolver el misterio de la vida era descubrir cómo lo hacía, una tarea que exigía descifrar la clave fundamental de todos los misterios de la naturaleza. Determinar la estructura exacta del ADN —cómo estaban unidos los átomos que lo conformaban y cuál era la forma resultante— podía servir para dar tal explicación. Para la labor, era necesario el encuentro entre tres disciplinas que habían surgido en el siglo xx: la genética, la bioquímica y la biología estructural.

Watson y Crick con su modelo de ADN, 1953

James Watson

James Watson fue un chico de la clase media de Chicago que pasó sin ninguna dificultad por el sistema de educación pública y que hacía gala de una inteligencia y un descaro con un punto perverso. Aquella facilidad le dejó enraizada una tendencia a la provocación intelectual que, más tarde, le rentaría como científico, aunque no tanto como figura pública. A lo largo de toda su vida, el mascullar acelerado con el que se expresa ha venido a delatar tanto la impaciencia que lo caracteriza como la incapacidad para filtrar cualquiera de sus impetuosas ocurrencias. En determinado momento, declaró que una de las lecciones más importantes que le habían dado sus padres era que ser hipócrita solo para ser aceptado socialmente mina el respeto por uno mismo. Y se la aprendió muy bien. Desde los tiempos de la infancia hasta entrados los noventa, ha hecho siempre gala de una franqueza brutal en sus afirmaciones, algo que muchas veces lo ha convertido en alguien socialmente inaceptable, aunque nunca falto de respeto hacia sí mismo.[1]

En su adolescencia y juventud, le apasionaba observar aves, y cuando ganó tres bonos de guerra en el programa de radio Quiz Kids, los utilizó para comprar un par de prismáticos Bausch & Lomb. Se levantaba antes del amanecer para ir con su padre al parque Jackson, en busca de currucas poco usuales, para luego coger el autobús al Colegio Laboratorio de la Universidad de Chicago, un hervidero de cerebritos.

En la universidad, donde entraría con quince años, planeaba dar rienda suelta a su amor por las aves, así como a su aversión por la química, para convertirse en ornitólogo. No obstante, en el último año leería una reseña de *¿Qué es la vida?*, obra en la que el físico cuántico Erwin Schrödinger dirigía su atención a la biología, para afirmar que el descubrimiento de la estructura molecular del gen desvelaría cómo este transmite la información hereditaria de generación en generación. Así, Watson sacó el libro de la biblioteca a la mañana siguiente y, en adelante, se obsesionó por comprender el gen.

Con unas notas modestas, lo rechazaron cuando presentó la solicitud para estudiar un doctorado en Caltech, mientras que en Harvard no le ofrecían una beca.[2] Así que fue a la Universidad de Indiana, que había dado vida, en parte a base de fichar a judíos con problemas a la hora de acceder a puestos académicos en la costa este, a uno de los mejores departamentos de genética de la nación, con el futuro premio Nobel Hermann Muller y el inmigrante italiano Salvador Luria a la cabeza.

Con Luria como director de tesis, Watson se dedicó al estudio de los virus, esos diminutos paquetes de material genético que, en esencia, no tienen vida por sí mismos, pero que cuando invaden una célula viva se apropian de su maquinaria y se multiplican. Los que resultan más fáciles de estudiar son los que atacan a las bacterias, los denominados (recuerden el término, ya que volverá a aparecer cuando tratemos el descubrimiento de las CRISPR) «fagos», una contracción de «bacteriófagos», que significa «comedores de bacterias».

Watson pasó a formar parte del conocido como grupo Fago, el círculo de biólogos de Luria, de alcance internacional. «Luria aborrecía sin paliativos a la mayor parte de los químicos, en especial a esos que destacaban por sus tendencias competitivas y que salían sobre todo de la jungla de la ciudad de Nueva York», contaría Watson en una ocasión. No obstante, Luria comprendió pronto que desentrañar los fagos requeriría de la química, de manera que ayudó a Watson a obtener una beca posdoctoral para estudiar el tema en Copenhague.

Aburrido e incapaz de entender al químico balbuciente que supervisaba sus estudios, Watson se tomó un respiro de Copenhague en 1951, para asistir en Nápoles a un congreso sobre las moléculas que se encontraban en las células vivas. La mayor parte de las ponencias le resultaron incomprensibles, pero la charla de Maurice Wilkins, un bioquímico del King's College de Londres, le resultó fascinante.

Wilkins estaba especializado en cristalografía y difracción de rayos X; en otras palabras, tomaba un líquido saturado con moléculas, dejaba que se enfriase y purificaba los cristales que se formaban en el proceso. Era entonces cuando trataba de determinar la estructura de dichos cristales. Si se orienta una luz sobre un objeto desde distintos ángulos, se puede desvelar su estructura, al observar las sombras que se proyectan; los cristalógrafos de rayos X hacen algo similar, dirigen los rayos X sobre un cristal desde varios ángulos diferentes y registran las sombras y los patrones de difracción. En la diapositiva que Wilkins mostró al final de su charla de Nápoles, se había utilizado esa técnica con el ADN. «De repente, la química comenzó a parecerme interesantísima —recordaría Watson—. Sabía que los genes podían cristalizar, por lo que debían de poseer una estructura regular que pudiera encuadrarse de un modo sencillo.» En los dos días siguientes, Watson acosó a Wilkins con la esperanza de arañarle una invitación a unirse a su laboratorio, aunque sin éxito.

Francis Crick

En su lugar, Watson consiguió, en el otoño de 1951, un puesto como alumno de posdoctorado en los laboratorios Cavendish de la Universidad de Cambridge, bajo la dirección del pionero de la cristalografía sir Lawrence Bragg, quien más de treinta años antes había llegado a convertirse, y sigue siéndolo, en la persona más joven en ganar un Premio Nobel en ciencias.[3] Él y su padre, con quien compartió el premio, habían descubierto la ley matemática básica que subyace tras difracción de los rayos X en los cristales.

En los laboratorios Cavendish, Watson conocería a Francis Crick, con quien conformaría uno de los lazos más decisivos que ha habido entre dos científicos. Crick, un teórico de la bioquímica que había luchado durante la Segunda Guerra Mundial, ya tenía unos maduros treinta y seis años y aún no había terminado el doctorado. Sin embargo, se fiaba siempre de su instinto y las formas de Cambridge le importaban tan poco que era incapaz de abstenerse de corregir los razonamientos chapuceros de sus colegas y de vanagloriarse de ello. Tal y como lo cuenta Watson, de forma memorable, en la frase con la que empieza el primer capítulo de *La doble hélice*: «Nunca he visto actuar a Francis Crick con modestia». Se trata de una frase que podría haberse escrito asimismo sobre el propio Watson, y cada uno de ellos admiraba la inmodestia del otro más que sus compañeros.

—La arrogancia de la juventud, una actitud implacable y una gran impaciencia con las reflexiones torpes nos eran connaturales —recordaría Crick.

Él compartía la certeza de Watson de que el descubrimiento de la estructura del ADN proporcionaría la llave de los misterios de la herencia. Enseguida comenzaron a compartir el *shepherd's pie* del Eagle, un deslucido pub cercano a los laboratorios, para comer al tiempo que mantenían sus locuaces conversaciones. Crick tenía una risa muy ruidosa, así como una voz estruendosa, lo que hacía que sir Lawrence se distrajera. De manera que se asignó a Watson y a Crick un cuarto propio de ladrillo sin enlucir.

—Eran como cabos complementarios que la irreverencia, la chifladura y la brillantez exaltada entrelazaban —deja constatado el médico y escritor Siddhartha Mukherjee—. Despreciaban la autoridad, pero ansiaban su reconocimiento. Encontraban el *establishment* científico ridículo y plomizo, pero sabían cómo introducirse en él. Se consideraban esencialmente al margen de todo, pero se sentían muy cómodos en las dependencias interiores de los *colleges* de Cambridge. Se habían adjudicado el papel de bufones de una corte de necios.[4]

Linus Pauling, un bioquímico del Caltech, acababa de sacudir el mundo científico y había preparado el terreno para su primer Premio Nobel, al esclarecer la estructura de las proteínas mediante la combinación de la cristalografía de rayos X, sus conocimientos sobre la mecánica cuántica de los enlaces químicos y la afición a los juegos de construcción de Meccano. En el transcurso de sus comidas en el Eagle, Watson y Crick maquinaban sobre cómo recurrir a esos mismos trucos para imponerse a Pauling en la carrera por descubrir la estructura del ADN. Incluso hicieron que en el taller de los laboratorios Cavendish les cortaran unas plantillas de hojalata y alambres de cobre, para hacer unas figuras de los átomos y otros componentes con los que confeccionar una maqueta, para así trastear en el despacho hasta que contaran con todos los elementos y enlaces apropiados.

Se les ponía por delante el obstáculo de estar pisando el territorio de Maurice Wilkins, aquel bioquímico del King's College de Londres cuya fotografía de rayos X de un cristal de ADN había despertado el interés de Watson en Nápoles.

—El sentido inglés del juego limpio era un impedimento para que Francis se inmiscuyese en el terreno de Maurice —escribe Watson—. En Francia, donde es obvio que el juego limpio no existe, no habría habido este problema. En Estados Unidos, una situación así tampoco se habría permitido.

Wilkins, por su parte, no parecía tener ninguna prisa por imponerse a Pauling. Se encontraba inmerso en un incómodo debate interno, dramatizado y trivializado a partes iguales en el libro de Watson, con una colega que había comenzado a trabajar en el King's College de Londres en 1951, Rosalind Franklin, una bioquímica inglesa de treinta y un años que había aprendido las técnicas de difracción de rayos X mientras estudiaba en París.

La habían convencido para acudir al King's College con el acuerdo de que dirigiría un equipo de estudio del ADN. Wilkins, que era cuatro años mayor que ella y ya estudiaba el ADN, creía que ella llegaba en calidad de subalterna, para ayudarlo con la difracción de rayos X, lo que provocó una situación insostenible. Pasados solo unos meses, apenas se hablaban. La estructura sexista del King's sirvió para mantenerlos alejados, pues había dos cafeterías distintas para los profesores, una para hombres y otra para mujeres, esta última insufriblemente deslucida, mientras que la otra era el escenario de elegantes almuerzos.

Franklin era una científica centrada y a la vez recatada a la hora de vestir. Como resultado, se dio de bruces tanto con la debilidad de la academia británica hacia las personas excéntricas como con su tendencia a mirar a las mujeres a través de unas lentes sexualizadas, unas actitudes que se traslucen en las descripciones que Watson ofrece de ella.

—Aunque tenía unos rasgos duros, no dejaba de ser atractiva, y hasta podía haber llegado a resultar despampanante con tal de haber mostrado el más mínimo interés en asuntos de moda. Pero nunca lo hizo; jamás se pintó los labios para hacer contraste con ese pelo liso y negro que tenía. A sus treinta y un años, el modo en que vestía parecía más bien fruto de las ocurrencias de una de esas adolescentes marisabidillas inglesas.

Franklin se negaba a compartir las imágenes que obtenía mediante la difracción de rayos X con Wilkins; ni con él ni con nadie. Sin embargo, en noviembre de 1951, programó una charla para hacer balance de sus hallazgos más recientes, y entonces Wilkins invitó a Watson a que tomase un tren desde Cambridge.

—Se puso a hablar ante una audiencia de unas quince personas de manera atropellada y nerviosa —recordaría este—. No había una traza de cordialidad ni de liviandad en sus palabras, aunque, sin embargo, yo no acababa de considerarla por completo falta de interés. Por un momento, me pregunté qué aspecto tendría si se quitase las gafas y probase con algún peinado más atrevido. No obstante, mi principal interés era la descripción que allí estaba haciendo del patrón cristalino de la difracción de rayos X.

Watson informó a Crick a la mañana siguiente. No había tomado ni una nota, lo que molestó a su compañero, ya que lo que le contaba sobre muchos de los puntos más importantes resultaba vago; en particular, lo relacionado con el contenido acuoso que Franklin había encontrado en las muestras de ADN. No obstante, Crick comenzó a garabatear una serie de diagramas, afirmando que los datos de Franklin indicaban una estructura de dos, tres o cuatro cadenas entrelazadas en una hélice. Pensaba que, a base de probar con distintos modelos, pronto acabarían por dar con la respuesta. En una semana, ya habían obtenido lo que juzgaban que podía ser la solución, incluso aunque significase que algunos de los átomos estaban quizá demasiado cerca, casi apiñados unos sobre otros, con tres cadenas arremolinadas en el medio y las cuatro bases proyectándose desde esa columna vertebral hacia afuera.

En un ataque de arrogancia, invitaron a Wilkins y a Franklin a que acudieran a Cambridge a echar un vistazo. Ambos llegaron a la mañana siguiente, y mientras hablaban un poco de cosas triviales, Crick procedió a mostrarles la estructura de la triple hélice. Franklin advirtió de inmediato los errores que contenía. «Está mal por las razones que les voy a explicar», les dijo, con el desgarro en la voz de una profesora exasperada.

Insistió en que sus propias imágenes del ADN no mostraban una molécula helicoidal. En ese aspecto, resultaría estar equivocada. Sin embargo, las otras dos objeciones que les hizo eran correctas, a saber, las columnas serpenteantes tenían que estar en el exterior, no en el interior, y el modelo propuesto no contenía suficiente agua. «En este punto, se hizo evidente el humillante hecho de que los datos que yo había traído sobre el contenido de agua de las muestras de ADN de Rosy tenían que estar mal a la fuerza», recordaría Watson con aridez. Wilkins, que en un principio se puso de lado de Franklin, le dijo a esta que, si salían ya hacia la estación, podrían coger el tren de las 15.40 para regresar a Londres, lo que hicieron.

Watson y Crick no solo se quedaron avergonzados, sino que les mandaron al banquillo. Sir Lawrence les dio instrucciones para que dejasen de trabajar en el ADN. Las piezas de la maqueta que habían estado construyendo se empaquetaron y se enviaron a Londres a Wilkins y a Franklin.

Al abatimiento de Watson vino a sumarse la noticia de que Linus Pauling iba a hacer el trayecto desde California hasta Inglaterra para impartir una charla, que era probable que hiciese de catalizador de su propio intento de resolver la estructura del ADN. Por suerte, el Departamento de Estado de Estados Unidos acudió al rescate. En las anormales condiciones generadas por la caza de rojos del macartismo, se detuvo a Pauling en el aeropuerto de Nueva York y se le confiscó el pasaporte, debido a que había sido lo bastante insistente con sus opiniones pacifistas como para que el FBI pensase que si se le permitía viajar al extranjero, podría suponer una amenaza para el país. De este modo, nunca llegó a tener la oportunidad de valorar el trabajo cristalográfico llevado a cabo en Inglaterra, lo que, sin duda, ayudó a que Estados Unidos perdiese la carrera por desentrañar la estructura del ADN.

Watson y Crick, por su parte, pudieron estar al tanto de parte de los progresos de Pauling, gracias al hijo de este, Peter, un joven estudiante que se estaba formando en su laboratorio de Cambridge. «Las conversaciones con él podían versar sobre cosas como comparar la "integridad" de las chicas de Inglaterra, Europa y California», recordaría Watson, quien lo encontraba afable y divertido. Sin embargo, un día de diciembre de 1952, el joven Pauling entró en el laboratorio, puso los pies sobre una mesa y soltó la noticia que aquel tanto había temido. Tenía en la mano una carta de su padre, en la que se hacía referencia a una propuesta para la estructura del ADN que iba a ser publicada.

El artículo de Linus Pauling llegó a Cambridge a principios de febrero. Peter fue el primero en obtener una copia, y luego se acercó al laboratorio para contarles a Watson y Crick que la solución de su padre era similar a la que ellos habían tanteado, a saber, una hélice con tres cadenas y una columna vertebral en el centro. Watson agarró el artículo del bolsillo de la bata de Peter y comenzó a leer.

—De inmediato, tuve la impresión de que algo no estaba bien —recuerda—. Aunque no fui capaz de identificar el error hasta después de haber estudiado la imagen durante varios minutos.

Se dio cuenta de que algunas de las conexiones atómicas del modelo propuesto por Pauling no serían estables. Al comentarlo con Crick y los demás en el laboratorio, llegaron a la conclusión de que Pauling había metido la pata hasta el fondo. Se entusiasmaron tanto que aquella tarde salieron del trabajo antes de tiempo, volando al Eagle.

—En el momento en que abrió las puertas para la sesión nocturna, allí nos metimos a brindar por el error de Pauling —dice Watson—. En lugar del jerez de siempre, dejé que Francis me invitara a un whisky.

El secreto de la vida

Sabían que no podían perder más tiempo, ni seguir acatando el mandato de esperar por Wilkins y Franklin. Así que, una tarde, Watson tomó el tren a Londres para ir a verlos; llevaba consigo el borrador del artículo de Pauling. Wilkins no estaba cuando llegó, por lo que se coló sin que nadie lo invitara en el laboratorio de Franklin, donde la encontró inclinada sobre una caja de luz, midiendo la última de sus cada vez más nítidas imágenes de rayos X del ADN. Esta lo miró enfadada, pero él se lanzó a hacerle un resumen del artículo de Pauling.

Durante apenas un momento, estuvieron discutiendo sobre la probabilidad de que el ADN fuese una hélice, algo que Franklin aún dudaba.

—Interrumpí su arenga para aseverar que la forma más simple de cualquier molécula polimérica normal era la de una hélice —recuerda Watson—. Ya entonces Rosy apenas era capaz de controlar su temperamento, y fue elevando el tono a medida que me soltaba que lo estúpido de mis observaciones me quedaría más claro si dejase de gimotear y le echase un vistazo a sus pruebas de rayos X.

A partir de ahí, la conversación no hizo más que empeorar, con Watson señalando, de forma correcta pero grosera, que, como buena investigadora experimental, tendría más éxito si supiese colaborar con quienes proponían teorías.

—De repente, Rosy salió de detrás de la mesa de laboratorio que nos separaba y se dirigió hacia mí. Temiendo que, con lo enojada que estaba, pudiese llegar a golpearme, agarré el manuscrito de Pauling y retrocedí deprisa.

Justo cuando el enfrentamiento estaba en su punto más alto, Wilkins apareció por allí y al momento se llevó a Watson, para tomar un té y calmar un poco los ánimos. Le hizo la confidencia de que

Franklin había obtenido algunas imágenes de una configuración húmeda de ADN, que constituían una nueva prueba de su estructura. Entonces fue a una sala adyacente y sacó una impresión de la que se ha llegado a conocer como Fotografía 51. Wilkins se había hecho con la imagen de manera legítima; él dirigía la tesis del estudiante que la había hecho trabajando con Franklin. Mostrársela a Watson, sin embargo, era algo menos apropiado. Este tomó nota de algunos de los parámetros fundamentales y después regresó a Cambridge para compartir la información con Crick. La fotografía indicaba que Franklin estaba en lo cierto al afirmar que las cadenas que conformaban el esqueleto de la estructura tenían que figurar en el exterior, como las líneas de una escalera de caracol, y no en el núcleo de la molécula, pero se había equivocado al negar la posibilidad de que el ADN fuera una hélice. «La cruz negra que conformaban los reflejos en el centro de la imagen solo podía surgir de una estructura helicoidal.» Watson lo vio de inmediato. Un estudio de las notas de Franklin demuestra que, incluso después de la visita de Watson, aún le quedaban muchos pasos por dar para entender la estructura del ADN.[5]

En el vagón de tren sin calefacción en el que iba de regreso a Cambridge, Watson esbozó algunas ideas en los márgenes del ejemplar de *The Times* que tenía entre las manos. Tuvo que saltar el portón trasero para acceder a la residencia universitaria, que cerraba por la

Rosalind Franklin

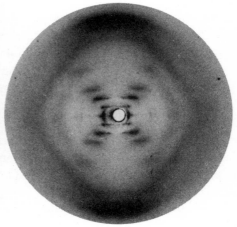

Fotografía 51

noche. A la mañana siguiente, cuando fue a los laboratorios Cavendish, se encontró con sir Lawrence Bragg, quien, recordemos, les había exigido a él y a Crick que se mantuviesen alejados del ADN. No obstante, ante el emocionado resumen de Watson de lo que había descubierto y al conocer su deseo de volver a la construcción de maquetas, sir Lawrence dio el consentimiento. Watson se precipitó escaleras abajo para correr al taller a que le prepararan un nuevo conjunto de componentes.

Pronto, Watson y Crick obtuvieron algo más de los datos de Franklin. Ella había presentado un informe sobre su trabajo ante el Consejo de Investigaciones Médicas de Gran Bretaña, y un miembro de este organismo lo compartió con ellos. Aunque no se puede decir que hubiesen robado los hallazgos de Franklin, se estaban apropiando de su trabajo sin su permiso.

Ya entonces, Watson y Crick tenían una idea bastante acertada de la estructura del ADN. Se componía de dos cadenas de azúcares y fosfatos que se trenzaban y tomaban una forma de espiral para crear una hélice con dos cuerpos, de los que salían en proyección las cuatro bases del ADN, la adenina, la timina, la guanina y la citosina, conocidas hoy comúnmente con las letras A, T, G y C. Así pues, tuvieron que dar la razón a Franklin en que el esqueleto estaba en el exterior, mientras que las bases se proyectaban hacia el interior, como si se tratase de una escalera de caracol o de una escalerilla que se retorciera. Como el propio Watson admitiría más tarde, en un pobre intento de resultar gracioso, «las afirmaciones inflexibles que había hecho hasta entonces en la materia reflejaban, por tanto, una actitud científica de primera categoría y no las efusiones de una feminista desorientada».

En un principio asumieron que las bases se emparejaban entre sí; es decir, un travesaño compuesto de adenina estaría unido a otra base de adenina. Sin embargo, un día Watson comenzó a probar diferentes emparejamientos con unas maquetas de las bases hechas de cartón.

—De repente me di cuenta de que un par de bases de adenina-timina unidas entre sí mediante al menos dos puentes de hidrógeno tenía una forma idéntica a la de un par de bases de guanina–citosina unidas entre sí mediante al menos dos puentes de hidrógeno.

Era una suerte poder trabajar en un laboratorio poblado por científicos de diferentes especialidades; uno de ellos, un físico cuántico, le confirmó que la adenina atraía a la timina y la guanina a la citosina.

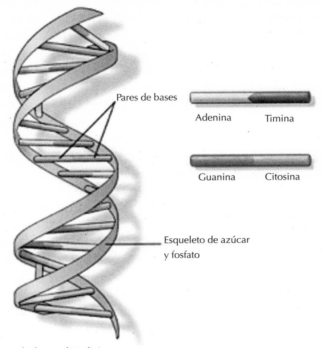

Pares de bases

Adenina   Timina

Guanina   Citosina

Esqueleto de azúcar
y fosfato

U.S. National Library of Medicine

De una estructura semejante se desprendía una consecuencia increíble, a saber, si las dos cadenas se separaban, podían replicarse por completo, por lo que cualquiera de los travesaños tenía la capacidad de atraer a su pareja natural. En otras palabras, esta estructura implicaba que la molécula podía replicarse a sí misma y transmitir la información codificada en las secuencias que contiene.

Una vez más, Watson fue al taller para instarles a que acelerasen la producción de los cuatro tipos de bases para la maqueta. En este punto, ya había insuflado su propio entusiasmo en el personal del taller, de manera que en un par de horas las resplandecientes placas de metal estaban soldadas. Ya con todas las piezas necesarias, no le llevó más de una hora montarlas de manera que los átomos se correspondieran con los datos de los rayos X y con las leyes de los enlaces químicos.

En la memorable y solo ligeramente hiperbólica frase de Watson en *La doble hélice*, «Francis entró en el Eagle dispuesto a decir a todo el que quisiera oírle que habíamos descubierto el secreto de la vida». La solución era demasiado hermosa para no ser verdad. La estructura era perfecta para la función de la molécula; esta podía transportar un código que era capaz de replicar.

Watson y Crick completaron su artículo durante el último fin de semana de marzo de 1953. No eran más que novecientas setenta y cinco palabras, mecanografiadas por la hermana de Watson, a la que este había persuadido para hacerlo, con el argumento de que iba a «participar en el que quizá sería el acontecimiento más célebre de la biología desde el libro de Darwin». Crick deseaba incluir una sección ampliada sobre las implicaciones para la herencia, pero Watson lo convenció de que, de hecho, un final más corto resultaría más impactante. Así es como se compuso una de las frases más elocuentes de la historia de la ciencia: «No se nos escapa el hecho de que la combinación que acabamos de postular nos lleva a pensar de inmediato en un posible mecanismo de copia del material genético».

Watson, Crick y Wilkins recibieron el Premio Nobel en 1962. Franklin no podía ser propuesta para el premio, pues había fallecido en 1958, a los treinta y siete años, a causa de un cáncer de ovarios provocado con toda probabilidad por la exposición a la radiación. Si hubiese sobrevivido, el comité del Nobel se habría visto en una situación engorrosa, puesto que el premio solo se puede conceder a tres personas a la vez.

En la década de 1950, tuvieron lugar dos revoluciones. Los matemáticos, entre ellos Claude Shannon y Alan Turing, demostraron que cualquier tipo de información se puede codificar en un sistema de dígitos binarios, los bits, lo que a su vez generó una revolución digital, que pudo materializarse gracias a unos circuitos con sistemas de conmutación de apagado y encendido que servían como procesadores. Al mismo tiempo, Watson y Crick, junto con otros, descubrieron el modo en que las instrucciones para la formación de cualquier clase de célula presente en cualquier forma de vida estaban codificadas en unas secuencias de ADN conformadas por la combinación de cuatro letras. Así nacía una era de la información con base en los códigos digitales (01001101110011...) y los códigos genéticos (ACTGGTAGATTACA...). El curso de la historia se acelera cuando dos afluentes convergen.

4

La formación de una bioquímica

LAS CHICAS SE DEDICAN A LA CIENCIA

Tiempo después, Jennifer Doudna llegaría a conocer a James Watson, a trabajar con él en alguna ocasión y a sufrir su impetuosa complejidad personal. De alguna manera, sería algo así como su padrino intelectual, al menos hasta el momento en que comenzó a decir cosas que parecían emanar del lado oscuro de la Fuerza; como el senador Palpatine le dijo a Anakin Skywalker: «El lado oscuro de la Fuerza es un camino a muchas habilidades que algunos consideran... antinaturales».

Sin embargo, la sensación que causó en Doudna la primera lectura de su libro, cuando estaba en sexto grado, fue mucho más simple. Le hizo comprender de un plumazo que era posible ir desvelando las capas de la belleza de la naturaleza y descubrir, como ella misma dice, «cómo y por qué funciona todo en el nivel más recóndito y fundamental». La vida estaba hecha de moléculas. Los componentes químicos y la estructura de tales moléculas determinaban para qué servirían.

El libro también le hizo atisbar que la ciencia podía ser divertida. Todos los libros sobre ciencia que había leído hasta aquel momento retrataban a «unos autómatas con bata de laboratorio y gafas». Sin embargo, la imagen que se ofrecía en *La doble hélice* parecía tener más vida.

—Comprendí que la ciencia podía ser muy emocionante, como estar sobre la pista de un misterio sensacional, recogiendo un indicio aquí y otro allá, para acabar juntando todas las piezas. La historia de Watson y Crick con Franklin era la de una competición, pero también la de una colaboración, en la que se había dejado que los datos bailasen con la teoría, en una carrera en la que los laboratorios

53

En el laboratorio de la Universidad de Pomona

competían entre sí. Esas cosas se quedaron resonando en su cabeza cuando era una niña, y seguirían haciéndolo a lo largo de toda su carrera.[1]

En el instituto, Doudna tuvo la oportunidad de hacer experimentos de biología básica en los que se trabajaba con ADN, incluido uno en el que debían separar unas células del esperma de un salmón y agitar su viscoso contenido en una varilla de vidrio. Recibió el estímulo de un enérgico profesor de química y de una mujer que dio una charla sobre las razones bioquímicas por las que las células se volvían cancerosas. «Sirvió para reforzar en mí la idea de que las mujeres podían ser científicas.»

Había un hilo que unía la curiosidad que había sentido en la infancia por las arañas sin ojos que habitaban en las cuevas formadas por las corrientes de lava, las dormilonas que se replegaban al tocarlas y las células humanas que se hacían cancerosas, puesto que todo ello estaba relacionado con la historia de detectives de la doble hélice.

Decidió que quería estudiar química en la universidad, pero, como muchas mujeres científicas de la época, encontró resistencia. Cuando le explicó su propósito de ir a hacer una carrera al orientador del instituto, un anciano nipoestadounidense con querencias tradicionales, este comenzó a gruñir: «No, no, no». Entonces ella dejó de hablar y se quedó mirándolo. «Las chicas no se dedican a la ciencia», sentenció él. Trató de desincentivarla hasta para realizar el examen de acceso a la carrera de química. «Pero ¿tú sabes de verdad para qué sirve, para qué es esa prueba?», le preguntó.

—Me dolió —recuerda Doudna, aunque también sirvió para reafirmar su resolución—. Por supuesto que lo haré —recuerda decirse a sí misma—. Ya te enseñaré.

Envió la solicitud a la Universidad de Pomona, en California, que contaba con un buen currículo de química y bioquímica, la admitieron, y comenzó en el otoño de 1981.

POMONA

Al principio no estaba muy feliz. Al haber pasado un curso de golpe en el colegio, ahora solo tenía diecisiete años. «De repente era como un pececillo en una gran pecera —recuerda— y dudaba de que tuviera lo que había que tener.» La invadía una gran nostalgia del hogar y, una vez más, se sentía fuera de lugar. Muchos de sus compañeros procedían de familias acomodadas del sur de California y tenían su propio coche, mientras que ella estudiaba con una beca y tenía que trabajar a tiempo parcial para pagarse los gastos de manutención. En aquellos días, llamar por teléfono a casa era caro. «A mis padres no les sobraba el dinero, así que, aunque me decían que llamase a cobro revertido, solo podía hacerlo una vez al mes.»

A pesar de su deseo de especializarse en química, comenzó a pensar si esta no le vendría grande; quizá el orientador del instituto estaba en lo cierto. En la clase de Química General había doscientos estudiantes, la mayoría de los cuales había obtenido un 5 en la prueba de acceso a la facultad. «Hacía que me cuestionara si no me habría marcado un objetivo que no podía alcanzar», afirmaría después. El área no la atraía si no podía aspirar a ser más que una estudiante mediocre, algo de lo que hay que culpar a su vena competitiva. «Me decía: "No quiero ser química si no voy a tener ni la más mínima posibilidad de llegar a lo más alto".» Pensó en cambiarse a filología francesa. «Fui a hablar con mi profesora de francés, que me preguntó qué carrera estaba haciendo.» Cuando Doudna le respondió que química, ella le recomendó que no lo dejase. «Fue muy insistente; me dijo: "Si acabas la carrera de química, podrás llegar a hacer todo tipo de cosas; mientras que, si optas por estudiar francés, solo podrás aspirar a ser profesora de francés.»[2]

Sus perspectivas mejoraron durante el verano posterior al primer curso, cuando consiguió un trabajo en el laboratorio de Don Hemmes, aquel amigo de la familia y profesor de biología de la Universidad de Hawái con quien salía a explorar por la naturaleza. Este estaba utilizando la microscopía de electrones para investigar el movimiento de la química del interior de las células.

—A Jennifer le fascinaba la posibilidad de mirar dentro de las células y estudiar lo que hacían todas esas minúsculas partículas —recordaba él.[3]

Hemmes también estaba estudiando la evolución de conchas muy pequeñas. Puesto que era un submarinista consumado, él mismo recogía muestras de los tamaños más pequeños posibles, algunas eran realmente diminutas; después, sus alumnos lo ayudaban a engastarlas en resina para poder cortar láminas muy finas y analizarlas con el microscopio electrónico. «Nos enseñaba a utilizar diferentes productos químicos para que cada muestra tuviese un tinte distinto, de manera que pudiésemos observar el desarrollo de la concha», recordaría después Doudna. Fue la primera vez en su vida que escribió y llevó al día un cuaderno de laboratorio.[4]

En las clases de química de la universidad, la mayoría de los experimentos se llevaban a cabo siguiendo una receta. Había un rígido protocolo y una respuesta correcta.

—El trabajo en el laboratorio de Don era otra cosa, —me comentaba Doudna—. A diferencia de lo que ocurría en clase, no sabíamos la conclusión a la que se suponía que teníamos que llegar.

Así pudo saborear la emoción del descubrimiento. La experiencia también la ayudó a ver cómo sería formar parte de la comunidad científica, hacer avances y unir cada una de esas piezas juntos, para descubrir los modos en que funciona la naturaleza.

Cuando regresó a Pomona en otoño, hizo más amigos y se adaptó mejor, así como aumentó la seguridad en sí misma con respecto a sus dotes para la química. Como parte del programa de empleo para estudiantes, le ofrecieron una serie de trabajos en los laboratorios químicos de la facultad. La mayoría de ellos no le resultaban interesantes, pues no implicaban explorar la intersección entre la química y la biología. Sin embargo, la situación cambió después del tercer año, cuando consiguió un puesto para el verano en el laboratorio de su orientadora, Sharon Panasenko, una profesora de bioquímica.

—Entonces la universidad era mucho más exigente con las mujeres que se dedicaban a la bioquímica, y yo no solo la admiraba por su calidad como científica, sino también por ser un modelo al que poder seguir.[5]

El objeto de estudio de Panasenko coincidía con el interés de Doudna por los mecanismos de las células vivas, pues se centraba en cómo algunas de las bacterias que hay en la tierra pueden comunicarse con la finalidad de unirse cuando no pueden obtener por sí mismas los nutrientes necesarios. Esta forma de comuna se conoce como «cuerpo fructífero». Millones de bacterias resuelven el modo de agregarse mediante el envío de señales químicas. Panasenko fichó a Doudna para que la ayudase a averiguar cuál era el funcionamiento de tales señales.

—Tengo que advertirte —le dijo Panasenko— que un técnico de mi laboratorio ha estado trabajando con cultivos de estas bacterias durante seis meses, y no ha conseguido ningún resultado.

El primer paso de Doudna fue intentar cultivar las bacterias en unas bandejas de horno en lugar de en las típicas placas de Petri. Una noche, dejó las preparaciones que había hecho en la incubadora.

—Cuando volví al día siguiente y retiré la lámina de la bandeja de horno sin nutrientes, me quedé maravillada al ver aquellas preciosísimas estructuras.

Parecían como balones diminutos. Había tenido éxito donde el otro técnico había fracasado. «Fue un momento increíble y me hizo pensar que de verdad podía dedicarme a la ciencia.»

Los experimentos se saldaron con unos resultados lo bastante sólidos como para que Panasenko pudiese publicar un artículo de investigación en la *Journal of Bacteriology*, en el que incluyó un agradecimiento a Doudna como una de las cuatro ayudantes de laboratorio «cuyas observaciones preliminares han supuesto importantes contribuciones al presente proyecto». Era la primera vez que su nombre aparecía en una revista científica.[6]

HARVARD

Cuando llegó la hora de empezar el posgrado, aún no había considerado la posibilidad de ir a Harvard, a pesar de ser la mejor estudiante de química física. No obstante, su padre la animó para que solicitase el acceso.

—Venga, papá —alegaba ella—, ¿no ves que ahí no me van a admitir nunca?

A lo que él replicaba:

—Sin duda, si no lo solicitas, no te van a admitir nunca.

Accedió, la admitieron e incluso le ofrecieron una generosa beca.

Dedicó parte del verano a viajar por Europa, con el dinero que había podido ahorrar del programa de empleo para estudiantes de Pomona. A su regreso, en julio de 1985, fue directa a Harvard para comenzar a trabajar antes de que se iniciasen las clases. Al igual que en otras universidades, en Harvard exigían trabajar cada semestre a los estudiantes graduados en química en el laboratorio de un profesor. El propósito de este sistema de rotación era que los estudiantes pudiesen aprender técnicas diferentes y elegir un laboratorio para la investigación doctoral.

Doudna se puso en contacto con Roberto Kolter, que dirigía el programa de estudios de posgrado, para preguntarle si podía comenzar el ciclo de rotaciones en su laboratorio. Kolter era un joven guatemalteco especialista en bacterias, de amplia sonrisa, peinado elegante, gafas sin montura y andares vivaces. El carácter del laboratorio era internacional, y muchos de los investigadores eran españoles o latinoamericanos, cuya juventud y conciencia política dejaron sorprendida a Doudna.

—Estaba muy influida por la típica imagen que se daba de los científicos en los medios, como si todos fuesen a ser hombres blancos entrados en años, así que pensaba que era con eso con lo que iba a tener que lidiar en Harvard; sin embargo, mi experiencia en el laboratorio de Kolter no tuvo que ver con nada de eso.

Su carrera posterior, de la CRISPR al coronavirus, vendría a reflejar la naturaleza global de la ciencia moderna.

Kolter asignó a Doudna el estudio de cómo las bacterias generan moléculas que son tóxicas para otras bacterias. Estaba encargada de clonar (de hacer una copia exacta del ADN de) los genes de las bacterias y comprobar sus funciones. Se le ocurrió una nueva forma de estructurar el proceso, pero Kolter aseveró que no funcionaría. Tan terca como era, siguió adelante con su idea. «Lo he hecho a mi manera y he conseguido el clon», le dijo después. Él se quedó sorprendido, pero también la alentó a seguir así. Fue un paso importante para deshacerse de la inseguridad que la acechaba en su fuero interno.

No obstante, en última instancia, decidió hacer su trabajo de investigación en el laboratorio de Jack Szostak, un biólogo de Harvard con muchas inquietudes intelectuales que estudiaba el ADN de la levadura. Szostak, un canadiense-estadounidense de ascendencia polaca, era uno de los jóvenes genios que por entonces había en el departamento de Biología Molecular de Harvard. A pesar de encontrarse al frente de un laboratorio, seguía siendo un científico de a pie, de manera que Doudna podía ver cómo hacía sus experimentos, escuchar sus cavilaciones y quedarse admirada ante el modo en que asumía riesgos. Según ella, la clave del intelecto de Szostak residía en la capacidad que tenía para establecer relaciones inesperadas entre áreas diferentes.

Los experimentos que hizo entonces le sirvieron para vislumbrar cómo la ciencia fundamental podía convertirse en ciencia aplicada. Como las células de la levadura son muy eficientes a la hora de tomar fragmentos de ADN e incorporarlos a su dotación genética, decidió aprovechar este fenómeno para su labor. Preparó unas cadenas de ADN, que terminaban en una secuencia que coincidía con otra presente en la levadura. Mediante una pequeña descarga eléctrica, abría unos diminutos conductos en la pared de la célula de levadura, lo que permitía al ADN que ella había dispuesto serpentear hacia el interior. Entonces se recombinaba con el ADN de la levadura. Había fabricado una herramienta con la que se podían editar los genes de la levadura.

5

El genoma humano

James y Rufus Watson

En 1986, mientras Doudna aún se encontraba trabajando en el laboratorio de Jack Szostak, se fraguaba una colaboración científica internacional de gran magnitud.[1] Se llamaba el Proyecto Genoma Humano y tenía como objetivo descifrar la secuencia de los tres mil millones de pares de bases en nuestro ADN, así como cartografiar los más de veinte mil genes que codificaban.

Una de las muchas raíces que tuvo el Proyecto Genoma Humano involucraba al héroe de la infancia de la propia Doudna, James Watson, así como a su hijo Rufus. El provocador autor de *La doble hélice* dirigía entonces el Cold Spring Harbor Laboratory, un paraíso de investigaciones y seminarios sobre biomedicina en un campus arbolado de algo menos de quinientos mil metros cuadrados en la orilla norte de Long Island. Fundado en 1890, tiene un lugar importante en la historia de la investigación. En la década de 1940, Salvador Luria y Max Delbrück habían estado allí a la cabeza de un grupo de estudio sobre los fagos, en el que estaba el joven Watson. Sin embargo, en sus salas también se aparecen fantasmas más controvertidos. Entre 1904 y 1939, bajo la dirección de Charles Davenport, sirvió como centro eugenésico, en el que se llevaban a cabo estudios en los que se subrayaba la existencia de diferencias genéticas entre las distintas razas y grupos étnicos, en rasgos como la inteligencia o la predisposición a la criminalidad.[2] Al término del ejercicio de Watson como director entre 1968 y 2007, sus propias declaraciones

Craig Venter y Francis Collins

sobre la cuestión de las razas y la genética resucitarían esos fantasmas.

Además de ser un centro de investigación, Cold Spring Harbor alberga alrededor de treinta encuentros anuales sobre temas selectos. En 1986, Watson decidió poner en marcha una serie anual llamada «La biología de los genomas». El orden del día para el encuentro del primer año era planificar el Proyecto Genoma Humano.

El día de la inauguración del congreso, Watson hizo un impactante anuncio ante los científicos allí reunidos. Su hijo Rufus se había escapado del hospital psiquiátrico en el que lo habían ingresado tras tratar de romper una ventana y saltar, con la intención de suicidarse, en el World Trade Center.

Nacido en 1970, Rufus tenía la cara chupada, el cabello alborotado y la sonrisa asimétrica de su padre. También era tremendamente brillante. «Yo estaba muy contento con él —dice Watson—; quizá algún día podríamos pasar el tiempo observando aves y estrechar un poco nuestros lazos.» Se trataba de una actividad a la que él se había dedicado con su propio padre cuando aún era un chico flaco y listo, en la época de Chicago. Sin embargo, cuando Rufus era adolescente, comenzó a mostrar síntomas de tener problemas para interactuar con la gente de modo apropiado y, en décimo curso, en el internado en el que estaba, en Exeter, tuvo un incidente psicótico por el que lo mandaron a casa. Unos pocos días después, subió al World Trade Center con la idea de acabar con su vida. Los médicos diagnosticaron que padecía esquizofrenia. Watson padre se echó a llorar.

—Nunca había visto llorar a Jim antes, ni he vuelto a verlo desde entonces, nunca jamás —recuerda su esposa, Elizabeth.[3]

Watson se perdió la mayor parte del congreso sobre el genoma en Cold Spring Harbor, pues fue a reunirse con su esposa para ir a buscar a su hijo. Finalmente lo encontraron, vagando por una arboleda. La ciencia de Watson se dio de bruces con la vida real; el proyecto internacional a gran escala para cartografiar el genoma humano ya solo sería para él una abstracta actividad académica; ahora era personal, por lo que enraizaría en él la creencia, rayana en la obsesión, en el poder de la genética para explicar la vida humana. Era la naturaleza, no la crianza, lo que había hecho a Rufus como era, del mismo modo que hacía que los distintos grupos humanos fuesen del modo en que eran.

O así le parecía a Watson, que veía las cosas filtradas por las lentes de su descubrimiento del ADN y de la situación de su hijo.

—Rufus es tan inteligente como se pueda ser, muy avispado, puede ser muy cariñoso y también profundamente irascible —dice Watson—. Cuando aún era pequeño, mi esposa y yo esperábamos crear un entorno apropiado en el que pudiese prosperar; pero no tardé en darme cuenta de que sus problemas yacían en sus genes. Fue eso lo que me llevó a encabezar el Proyecto Genoma Humano. Era el único modo en que podría entender a nuestro hijo y ayudarlo a vivir de un modo normal, descifrar el genoma.[4]

La carrera por la secuencia

Cuando el Proyecto Genoma Humano se lanzó de forma oficial, en 1990, se eligió a Watson como su primer director. Los principales implicados eran todos hombres. Más adelante, Francis Collins sustituyó a Watson, que en 2009 se convertiría en director de los Institutos Nacionales de Salud de Estados Unidos.

Entre las lumbreras en la carrera se encontraba el carismático y decidido Eric Lander, criado en Brooklyn, capitán del equipo de matemáticas en la época del instituto y pasmosamente brillante, que había hecho un trabajo de doctorado sobre la teoría de códigos con una beca Rhodes en Oxford y después había decidido trabajar como genetista en el MIT.

El participante más controvertido era el disparatado y mordaz Craig Venter, que durante la guerra de Vietnam, en la ofensiva del Tet, había trabajado en el hospital de campaña de la Marina de Estados Unidos en calidad de recluta, había intentado suicidarse lazándose al mar y, tras aquello, se había convertido en empresario en las industrias de la bioquímica y las biotecnologías.

El proyecto se inició como una colaboración, pero con tantas averiguaciones e innovaciones como había aún que llevar a cabo, también terminó por ser una suerte de competición. Cuando Venter halló diferentes modos de secuenciar más rápido y más barato que los demás, se salió para fundar una empresa privada, Celera, con la intención de lucrarse con la patente de sus descubrimientos. Entonces Watson alistó a Lander para que lo ayudase a reorganizar su iniciativa pública, con el fin de acelerar el trabajo que se estaba realizando. Este dejaría maltrechos algunos egos, pero también sería capaz de asegurarse de que le podían seguir el paso a la iniciativa privada de Venter.[5]

A principios del año 2000, a medida que esta competición se iba convirtiendo en un espectáculo público, el presidente Bill Clinton impulsó una tregua entre Venter y Collins, que no dejaban de atacarse el uno al otro en la prensa. El primero había dicho que la secuenciación del segundo era propia de la colección «para *dummies*» o de la revista *Mad*; por su parte, Venter había ridiculizado el proyecto gubernamental por requerir de una inversión diez veces mayor para realizar el trabajo en el mismo tiempo. «Arregladlo; conseguid que estos dos trabajen juntos», pidió Clinton a sus consejeros científicos. Así, Collins y Venter quedaron para compartir pizza y cerveza y ver si podían llegar a un acuerdo, enfocado a repartirse el reconocimiento y poner al servicio público, antes que al de la explotación para uso privado, lo que pronto se iba a convertir en el conjunto de datos biológicos más importante del mundo.

Después de algunos encuentros privados más, Clinton consiguió que Collins y Venter acudieran a un acto en la Casa Blanca para anunciar los resultados iniciales del Proyecto Genoma Humano, así como el acuerdo para compartir los méritos. James Watson aplaudió la decisión.

—Los acontecimientos de las últimas semanas han demostrado que quienes trabajan para el bien público no se quedan necesariamente por detrás de quienes se mueven por el beneficio personal —dijo.

Por entonces, yo era editor de la revista *Time*, y llevábamos unas semanas trabajando con Venter para tener acceso exclusivo a su historia, que publicaríamos con él en portada. Aquel hombre, que había invertido sus ganancias con Celera en comprarse un yate, meterse en competiciones de surf y organizar unas fiestas increíbles, nos iba a proporcionar una portada muy atractiva. Sin embargo, la misma semana en que estábamos cerrándola, recibí una llamada telefónica inesperada, la del vicepresidente Al Gore, con la intención de presionarme —en un tono bastante áspero y persuasivo— para que pusiese también a Francis Collins en portada. Venter se opuso. Lo habían obligado a compartir el mérito con Collins en una conferencia de prensa, pero quería hacer lo propio con la portada de marras. Al final aceptó, pero durante la sesión de fotos no dejó de burlarse de Collins por no ser capaz de ir al compás de la secuenciación de Celera. Collins sonreía sin decir nada.[6]

—En el momento actual, nos encontramos aprendiendo el lenguaje en el que Dios creó la vida —afirmó el presidente Clinton en el acto de la Casa Blanca, en el que también intervendrían Venter, Collins y Watson. El anuncio cautivó a la opinión pública. *The New York Times* puso en portada un gran titular que decía «Un equipo científico descifra el código genético de la vida humana». El artículo, escrito por Nicholas Wade, un reconocido divulgador de temas relacionados con la biología, comenzaba con las líneas: «En un logro que constituye el pináculo del conocimiento que el ser humano tiene de sí mismo, dos equipos rivales de científicos han dicho, hoy, que han descifrado el alfabeto hereditario, el conjunto de las instrucciones que definen el organismo humano».[7]

En Harvard, Doudna, Szostak, Church y otros se dedicaban a discutir si la inversión de tres mil millones que se había puesto en el Proyecto Genoma Humano valía la pena. En aquel momento, Church se mostraba escéptico, y parece que sigue siéndolo.

—Aquellos tres mil millones de dólares no salieron tan rentables —dice—. No descubrimos nada, ninguna de aquellas tecnologías ha sobrevivido.

Resultó que contar con un mapa del ADN no implicaba los grandes adelantos médicos que se habían predicho. Se localizaron más de cuatro mil mutaciones del ADN que estaban tras la causa de alguna enfermedad, pero esto no arrojó ninguna cura ni siquiera para la más simple de las enfermedades monogénicas, como puedan ser la de Tay-Saschs, la de la anemia de células falciformes o la de Huntington. Las personas que habían secuenciado el ADN nos habían enseñado cómo leer el código de la vida, pero el paso más importante sería el de cómo escribir con dicho código, algo que iba a requerir una caja de herramientas diferente, entre las que se encontraría una molécula de la abeja obrera que Doudna hallaba más interesante que el ADN.

6

El ARN

Cumplir con el objetivo de escribir y no solo leer los genes humanos requería de un cambio de énfasis, del ADN a su poco conocido hermano, que de hecho lleva consigo sus instrucciones codificadas. El ARN o ácido ribonucleico es una molécula que se encuentra en las células, similar al ADN (el ácido desoxirribonucleico), pero con un átomo de oxígeno más en ese esqueleto de azúcar y fosfato y una diferencia en una de las cuatro bases.

Es posible que el ADN sea la molécula más famosa del mundo, tanto que aparece en las portadas de las revistas y se recurre a ella como metáfora de los rasgos que una sociedad u organización tiene enraizados. No obstante, como suele ocurrir muchas veces con el hermano famoso, no se puede decir que haga mucho trabajo. Sobre todo se queda en casa, en el núcleo de nuestras células, sin aventurarse a salir. Su principal actividad es la de proteger la información que codifica y, en ocasiones, replicarse. El ARN, por su parte, sale a pie de calle para hacer el trabajo de verdad. En lugar de quedarse en casa para salvaguardar la información, elabora auténticos productos, como son las proteínas. Presten atención, pues esto es importante. De la CRISPR a la COVID-19, será la molécula estrella de este libro y de la carrera de Doudna.

Cuando el Proyecto Genoma Humano estaba en marcha, se veía al ARN como una molécula mensajera que llevaba las instrucciones del ADN y que estaba anidada en el núcleo de las células. El pequeño segmento de ADN que codifica un gen se transcribe en un fragmento de ARN, el cual se desplaza a la región de producción de la célula.

Jack Szostak

Ahí, ese «ARN mensajero» facilita el montaje de la secuencia de aminoácidos apropiada para obtener una proteína específica.

Estas proteínas pueden ser de muchos tipos, por ejemplo las proteínas fibrosas que forman estructuras como las células de los huesos, los tejidos, los músculos, los cabellos, las uñas, los tendones o la piel. También están las proteínas de membrana, que retransmiten señales dentro de las células. Y, por encima de todas, el tipo de proteína más fascinante, las «enzimas», que actúan como catalizadoras. Son las encargadas de desencadenar, acelerar y ajustar las reacciones químicas que llevan a cabo en todos los seres vivos. Casi cualquier acción que ocurra en una célula debe catalizarse por una enzima. Préstenles atención también a ellas, serán las coprotagonistas y la pareja de baile del ARN en este libro.

Cinco años después de haber descubierto la estructura del ADN, a Francis Crick se le ocurrió un nombre para el proceso por el que la información genética pasa del ADN al ARN y a las proteínas en construcción. Lo denominó como el «dogma central» de la biología. Más tarde, admitiría que la palabra «dogma», que se refiere a una fe inmutable e incuestionable, había sido una elección mediocre.[1] Sin embargo, «central» era adecuada. Incluso a medida que el dogma se fue modificando, el proceso siguió siendo central para la biología.

Ribozimas

Uno de los primeros retoques que se hicieron al dogma central sobrevino cuando Thomas Cech y Sidney Altman, cada uno por separado, descubrieron que las proteínas no eran las únicas moléculas de la célula que podían ser enzimas. En el transcurso del trabajo que llevaron a cabo a principios de la década de 1980, que les valdría el Premio Nobel, hicieron el sorprendente descubrimiento de que algunas formas de ARN podían ser también enzimas. En particular, se encontraron con que algunas moléculas de ARN podían escindirse y desencadenar una reacción química. Denominaron a este ARN catalítico como «ribozimas», una palabra fruto de combinar «ácido ribonucleico» con «enzima».[2]

Cech y Altman hicieron este descubrimiento al estudiar los intrones. Algunos fragmentos de las secuencias de ADN no codifican instrucciones para la fabricación de proteínas. Así, cuando esas secuencias se transcriben en moléculas de ARN, el proceso se bloquea. De este modo, hay que cortarlas antes de que el ARN pueda arrojarse a la misión de conducir la producción de proteínas que le corresponde. El proceso de corta y pega para seccionar esos intrones y ensamblar los bits útiles de ARN requiere un catalizador, papel que, en general, desempeña una enzima proteica. Sin embargo, Cech y Altman descubrieron que algunos intrones de ARN se cortaban y ensamblaban ellos mismos.

Se trataba de un fenómeno con unas implicaciones muy novedosas. Si había moléculas de ARN que tenían la capacidad de almacenar información genética y también de actuar como un catalizador para incitar reacciones químicas, podrían ser más esenciales para los orígenes de la vida que el propio ADN, que no se puede replicar a sí mismo en ausencia de proteínas que actúen como catalizador.[3]

MÁS QUE EL ADN, EL ARN

Cuando la rotación de Doudna por los laboratorios llegó a su fin, en la primavera de 1986, esta preguntó a Jack Szostak si podía quedarse y hacer el trabajo de doctorado bajo su supervisión. Él estuvo de acuerdo, aunque con una advertencia, a saber, ya no iba a seguir con el ADN de la levadura. Mientras que otros bioquímicos estaban entregados a la secuenciación de ADN para el Proyecto del Genoma Humano, Szostak había decidido desplazar el foco de atención de su laboratorio al ARN, el cual él creía que podría revelar más de un secreto sobre el mayor de todos los misterios de la biología, el de los orígenes de la vida.

Contó a Doudna que estaba intrigado por los descubrimientos que Cech y Altman habían hecho sobre cierto tipo de ARN que tenía el potencial catalizador de las enzimas. Se había marcado el objetivo de precisar si esas ribozimas podían valerse de dicha capacidad para replicarse. «¿Pueden estas porciones de ARN copiarse a sí mismas?», le preguntó a Doudna; también le sugirió que ese debería ser el meollo de su tesis doctoral.[4]

A ella, el entusiasmo de Szostak le resultó contagioso, así que se inscribió para ser la primera estudiante de posgrado del laboratorio en trabajar con el ARN.

—Cuando yo estudiaba biología, nos enseñaban la estructura y el código del ADN, y que las proteínas son las que hacen todo el trabajo pesado en las células, mientras que al ARN se lo trataba como un mero intermediario, algo así como un cargo intermedio —recuerda—. Me quedé bastante sorprendida al saber que había un joven genio en Harvard, Jack Szostak, que quería poner el foco de atención en el ARN, pues creía que era la clave para entender el origen de la vida.

Para ambos, en el caso de Szostak por estar ya bien establecido y en el de Doudna justo por lo contrario, cambiar la prioridad al ARN suponía un movimiento arriesgado.

—En lugar de seguir al rebaño y dedicarnos al ADN —recordaba Szostak después—, nos dedicábamos a algo nuevo, en lo que nos veíamos como pioneros, explorando una frontera un poco desdeñada que, no obstante, a nosotros nos parecía apasionante.

Esto sucedía mucho antes de que el ARN tuviese el estatus de una tecnología para intervenir en la expresión de los genes o para aplicar ediciones a la genética humana. Szostak y Doudna se dedicaron a este tema por pura curiosidad sobre el funcionamiento de la naturaleza.

Szostak tenía una regla de oro: «Nunca hagas algo que ya estén haciendo miles de personas». Para Doudna, se trataba de un acicate.

—Era como en los tiempos en que jugaba al fútbol y quería estar en posiciones que a las otras niñas no les interesaban —dice—. Eso es lo que aprendí de Jack, que aventurarse en una nueva área entraña muchos riesgos, pero también muchas satisfacciones.

En este punto, ella sabía que la pista más importante para entender un fenómeno natural era descifrar la estructura de las moléculas implicadas, lo cual le exigiría aprender algunas de las técnicas que Watson, Crick y Franklin habían utilizado para revelar la estructura del ADN. Si Szostak y ella tenían éxito, esto podía significar un paso muy importante para responder a una de las más grandes, la más grande quizá, de todas las preguntas de la biología: cómo comenzó la vida.

LOS ORÍGENES DE LA VIDA

El que a Szostak le emocionase tanto la posibilidad de descubrir cómo había empezado la vida le enseñó a Doudna una segunda gran lección. No solo había que asumir riesgos y explorar nuevos terrenos, sino también hacerse grandes preguntas. Aunque a Szostak le gustase bucear en los detalles experimentales, era asimismo un pensador magnífico, alguien que se hacía preguntas realmente profundas constantemente. «¿Para qué, si no, se va a dedicar alguien a la ciencia?», le preguntaba a Doudna. Ella misma convertiría esa actitud en uno de sus propios principios rectores.[5]

Hay una serie de preguntas muy importantes que nuestra mente mortal nunca podrá responder: ¿cómo comenzó el universo?, ¿por qué hay algo y no nada?, ¿qué es la conciencia? Otras, sin embargo, es posible que hayan dejado de ser un problema para el final de este siglo XXI: ¿es determinista el universo?, ¿tenemos libre albedrío? De las grandes preguntas de verdad, aquella a la que estamos más cerca de responder es a la de cómo comenzó la vida.

El dogma central de la biología requiere de ADN, ARN y proteínas. Debido a lo poco probable que es el hecho de que los tres brotaran a la vez del caldo primordial, a principios de la década de 1960 se planteó una hipótesis, formulada de forma independiente por el omnipresente Francis Crick y otros, según la cual habría un sistema precursor más simple. La propuesta de Crick consistía en que, al principio de la historia de la Tierra, el ARN tenía la capacidad de replicarse. Queda abierta, por tanto, una cuestión: saber de dónde salió el primer ARN. Se ha llegado a especular que del espacio exterior; pero una respuesta más sencilla podría ser que al principio la Tierra contenía los componentes fundamentales del ARN, de manera que lo único que hacía falta era que se aglutinasen por el efecto de una mezcla natural y aleatoria. El año en que Doudna entró en el laboratorio de Szostak, el bioquímico Walter Gilbert llamó a esta hipótesis «el mundo de ARN».[6]

Una cualidad esencial de todos los seres vivos es que cuentan con un método para crear otros organismos similares a sí mismos, es decir, se pueden reproducir. Así pues, si lo que se quiere es demostrar que el ARN podría haber sido la molécula precursora que condujo al origen de la vida, sería de ayuda indicar cómo aquel se puede replicar a sí mismo. Ese es el proyecto en el que se embarcaron Szostak y Doudna.[7]

Doudna recurrió a muchas tácticas diferentes para crear una enzima de ARN o ribozima que pudiera unir pequeñas partes de ARN. Con el tiempo, Szostak y ella fueron capaces de crear una ribozima con la habilidad de cortar y ensamblar una copia de sí misma. «Esta reacción demuestra que las réplicas de ARN catalizadas por el propio ARN son posibles», dejaron escrito en un artículo publicado en *Nature* en 1998. El bioquímico Richard Lifton calificaría más tarde al escrito como una «hazaña de la técnica».[8] Doudna se convirtió en una figura en alza en el minoritario reino de la investigación del ARN.

En alguna medida, aún seguía siendo un páramo de la biología, pero, a lo largo de las dos décadas siguientes, la comprensión de cómo se comportan las pequeñas cadenas de ARN se iría haciendo cada vez más importante, tanto en el terreno de la edición genética como en el de la lucha contra los coronavirus.

En sus tiempos de doctoranda, Doudna acabó dominando la misma combinación especial de capacidades que distinguía a Szostak y a otros grandes científicos; tenía mano con los experimentos de campo y también a la hora de cuestionarse las grandes preguntas. Sabía que, como reza el dicho, Dios está en los detalles, pero asimismo en la visión de conjunto.

—Jennifer era increíblemente buena en la mesa de trabajo, porque era rápida y precisa y podía hacer que de repente cualquier cosa funcionase —dice Szostak—. Pero además hablábamos mucho sobre por qué las auténticas grandes preguntas son importantes.

Doudna también dio prueba de sus cualidades para jugar en equipo, algo que era muy importante para Szostak, que compartía ese rasgo con George Church y algunos otros científicos de la facultad de Medicina de Harvard. Es algo que se reflejó en el número de coautores que incluía en la mayor parte de sus artículos. En las publicaciones científicas, el primer autor suele ser el investigador más joven y responsable de la mayor parte de las prácticas experimentales, mientras que el último es el investigador principal o quien dirija el laboratorio. Quienes van entre uno y otro, en general, aparecen en orden de importancia según las contribuciones aportadas por cada uno. En uno de los artículos relevantes que ayudó a elaborar para la revista *Science* en 1989, el nombre de Doudna se incluía en el medio de la lista, pues estaba enseñando a un afortunado estudiante de grado de Harvard que trabajaba a tiempo parcial en el laboratorio y creía que era él quien debía figurar primero en la lista. Durante el último año en el laboratorio de Szostak, su nombre constó en cuatro artículos académicos publicados en revistas de prestigio, en todos ellos se describían aspectos de cómo las moléculas de ARN se pueden replicar a sí mismas.[9]

Una cosa que a Szostak también le parecía destacable era la disposición, y hasta el entusiasmo, de Doudna a la hora de encarar cualquier desafío, algo que se había hecho evidente en el final de su estancia en el laboratorio de Szostak, en 1989. Se dio cuenta de que, para comprender el mecanismo de corte y ensamble de sí misma de una parte de ARN, tenía que conocer su estructura por completo, átomo a átomo.

—En aquellos tiempos, la estructura del ARN se concebía como algo tan enredado que era casi imposible de descifrar —recordaba Szostak—. No quedaba apenas nadie que continuara intentándolo.[10]

EL ENCUENTRO CON JAMES WATSON

La primera vez que Jennifer Doudna presentó una ponencia en un congreso científico fue en el Cold Spring Harbor Laboratory, y James Watson estaba sentado, como era habitual, en primera fila, en calidad de anfitrión. Era el verano de 1987, y aquel había organizado un seminario para discutir «los acontecimientos evolutivos que podrían haber originado a los organismos vivos que hoy habitan la Tierra».[11] En otras palabras, ¿cómo comenzó la vida?

En el congreso se puso el énfasis en los recientes descubrimientos que demostraban que algunas moléculas de ARN podían replicarse a sí mismas. Debido a que Szostak no podía participar, se envió la invitación a Doudna, que entonces tenía tan solo veintitrés años, para que presentase el trabajo que ambos habían estado haciendo para concebir una molécula de ARN autorreplicante. Cuando le llegó la carta con la firma de Watson dirigida a la «Estimada señora Doudna» (aún no era ni tan siquiera la «doctora Doudna»), ella no aceptó de inmediato, sino que lo sopesó en su contexto.

La ponencia que presentó, con base en un artículo que había escrito con Szostak, era de un perfil muy técnico. «Describimos deleciones y mutaciones por sustitución en los ámbitos de la catálisis y el sustrato de intrones que se cortan y ensamblan a sí mismos», comenzó. Esa es la clase de enunciados que estimulan a los investigadores en biología, y Watson tomaba notas con gran atención.

—Estaba tan increíblemente nerviosa que las manos comenzaron a sudarme —recuerda ella.

Sin embargo, al final, Watson la felicitó, y Tom Cech, cuyo trabajo sobre los intrones había preparado el camino para el artículo de Doudna y Szostak, se inclinó un poco y murmuró: «Buen trabajo».[12]

Mientras se celebraba el congreso, Doudna pudo pasear por Bungtown Road, que recorre el campus sin una dirección en concreto. Por el camino, vio a una mujer un poco encorvada que caminaba hacia ella. Era la bióloga Barbara McClintock, que había estado investigando en Cold Spring Harbor durante más de cuarenta años y había recibido el Premio Nobel por su descubrimiento de los transposones, los conocidos como «genes saltarines», que pueden cambiar de posición dentro de un genoma. Doudna se detuvo, pero era demasiado tímida como para presentarse sin más.

—Me sentí como si estuviese en presencia de una diosa —dice, manteniendo aún el aire reverencial—. Ahí estaba esa mujer, tan famosa y tan increíblemente influyente en el mundo de la ciencia, comportándose con tanta modestia, caminando hacia el laboratorio, mientras pensaba en el próximo experimento. Era todo lo que yo deseaba ser.

Doudna permanecería en contacto con Watson y acudiría a muchas de las conferencias que organizaba en Cold Spring Harbor. Con los años, él se iría convirtiendo en un personaje cada vez más controvertido, a causa de sus atávicos exabruptos sobre las diferencias genéticas de las razas. Por lo general, Doudna se abstenía de permitir que aquel comportamiento viniese a mermar el respeto que tenía por sus logros científicos.

—Siempre que nos encontrábamos, se ponía a decir cosas que a él le parecían provocadoras —dice, con una sonrisa ligeramente defensiva—. Así era él.

A pesar de sus frecuentes comentarios públicos sobre el aspecto de los individuos del otro sexo, empezando por el retrato de Rosalind Franklin recogido en *La doble hélice*, era un buen mentor para ellas.

—Apoyó mucho a una muy buena amiga mía en el periodo posdoctoral —declara Doudna—, un hecho que influyó en la opinión que tengo de él.

7

Plegamientos y giros

Ya desde la época en que se quedaba maravillada con la sensibilidad al tacto de las hojas de la dormilona que encontraba en sus paseos infantiles por Hawái, Doudna había sentido una impetuosa curiosidad por los mecanismos subyacentes de la naturaleza. ¿Qué hacía que aquellas hojas parecidas a las de un helecho se encogiesen al tocarlas? ¿De qué modo las reacciones químicas causaban la actividad biológica? Se acostumbró a pararse un momento, como hacemos todos durante la infancia, y preguntarse cómo funcionan las cosas.

El campo de la bioquímica da muchas respuestas sobre el modo en que las moléculas de las células vivas se comportan. Sin embargo, existe una especialidad que sondea incluso más profundamente en la naturaleza, y esta es la biología estructural. Recurriendo a técnicas de generación de imágenes como la cristalografía de rayos X, la misma que Rosalind Franklin utilizara para encontrar las pruebas de la estructura del ADN, los biólogos estructurales tratan de descubrir la forma tridimensional de las moléculas. Linus Pauling resolvió la estructura en espiral de las proteínas a principios de la década de 1950, a lo que siguió el artículo de Watson y Crick sobre la estructura de doble hélice del ADN.

Doudna se dio cuenta de que debía aprender más sobre biología estructural si quería entender de verdad cómo las moléculas de ARN podían llegar a reproducirse a sí mismas.

—Para elucidar la química de aquellas moléculas —cuenta—, me hacía falta saber qué aspecto tenían.

Como figura emergente en Yale

En particular, debía conocer los plegamientos y los giros de la estructura tridimensional del ARN con la capacidad de cortarse y de ensamblarse a sí mismo.

Era consciente de que un trabajo así era un eco de lo que había hecho Franklin con el ADN, un paralelismo que le gustaba.

—Ella tenía una pregunta parecida, sobre la estructura química de una molécula que se encontraba en el mismo corazón de la vida —dice Doudna—. Pensaba que conocerla traería toda clase de nuevos enfoques.[1]

Asimismo, Doudna intuía que si conseguía resolver la estructura de una ribozima, se podrían desarrollar unas técnicas genéticas revolucionarias. La mención al Premio Nobel obtenido por Thomas Cech y Sidney Altman apuntaba a lo que podía ser «una posibilidad de que, en el día de mañana, se puedan corregir ciertas enfermedades genéticas. Semejante uso futuro de las tijeras genéticas exigirá que aprendamos más sobre los mecanismos moleculares». Así es, «tijeras genéticas»; el jurado del Nobel fue profético.

Tal búsqueda significaba que había llegado el momento de dejar el laboratorio de Jack Szostak, que reconocía con franqueza que no era un pensador visual, ni mucho menos un experto en biología estructural. De manera que, en 1991, Doudna estuvo pensando en dónde iba a llevar a cabo su trabajo posdoctoral. Había una opción obvia, a saber, con el biólogo estructural que había compartido el Premio Nobel por el descubrimiento del ARN catalítico que ella y Szostak habían estado estudiando, Thomas Cech, en la Universidad de Colorado, en Boulder, donde estaban recurriendo a la cristalografía de rayos X para indagar en cada recoveco de la estructura del ARN.

Thomas Cech

Doudna ya conocía a Cech, que había murmurado aquel «Buen trabajo» tras la ponencia del verano de 1987 en Cold Spring Harbor, la misma que se había saldado con sus manos envueltas en sudor. Volvieron a encontrarse en un viaje que ella hizo a Colorado ese mismo año.

—Éramos algo así como unos cordiales competidores, ambos en

la carrera de los descubrimientos sobre aquellos intrones que se cortaban y ensamblaban a sí mismos, así que le envié una nota —recordaría ella más adelante.

Se trataba, literalmente, de una nota de papel, ya que el correo electrónico aún no era algo común. Le escribió que iba a ir a Boulder y le preguntó si sería posible visitar su laboratorio. Para su sorpresa, recibió una rápida respuesta, en la forma de una llamada telefónica, mientras se encontraba trabajando en el laboratorio de Szostak. «Oye, Tom Cech está al teléfono», le dijo el compañero que había atendido la llamada. El resto del laboratorio la miró con curiosidad, y ella se encogió de hombros sin más.

Se encontrarían en Boulder un sábado. Cech había llevado a su hija de dos años al laboratorio, y la sostenía en las rodillas mientras hablaba con Doudna, que se quedó maravillada tanto por su intelecto como por sus instintos paternos. Aquel encuentro constituiría un ejemplo del cóctel de competitividad y compañerismo que suele regir la investigación científica (así como muchas otras actividades).

—Creo que el motivo por el que Tom me recibió era que en el laboratorio de Szostak se estaba llevando a cabo un trabajo que se erigía en competidor potencial, pero también por la oportunidad de aprender el uno del otro —dice Doudna—. Además, es probable que pensase que así podría conocer un poco en qué punto nos hallábamos en ese momento en el laboratorio.

Tras obtener el doctorado en 1989, decidió hacer el trabajo posdoctoral con Cech.

—Comprendí que si de verdad quería descifrar la estructura de las moléculas de ARN, lo más inteligente era irme al mejor laboratorio de bioquímica en el que se estuviese trabajando con ARN —dice—. ¿Y quién mejor que Tom Cech? Se trataba del laboratorio que había descubierto los intrones que se cortan y se ensamblan a sí mismos.

Tom Griffin

Aunque existía otra razón más para que Doudna se decidiese a ir a Boulder para el trabajo posdoctoral. En enero de 1988 se había casado con Tom Griffin, un estudiante de la facultad de Medicina de Harvard que trabajaba en un laboratorio que había junto al suyo.

—Él vio cosas en mí que yo entonces no veía, incluso aptitudes para la ciencia —dice—. Me animaba a que fuera mucho más atrevida.

Griffin, que provenía de una familia de militares, amaba Colorado. «Cuando tratábamos de decidir adónde iríamos cuando acabásemos la carrera, él se decantaba sin ninguna duda por Boulder —cuenta Doudna—. Por mi parte, si nos mudábamos a Boulder, yo podría trabajar con Tom Cech.» Así que se trasladaron allí en el verano de 1991, y Griffin encontró trabajo en una empresa de biotecnología de reciente creación.

Al principio, el matrimonio funcionó bastante bien. Doudna se compró una bicicleta de montaña para ir juntos de paseo por Boulder Creek; también se aficionó a los patines en línea y al esquí de travesía. Sin embargo, su pasión era la ciencia, y Griffin no entendía aquel énfasis tan unidimensionado. Para él, la ciencia era una labor de nueve a cinco y además, por lo que a él se refería, no aspiraba a ser investigador. Le gustaban la música y los libros, y también se convirtió en un aficionado temprano a la informática. Doudna respetaba esa amplia gama de intereses, pero no los compartía.

—Yo estoy pensando en ciencia todo el tiempo —comenta—. Siempre estoy, sea como sea, con el laboratorio en la cabeza, con el próximo experimento o con cualquiera que sea la gran pregunta a la que tratamos de responder.

Doudna piensa que sus diferencias «expresan algo negativo» sobre ella, pero no estoy seguro de que, como yo, se lo crea de verdad. Las personas somos distintas en el modo en que enfocamos nuestro trabajo y nuestras pasiones. Ella quería pasar las noches y los fines de semana en el laboratorio. No resultaría conveniente que todo el mundo fuese así, pero sí lo es que algunos lo sean.

Después de unos pocos años, decidieron tomar caminos diferentes y divorciarse.

—Yo estaba obsesionada con cuál sería mi siguiente experimento —cuenta—. Él carecía de esa misma intensidad, lo que abrió una brecha enorme, imposible de cerrar.

LA ESTRUCTURA DE UNA RIBOZIMA

El objetivo de Doudna cuando llegó a la Universidad de Colorado para hacer el trabajo posdoctoral era cartografiar el intrón del que

Cech había descubierto que se trataba de un segmento de ARN capaz de cortarse y ensamblarse a sí mismo, para exponer así sus átomos, sus enlaces y sus formas. Si lograba determinar su estructura tridimensional, esto podría resultar de gran ayuda para concretar el modo en que sus plegamientos y giros conseguían reunir los átomos apropiados para provocar las reacciones químicas y conseguir que el retazo de ARN pudiese autorreplicarse.

Se trataba de una empresa de alto riesgo, en la que debía desplazarse a un área del campo de juego que muy poca gente deseaba. En aquel momento, no se trabajaba mucho con la cristalografía de ARN, y la mayoría la miraba como si estuviese chiflada. Sin embargo, si tenía éxito, el beneficio para la ciencia sería inmenso. Durante la década de 1970, los biólogos habían resuelto la estructura de una molécula de ARN más pequeña y más simple; pero, en los veinte años que habían transcurrido desde entonces, pocos progresos se habían hecho, pues aislar proporciones mayores de ARN para obtener las imágenes necesarias resultaba un trabajo arduo.

Los compañeros de Doudna le contaron que conseguir una buena imagen de una molécula grande de ARN sería en aquel momento una misión imposible. Tal y como el propio Cech lo explica: «Si le hubiésemos pedido a los Institutos Nacionales de Salud que financiasen el proyecto, se nos habrían reído en la cara».[2]

El primer paso consistía en cristalizar el ARN, esto es, convertir la molécula líquida de ARN en una estructura sólida y bien ordenada. A partir de ahí, se podría recurrir a la cristalografía de rayos X y a otras técnicas de generación de imágenes para distinguir sus componentes y sus formas.

Contaba con la ayuda de un reservado pero alegre estudiante de posgrado llamado Jamie Cate, que había estado utilizando la cristalografía de rayos X para estudiar la estructura de las proteínas y que, tras conocer a Doudna, decidió unirse a ella en su búsqueda y centrarse en el ARN.

—Le expliqué el proyecto en el que estaba trabajando, y pareció interesarle mucho —explica ella—. Era algo que estaba ahí, esperándonos, pero no teníamos ni idea de con qué nos íbamos a encontrar.

Se estaban convirtiendo en pioneros de un nuevo campo. Ni siquiera estaba claro que las moléculas de ARN fueran estructuras bien definidas como las proteínas. A diferencia de lo que le ocurriría a Tom

Griffin, a Cate le encantaba abandonarse al trabajo en el laboratorio. Él y Doudna hablaban cada día sobre cómo cristalizar el ARN, de manera que no tardaron en alargar esas conversaciones delante de una taza de café o, en ocasiones, de una cena.

Como resultado de uno de esos sucesos aleatorios que tantas veces se producen en la ciencia —por ejemplo, un error minúsculo, como el hongo que contaminó por accidente las placas de Petri con las que Alexander Fleming trabajaba, permitió que este descubriera la penicilina—, se produjo un gran avance. Un día en el que Doudna estaba trabajando con un técnico para tratar de crecer cristales, puso el material del experimento en una incubadora que no funcionaba correctamente. Al advertirlo, pensaron que las muestras se habrían echado a perder, pero cuando las observaron con el microscopio, vieron que los cristales habían crecido. «Los cristales tenían ARN y eran preciosos —recordaría Doudna—. Ahí fue cuando descubrimos que para obtener los cristales teníamos que aumentar la temperatura.»

Otro avance vino a demostrar el inagotable potencial que supone el hecho de que haya muchas personas inteligentes en un mismo lugar, reforzándose mutuamente. Tom y Joan Steitz, el equipo conformado por un matrimonio de bioquímicos de Yale que también estaban estudiando el ARN, se habían tomado un año sabático en Boulder. Tom era muy sociable y le gustaba merodear por el comedor del laboratorio de Cech con una taza de café en la mano. Una mañana, Doudna le mencionó que había logrado obtener unos buenos cristales de la molécula de ARN con la que estaba trabajando, pero que estos tendían a romperse muy rápido cuando se los exponía a los rayos X. Entonces Steitz le comentó que, en el laboratorio de Yale, había estado probando una nueva técnica para refrigerar criogénicamente los cristales. Bañaban los cristales en nitrógeno líquido para que se congelasen muy rápido, lo que ayudaba a preservar la estructura incluso cuando se exponían a rayos X. Así que aquel lo organizó todo para que Doudna cogiera un avión a Yale y pasase un tiempo con los investigadores del laboratorio que estaban desarrollando esta técnica. Funcionaba a las mil maravillas.

—Llegados a ese punto, sabíamos que teníamos cristales lo bastante organizados como para que, en un momento u otro, estuviésemos en disposición de elucidar la estructura —manifiesta.

YALE

La visita al laboratorio de Tom Steitz en Yale, donde se estaban financiando una serie de técnicas y equipamientos innovadores, como los refrigeradores criogénicos, ayudó a convencer a Doudna para que aceptase allí un trabajo indefinido, en el otoño de 1993, como profesora. No sorprende que Jamie Cate quisiese acompañarla. Ella se puso en contacto con los mandamases de Yale y consiguió que lo transfiriesen a su mismo laboratorio como estudiante graduado.

—Le hicieron repetir todos los exámenes de capacitación y, como ya te imaginarás, los aprobó con la gorra.

Gracias a las técnicas de superenfriado, Doudna y Cate pudieron conseguir cristales que difractaban bien los rayos X. No obstante, un nuevo obstáculo se interpuso, el conocido en cristalografía como «problema de las fases», que consiste en que los detectores de rayos X solo pueden dar la medida correcta de la intensidad de una onda, pero no de la parte de fase de esta. Una manera de resolverlo es introducir un ion metálico en algunas zonas del cristal. De este modo, las imágenes obtenidas de la difracción de los rayos X mostrarán la posición de los iones, a la que se podrá recurrir para calcular el resto de la estructura molecular. Era algo que ya se había hecho con moléculas de proteína, pero nadie se las había ingeniado para hacerlo con ARN.

Cate resolvió el problema. Para hacerlo, recurrió a una molécula conocida como «hexamina de osmio», que posee una estructura interesante que se presta a la interacción en unos pocos recovecos de las moléculas de ARN. Como resultado, la difracción de rayos X puede dar lugar a un mapa de densidad electrónica, el cual, a su vez, puede ofrecer indicios de la estructura de una importante región plegada del ARN que estaban estudiando en ese momento. Así, iniciaron el proceso de crear estos mapas de densidad a partir de los cuales construir después modelos de estructuras potenciales, tal y como Watson y Crick habían hecho con el ADN.

EL ADIÓS AL PADRE

Cuando el trabajo que hacían estaba llegando a un punto culminante, en otoño de 1995, Doudna recibió una llamada de su padre. Le habían diagnosticado un melanoma, que se había diseminado hacia el cerebro. No le quedaban más que tres meses de vida.

El resto del otoño voló continuamente de New Haven a Hilo y vuelta, un vuelo de más de doce horas. Los dilatados intervalos de tiempo que pasaba junto a la cama de su padre se intercalaban con las horas en las que hablaba por teléfono con Cate. Todos los días, él le enviaba un nuevo mapa de densidad electrónica, ya fuese por fax o a la bandeja de correo, y luego conversaban sobre las posibles interpretaciones. «Fueron unos momentos plagados de increíbles bajones y subidones, de intensos vaivenes emocionales», recuerda.

Por suerte, su padre sentía una verdadera curiosidad por el trabajo que ella estaba llevando a cabo, lo que hizo que aquel calvario fuera más tolerable. En los incisos entre los picos de dolor, él le pedía que le explicase las últimas imágenes que hubiese recibido. Ella se las llevaba a la habitación, y él echaba un vistazo a los últimos datos, allí recostado. Antes de que pudieran ponerse a hablar de su propia salud, comenzaba a hacer preguntas sobre aquello.

—Entonces me acordaba de la curiosidad científica que había tenido siempre y que había compartido conmigo cuando yo era niña —cuenta Doudna.

Durante una de las visitas de noviembre, que se alargó hasta el día de Acción de Gracias, llegó de New Haven un mapa de densidad electrónica, y ella enseguida advirtió que tenía la suficiente calidad como para precisar la estructura de la molécula de ARN. De hecho, podía ver cómo se plegaba en una asombrosa forma tridimensional. Ella y Cate habían estado trabajando en ello durante más de dos años, mientras numerosísimos colegas de profesión les decían que estaban perdiendo el tiempo, pero ahora los últimos datos venían a corroborar que lo habían conseguido.

Ya entonces su padre se encontraba completamente postrado y apenas se podía mover, aunque estaba lúcido. Ella entró en la habitación y le enseñó una impresión en color que había hecho a partir del archivo con los datos del último mapa. Parecía algo así como un lazo verde que se trenzase en una forma realmente simpática. «Como un fetuchini de espinaca», bromeó él; luego preguntó: «¿Qué significa?».

Al tratar de explicárselo, ella también podía aclarar sus propias ideas sobre lo que aquellos datos podían significar. Escudriñaban una zona del mapa conformada por un cúmulo de iones metálicos, y Doudna discurría sobre cuál sería el modo en que el ARN podría haberse plegado sobre tal acumulación.

—Quizá se trate de un núcleo de metales que ayuda a que el ARN se pliegue para hacer esa especie de serpenteo —planteaba ella.

—Pero ¿por qué es tan importante? —preguntaba él.

Entonces ella le explicaba que el ARN está formado por un número muy limitado de sustancias químicas, de manera que las tareas complejas que desempeña dependen de los distintos modos en que pueda estar plegado.

Uno de los retos que plantea el ARN es que se trata de una molécula hecha solo a partir de cuatro componentes químicos, a diferencia de las proteínas, que tienen hasta veinte.

—Debido a la limitada complejidad química del ARN —explica—, el desafío está en reflexionar sobre cómo llega a plegarse en una forma única.

Aquella visita en particular también sirvió para aclarar cómo el tiempo había añadido más profundidad a la relación con su padre. Él se tomaba la ciencia muy en serio y también a ella. En cuanto a la primera, le atraía cada detalle, pero se cuestionaba asimismo el cuadro completo. Doudna se acordaba de las veces que había ido a su clase y lo había visto emocionado mientras explicaba a sus alumnos su pasión; aunque también recordaba, con menos placer, todas las que la había puesto de los nervios a causa de sus conclusiones precipitadas, algunas de ellas llenas de prejuicios, sobre la gente. Los lazos pueden adquirir distintas formas, tanto en la química como en la vida; en ocasiones, los de tipo intelectual son los más fuertes.

Cuando Martin Doudna falleció unos pocos meses después, Jennifer, su madre y sus hermanas hicieron un trayecto en bicicleta, junto con algunos amigos, para esparcir las cenizas en lo alto del valle de Waipio, cerca de Hilo. El nombre del valle significa «giros de agua» y el río que serpentea a través de su exuberante jungla tiene una gran cantidad de espléndidas cascadas. Entre aquel grupo se encontraba Don Hemmes, el profesor de biología que había tutelado a Jennifer, así como su gran amiga de la infancia, Lisa Hinkley Twigg-Smith. «Cuando arrojamos las cenizas —recordaría esta—, un ave rapaz de una especie local, el busardo hawaiano, que se asocia a los dioses, se elevó sobre nosotras.»[3]

—Solo tras su muerte llegué a comprender cuánto había influido en mi decisión de convertirme en científica —dice Doudna.

Entre las muchas cualidades que le había legado, se encontraba el amor por las humanidades y por aquellas áreas en las que estas se cruzaban con las ciencias. La necesidad de tal cruce se fue haciendo más clara para ella a medida que la investigación la fue conduciendo a reinos que precisaban tanto referencias morales como mapas de densidad electrónica.

—Creo que a mi padre le habría encantado comprender la CRISPR —reflexiona Doudna—. Él era un profesor de humanidades que también amaba la ciencia. Cuando hablo sobre los efectos de la CRISPR en nuestra sociedad, puedo escuchar su voz en mi cabeza.

ÉXITO

El fallecimiento de su padre coincidió con su primer éxito científico de gran envergadura. Cate y ella, junto con el resto de los compañeros del laboratorio, estaban en condiciones de determinar la ubicación de cada uno de los átomos de una molécula de ARN capaz de cortarse y ensamblarse a sí misma. En particular, demostraron el modo en que la estructura de un campo fundamental de la molécula permitía al ARN formar un conjunto de espirales para dar lugar a la forma tridimensional que presenta. En dicho campo, había un cúmulo de iones metálicos que conformaba un núcleo alrededor del cual la estructura se envolvía. Del mismo modo en que la estructura de doble hélice del ADN revelaba la forma en que este almacenaba y transmitía la información genética, el descubrimiento de Doudna y su equipo explicaba la mecánica por la que el ARN podía constituirse como una enzima que se cortaba, se ensamblaba y se replicaba a sí misma.[4]

Tras la publicación del artículo, Yale emitió un comunicado de prensa que atrajo la atención de una cadena de televisión local de New Haven. En la cobertura que dieron a la noticia, después de tratar de explicar qué es una ribozima, la presentadora de los informativos del canal pasaba a comentar que era algo que había estado desconcertando a los científicos, debido a que nunca habían podido ver su forma. «Pero ahora un equipo dirigido por la científica de Yale Jennifer Doudna ha podido obtener, por fin, una imagen de la molécula», proclamaba. En el reportaje aparecía una joven Doudna, con el cabello de color negro, en el laboratorio, donde mostraba una imagen difuminada en la pantalla del ordenador.

—Esperamos que este descubrimiento nos dé alguna pista sobre cómo modificar las ribozimas, con vistas a reparar los genes defectuosos —afirmaba.

Se trataba de una declaración trascendental, aunque en aquel momento no le dio demasiada importancia. Era el inicio de una andadura para traducir la ciencia fundamental del ARN en una herramienta que sirviese para editar los genes.

En otro reportaje televisivo, algo más sofisticado, ofrecido por un programa de noticias científicas del gremio, Doudna aparecía con la típica bata blanca de laboratorio, valiéndose de una pipeta para introducir una solución en un tubo de ensayo.

—Hace quince años que se sabe que las moléculas de ARN pueden funcionar en las células como las proteínas, pero nadie sabía cómo ocurría exactamente, porque en realidad nadie sabía cómo era una molécula de ARN —explicaba—. Ahora hemos podido ver cómo una molécula de ARN puede darse a sí misma la forma de una complicada estructura tridimensional.

Cuando le preguntaban por las implicaciones que aquello pudiera tener, de nuevo apuntaba a lo que iba a ser su futuro trabajo. «Una de las posibilidades es que podríamos tener los medios para curar o tratar a gente con defectos genéticos.»[5]

Durante las dos décadas siguientes, muchas personas contribuirían al desarrollo de las técnicas de edición de genes. Lo que diferencia la historia de Doudna es que, cuando se sumergió en el área de la edición genética, ya se había granjeado notoriedad y un lugar destacado en la ciencia de raíz más básica, a saber, la estructura del ARN.

8

Berkeley

HACIA EL OESTE

En el artículo que Doudna y sus colegas escribieron sobre el descubrimiento de la estructura del ARN, que se publicó en *Science* en septiembre de 1996, su nombre figuraba en último lugar, lo que significa que se trataba de la investigadora principal, a la cabeza del laboratorio; el de Jamie Cate estaba el primero, por ser él quien había llevado a cabo los experimentos más importantes.[1] Ya entonces eran más que colaboradores científicos, pues habían iniciado una relación romántica. Después de que el divorcio de ella se confirmase, se casaron, en el verano del año 2000, en el Melaka Beach Hotel, al otro lado de la Isla Grande desde Hilo. Dos años después tuvieron a Andrew, su único hijo.

Cate se había convertido en profesor adjunto en el MIT, así que iban de New Haven a Cambridge. Son menos de tres horas en tren, pero hasta para una nueva pareja resulta algo agotador, de manera que decidieron ver si podían conseguir un contrato en una misma ciudad.[2]

Yale lo dio todo por mantener a Doudna en plantilla y le ofreció un importante puesto de profesorado. Para resolver lo que en la academia se conoce como «el problema de los dos cuerpos», también le procuró un puesto a Cate. No obstante, Tom Steitz, el biólogo estructural que les había enseñado las técnicas de refrigerado criogénico, trabajaba allí con el mismo objeto de estudio al que él quería dedicarse, algo que, según entendía él, disminuiría sus oportunidades para destacar.

—Allí estaba mi competidor directo —dice—, un tipo estupendo, pero estar en la misma institución parecía difícil.

Con su marido, Jamie Cate, y su hijo, Andy, en Hawái, en 2003

Harvard, por su parte, brindó a Doudna una posición en el departamento de Química y Bioquímica, al que acababan de poner nuevo nombre y se hallaba en pleno crecimiento. Fue allí como profesora visitante y, ya el primer día, el decano le extendió una carta de oferta laboral para un puesto permanente. Con Cate en el MIT, parecía un arreglo ideal.

—Pensé en que era estupendo terminar en Boston, donde había estudiado el posgrado y donde había pasado tantos buenos momentos.

Resulta interesante imaginar lo distinta que habría sido su carrera si se hubiese quedado en Harvard. Junto al MIT y al adjunto Instituto Broad, la universidad era un hervidero de la investigación en biotecnología, en especial en el campo de la ingeniería genética. Una década más tarde, se habría encontrado ella misma en la carrera para desarrollar la CRISPR como herramienta para la edición de genes con varios investigadores con base en Cambridge, entre los que se hallaban George Church, de Harvard, y entre los que se convertirían en sus más resentidos rivales, Feng Zhang y Eric Lander, del Broad Institute.

Sin embargo, recibió entonces una llamada de la Universidad de California en Berkeley. Su primera reacción fue la de rechazar cualquier oferta, pero cuando se lo contó a Cate, él se quedó estupefacto. «Deberías decirles algo —le comentó él—; Berkeley está muy bien.» En los tiempos en que había estado como becario posdoctoral en Santa Cruz, se pasaba a menudo por el Laboratorio Nacional Lawrence Berkeley, gestionado por la universidad, para hacer experimentos en el ciclotrón, un acelerador de partículas, que tenían allí.

Cuando fueron a visitar el campus, Doudna aún estaba poco inclinada a cambiarse allí, pero Cate se mostraba entusiasmado. «Soy más bien un tío de la costa oeste —dice—. Cambridge me parecía un poco estirada. Fíjate que el que era mi director por entonces venía siempre al trabajo con pajarita. Me hacía más ilusión la idea de estar en Berkeley, tiene mucha más energía.» A Doudna le gustaba que se tratase de una universidad pública, así que la persuadió fácilmente. En el verano de 2002 ya se habían mudado.

La elección de Berkeley es el testimonio de la inversión estadounidense en una mejor educación pública, una historia que se remonta por lo menos a Abraham Lincoln, que, en medio de una guerra civil, aún tuvo tiempo de pensar que se trataba de una cuestión lo suficientemente importante como para impulsar la ley de concesión de tierras de Morrill de 1862, por la que se destinaban fondos de la venta de los terrenos federales a la creación de nuevas escuelas universitarias de agricultura y mecánica.

Entre aquellas, se encontraba la escuela de Agricultura, Minas y Mecánica, cerca de Oakland, en California, fundada en 1886, que, dos años después, se fusionaría con la cercana escuela de California, de carácter privado. Con el tiempo, se convertiría en la Universidad de California en Berkeley y llegaría a ser una de las mayores instituciones de investigación y enseñanza. En la década de 1980, más de la mitad de los fondos eran de carácter estatal. Sin embargo, desde entonces, como la mayoría de las universidades públicas, Berkeley ha sufrido recortes. Cuando Doudna llegó, la financiación estatal suponía tan solo un 30 por ciento del presupuesto de esa universidad. En el año 2018, hubo un nuevo recorte de la financiación estatal, con lo que quedó en menos del 14 por ciento. Como consecuencia, ya en el año 2020, la matrícula en Berkeley para un residente en California era de 14.250 dólares anuales, unos 11.714 euros, más del triple que en el año 2000. Alquiler, comidas y otros gastos elevarían el coste total a cerca de 36.265 dólares, unos 29.812 euros. Para un estudiante que resida fuera del estado, el total de los gastos llegaría a ser de 66.000 dólares al año, unos 54.250 euros.

La interferencia de ARN

El estudio de la estructura del ARN que Doudna estaba llevando a cabo la condujo a un campo que, con el tiempo, llegaría a ser relevante en su carrera de forma repentina, el de los virus. En particular, le interesaba el modo en que el ARN habilitaba a algunos virus, como los coronavirus, para tomar el control de la maquinaria encargada de la producción de proteínas de una célula. Durante su primer semestre en Berkeley, en el otoño de 2002, se originó en China un brote de un virus que causaba síndrome respiratorio agudo grave, el SARS. Existen muchos virus compuestos de ADN, pero el del SARS era un coronavirus que, en su lugar, contenía ARN. Cuando desapareció, tras dieciocho meses, había matado a cerca de ochocientas personas en todo el mundo. Se le dio el nombre oficial de SARS-CoV. En 2020, se le ha tenido que rebautizar como SARS-CoV-1.

Doudna también comenzó a interesarse por un fenómeno conocido como interferencia de ARN. En general, los genes codificados por el ADN en las células envían el ARN mensajero para dirigir la formación de una proteína. La interferencia de ARN hace justo lo que dice su nombre; en el proceso, unas pequeñas moléculas encuentran el modo de inmiscuirse en el ARN mensajero.

La interferencia de ARN se descubrió en la década de 1990, en parte gracias a unos investigadores que buscaban intensificar el violeta de las petunias, a base de darle un poco de vida a los genes del color de las flores. El proceso se saldó con la supresión de algunos de estos genes, lo que dio como resultado unas petunias moteadas y con puntos. Craig Mello y Andrew Fire acuñaron el término «interferencia de ARN» en un artículo de 1998 y, más tarde, obtendrían el Premio Nobel por haber descubierto cómo funciona el fenómeno en los nematodos, unos minúsculos gusanos.[3]

La interferencia de ARN funciona por la acción de una enzima conocida como Dicer. La enzima Dicer divide una porción más larga de ARN en fragmentos más pequeños, que pasan a embarcarse en una misión de buscar y destruir. Tratan de encontrar una molécula de ARN mensajero con las mismas letras y valerse de una enzima que hace las veces de tijeras para trocearla. De esa forma, la información genética transportada por dicha molécula queda silenciada.

Doudna comenzó a trabajar en el descubrimiento de la estructura molecular de la enzima Dicer. Al igual que había hecho con los intrones de ARN que podían cortarse y ensamblarse a sí mismos, se valió de la cristalografía de rayos X para cartografiar los plegamientos y giros que la caracterizaban, lo que esperaba que a su vez serviría para averiguar la manera en que funcionaba. Llegados a este punto, los investigadores no habían conseguido saber cómo la enzima Dicer podía cortar justo las secuencias de letras correctas del ARN para silenciar un gen específico. Al estudiar la estructura de la enzima, Doudna demostró que funcionaba como una especie de regla con una pinza en un extremo, de la que se valía para asir una cadena larga de ARN, y un cuchillo de carnicero en el otro, que utilizaría para cortar el segmento en el punto exacto.

Doudna y su equipo fueron aún más allá y elucidaron cómo podían crearse herramientas para silenciar distintos genes mediante la sustitución de un campo particular de la enzima Dicer. «Es posible que el hallazgo más fascinante de este estudio —destacaba el artículo que firmaron en 2006— sea que la enzima Dicer se puede manipular.»[4] Se trataba de un descubrimiento muy útil, pues permitiría a los investigadores valerse de la interferencia de ARN para desactivar una amplia variedad de genes, tanto para descubrir lo que pueda hacer cada uno de ellos como para regular su actividad con fines médicos.

En la era de los coronavirus, la interferencia del ARN aún puede desempeñar otro papel más. A lo largo de la historia de la vida en nuestro planeta, algunos organismos (aunque no humanos) han evolucionado de modo que se valen de la interferencia de ARN para deshacerse de los virus.[5] Tal y como Doudna escribió en una publicación especializada en 2013, los investigadores esperaban hallar alternativas para utilizar la interferencia de ARN para proteger a los seres humanos de las infecciones.[6] Dos artículos publicados en *Science* ese mismo año aportaron sólidas pruebas de que, de hecho, algo así podía llegar a ponerse en práctica. Por entonces las miras estaban puestas en que los medicamentos basados en la interferencia de ARN podían llegar a ser, algún día, una buena opción para tratar las infecciones víricas graves, incluidas aquellas causadas por los nuevos coronavirus.[7]

El artículo de Doudna sobre la interferencia de ARN apareció en *Science* en enero de 2006. Solo unos pocos meses después se publicó un artículo en una revista de menor difusión, en el que se describía otro mecanismo de defensa contra los virus que también existía en la naturaleza. Estaba firmado por un científico español poco conocido que había descubierto el mecanismo subyacente en microorganismos como las bacterias, que contaban con un historial mucho más dilatado y brutal de luchas contra los virus del que puedan tener los seres humanos. En un principio, el puñado de científicos que tenían este objeto de estudio asumió que funcionaba mediante la interferencia de ARN. Pronto descubrirían que se trataba de un fenómeno aún más interesante.

SEGUNDA PARTE

CRISPR

El científico no estudia la naturaleza porque resulte útil, sino que lo hace por el mero placer que produce y, si produce placer, es porque se trata de algo bello.

HENRI POINCARÉ, *Ciencia y método*, 1908

Francisco Mojica

Erik Sontheimer y Luciano Marraffini

9

Repeticiones agrupadas

FRANCISCO MOJICA

En los tiempos en que Yoshizumi Ishino estudiaba en la Universidad de Osaka, la investigación doctoral que estaba llevando a cabo implicaba secuenciar un gen de la bacteria *E. coli*. Corría el año 1986 y la secuenciación de genes era aún un proceso laborioso, pero al final logró determinar los 1.038 pares de bases que constituían el gen en cuestión. En un extenso artículo que publicó al año siguiente, hacía notar, en el último párrafo, una singularidad que no había considerado lo suficientemente importante como para mencionarla en el resumen. «Se ha encontrado una estructura inusual —apuntaba—; cinco secuencias de veintinueve nucleótidos con una homología elevada han resultado ser repeticiones directas.» En otras palabras, había encontrado cinco segmentos de ADN idénticos entre sí. Estas secuencias repetidas, cada una de una extensión de veintinueve pares de bases, se hallaban salpicadas por secuencias de ADN de apariencia normal, a las que él llamó «espaciadores». Ishino desconocía qué eran estas repeticiones agrupadas. En el enunciado de cierre del artículo, añadía: «No se conoce el sentido biológico de estas secuencias». No siguió investigando el tema.[1]

El primer investigador que elucidó la función de aquellas secuencias repetidas fue Francisco Mojica, un estudiante de posgrado de la Universidad de Alicante. En 1990, comenzó un trabajo de doctorado sobre las arqueas, que, al igual que las bacterias, son organismos unicelulares sin un núcleo. La arquea a cuyo estudio él se dedicaba prospera en unas salinas marítimas diez veces más saladas que el océano. Se encontraba secuenciando aquellas regiones que, según su idea, podrían explicar esa afición a la sal, cuando detectó catorce secuencias idénticas de ADN, repetidas en intervalos regulares. Parecían palíndromos, es decir, se leían igual en ambos sentidos.[2]

En un primer momento, asumió que había hecho mal la secuencia. «Pensé que se trataba de un error», explica con una resonante risotada. Sin embargo, en 1992, los datos seguían recogiendo tales repeticiones espaciadas de forma regular, de manera que Mojica comenzó a preguntarse si alguien más habría hecho un hallazgo parecido. Aún no existía Google ni tampoco las indexaciones en línea, de manera que hubo de buscar a pelo citas de la palabra «repetición» en la colección de Current Contents, un índice impreso de artículos académicos. Puesto que estamos hablando del siglo pasado, cuando muy pocas publicaciones estaban en línea, cada vez que se hacía con algún listado que pudiera parecer alentador, debía ir a la biblioteca para encontrar la revista de la que se tratase. En última instancia, acabó dando con el artículo de Ishino.

La bacteria de la que se ocupaba este, *E. coli*, es un organismo muy diferente de la arquea de Mojica, de manera que resultaba sorprendente que ambos contaran con secuencias repetidas y segmentos espaciadores de modo semejante. Fue esto lo que convenció a Mojica de que el fenómeno debía de tener algún importante propósito biológico. En un artículo publicado en 1995, él y sus directores de tesis acuñaron el término «repeticiones en tándem», suponiendo, equivocados, que podían tener algo que ver con la replicación celular.[3]

Tras dos breves trabajos posdoctorales, uno en Salt Lake City y el otro en Oxford, Mojica regresó en 1997 a la Universidad de Alicante, a tan solo unos kilómetros de donde él había nacido, y reunió a un grupo de investigación para estudiar aquellas misteriosas secuencias repetidas, una tarea para la que resultaba complicado conseguir fondos.

—Me dijeron que abandonase mi obsesión por las repeticiones, porque había un montón de fenómenos similares en los organismos, y era probable que este no fuese nada de especial —cuenta.

Con todo, él sabía que las bacterias y las arqueas cuentan con unas cantidades bastante limitadas de material genético. Así, no se pueden permitir desperdiciar una gran parte de este en un montón de secuencias sin una función importante. De modo que él siguió tratando de esclarecer el propósito de estas repeticiones agrupadas; quizá contribuían a dar forma a la estructura del ADN o conformaban circuitos a los que las proteínas pudiesen aferrarse. Ambas hipótesis se demostraron asimismo erróneas.

EL NOMBRE «CRISPR»

Ya entonces los investigadores habían encontrado tales secuencias repetidas en veinte especies distintas de bacterias y arqueas, y, por consiguiente, habían aparecido multitud de nombres para ellas. Mojica no estaba muy conforme con el de «repeticiones en tándem», que su director de tesis le había impuesto; al fin y al cabo, se trataba de secuencias interespaciadas, no en tándem. Así que, en un primer momento, las rebautizó como «repeticiones cortas y regularmente espaciadas» (o SRSR por sus siglas en inglés). Aunque fuese mucho más descriptivo, también se prestaba poco a la memorización, por cuanto las siglas eran impronunciables.

Mojica había mantenido correspondencia con Ruud Jansen, de la Universidad de Utrecht, que estudiaba estas secuencias en la bacteria de la tuberculosis. Las había llamado «repeticiones directas», pero estuvo de acuerdo en que era necesario ponerles un nombre más apropiado. Una tarde, Mojica conducía del laboratorio hasta su casa, cuando se le ocurrió el nombre de CRISPR (leído «crísper»), por las siglas en inglés de «repeticiones palindrómicas cortas agrupadas y regularmente interespaciadas». Aunque se trate de un término quizá algo tosco e imposible de recordar, las siglas CRISPR eran, sin duda, nítidas y pegadizas. No sonaba intimidante, sino familiar, y esa «e» pronunciada pero no escrita le daba un lustre futurista. Cuando llegó a casa, le preguntó a su mujer qué le parecía. «Me parece un nombre genial para un perro —dijo ella—. "¡Crísper! ¡Crísper!, ¡ven, pequeñín!".» Él se rio y concluyó que podría funcionar.

El 21 de noviembre de 2001, el nombre quedó consagrado en un correo electrónico que Jansen envió a Mojica en respuesta a su sugerencia. «Estimado Francis —escribió—, me parece que CRISPR son unas siglas fantásticas. Creo que las combinaciones de letras de las alternativas no suenan ni de lejos tan pegadizas, así que prefiero un conciso CRISPR a SRSR o a SPIDR.»[4]

Jansen formalizó esta decisión en un artículo que publicó en abril de 2002, en el que describía el descubrimiento que había hecho de unos genes que parecían estar asociados a las CRISPR. En la mayoría de los organismos con CRISPR, las secuencias repetidas estaban flanqueadas por alguno de esos genes, que codificaban las instrucciones para producir unas enzimas a las que denominó «asociadas a CRISPR» o Cas.[5]

Una defensa frente a los virus

Cuando Mojica comenzó a secuenciar el ADN de aquellos microbios amantes de la sal en 1989, la secuenciación genética era un proceso lento. Sin embargo, el Proyecto del Genoma Humano, que acababa de empezar, daría luz, llegado un momento, a nuevos métodos de secuenciación de gran rapidez. En 2003, cuando Mojica estaba concentrado en dilucidar el papel desempeñado por las CRISPR, ya se había secuenciado el genoma de casi doscientas bacterias (además del de los seres humanos y los ratones).

En agosto de aquel año, Mojica estaba de vacaciones en la casa de sus suegros en la ciudad costera de Santa Pola, a unos veinte kilómetros de Alicante. Aquello, desde luego, no era su idea de diversión.

—Lo cierto es que no me gusta la arena, ni estar en la playa en verano, con el calor y toda esa cantidad de gente —explica—. Mientras mi mujer se tumbaba en la playa a tomar el sol, yo cogía el coche y conducía hasta el laboratorio, hasta Alicante, para pasar el día allí. Ella estaba a gusto en la playa, pero yo prefería analizar las secuencias de *E. coli*.[6]

Sin duda, son las palabras de un científico entregado.

Los «espaciadores», esas regiones conformadas por segmentos de ADN en apariencia normales y anidados entre las CRISPR, lo tenían fascinado. En aquel momento se estaba dedicando a meter las secuencias espaciadoras de *E. coli* en bases de datos. Así, se topó con un hecho intrigante, a saber, los segmentos espaciadores coincidían con secuencias presentes en virus que atacaban a la bacteria. Al analizar otras bacterias con secuencias CRISPR, se encontró con lo mismo, es decir, los segmentos espaciadores coincidían con virus que afectaban a *E. coli*. Llegado a ese punto, no pudo sino exclamar: «¡Madre mía!».

Una tarde, tras haber vuelto a la casa de la playa, estando ya seguro del hallazgo que había hecho, le explicó a su mujer que había descubierto algo realmente increíble.

—Las bacterias tienen un sistema inmune, pueden recordar qué virus las han atacado en el pasado.

Ella se rio y admitió que no lo entendía del todo, pero que sin duda se trataba de algo importante, pues lo veía muy emocionado.

—En unos años vas a verlo en los periódicos y en los libros de historia.

Esa parte no se la creyó.

Lo que Mojica había hallado era todo un frente de batalla en la guerra más antigua, descomunal y atroz de la historia de este planeta, la que enfrentaba a las bacterias y a sus atacantes, los virus conocidos como «bacteriófagos» o «fagos». Se trata de la categoría más amplia de virus que existe en la naturaleza. Por supuesto, los virus fagos son la entidad biológica más abundante de la Tierra. Hay hasta 10^{31}, un billón de fagos por cada grano de arena, superiores en número a todos los organismos juntos, incluidas las bacterias. En un milímetro cuadrado de agua marina puede haber hasta novecientos millones de estos virus.[7]

Como los seres humanos nos encontramos en una lucha para acabar con las nuevas cepas de virus que van apareciendo, es útil tener en cuenta que las bacterias lo llevan haciendo desde hace tres mil millones de años, más o menos el equivalente a algunos millones de siglos. Casi desde el comienzo de la vida en este planeta, se ha llevado a cabo una intensa carrera armamentística entre las bacterias, que han desarrollado elaborados métodos de defensa frente a los virus, y estos siempre han estado en evolución, siempre han estado en busca de un modo de burlarlos.

Mojica se topó con que las bacterias con secuencias espaciadoras de CRISPR parecían ser inmunes a la infección por parte de los virus que contaban con esas mismas secuencias, mientras que las que no las tenían sí se infectaban. Se trataba de un sistema de defensa muy ingenioso, y había algo más inaudito aún, esto es, el hecho de que parecía adaptarse a nuevas amenazas. Cuando surgían nuevos virus, las bacterias que sobrevivían eran capaces de incorporar parte del ADN de aquellos, legando de este modo a su progenie la inmunidad adquirida frente a estos. Tal como él recuerda, al clarificar todo esto, lo embargó tal emoción que empezó a llorar.[8] Es algo que a veces consigue la belleza del mundo natural.

Se trataba de un descubrimiento tan asombroso como elegante, que acabaría por tener importantes repercusiones. Con todo, las tremendas dificultades por las que pasó Mojica para publicarlo resultan absurdas. Presentó un artículo a *Nature*, en octubre de 2003, con el título de «Prokaryotic Repeats Are Involved in an Immunity System», una descripción del hecho de que los sistemas CRISPR eran el modo en que las bacterias adquirían inmunidad a los virus. Los editores ni siquiera lo mandaron a revisión; juzgaban, equivocados, que no había en él nada que no hubiese aparecido ya en otros artículos sobre las CRISPR. También afirmaron, aquí no les faltaba algo de razón, que Mojica no presentaba ningún experimento de laboratorio que mostrarse el funcionamiento de las CRISPR.

Otras dos publicaciones rechazaron el artículo de Mojica. Al final, consiguió publicarlo en el *Journal of Molecular Evolution*, que no tenía el mismo prestigio, pero que servía para cumplir con el objetivo de dejar constancia de sus hallazgos en una revista de revisión por pares. Incluso con esta publicación, Mojica se vio obligado a insistir una y otra vez y a espolear a unos editores que no parecían tener ninguna prisa.

—Llamaba y trataba de ponerme en contacto con los editores casi todas las semanas —cuenta—. Los días pasaban y se me hacía terrible, una pesadilla, porque yo sabía que había descubierto algo grande de verdad, así como que, en un momento dado, otra gente también lo iba a descubrir, y no era capaz de hacerles ver a ellos lo importante que era.[9] La revista recibió el artículo en febrero de 2004, no tomó una decisión hasta octubre y no lo publicó hasta febrero de 2005, dos años después de que Mojica hubiese hecho aquel descubrimiento.[10]

Según sus propias palabras, la única motivación que tenía era el amor que siente por la hermosura que rebosa en la naturaleza. En Alicante, tenía el lujo de poder dedicarse a la investigación pura sin tener que justificar la subsiguiente utilidad práctica, y nunca trató de patentar sus descubrimientos sobre las CRISPR.

—Cuando se trabaja del modo en que yo lo hago, con unos organismos peculiares que habitan entornos insólitos, como las salinas, la única motivación es la curiosidad —dice—. No parecía que este descubrimiento se fuese a aplicar a organismos más normales. Aunque estábamos equivocados.

El que un hallazgo llegue a tener aplicaciones inesperadas es algo que ocurre muy a menudo en el mundo de la ciencia.

—Con las investigaciones movidas por la curiosidad, nunca se sabe adónde se puede llegar. Algo muy elemental puede, más adelante, tener consecuencias de amplio alcance.

La predicción que le hiciera a su esposa de que algún día vería su nombre en los libros de historia resultaría acertada.

El de Mojica fue el comienzo de un aluvión de artículos en los que se demostraba que el CRISPR era en efecto un tipo de sistema inmune de las bacterias que se adaptaba a los nuevos virus que las atacaban. En el transcurso de un año, Eugene Koonin, un investigador del Centro Nacional para la Información Biotecnológica de Estados Unidos, amplió la teoría de Mojica al mostrar que la función de las enzimas asociadas a las CRISPR era extraer la información del ADN de los virus atacantes e insertarla en el de la propia bacteria, algo así como un corta y pega de la foto policial de un virus peligroso.[11] No obstante, Koonin y su equipo se equivocaron en una cosa, pues suponían que el sistema defensivo CRISPR debía de funcionar mediante la interferencia de ARN. En otras palabras, creían que las bacterias recurrirían a esas imágenes de archivo para encontrar el modo de interferir en el ARN mensajero que lleva la información codificada en el ADN.

Había más personas que pensaban igual. Esa es la razón por la que Jennifer Doudna, especialista destacada de Berkeley en la interferencia de ARN, recibiría la inesperada llamada de una colega que estaba tratando de descifrar las CRISPR.

Jillian Banfield

10

El Free Speech Movement Café

JILLIAN BANFIELD

Poco después de haber publicado el primer artículo sobre la enzima Dicer, a principios del año 2006, estando sentada en su despacho en Berkeley, Doudna recibió una llamada de una profesora de la misma universidad, de quien había oído hablar, pero a la que no conocía, Jillian Banfield, una microbióloga que, al igual que Mojica, estaba interesada en los pequeños organismos que se encuentran en entornos extremos. Banfield, una australiana de carácter sociable, sonrisa mordaz y naturaleza colaborativa, estudiaba unas bacterias que su equipo había encontrado en un lago australiano con una elevada cota de salinidad, un géiser de Utah, de aguas característicamente calientes, y en el drenaje extremadamente ácido de unas minas de cobre de California, que había conformado unas marismas salobres.[1]

Cuando Banfield secuenció el ADN de aquella bacteria, el resultado vino a sumarse a la serie de hallazgos de las secuencias repetidas y agrupadas conocidas como CRISPR. Ella se contaba entre quienes habían asumido que el sistema CRISPR funcionaba mediante la interferencia de ARN; cuando tecleó «"ARNi" y "UC Berkeley"» en el buscador de Google, el nombre de Doudna salió como mejor resultado, por lo que se decidió a llamarla. «Necesito a alguien en Berkeley que trabaje con el ARN guía —le explicó a Doudna—, he buscado en Google y ha aparecido tu nombre.» Así que acordaron verse para tomar un té.

Doudna nunca había oído hablar de las CRISPR; de hecho, pensaba que Banfield estaba diciendo literalmente «crísper». Tras colgar el teléfono, hizo una búsqueda rápida en internet y halló un puñado de artículos sobre el tema. Una vez que se hubo hecho una idea general, al encontrar una publicación en la que se recogía que CRISPR venía de «repeticiones palindrómicas cortas agrupadas y regularmente interespaciadas», decidió esperar a que Banfield se lo explicara en detalle.

Quedaron un ventoso día de primavera en el patio del Free Speech Movement Café, un local de sopas y ensaladas que estaba justo a la entrada de la biblioteca de estudiantes de Berkeley. Banfield había llevado impresos los artículos de Mojica y Koonin. Creía que, para poder determinar la función de las secuencias CRISPR, resultaba sensato colaborar con una bioquímica como Doudna, capaz de analizar cada uno de los componentes de una misteriosa molécula en el laboratorio.

Cuando me senté con ambas para que me contaran los detalles de aquel encuentro, hicieron gala del mismo entusiasmo que decían haber sentido entonces. Las dos hablaban a toda prisa, Banfield en particular, y cada una terminaba la frase de la otra entre repentinas risotadas.

—Estábamos ahí sentadas, con nuestro té... Tú tenías una pila de papeles con todos aquellos datos de secuencias que habías ido reuniendo —recordaba Doudna.

Banfield, que por lo general trabaja con el ordenador y rara vez imprime nada, asintió.

—No paraba de enseñarte secuencias —recordaba.

Doudna la interrumpió:

—Estabas tan entusiasmada... Hablabas muy rápido, tenías un montón de datos, y yo pensaba: «Este tema la ilusiona de verdad».[2]

Banfield dibujó una cadena de diamantes y cuadrados en la mesa de la cafetería, que representaban los segmentos de ADN que había encontrado en la bacteria que estudiaba. Le explicó a Doudna que todos los diamantes constituían secuencias idénticas, mientras que los cuadrados intercalados tenían secuencias únicas.

—Es como si se estuviesen diversificando con gran rapidez como respuesta a algo —le explicó a Doudna—, pero ¿a qué se deben estas extrañas agrupaciones de secuencias de ADN? ¿Cómo funcionan?

Hasta entonces, las CRISPR habían pertenecido sobre todo al ámbito de los microbiólogos, como Mojica o Banfield, que estudiaban organismos vivos. Habían elaborado elegantes teorías al respecto, algunas de ellas correctas, pero no habían llevado a cabo experimentos controlados en probetas, etcétera.

—De hecho, hasta entonces, nadie había aislado los componentes moleculares del sistema CRISPR, ni se había sometido a pruebas de laboratorio, ni se había determinado su estructura —explicaba Doudna—; así que era el momento de que los bioquímicos y los biólogos estructurales como yo uniesen sus fuerzas.[3]

Blake Wiedenheft en Kamchatka, Rusia

11

Unión de fuerzas

Blake Wiedenheft

En un primer momento, cuando Banfield le propuso colaborar en el tema de las CRISPR, Doudna se quedó bloqueada. No había nadie en su laboratorio que pudiese hacerse cargo de eso.

Entonces apareció un candidato inesperado en su despacho, con la intención de hacer una entrevista para ocupar una plaza posdoctoral. Se trataba de Blake Wiedenheft, un carismático montañés tan adorable como un osezno, al que le encantaba el aire libre, que había dedicado la mayor parte de su carrera académica, siempre y cuando no se encontrase en busca de aventuras en la naturaleza, a recoger microorganismos de entornos extremos desde Kamchatka, en Rusia, hasta el estadounidense Parque Nacional de Yellowstone, que casi tenía por patio de casa, tal y como hacían Banfield y Mojica. Las cartas de recomendación que llevaba no eran deslumbrantes, pero mostraba seriedad y hasta entusiasmo ante la posibilidad de cambiar su objeto de estudio, de la biología de los pequeños organismos a la de las moléculas, y cuando Doudna le preguntó sobre qué quería trabajar, él pronunció la palabra mágica: «¿Alguna vez ha oído hablar de las CRISPR?».[1]

Wiedenheft había nacido en Fort Peck (Montana), un puesto fronterizo con una población de doscientos treinta y tres habitantes, a unos ciento treinta kilómetros de la frontera canadiense y lejos de casi cualquier lugar. Era hijo de unos biólogos de industrias pesqueras de la Oficina para la Vida Silvestre de Montana, que en la época del instituto había practicado atletismo, esquí, lucha libre y fútbol americano.

Se había especializado en Biología en la Universidad del Estado de Montana, aunque no pasaría mucho tiempo en el laboratorio. Lo que le gustaba, en su lugar, era ir al cercano Yellowstone y recoger microorganismos capaces de sobrevivir en los hirvientes y ácidos manantiales del parque.

—Era algo que me causaba mucha impresión —cuenta—. Cogíamos muestras de aquellos organismos de un manantial con gran acidez y altas temperaturas, las metíamos en unos termos, las cultivábamos en unos manantiales de agua caliente totalmente artificiales que montábamos en el laboratorio y luego las poníamos en el microscopio y las observábamos a través de las lentes, para ver algo nunca visto. Cambió mi modo de pensar en qué es la vida.

La de Montana era la universidad perfecta para él, puesto que le permitía dar rienda suelta a su pasión por la aventura. «Siempre estoy pensando en cuál va a ser la siguiente cumbre», afirma.[2] Cuando obtuvo la licenciatura, no tenía planes de convertirse en investigador científico. En su lugar, al igual que a su padre, le interesaba la biología de los peces, y se hizo con un puesto en un buque de pesca de cangrejos en el mar de Bering, en Alaska, para reunir datos para las agencias gubernamentales. Más adelante, dedicó un verano a enseñar ciencias a los niños en Gana, para después pasar una temporada como patrullero de esquí en Montana. «Era adicto a la aventura.»

No obstante, durante sus viajes, se encontraría volviendo a sus viejos libros de texto de biología cada noche. Mark Young, que había sido su mentor en la facultad, estaba estudiando los virus que atacaban a las bacterias que habitaban en aquellos manantiales hirvientes y de aguas ácidas de Yellowstone.

—Mark estaba loco por entender cómo era posible que el funcionamiento de aquellas máquinas biológicas fuese literalmente infeccioso.[3]

Después de tres años yendo de un lugar a otro, Wiedenheft decidió que no era obligatorio salir al aire libre para encontrar aventuras, que eso también era posible en un laboratorio. Regresó a la Universidad Estatal de Montana para doctorarse bajo la dirección de Young y, juntos, se dedicaron a estudiar el modo en que los virus invadían a las bacterias.[4]

Aunque Wiedenheft llegó a secuenciar el ADN de los virus, pronto quiso más.

—Una vez que comencé a observar las secuencias de ADN, comprendí que estas apenas ofrecían información —cuenta—. Lo que había que hacer era determinar las estructuras, ya que estas, los plegamientos y los giros que las conforman, se han conservado durante un periodo evolutivo más amplio que las secuencias de los ácidos nucleicos.

En otras palabras, la secuencia de letras del ADN no daba la clave de cómo funcionaba; lo importante era cómo se plegaba y giraba, lo que vendría a revelar cómo interactuaba con otras moléculas.[5]

Decidió que tenía que aprender biología estructural, y no había un mejor sitio para hacerlo que el laboratorio de Doudna en Berkeley.

Wiedenheft es demasiado sincero como para mostrar inseguridad, lo que se puso de manifiesto en la entrevista con Doudna.

—Venía de un pequeño laboratorio en Montana, pero era lo bastante presuntuoso como para no estar intimidado del todo, a pesar de que debería haberlo estado —recuerda.

Había distintas áreas de estudio con las que tenía en mente probar, pero cuando Doudna se mostró interesada en las CRISPR, para él la principal de entre aquel conjunto de predilecciones, se sintió lleno de energía.

—Comencé a elevar la voz y a tratar de venderme lo mejor que sabía.

Fue directo a la pizarra blanca e hizo un esquema con los proyectos en torno a las CRISPR en que estaban metidos otros investigadores, incluidos John van der Oost y Stan Brouns, de un equipo neerlandés con el que había llegado a trabajar en una visita que habían hecho a Yellowstone, para recoger microorganismos de las aguas termales.

Wiedenheft y Doudna iniciaron una tormenta de ideas sobre las posibilidades que podían abrirse en el laboratorio; la más relevante fue la de averiguar las funciones de las enzimas asociadas a CRISPR (Cas). Doudna se había quedado impresionada con su energía y con su contagioso fervor. Por su parte, a él le emocionaba que Doudna compartiese su misma pasión por las CRISPR.

—Tiene un don para ver qué es lo que se cuece y darse cuenta de cuál va ser el próximo bombazo —dice.[6]

Wiedenheft se lanzó a trabajar con Doudna en su laboratorio con la misma y gozosa pasión con la que se había estado dedicando al trabajo de campo, más que dispuesto a zambullirse en una serie de técnicas de las que nunca se había valido antes. Cuando llegaba la hora de comer, él se iba a hacer una sesión intensiva de bici, y por la tarde y hasta última hora se dedicaba a trabajar, todavía con todo el equipo de ciclista puesto, yendo de un lado a otro del laboratorio con el casco. Una vez estuvo cuarenta y ocho horas con un experimento, durmiendo allí mismo.

MARTIN JINEK

El gran interés de Wiedenheft en la biología estructural lo llevó a acoplarse, tanto intelectual como socialmente, a un investigador de posdoctorado, el experto en cristalografía del laboratorio de Doudna. Su nombre era Martin Jinek y había nacido en la ciudad silesia de Třinec, en la antigua Checoslovaquia. Había estudiado química orgánica en la Universidad de Cambridge y había preparado su tesis, bajo la dirección de la bioquímica italiana Elena Conti, en Heidelberg. El resultado fue, además de una ágil actitud científica, una dicción híbrida con unas frases pronunciadas con gran precisión y repetidamente interespaciadas con el adverbio «básicamente».[7]

En el laboratorio de Conti, Jinek había desarrollado una auténtica pasión por la molécula estrella de este libro, el ARN. «Se trata de una molécula tan versátil... Puede actuar como catalizador, puede plegarse en estructuras tridimensionales... —le explicaba tiempo después a Kevin Davies, del *CRISPR Journal*—. Al mismo tiempo, transporta información. ¡Es un todoterreno del mundo biomolecular!»[8] Su meta era trabajar en un laboratorio para determinar la estructura de complejos con combinaciones de ARN y enzimas.[9]

Jinek sabía cómo trazarse su propio camino. «Podía trabajar con independencia, algo que siempre ha sido importante en mi laboratorio, porque no soy una especie de asesora que está siempre encima de lo que se está haciendo —dice Doudna—. Me gusta contar con gente creativa, que tenga sus propias ideas, y también que quiera trabajar bajo mi guía y como parte de mi equipo, pero no con indicaciones diarias.» Organizó un encuentro con Jinek cuando acudió a Heidelberg para un congreso, y en aquella ocasión lo tentó para que fuese a Berkeley y trabajase codo a codo con el personal del laboratorio. Para ella era importante que todo el equipo estuviese cómodo con cada persona nueva que entrase.

El trabajo inicial de Jinek en el laboratorio de Doudna estaba dedicado al funcionamiento de las interferencias de ARN. Los investigadores habían descrito el proceso en células vivas, pero él sabía que una explicación integral aún exigía reproducir el proceso en un tubo de ensayo. Gracias a una serie de experimentos *in vitro*, fue capaz de aislar las enzimas esenciales para interferir en la expresión de un gen. También logró determinar la estructura cristalina de una enzima particular, con lo que pudo a su vez mostrar cómo el ARN mensajero podía cortar.[10]

Jinek y Wiedenheft, cuyos bagajes y personalidades eran muy diferentes, pasaron a ser partículas complementarias. El primero era un cristalógrafo con el deseo de obtener más experiencia en el trabajo con células vivas, mientras que el segundo era un microbiólogo que quería aprender de cristalografía. Que simpatizaran no llevó más que un instante. Frente a Jinek, Wiedenheft tenía un sentido del humor mucho más juguetón, pero era tan contagioso que aquel pronto se impregnó de él. En una ocasión, se alojaron con el resto de los miembros del equipo en el Laboratorio Nacional Argonne, cerca de Chicago. Les tocó alojarse en el gran edificio circular donde se encuentra instalada la fuente avanzada de fotones —una potente máquina de rayos X—, un complejo tan inmenso que hay triciclos disponibles para que los investigadores se desplacen de un lugar a otro. El caso es que después de haberse pasado toda la noche trabajando, hacia las cuatro de la mañana, Wiedenheft organizó una carrera de triciclos por el circuito completo del edificio, que, por supuesto, ganó.[11]

Doudna decidió que el objetivo del laboratorio sería diseccionar el sistema CRISPR en sus componentes químicos y estudiar cómo funcionaba cada uno de ellos. Junto con Wiedenheft, se decantó por concentrarse primero en las enzimas asociadas a las CRISPR.

Cas1

Vamos a detenernos para hacer un pequeño recuento. Las enzimas son un tipo de proteína, cuya función principal es la de actuar como catalizador, como acelerador de reacciones químicas en las células de los organismos vivos, desde las bacterias hasta los seres humanos. Hay más de cinco mil reacciones bioquímicas catalizadas por enzimas, entre las que se incluyen la síntesis del almidón o de las proteínas en el sistema digestivo, la contracción de los músculos, el envío de señales de unas células a otras, la regulación del metabolismo o —lo más importante para lo que nos atañe— el corte y ensamble del ADN y el ARN.

En el año 2008, los científicos ya habían descubierto un buen número de enzimas producidas por genes adyacentes a secuencias de CRISPR en el ADN de las bacterias. Estas enzimas asociadas a las CRISPR (Cas) habilitan al sistema para cortar y pegar los nuevos recuerdos de los virus que puedan atacar a la bacteria. Además, generan unos segmentos cortos de ARN, conocidos como ARN de las CRISPR o ARNcr, que tienen la capacidad de guiar a una enzima que actúa como tijera hacia cualquier virus peligroso y cortar el material genético de este. Y ¡abracadabra! Así es como la astuta bacteria se procura un sistema inmune adaptativo.

En el año 2009, el sistema de clasificación para estas enzimas aún no estaba fijado, en gran parte debido a que se estaban descubriendo a la vez en laboratorios diferentes. Con el tiempo, se irían estandarizando nombres como Cas1, Cas9, Cas12 o Cas13.

Doudna y Wiedenheft decidieron poner el énfasis en la que ha venido a conocerse como Cas1. Se trata de la única enzima Cas que aparece en todas las bacterias que cuentan con sistemas CRISPR, lo que indicaría que desempeña una función fundamental. Además, Cas1 ofrecía otra ventaja a un laboratorio que estaba utilizando cristalografía de rayos X para tratar de descubrir el modo en que la estructura de una molécula determina sus funciones, a saber, era fácil de cristalizar.[12]

Wiedenheft consiguió aislar el gen de Cas1 a partir de una bacteria y clonarlo. Después, mediante una difusión de vapor, también fue capaz de cristalizarlo. No obstante, no pudo ir más allá cuando trató de elucidar la estructura de cristal exacta, debido a que no contaba con suficiente experiencia en el manejo de la cristalografía de rayos X.

Doudna enganchó a Jinek, que acababa de publicar junto con ella un artículo sobre la interferencia de ARN,[13] para que ayudase a

Wiedenheft con la cristalografía. Así que acudieron juntos al acelerador de partículas del cercano Laboratorio Nacional Lawrence Berkeley, y lo ayudó a analizar los datos para configurar un modelo atómico de la proteína Cas1.

—En el proceso —recuerda Jinek— me contagié del entusiasmo de Blake, así que decidí continuar implicado en el tema de las CRISPR en el laboratorio de Doudna.[14]

Descubrieron que Cas1 tenía una doblez distintiva, que parecía derivarse del mecanismo del que se valdría la bacteria para adherirse a un fragmento de ADN del virus e incorporarlo a su propia matriz de CRISPR, con lo que era, pues, la clave de la fase de conformación de la memoria del sistema inmune. En junio de 2009, publicaron un artículo en el que se explicaba este descubrimiento, que sería la primera contribución del laboratorio de Doudna al campo de las CRISPR. Se trataba de la primera explicación de un mecanismo CRISPR con base en un análisis estructural de uno de sus componentes.[15]

Rodolphe Barrangou

Philippe Horvath

12

Los fabricantes de yogur

LA INVESTIGACIÓN FUNDAMENTAL Y EL MODELO LINEAL
DE LA INNOVACIÓN

Los historiadores de la ciencia y la técnica, yo incluido, escribimos a
menudo sobre lo que se conoce como el «modelo lineal de la innovación», difundido por Vannegar Bush, decano en su época del departamento de Ingeniería del MIT y cofundador de la empresa
Raytheon, que durante la Segunda Guerra Mundial estuvo a la cabeza de la Oficina de Investigación y Desarrollo Científicos de Estados Unidos, donde se supervisó la invención del radar y de la bomba
atómica. En un informe de 1945, «Science, the Endless Frontier»,
Bush mantenía que la ciencia fundamental impulsada por la pura
curiosidad sería la semilla para las nuevas tecnologías e innovaciones
ulteriores. «Los productos originales y los procesos novedosos no
aparecen acabados —dejaba escrito—, sino que se apoyan en principios inéditos y en concepciones desconocidas, que primero han de
desarrollarse con meticulosidad, mediante la investigación en el más
puro reino de la ciencia. La investigación fundamental es el marcapa-
sos del progreso tecnológico.»[1] Con base en este informe, el presidente Harry Truman lanzó la Fundación Nacional de las Ciencias, una
agencia gubernamental dedicada a la financiación de la investigación
fundamental, sobre todo en universidades.

Hay cierta verdad en el modelo lineal. La investigación fundamental en teoría cuántica y en la física de los estados superficiales de
los materiales semiconductores desembocaría en el desarrollo del
transistor. Sin embargo, el proceso no fue tan simple o, lo que es lo
mismo, lineal. El transistor se desarrolló en Bell Labs, la unidad de

investigación de la American Telephone and Telegraph Company. Por el camino, recurrió a muchos teóricos de la ciencia fundamental, como William Shockley o John Bardeen, incluso Albert Einstein se pasó por allí, pero junto con ingenieros en ejercicio y técnicos de la red eléctrica, que sabían cómo amplificar una señal de teléfono. A esta amalgama habría que añadir a los expertos en desarrollo empresarial, que abrieron paso a un modo de hacer posibles las llamadas a larga distancia entre continentes. Cada uno de estos componentes informaba y espoleaba a los otros.

En principio, la historia de la tecnología CRISPR parece ajustarse al modelo lineal. Quienes se dedican a la investigación fundamental, como Francisco Mojica, dedicaron sus esfuerzos, por pura curiosidad, a una rareza del mundo natural, sembrando así la semilla para el desarrollo de técnicas aplicadas como la edición genética o las herramientas para combatir a los coronavirus. No obstante, al igual que en el caso del transistor, no se trató de una progresión lineal en una sola dirección. En lugar de esto, se dio una coreografía participativa entre investigadores de ciencia fundamental, inventores y empresarios.

La ciencia puede ser la madre de la invención, pero, como Matt Ridley apunta en su libro *How Innovation Works*, en ocasiones se trata de una calle de doble sentido. «Sucede muy a menudo que la invención resulta ser la madre de la ciencia, como cuando se desarrollan técnicas y procesos cuya comprensión, en realidad, viene después —escribe—. La máquina de vapor precedió a la comprensión de la termodinámica, no al contrario, así como los vuelos propulsados antecedieron a casi toda la aerodinámica.»[2]

La pintoresca historia de las CRISPR constituye otro gran relato sobre la simbiosis entre las ciencias fundamentales y aplicadas, en el que, por cierto, está implicado el yogur.

BARRANGOU Y HORVATH

En el momento en que Doudna y su equipo comenzaban a trabajar con las CRISPR, dos jóvenes investigadores de los alimentos, de distintos continentes, también las estaban estudiando, en su caso para mejorar las técnicas para la elaboración de yogures y quesos. Ambos, Rodolphe Barrangou, en Carolina del Norte, y Philippe Horvath, en

Francia, trabajaban para Danisco, una empresa danesa del sector alimentario que, entre otras cosas, se dedicaba a los cultivos iniciadores bacterianos, para dar comienzo a la fermentación de los productos lácteos y controlarla.

Los cultivos iniciadores para el yogur y la leche están hechos a partir de una bacteria, y la mayor amenaza para esos cuarenta mil millones de dólares en el mercado internacional son aquellos virus que pueden destruirla. De manera que Danisco estaba más que dispuesta a invertir muchísimo dinero en investigar el modo en que las bacterias se defienden a sí mismas contra los virus. Contaba con un valioso instrumento, el registro histórico de las secuencias del ADN de las bacterias que había empleado a lo largo de los años. Fue a partir de ahí cuando Barrangou y Horvath, que oyeron hablar por primera vez de la investigación de Mojica sobre las CRISPR en un congreso, pasaron a formar parte de la relación entre la ciencia fundamental y el mundo de la empresa.

Barrangou nació en París, de donde viene su amor por la comida, tan grande como su pasión por la ciencia. Es la única persona que conozco que se haya mudado de Francia a Carolina del Norte para aprender más sobre las cosas de comer. Se matriculó en la Universidad Estatal, en Raleigh, donde estudió un máster en la fermentación de la salmuera y el chucrut. Siguió ahí para el doctorado, se casó con una investigadora alimentaria que conoció en clase y se mudó con ella a Madison, en Wisconsin, pues iba a comenzar a trabajar para la empresa de alimentación Oscar Mayer. En Madison también hay una central de Danisco, que produce cada año cientos de toneladas de cultivos bacterianos para productos lácteos fermentados, incluido el yogur. Así, Barrangou consiguió un trabajo como director de investigación en 2005.[3]

Años antes, ya había trabado amistad con otro francés que se dedicaba a la ciencia alimentaria, Philippe Horvath, investigador en el laboratorio de Danisco en Dangé-Saint-Romain, una ciudad del centro de Francia. Este se ocupaba del desarrollo de herramientas para identificar a los virus que atacaban a las distintas cepas de la bacteria, de manera que ambos comenzaron una colaboración a distancia para investigar las CRISPR.

Hablaban por teléfono dos o tres veces al día en francés, para hacer planes. Su método era valerse de la bioinformática para estudiar las secuencias de CRISPR de las bacterias contenidas en la inmensa base de datos de Danisco, comenzando con *Streptococcus thermophilus*, auténtica punta de lanza de la industria de los derivados lácteos. Compararon las secuencias CRISPR de la bacteria con el ADN de los virus que la atacaban. El atractivo del repertorio histórico de Danisco residía en que allí se encontraban las cepas anuales desde principios de la década de 1980, así que podían observarse los cambios a lo largo del tiempo.

Se dieron cuenta de que las bacterias registradas tras cualquier ataque importante por parte de un virus contaban con nuevos espaciadores con secuencias de dicho virus, lo que indicaba que se habían adquirido como un modo de repeler futuros ataques. Como a partir de ese momento la inmunidad estaba entreverada en el ADN de la bacteria, iría pasando también a las futuras generaciones. Tras una comparación específica ejecutada en mayo de 2005, repararon en que lo habían clavado. «Vimos que la coincidencia de la CRISPR de la cepa bacteriana con la secuencia del virus que sabíamos que la había atacado era del cien por cien —recuerda Barrangou—. Fue un momento "eureka".»[4] Se trataba de una confirmación relevante de la hipótesis establecida por Francisco Mojica y Eugene Koonin.

Además, después dieron otro paso de gran utilidad, al descubrir que eran capaces de manipular ese sistema inmunitario, diseñando e incorporando sus propios espaciadores. Los laboratorios de investigación de Francia no contaban con licencia para actividades de ingeniería genética, así que fue Barrangou quien se encargó de los experimentos, en Wisconsin. «Pude demostrar que, cuando se añaden secuencias de un virus a un locus CRISPR, la bacteria desarrolla inmunidad a ese virus», explica.[5]

También probaron que las enzimas asociadas a CRISPR (Cas) eran cruciales para la adquisición de nuevos espaciadores y la protección frente a nuevos ataques de virus.

—Lo que hice fue dejar fuera de juego a dos genes Cas —recuerda Barrangou—, lo que, por cierto, no es algo que resultara fácil hace doce años. Uno de ellos era el de Cas9, con lo que pudimos demostrar que, cuando se anula, se pierde la resistencia.

A partir de estos descubrimientos, solicitaron y obtuvieron la primera patente de un sistema CRISPR-Cas, en agosto de 2005. Ese mismo año, Danisco comenzaría a utilizar las CRISPR para vacunar a sus cepas bacterianas.

Barrangou y Horvath escribieron un artículo para la revista *Science* publicado en marzo de 2007.

—Fue un momento muy importante —afirma Barrangou—. Ahí estábamos nosotros, unos trabajadores de una empresa danesa desconocida, enviando un manuscrito sobre un sistema poco conocido en un organismo que a los científicos les traía más bien sin cuidado. Solo que pasase a la fase de revisión ya fue genial, pero ¡es que encima nos lo aceptaron![6]

LOS CONGRESOS CRISPR

Ese artículo ayudó a disparar el interés en las CRISPR entre un grupo más amplio. Jillian Banfield, la bióloga de Berkeley que había reclutado a Doudna en el Free Speech Movement Café, llamó de inmediato a Barrangou. Decidieron hacer lo que a menudo llevan a cabo los pioneros de campos de estudio emergentes, esto es, montar un congreso anual. El primero lo organizaron la propia Banfield y Blake Wiedenheft, a finales de julio de 2008, en el Stanley Hall de Berkeley, donde se encontraba el laboratorio de Doudna. Solo acudieron treinta y cinco personas, entre las que se hallaba Francisco Mojica, que acudió desde España como ponente.

Las colaboraciones a gran distancia funcionan bien en ciencia, en particular en el campo de las CRISPR, como demuestra el caso de Barrangou y Horvath. No obstante, la proximidad física puede desencadenar reacciones más poderosas; las ideas se consolidan cuando los implicados se toman juntos un té en sitios como el Free Speech Movement Café.

—Sin los congresos CRISPR, esta área de estudio no se habría movido a la misma velocidad que lo ha hecho ni de un modo tan colaborativo —mantiene Barrangou—. Nunca habría existido ese espíritu de camaradería.

Las normas del congreso eran abiertas y se basaban en la confianza. Los asistentes podían hablar de manera informal sobre los datos que tenían y que aún no estaban publicados, sin que, por otra parte, los demás se aprovechasen de eso. «Los pequeños encuentros en los que se comparten datos e ideas aún sin publicar y todo el mundo ayuda a todo el mundo pueden cambiar el mundo», apuntaría Banfield más tarde. Entre los primeros logros estuvo el de estandarizar la jerga y los términos específicos, incluida la adopción de una designación común para las proteínas asociadas a CRISPR. Sylvain Moineau, uno de los participantes iniciales, definió el encuentro de julio como «nuestra fiesta de Navidad científica».[7]

SONTHEIMER Y MARRAFFINI

El año de la conferencia inaugural tuvo lugar un avance importante. Luciano Marraffini y su director de tesis, Erik Sontheimer, de la Universidad del Noroeste de Chicago, demostraron que el objetivo del sistema CRISPR es el ADN. En otras palabras, no funcionaba mediante interferencias de ARN, lo cual aún se aceptaba de forma generalizada cuando Banfield y Doudna se encontraron por primera vez, sino que su objetivo era el ADN del virus invasor.[8]

El hecho tenía unas tremendas implicaciones; tal y como Marraffini y Sontheimer advirtieron, si el sistema CRISPR estaba orientado al ADN de los virus, entonces era posible convertirlo en una herramienta de edición genética. Este descubrimiento trascendental fue la chispa para que el interés por las CRISPR aumentara aún más en todo el mundo.

—Tomó forma la idea de que las CRISPR podrían llegar a inducir transformaciones fundamentales —dice Sontheimer—. Si podía captar y cortar el ADN, también debía de servir para arreglar lo que originaba un problema genético.[9]

Aún había mucho que aclarar antes de que eso ocurriese. Marraffini y Sontheimer no sabían con precisión cómo hacía la enzima asociada a las CRISPR para cortar el ADN. Quizá lo hiciese de algún modo que no fuese compatible con un proceso de edición genética. Con todo, solicitaron una patente en septiembre de 2008 para el uso de las CRISPR como herramienta de edición genética. Se la rechazaron, y con razón. La suposición de que algún día se utilizaría como un instrumento para editar los genes era acertada, pero no había ninguna prueba experimental que lo secundase. «No se puede patentar una idea —admite Sontheimer—. Tienes que haber inventado de hecho lo que reclamas para ti.» También solicitaron una beca a los Institutos Nacionales de Salud para lograr una posible herramienta de edición genética, que, asimismo, fue rechazada. No obstante, ha quedado en los anales que ellos fueron los primeros en indicar la vía por la que los sistemas CRISPR-Cas podrían utilizarse como instrumentos para editar los genes.[10]

Sontheimer y Marraffini habían estudiado las CRISPR en células vivas, como las de las bacterias. Así lo habían hecho también el resto de los biólogos moleculares que publicaron distintos artículos sobre las CRISPR en aquel mismo año. Sin embargo, era necesario adoptar un enfoque distinto para determinar los componentes esenciales del sistema, es decir, poner a los bioquímicos a trabajar sobre moléculas *in vitro*, en probetas. Al aislar los componentes en un tubo de ensayo, estos especialistas podrían explicar a escala molecular los mismos descubrimientos que ya habían hecho los microbiólogos con su trabajo *in vivo* y los genetistas computacionales mediante la comparación de los datos de las secuenciaciones *in silico*.

—Con los experimentos *in vivo*, nunca se puede tener la completa seguridad de qué causa el qué —concede Marraffini—, no se puede mirar dentro de una célula y ver cómo funciona todo.

Para comprender cada uno de los componentes en su integridad, había que extraerlos de las células y ponerlos en una probeta, de manera que todo el contenido estuviese controlado con precisión. Esa era la especialidad de Doudna y justo a lo que Blake Wiedenheft y Martin Jinek se estaban dedicando en su laboratorio.

—Acercarnos a estas cuestiones nos iba a exigir movernos más allá de la investigación en genética y adoptar un enfoque más bioquímico —escribiría ella más adelante— que nos permitiera aislar las moléculas componentes y estudiar su comportamiento.[11]

Sin embargo, Doudna haría primero un regate para materializar un nuevo giro en su carrera.

Herbert Boyer y Robert A. Swanson

13

Genentech

Un estado de impaciencia

En el otoño de 2008, justo después de que se hubiese publicado el mencionado aluvión de artículos sobre las CRISPR, Jillian Banfield comentó a Doudna que estaba preocupada por la posibilidad de que los descubrimientos más importantes ya se hubiesen llevado a cabo y de que quizá hubiese llegado la hora de pasar a otra cosa. Doudna tenía objeciones.

—A mí me parecía que lo que ya se había descubierto era el principio y no el final de ese emocionante viaje —recuerda—. Sabía que estaba en marcha algún tipo de inmunidad de adaptación y quería saber cómo funcionaba.[1]

Con todo, en ese preciso momento, la propia Doudna ya estaba pensando en pasar a otra cosa. Ya había cumplido los cuarenta y cuatro, estaba felizmente casada y tenía un hijo de siete años inteligente y educado. Sin embargo, a pesar de su éxito, o quizá debido a él, estaba teniendo una crisis de la mediana edad.

—Había estado a la cabeza de un laboratorio de investigación en la universidad durante quince años, y comenzaba a preguntarme: «¿Habrá algo más que esto?». Me preguntaba si mi trabajo estaba teniendo alguna influencia en un sentido amplio de la palabra.

A pesar de la satisfacción de estar en primera línea del área emergente de las CRISPR, estaba comenzando a impacientarse con la marcha de la ciencia fundamental. Le apetecía orientarse hacia la ciencia aplicada y a la investigación traslacional, con el objetivo de convertir el conocimiento de la ciencia fundamental en terapias para la mejora de la salud humana. Incluso a pesar de los indicios de que las CRISPR acabarían por convertirse en una herramienta de edición genética, con un magnífico valor práctico, Doudna deseaba perseguir proyectos cuyo impacto fuese más inmediato.

En un principio, pensó en ir a la facultad de Medicina.

—Me parecía que podría gustarme lo de tratar con pacientes de verdad y participar en ensayos clínicos —explica.

También consideró la facultad de Economía; Columbia contaba con un máster de administración de empresas orientado a directivos, el cual permitía a los estudiantes asistir a clase durante una semana al mes y después hacer el resto del trabajo en línea. El trayecto a y desde Berkeley, y también Hawái, donde su madre se encontraba enferma, sería extenuante, pero llegó a pensarlo seriamente. Entonces se topó con un antiguo compañero de la universidad que se había incorporado a la central biotecnológica de Genentech en San Francisco un año antes. La empresa era un ejemplo modélico de cómo se aúnan innovación y beneficios cuando se compaginan ciencia fundamental, abogados especializados en patentes e inversores de capital.

GENENTECH, INC.

El nacimiento de Genentech comenzó a gestarse en 1972, cuando el profesor de Medicina de Stanford Stanley Cohen y el bioquímico Herbert Boyer, de la Universidad de California, asistieron a un congreso en Honolulú, donde se abordó la técnica de ADN recombinante, un método del bioquímico de Stanford Paul Berg que consistía en ensamblar partes de ADN de distintos organismos para crear híbridos. Allí, Boyer impartiría una charla sobre su propio descubrimiento de una enzima que podía dar lugar a tales híbridos de una forma muy eficiente. En su momento, Cohen hablaría sobre cómo clonar miles de copias idénticas de un fragmento de ADN introduciéndolo en la bacteria *E. coli*.

Una noche, aburridos y todavía algo hambrientos a pesar de la cena del congreso, fueron a un *delicatessen* al estilo neoyorkino, con un cartel de neón en el que se podía leer «Shalom» en lugar del usual «Aloha», en una plaza comercial cerca de la playa de Waikiki. Mientras devoraban unos sándwiches de pastrami, se lanzaron a una tormenta de ideas para combinar todos esos descubrimientos, con el fin de crear un método para manipular y originar nuevos genes. Acordaron ponerse a trabajar juntos en esa idea y, en unos meses, habían logrado ensamblar fragmentos de ADN de distintos organismos y clonarlos a millones; había nacido la biotecnología y se había dado comienzo la revolución de la ingeniería genética.[2]

Uno de los expertos en propiedad intelectual de Stanford, al tanto del proyecto, acudió a ellos y, para su sorpresa, les ofreció ayudarlos a presentar una solicitud de patente. Algo que hicieron en 1974 y al final consiguieron la aprobación. Hasta entonces no habían tenido plena conciencia de que podían patentarse procesos de ADN recombinante que se encuentran en la naturaleza, como tampoco la habían tenido otros científicos, muchos de los cuales se enfurecieron, muy en particular Paul Berg, autor de los descubrimientos originales sobre el ADN recombinante. Berg calificaría la solicitud de «cuestionable, presuntuosa y soberbia».[3]

Al acabar 1975, un año después de que Cohen y Boyer presentasen la solicitud de la patente, un joven aspirante a inversor de capital de riesgo en apuros, de nombre Robert Swanson, comenzó a hacer llamadas telefónicas no solicitadas a aquellos científicos que pudiesen estar interesados en fundar una empresa de ingeniería genética. Swanson contaba con un récord imbatible de fracasos en el mercado de la inversión de riesgo. En aquel tiempo, vivía en un piso compartido, conducía un cochambroso Datsun y sobrevivía a base de bocadillos de fiambre. A pesar de todo, había leído sobre el ADN recombinante y estaba convencido de que por fin había encontrado un caballo ganador. A medida que fue siguiendo en orden alfabético la lista de científicos que tenía, el primero que estuvo de acuerdo en reunirse con él fue Boyer. (Berg declinó la oferta.) Swanson acudió a su despacho para lo que se suponía que iba a ser una reunión de diez minutos, pero al final acabó con Boyer en un bar del barrio en el que estuvieron otras tres horas y donde esbozaron un nuevo tipo de empresa, la cual se dedicaría a producir medicamentos a partir de genes manipulados. Acordaron poner quinientos dólares cada uno para cubrir los primeros costes legales.[4]

Swanson sugirió que pusiesen a la empresa el nombre de Her-Bob, una combinación de sus nombres que sonaba a un servicio de contactos o un salón de belleza cutre. Boyer, más prudente, lo rechazó y en su lugar propuso el nombre de Genentech, un revoltijo de «genetic engineering technology». Comenzaron con la producción de medicamentos basados en la ingeniería genética y, en agosto de 1978, entraron en un proceso de hipercrecimiento, después de haberlo apostado todo a una carta para conseguir una versión sintética de la insulina para tratar la diabetes.

Hasta ese momento, para obtener medio kilo de insulina hacían falta más de tres mil kilos y medio de páncreas de cerdos y vacas. El éxito de Genentech con la insulina no solo cambió la vida de los diabéticos (y de un buen número de cerdos y vacas), también puso en órbita a toda la industria de la biotecnología. El retrato de un sonriente Boyer ocupó la portada de la revista *Time*, con el titular «La explosión de la ingeniería genética». Se trataba de la misma semana en que el príncipe Carlos de Inglaterra se había decidido por Diana como futura princesa de Gales, un acontecimiento al que, en aquellos momentos aún más extraños de lo normal para el periodismo, se dio una atención en segundo plano en la portada de la revista.

El éxito de Genentech llegó a reflejarse con una primera página en el *San Francisco Examiner* en octubre de 1980, cuando la empresa se convirtió en la primera marca de biotecnología en salir a bolsa como sociedad de cotización oficial. Sus acciones, con el código bursátil de GENE, abrieron con una participación de treinta y cinco dólares, pero, pasada apenas una hora, ya se estaban vendiendo a ochenta y ocho. «Genentech sacude Wall Street», rezaba el titular de la primera plana. Justo debajo figuraba la imagen que ilustraba otra historia, la de un sonriente Paul Berg que, teléfono en mano, recibía ese mismo día una gran noticia, la de que le habían concedido el Premio Nobel por su trabajo con el ADN recombinante.[5]

Un nuevo giro

Por la época en que Genentech comenzó a tentar a Doudna, a finales de 2008, la empresa tenía un valor de cerca de cien mil millones de dólares. Aquel antiguo compañero que se encontraba trabajando en Genentech, en medicamentos para el cáncer conseguidos mediante ingeniería genética, le contó que estaba encantado con su nueva situación. La clase de investigación a la que se dedicaba era mucho más concreta que la que había realizado en la universidad, con un trabajo directo en torno a problemas específicos que llevaría a tratamientos nuevos.

—Así que me paré a pensar —explica Doudna—. Quizá en vez de volver a estudiar debía ir a algún lugar donde aplicar los conocimientos que ya tenía.

El primer paso sería dar un par de charlas en las instalaciones de Genentech para explicar su propio trabajo. Era una forma de que ella y el equipo de la empresa se indagasen mutuamente. Entre los encargados de cortejarla se encontraba Sue Desmond-Hellmann, directora de desarrollo de productos. Tenían una forma de ser similar, ambas siempre estaban dispuestas a escuchar a los demás con detenimiento, eran de mente ágil y tenían una sonrisa atenta.

—En una ocasión en que nos encontrábamos charlando en su despacho, cuando se estaba sopesando mi incorporación, me dijo que si entraba en Genentech ella me guiaría en la andadura —cuenta Doudna.

Cuando por fin decidió aceptar el trabajo, le dijeron que podía llevar a algunos de los miembros del equipo de Berkeley consigo. «Todo el mundo había empezado ya a prepararse para el cambio —recuerda Rachel Haurwitz, una de las estudiantes de doctorado de Doudna, que, como casi todos los demás, decidió ir con ella—. Tratábamos de decidir qué parte del equipo debíamos llevar con nosotros e íbamos empaquetándolo todo.»[6]

Con todo, en cuanto Doudna comenzó con el trabajo en Genentech, en enero de 2009, fue consciente de que había cometido un error. «Enseguida tuve la impresión de que no estaba en donde tenía que estar. Se trataba de una respuesta muy visceral; ni durante el día ni durante la noche llegaba a abandonarme la sensación de que había tomado la decisión equivocada.» Apenas conseguía dormir, pues el malestar persistía durante el tiempo que pasaba en casa. Incluso comenzó a tener problemas para llevar a cabo hasta la más simple tarea. Su crisis de identidad de la mediana edad estaba derivando en una ligera crisis mental. La verdad era que siempre había sido una persona muy comedida, capaz de mantener veladas y bajo control sus inseguridades y angustias ocasionales. Siempre, hasta ese momento.[7]

La turbación que la invadía llegó a su punto culminante tan solo unas semanas después. Una lluviosa noche de finales de enero, se encontró a sí misma, una vez más, en la cama y con los ojos abiertos de par en par, de manera que se levantó y salió de la casa en pijama. «Me senté bajo la lluvia en el jardín trasero, calada y pensando: "No puedo más"», recuerda. Su marido la encontró allí, agazapada e inmóvil debajo del aguacero, y la animó a volver adentro. Ella comenzó a preguntarse si no tendría un cuadro depresivo. No le cabía duda de que lo que deseaba era volver a su laboratorio de investigación en Berkeley, pero temía que esa puerta ya estuviese cerrada.

Michael Marletta, vecino suyo además de director del departamento de Química de Berkeley, acudiría en su rescate. Ella lo había llamado a la mañana siguiente de aquel suceso y le había instado a que fuese a verla; él, por su parte, no lo dudó ni un instante. Además, les pidió a Jamie y a su hijo, Andrew, que fuesen a dar una vuelta, para poder mantener en privado con Michael una charla que revestía un fuerte carácter emocional. Este quedaría conmovido de inmediato al ver lo infeliz que ella parecía, y así se lo confesó.

—Apuesto a que te gustaría volver a Berkeley —añadió.

—Creo que puede que yo misma haya cerrado esa puerta de un portazo —repuso ella.

—No, claro que no —la tranquilizó Marletta—. Seguro que yo puedo ayudarte.

El humor de ella mejoró al instante. Aquella noche pudo volver a dormir. «Sabía que iba a volver al lugar donde se suponía que debía estar», dice. Así pues, regresó al laboratorio de Berkeley a principios de marzo, tras una escasa ausencia de dos meses.

A partir de este traspié, comenzó a ser más consciente de sus habilidades y de lo que de verdad quería, así como de sus puntos débiles. Lo que le gustaba era dedicarse a la investigación científica en el laboratorio. Se le daba bien la tarea de colaborar con personas de confianza para alumbrar ideas creativas, pero no desenvolverse en un entorno corporativo en el que se competía por el poder y los ascensos, en lugar de por los hallazgos. «No contaba con el conjunto de destrezas ni con las preferencias ideales para trabajar en una gran empresa.» No obstante, aunque su breve paso por Genentech no terminó bien, su deseo de ligar las investigaciones que llevaba a cabo a la creación de nuevas herramientas de uso directo y de empresas que las comercializasen sería el motor del siguiente capítulo de su vida.

14

El laboratorio

Hay dos componentes básicos detrás de los descubrimientos científicos: por un lado, consisten en hacer grandes investigaciones y, por otro, en montar laboratorios que permitan hacerlas. En una ocasión le pregunté a Steve Jobs cuál era su mejor producto, con la idea preconcebida de que la respuesta sería que el Macintosh o el iPhone. Sin embargo, lo que respondió fue que, mientras que crear grandes productos es importante, lo es más organizar un equipo que sea capaz de darles luz a lo largo del tiempo.

Doudna disfrutaba en gran medida de ser una bióloga de bata, el tipo de investigadora que aparece temprano por el laboratorio, se pone su bata blanca y sus guantes de látex y empieza a enredar entre un montón de pipetas y placas de Petri. Durante los primeros años después de haber organizado su laboratorio en Berkeley, pudo dedicarse a ello hasta la mitad del tiempo del que disponía.

—Era algo a lo que no quería renunciar —explica—. Creo que se me daba muy bien la experimentación. La mente me funciona de tal forma que puedo ver los experimentos en mi cabeza, sobre todo cuando trabajo a mi aire.

Sin embargo, en 2009, tras su regreso de Genentech, se dio cuenta de que había estado dedicándole más tiempo al cultivo del laboratorio que a los cultivos de bacterias.

El paso de jugador a entrenador es un proceso que se da en muchas áreas; los escritores se convierten en editores, los ingenieros, en supervisores... Cuando los biólogos de bata se convierten en directores de laboratorio, entre sus nuevas tareas de gestión se encuentran las de

Martin Jinek, Rachel Haurwitz, Blake Wiedenheft, Kaihong Zhou y Jennifer Doudna

fichar a investigadores jóvenes que se ajusten al trabajo que se lleva a cabo en el laboratorio, enseñarles, hacer un seguimiento de sus resultados, proponerles nuevas investigaciones y brindarles el conocimiento que se adquiere al estar allí. Doudna era excelente en este cometido. Cuando sometía a consideración a alguien de los que aspiraban a hacer con ella el doctorado o a trabajar como investigador posdoctoral en el laboratorio, se aseguraba de que a los otros miembros del equipo les pareciese que se trataba de un candidato idóneo. El objetivo era dar con gente que fuese autónoma y que al mismo tiempo tuviese espíritu de equipo. A medida que aumentaba el trabajo con las CRISPR, pudo encontrar a dos estudiantes de doctorado con la mezcla perfecta de entusiasmo y competencia para convertirse en miembros esenciales del equipo junto con Blake Wiedenheft y Martin Jinek.

Rachel Haurwitz

En sus primeros años de vida en Texas, en su Austin natal, Rachel Haurwitz se fue convirtiendo poco a poco en una «friqui de la ciencia», según sus propias palabras. Al igual que a Doudna, el ARN llegó a interesarle de manera particular. En los años de universidad en Harvard, haría de aquella molécula el centro de sus estudios. Más adelante, acudiría a Berkeley para hacer el doctorado. No es ninguna sorpresa que estuviese loca por trabajar en el laboratorio de Doudna, al que se incorporaría en 2008, y no tardaría en verse orbitando alrededor de las CRISPR junto con Blake Wiedenheft, encandilada por su magnética personalidad y por el jovial interés que profesaba hacia las bacterias extrañas.

—Por la época en que comencé a trabajar con Blake, apenas había oído nada sobre las CRISPR, así que me puse a leer todos y cada uno de los artículos que se habían publicado sobre el tema —recuerda—. No me llevó más que un par de horas; ni Blake ni yo éramos conscientes que lo que teníamos entre manos era tan solo la punta del iceberg.[1]

Cuando le llegó la noticia de que Doudna había decidido abortar por completo el plan de pasarse a Genentech y regresar a Berkeley, a principios de 2009, Rachel Haurwitz se encontraba en casa, estudiando para la defensa de la tesis. Se trataba de un golpe de suerte.

Haurwitz se había estado preparando para seguirla, pero lo que en realidad quería era quedarse en Berkeley y terminar su tesis sobre las CRISPR, además de continuar el trabajo con Wiedenheft. Ambos compartían tanto el amor por la bioquímica como por las actividades al aire libre. Wiedenheft incluso la había ayudado a diseñar un nuevo régimen de entrenamiento y alimentación para volver a participar en pruebas de maratón.

Doudna veía algo de sí misma en Haurwitz; en particular, su deseo de lanzarse a indagar en las CRISPR justo porque se trataba de un área tan arriesgada y novedosa.

—Ella estaba encantada con el hecho de que fuera una novedad, cuando a tantos otros estudiantes eso les habría provocado más bien temor —cuenta Doudna—; así que le dije que fuese a por ello.

Tras haber logrado entender la estructura de Cas1, Wiedenheft se mostró decidido a hacer otro tanto con las otras cinco proteínas asociadas a CRISPR que había en la bacteria en la que trabajaba, lo que fue fácil en el caso de cuatro de ellas. Sin embargo, la tarea de descifrar Cas6* resultó ser un hueso duro, así que buscó a Haurwitz. «Me pasó al niño problemático», refiere ella.

Resultó que la fuente de tales dificultades residía en que la secuenciación del genoma de la bacteria se había anotado de forma incorrecta en los libros y en las bases de datos. «Blake se dio cuenta de que la razón de que estuviésemos encallados consistía en que el punto de partida era erróneo», explica Haurwitz. Una vez que averiguaron cuál era el problema, pudieron recrear Cas6 en el laboratorio.[2]

El paso siguiente era resolver qué hacía y cómo. «Recurrí a las dos disciplinas con las que se trabaja en el laboratorio de Doudna —explica Haurwitz—; la bioquímica para determinar su función y la biología estructural para hacer lo propio con su aspecto.» Los experimentos de bioquímica revelaron que el papel de Cas6 era adherirse a los ARN largos originados a partir de la matriz de CRISPR y cortarlos en unos trozos, más pequeños, conocidos como ARN de CRISPR, que se dirigen de manera precisa al ADN de los virus atacantes.

---

* En aquella época, estaba generalizada la denominación de Csy4, pero con el tiempo pasó a conocerse como Cas6f.

A continuación, quedaba por descifrar la estructura de Cas6, con lo que podría explicarse «cómo» funciona.

—Llegados a ese punto, ni Blake ni yo contábamos con todas las competencias que necesitábamos para llevar a cabo los trabajos de biología estructural por nuestra cuenta —explica Haurwitz—, de manera que le di unos toquecitos en el hombro a Martin Jinek, que estaba sentado justo a nuestro lado, y le pregunté si quería unirse al proyecto para ayudarnos con esa historia.

Como resultado, se encontraron con algo poco usual, y es que Cas6 se adheriría al ARN de un modo que, según los manuales, no sería factible, pues implicaba la capacidad de encontrar justo la secuencia al efecto en el ARN, con un hueco estructural para poder acoplarse. «Ninguna de las proteínas Cas que habíamos visto hasta entonces era capaz de hacer algo así», dice Haurwitz. El hecho suponía que, de algún modo, Cas6 reconocía y troceaba localizaciones muy precisas, sin echar a perder otras partes del ARN. En el artículo que escribieron, lo denominaron como «un inesperado mecanismo de reconocimiento».

Había una «horquilla de ARN» en la que Cas6 podía interactuar con la secuencia correcta. Una vez más, los giros y plegamientos de la forma de una molécula eran la clave para descubrir cómo funcionaba.[3]

Sam Sternberg

A principios de 2008, a Sam Sternberg lo aceptaron en muchos programas de doctorado del más alto nivel, incluso en Harvard y en el MIT. Se decidió por Berkeley porque había conocido a Doudna y quería trabajar con ella en las estructuras de ARN. No obstante, acabó aplazando su incorporación para poder terminar un artículo científico sobre los trabajos que había estado llevando a cabo como estudiante en Columbia.[4]

En ese lapso, se quedó sorprendido al oír sobre el abrupto cambio de Doudna a Genentech y su aún más abrupto regreso. Le preocupó no haber hecho la elección correcta, así que le envió un correo electrónico para preguntarle hasta qué punto estaba comprometida con Berkeley. «No tenía la suficiente seguridad en mí mismo como

para preguntarle en persona, ya que temía estar demasiado nervioso»,
admite. Doudna le dirigió una respuesta tranquilizadora, asegurándo-
le que estaba segura de que Berkeley era el mejor lugar donde ella
podía estar. «Fue lo bastante convincente como para que siguiera
adelante con mi plan de estudiar allí.»[5]

Haurwitz invitó a Sternberg a pasar el Séder de Pésaj en el piso
en el que vivía con su novio. Marcando la diferencia con la mayoría
de los Séder, la conversación principal se centró en las CRISPR. «No
dejaba de pedirle que me contase cosas sobre los experimentos que
hacían», cuenta. Ella le mostró un artículo que estaba escribiendo
sobre las enzimas Cas, y él se quedó enganchado. «En adelante, le
aclaré a Jennifer, prefería no seguir trabajando con interferencias de
ARN —explica—. Le dije que, en lugar de eso, quería trabajar en
aquella novedad de las CRISPR.»

Además, después de asistir a una charla de un profesor de Columbia, Eric Greene, sobre la microscopía de fluorescencia de una
sola molécula, Sternberg le preguntó a Doudna, con gran circunspec-
ción, si le parecía bien la posibilidad de que aplicase ese método en
una de las proteínas Cas. «Oh, ¡desde luego que sí! —le respondió
ella—. ¡Hazlo, por supuesto!» Se trataba de la clase de enfoque atrevido que a ella le gustaba. A ella, el éxito científico le había llegado a
base de unir pequeños puntos para delinear grandes dibujos, y le
preocupaba que Sternberg fuese a limitarse a abordar cuestiones de
pequeña envergadura en torno a las CRISPR.

Tras alabarlo por ser tan brillante y talentoso, fue categórica:

—Ahora mismo estás boxeando en una categoría inferior; no te
estás enfrentando al tipo de proyectos con el que un estudiante como
tú podría lidiar. Vamos a ver, ¿por qué nos dedicamos a la ciencia? Pues
para tratar de responder grandes preguntas, y para hacerlo asumimos
riesgos. Si no pruebas nada distinto, nunca vas a hacer avances.[6]

Sternberg estaba satisfecho. Había pedido ir a Columbia durante
una semana para aprender más cosas sobre la mencionada técnica.
«No solo me envió afuera durante siete días para probar, sino que
acabó pagándome para que me quedara hasta seis meses completos»,
escribiría más tarde en los agradecimientos de su tesis doctoral. Durante esos seis meses en que estuvo de regreso en su *alma mater*, Sternberg determinó cómo utilizar el método de fluorescencia de una sola
molécula para analizar el comportamiento de las enzimas asociadas a

CRISPR.[7] El fruto de ese trabajo fueron dos artículos cruciales con coautoría de Samuel Sternberg, el profesor de Columbia Eric Greene, Martin Jinek, Blake Wiedenheft y Jennifer Doudna, en los que por primera vez se mostraba de modo preciso la forma en que las proteínas guiadas por ARN de los sistemas CRISPR encuentran las secuencias objetivo adecuadas en un virus invasor.[8]

Fue con Wiedenheft con quien Sternberg trabó más amistad, hasta el punto de que para él se convertiría en un modelo a seguir. A finales de 2011, tuvieron la oportunidad de llevar a cabo un intenso trabajo en equipo durante una semana, en un momento en que el primero estaba escribiendo un artículo de revisión por pares para *Nature*.[9] Pasaron día tras día, sentados el uno al lado del otro delante de un ordenador, discutiendo el texto y seleccionando las ilustraciones para la publicación. Estrecharon aún más los lazos cuando se alojaron en la misma habitación con motivo de un congreso en Vancouver.

—Fue en ese momento cuando mi propia carrera como científico comenzó a despegar —dice Sternberg—, ya que empecé a plantearme cómo hacer algo más grande, en donde pudiera incluir a Blake.[10]

Wiedenheft, Haurwitz y él solían tomar asiento en un cubículo del laboratorio, sin mucha distancia entre sí. Aquello se convertía entonces en una madriguera de bioadictos. Cuando había un experimento importante en camino, se dedicaban a hacer apuestas sobre los resultados. «¿Qué nos apostamos?», preguntaba Blake, para luego responder: «¡¿Nos apostamos un batido?!». El problema era que la zona de Berkeley se estaba volviendo demasiado chic, o quizá aún no lo bastante chic, como para encontrar así como así locales de batidos. Con todo, seguían valiéndose del recuento de batidos para llevar la cuenta del marcador.

La camaradería que reinaba en el laboratorio no era casual. Al hacer un fichaje, Doudna ponía tanto énfasis en asegurarse de que encajaría bien como en evaluar su labor investigadora. Un día en que nos encontrábamos en su laboratorio, le planteé un pequeño reto en torno a dicha práctica. ¿Era posible que, de esa manera, estuviese descartando a personas antisociales de mente brillante, cuya presencia podría suponer un acicate para los demás o perturbar el pensamiento de grupo de un modo que resultase beneficioso?

—Lo he pensado alguna vez —me confesó—. Sé que hay gente a la que le gusta el conflicto creativo. Por lo que a mí respecta, me inclino por tener en el laboratorio gente que funcione bien cuando está junta.

LIDERAZGO

Cuando Ross Wilson, oriundo del estado de Ohio y recién doctorado, se presentó como candidato para una beca posdoctoral en el laboratorio de Doudna, Jinek tuvo una charla privada con él para hacerle una advertencia.

—Tienes que ser autónomo —le dijo—. Debes sacar la suficiente motivación por tu propia cuenta; Jennifer no va a ayudarte un montón ni a hacer el trabajo por ti. A veces te va a parecer que ni siquiera trata de estar al tanto, pero, si tienes iniciativa, te dará la oportunidad de asumir riesgos, te orientará de manera brillante y estará ahí para lo que necesites.[11]

Aquel 2010, Wilson no hizo entrevistas con ningún otro laboratorio que no fuera el de Doudna. Le interesaba cómo el ARN interactúa con las enzimas y consideraba que ella era la experta mundial más destacada. Cuando ella lo aceptó, lloró de felicidad.

—De verdad lo hice —asegura—. Es la única vez que lo he hecho en toda mi vida.

Según cuenta, la advertencia de Jinek era «correcta al cien por cien», pero eso era justo lo que hacía que su laboratorio fuese un lugar de trabajo apasionante para alguien con iniciativa propia. «Desde luego, no está todo el día encima de ti», confirma Wilson, que ahora dirige su propio laboratorio en Berkeley, en el mismo pasillo que el de Doudna, «pero, cuando revisa contigo los experimentos que estás llevando a cabo y los resultados, hay ocasiones en que baja un poco el tono de voz, te mira fijamente a los ojos, se inclina hacia ti y te dice: "¿Por qué no intentas...?"», para sugerir un nuevo enfoque, un nuevo rumbo experimental o incluso una nueva gran idea, casi siempre una que implica una nueva forma de recurrir al ARN.

Por ejemplo, Wilson fue un día a verla a su despacho para mostrarle algunos resultados sobre la interactuación de dos moléculas que había cristalizado.

—Si eres capaz de interrumpir la interacción sobre la base de cómo funciona —le dijo—, quizá sea posible hacer la misma interrupción dentro de la célula y ver cómo cambia su comportamiento.

De este modo, empujó a Wilson a ir más allá del tubo de ensayo y ahondar en el funcionamiento interno de una célula viva.

—Nunca se me habría ocurrido hacerlo —dice él—, pero el caso es que funcionó.

Casi cada mañana que pasa en el laboratorio, Doudna hace que sus investigadores le presenten uno por uno los resultados más recientes, para plantearles preguntas que tienden más bien a ser de tipo socrático («¿Has pensado en incorporar ARN?» o «¿Podríamos plantearlo en células vivas?»). «Cuando estás desarrollando un proyecto, ella tiene la habilidad de hacer justo la clase de grandes preguntas que resultan cruciales», dice Jinek. Se trata de preguntas destinadas a hacer que los investigadores puedan observar más allá de los detalles y ver el cuadro completo. «¿Por qué haces eso?», puede preguntar. «¿Con qué fin?».

Aunque durante las primeras fases del proyecto de un investigador ella prefiere no intervenir, a medida que aquel da sus frutos, se implica muchísimo. «Una vez que sale algo interesante o que puede estarse cociendo un verdadero descubrimiento, ella es capaz de presentir que se trata de algo que merece la pena y entonces va a por todas —cuenta Lucas Harrington, un antiguo alumno—. Actúa por impulso». Es en estos casos cuando se descarga la corriente competitiva de Doudna. No le gusta que otro laboratorio se adelante al suyo en un descubrimiento. «Podía detonar en el laboratorio de manera inesperada —dice Harrington— para, sin levantar la voz, dejar claro que había que hacer el trabajo y había que hacerlo rápido.

Cuando el laboratorio aportaba algún nuevo descubrimiento, Doudna se insistía hasta conseguir que lo publicaran.

—Algo que he llegado a tener claro es que los editores de las revistas dan prioridad a quienes se muestran más agresivos o a quienes exigen más —dice—; no es que por fuerza esa sea mi naturaleza, pero soy capaz de ponerme muy beligerante cuando me parece que los editores de alguna publicación no dan a alguna cosa que hayamos hecho la relevancia que merece.

Las científicas suelen ser recatadas cuando se trata de publicitar su propio trabajo, lo cual tiene un elevado coste. Un estudio de 2019, hecho sobre más de seis millones de artículos en los que el autor principal era una mujer, demostró que muestran una menor tendencia a utilizar términos autopromocionales, como serían «novedoso», «único» o «sin precedentes», para describir sus hallazgos. Dicha tendencia es muy clara cuando se trata de las revistas más prestigiosas, que, casi por definición, publican artículos sobre investigaciones pioneras. En las publicaciones con mayor impacto, cuyos contenidos se refieren a descubrimientos punteros, de la mayor importancia, las probabilidades de que las mujeres utilicen términos positivos y autopromocionales al describir su trabajo son inferiores en un 21 por ciento. Por ello, en parte, los artículos firmados por mujeres se citan con una frecuencia cercana a un 10 por ciento por debajo.[12]

Doudna no quiere caer en esa trampa. Podemos poner como ejemplo una ocasión, en 2011, en que había completado un artículo, junto con Wiedenheft y Eva Nogales, su colega de Berkeley, sobre el complejo de enzimas Cas bautizado como Cascade. Este podía determinar un punto concreto del ADN de un virus invasor y a continuación emplear una enzima para cortarlo en cientos de trozos, igual que si lo hiciese con una sierra radial. Se lo enviaron a *Nature*, una de las revistas más prestigiosas, que lo aceptó. No obstante, los editores consideraron que no era lo bastante innovador como para publicarlo entre los artículos relevantes de ese número y que debía figurar entre los reportajes, lo que significaba rebajar su importancia. La mayor parte del equipo estaba encantada con que el artículo se hubiese aceptado tan rápido en una revista tan prestigiosa, pero Doudna estaba enfadada. Defendió con ardor el hecho de que se trataba de un gran avance y de que merecía un tratamiento destacado, para lo que escribió una carta y solicitó otras tantas que la respaldaran. No obstante, los editores se mantuvieron impertérritos.

—La mayoría de la gente brincaría de alegría si *Nature* les aceptase un artículo —explica Wiedenheft—, pero Jennifer se enfureció porque iba a ser un reportaje en lugar de un artículo.[13]

15

Caribou

DEL LABORATORIO A LOS HOSPITALES

Aunque hubiese decidido no formar parte del mundo de la ciencia empresarial con Genentech, Doudna mantenía el deseo de transformar los descubrimientos fundamentales sobre CRISPR en herramientas que pudiesen emplear en medicina. La oportunidad le llegó tras la revelación de la estructura de Cas6 por parte de Wiedenheft y Haurwitz.

Se trataba del inicio de una nueva faceta de su carrera, precisamente la de indagar en posibles formas de convertir los hallazgos en torno a las CRISPR en herramientas que pudiesen utilizarse en medicina. Haurwitz llevó la idea un paso más allá. Si Cas6 podía transformarse en un instrumento médico, ¿por qué no también en la base de una empresa?

—Una vez que supimos cómo funcionaba Cas6 —dice ella—, comenzaron a ocurrírsenos algunas ideas sobre cómo robársela a la bacteria y readaptarla a otros usos.[1]

Durante la mayor parte del siglo xx, la mayoría de los medicamentos se habían basado en los avances de la química. Sin embargo, la aparición de Genentech en 1976 había cambiado el foco de la industria comercial en cuanto al diseño de nuevos tratamientos médicos, de la química hacia la biotecnología, que implica la manipulación de células vivas, a menudo mediante ingeniería genética. Genentech se había convertido en un modelo para la comercialización de los descubrimientos en biotecnología; los científicos y los inversores de capital obtenían sus ganancias mediante el reparto de las participaciones accionariales, para después materializar acuerdos para la concesión

Rachel Haurwitz

de la producción y la distribución en el mercado de alguno de sus productos con grandes empresas farmacéuticas.

Fue así como la biotecnología siguió el camino recorrido por la tecnología digital, para desdibujar la línea entre la investigación académica y el mundo empresarial. En el mundo digital, tal fusión comenzó nada más acabar la Segunda Guerra Mundial, sobre todo en torno a Stanford. Instigados por el propio rector, Frederick Terman, los profesores de Stanford se animaron a convertir sus descubrimientos en empresas emergentes. De ahí salieron compañías como Litton Industries, Varian Associates o Hewlett-Packard, seguidas por otras como Sun Microsystems o por Google, en un proceso que llevó a que un valle lleno de plantaciones de albaricoque se convirtiese en Silicon Valley.

Durante este periodo, muchas otras universidades, entre las que se incluyeron Harvard y Berkeley, decidieron que sería más apropiado quedarse en la investigación científica fundamental. Sus rectores y profesores, de corte más tradicional, desdeñaban los enredos comerciales. No obstante, al ver el éxito de Stanford en los reinos de la tecnología informática y, más adelante, de la biotecnología, se les despertó cierta ambición, de manera que comenzaron a abrazarse al espíritu empresarial. Así, se alentó a los investigadores a patentar sus descubrimientos, a asociarse con inversores de capital y a crear nuevas empresas. «Se trataba de empresas que a menudo mantenían el vínculo con la universidad, para trabajar estrechamente con el personal de las facultades y los candidatos posdoctorales con el fin de participar en proyectos de investigación y, en ocasiones, utilizar los laboratorios universitarios —escribe Gary Pisano, profesor de la Harvard Business School—. Hay muchos casos en los que los científicos fundadores incluso mantienen su puesto en la universidad.»[2] Esta sería la forma en que Doudna se lo plantearía.

UNA EMPRESA EMERGENTE

Hasta aquel momento, Doudna nunca había pensado mucho en la posibilidad de la comercialización. El dinero no era entonces en su vida, ni tampoco lo sería después, una motivación de primer orden. Ella, Jamie y Andy vivían en una casa en Berkeley, aunque no lujosa, sí bastante amplia, y nunca había deseado otra mayor. No obstante, le gustaba la idea de ser parte de una empresa, en particular si iba a tener una influencia directa sobre la salud de las personas. Además, a diferencia de lo que ocurría con Genentech, una empresa emergente no se veía constreñida por políticas empresariales ni la alejaría del mundo académico.

Haurwitz también se sentía atraída por la vertiente empresarial. Aunque era buena como bióloga de bata, en un determinado momento tomó conciencia de que no tenía por qué limitarse a la investigación académica. Así que comenzó a hacer cursos en la Haas School of Business de Berkeley. El que más atractivo le resultó fue uno que impartía el inversor de capital Larry Lasky. Lo que este hacía era dividir la clase en equipos de seis, en los que la mitad eran estudiantes de administración de empresas y la otra mitad, investigadores científicos. Cada equipo debía presentar una serie de pautas para una empresa emergente imaginaria en el sector de la biotecnología y después dedicar el semestre a perfeccionar el modo en que se lo propondrían a un inversor. También recibió clases de Jessica Hoover, que había sido directora de desarrollo empresarial de una firma de biotecnología dedicada a estudiar nuevas formas de comercializar productos médicos, lo que incluía la obtención y concesión de patentes.

En el último año de Haurwitz en el laboratorio, Doudna le preguntó qué quería hacer más adelante, a lo que ella respondió que «montar una empresa de biotecnología». La respuesta no habría causado ningún estupor en Stanford, donde la comercialización de la investigación era algo que celebrar, pero era la primera vez que Doudna oía una respuesta como esa en Berkeley, donde la mayoría de los estudiantes de doctorado aspiraban a tener una carrera académica.

Unos días después, fue al laboratorio para hablar de nuevo con Haurwitz. «He estado pensando que quizá podríamos montar una empresa que se valiese de las herramientas que proporcionan Cas6 y en las otras enzimas de las CRISPR», le dijo. Sin dudarlo, Haurwitz respondió: «Pues ¡claro que sí!».[3]

Y así lo hicieron. Registraron la empresa en octubre de 2011, con base en el laboratorio de Doudna en la universidad durante un año, hasta que Haurwitz acabase los estudios. Después de terminar el doctorado, en la primavera de 2012, se convirtió en la presidenta de esta iniciativa que ya comenzaba a echar el vuelo, mientras que Doudna sería la consejera científica jefe.

La idea era que la empresa, cuya sede pasaba ahora a estar en los bajos de un centro comercial cercano, comercializaría las patentes relacionadas con la estructura de Cas6 y otros posibles descubrimientos que saliesen del laboratorio de Doudna. El propósito inicial era el de convertir Cas6 en una herramienta de diagnóstico de uso clínico para detectar la presencia de virus en humanos.

La empresa

Por la época en que Doudna y Haurwitz fundaron la empresa, en 2011, Berkeley ya había empezado a animar a los investigadores a tener una actitud más empresarial. Llegó a lanzarse una panoplia de programas para fomentar que tanto estudiantes como profesores fundasen empresas emergentes. Ya en el año 2000, en asociación con el resto de los campus pertenecientes a la Universidad de California del área de la bahía, se había instaurado el California Institute for Quantitative Biosciences o QB3, cuya vocación sería la de «sintetizar una asociación catalizadora entre la investigación académica y la industria privada». Doudna y Haurwitz fueron elegidas para participar en un programa del QB3 con el nombre de Startup in a Box o «la empresa emergente para principiantes», en el que se daba formación, orientación legal y servicios bancarios a los científicos con ánimo emprendedor que quisiesen transformar sus descubrimientos fundamentales en empresas comerciales.

Un día, Doudna y Haurwitz cogieron el metro a San Francisco para reunirse con el abogado que se les había asignado con el programa para ayudarlas a constituir la nueva empresa. Cuando este les preguntó por el nombre, Haurwitz dijo: «Lo he estado hablando con mi novio y nos parece que podíamos llamarla Caribou». Se trataba de una especie de batiburrillo hecho a partir de un corta y pega de las palabras «Cas» y «ribonucleótidos», los elementos básicos del ARN y el ADN.

Haurwitz poseía aptitudes que no se encuentran tan a menudo entre los emprendedores de Silicon Valley. Gracias a su templanza, gozaba de un don natural para la gestión; tenía los pies en la tierra, era imperturbable, pragmática y directa. No había en ella ni rastro de esa combinación de ego e inseguridad que exudan tantos de los directores ejecutivos de las empresas emergentes. Tampoco tendía a la exageración ni hacía promesas a la ligera. Todo esto se proyectaba en una gran cantidad de ventajas, una de las cuales era que la gente tendía a subestimarla.

Por otra parte, nunca había ejercido como directora ejecutiva, así que tenía muchas cosas que aprender. Esa fue la razón por la que se apuntó a un grupo de desarrollo profesional de índole local para jóvenes en cargos ejecutivos, la Alliance of Chief Executives, que se reunía una vez al mes, durante la mitad del día, para compartir problemas y soluciones. Es difícil imaginar a Steve Jobs o a Mark Zuckerberg formando parte de un grupo de apoyo similar, pero Haurwitz, como su mentora, se conocía bien a sí misma y tenía la virtud de la humildad, no como suele ocurrir entre los machos alfa. Entre otras cosas, en el grupo Alliance le ayudaron a saber cómo crear un equipo con distintas clases de pericias.

Hoy por hoy, el simple hecho de que la palabra «CRISPR» aparezca en un prospecto es suficiente para hacer que los inversores de capital se pongan a cien. Sin embargo, cuando Doudna y Haurwitz trataron de obtener financiación, la fortuna no les sonrió demasiado.

—En aquellos años, el tema de la diagnosis molecular repelía a los inversores —explica Doudna—. También creo que hay un trasfondo machista en todo esto, y entonces me preocupaba que si aceptábamos dinero de inversores privados, pudieran tratar de echar a Rachel de su puesto de directora ejecutiva.

No había ni una sola mujer entre los inversores con los que tuvieron trato, y estamos hablando de 2012. Así que, en lugar de intentar obtener el capital de los inversores, decidieron recaudar todo lo que pudiesen de amigos y familiares. Ambas pusieron, además, dinero de su propio bolsillo.

El triángulo

A simple vista, el éxito que tuvieron nada más arrancar podría hacer que Caribou Biosciences pareciera un ejemplo modélico del capitalismo de libre mercado en estado puro. Y algo de eso hubo, sin duda; pero también es importante analizarlo con mayor profundidad y advertir que, como ha ocurrido con tantas otras empresas, desde Intel hasta Google, la innovación ha sido producto de una concomitancia de varios catalizadores que es un signo distintivo de Estados Unidos.

Cuando la Segunda Guerra Mundial estaba llegando a su fin, el gran ingeniero y funcionario público Vannevar Bush expuso el parecer de que el motor de la innovación estadounidense requeriría de una asociación a tres bandas de los poderes públicos, las empresas y las universidades. Estaba capacitado como nadie para contemplar un triángulo así, pues tenía un pie puesto en cada uno de esos ámbitos. Había sido decano de la facultad de Ingeniería del MIT, fundador de Raytheon y administrador jefe del departamento científico del Gobierno, encargado de supervisar, entre otros proyectos, la fabricación de la bomba atómica.[4]

Según Bush, el Gobierno no debía levantar grandes laboratorios de investigación por su cuenta, como había hecho en el caso de la bomba atómica, sino financiar en su lugar la labor investigadora de las universidades y los laboratorios de empresa. Semejante asociación entre el Gobierno, la universidad y la empresa aportaría las grandes innovaciones que propulsaron la economía estadounidense durante todo el periodo de la posguerra, incluidos los transistores, los microchips, los ordenadores, las interfaces gráficas de usuario, el GPS, el láser, internet o los motores de búsqueda.

Caribou era un ejemplo de este mismo enfoque. Berkeley, una universidad pública con mecenas privados con espíritu filantrópico, albergaba un laboratorio como el de Doudna, al tiempo que estaba asociada al Laboratorio Nacional Lawrence Berkeley, de financiación federal. La cantidad de subvenciones federales que salían de los Institutos Nacionales de Salud, los NIH, hacia Berkeley, para financiar la investigación del sistema CRISPR-Cas al que se dedicaba Doudna, ascendía a 1,3 millones de dólares.[5] Además, la propia Caribou pudo beneficiarse de una subvención federal del programa de los NIH para la innovación de la pequeña empresa, que concedió a la compañía hasta ciento cincuenta y nueve mil dólares para la fabricación de equipos para el análisis de complejos de proteínas de ARN. El programa estaba diseñado para ayudar a los espíritus innovadores a convertir los resultados de la investigación fundamental en productos comerciales. Gracias a dicho programa Caribou pudo mantenerse a flote durante los primeros años de existencia, cuando los fondos de inversión estaban aún lejos de su alcance.[6]

Hay otro elemento que, en el presente, viene a sumarse a menudo a la ya mencionada tríada de la academia, los poderes públicos y el mundo empresarial, el de las fundaciones filantrópicas. En el caso de Caribou, este se concretaría en una concesión de cien mil dólares por parte de la Fundación Bill y Melinda Gates, para financiar los trabajos orientados al uso de Cas6 como una herramienta de diagnóstico de infecciones víricas. «Nuestro plan es crear una gama de enzimas que reconozcan secuencias de ARN específicas que sean características de los virus, incluso el VIH, la hepatitis C y la gripe», escribió Doudna en su propuesta a la fundación. Se trataba de un preludio de los fondos que Doudna recibiría en 2020 por parte de Gates para utilizar los sistemas CRISPR con el fin de detectar los coronavirus.[7]

16

Emmanuelle Charpentier

La errante

Los congresos pueden tener consecuencias. Al asistir a uno en Puerto Rico, en la primavera de 2011, Doudna tuvo la oportunidad de conocer a Emmanuelle Charpentier, una bióloga francesa que ejercía en régimen de itinerancia y que poseía una parisina y cautivadora mezcla de misterio y despreocupación. También se había estado dedicando a estudiar las CRISPR, con especial atención en la enzima asociada a CRISPR conocida como Cas9.

Reservada pero encantadora, Charpentier había pasado por una infinidad de ciudades, laboratorios y programas de doctorado y posdoctorado, poco acostumbrada a echar raíces y a casarse con nadie, siempre dispuesta a empaquetar su equipo de laboratorio para trasladarse a algún otro lugar, sin mostrar nunca algún síntoma de preocupación o el más mínimo instinto de competitividad. Se trataba de unas características que la hacían muy distinta de Doudna, y quizá fuera esta la razón de que conectasen desde el primer momento, aunque fuese en el plano científico más que en el aspecto puramente personal. Ambas hacían gala de esa sonrisa afectuosa que casi, solo casi, otorgaba a las corazas protectoras con las que se cubrían el don de la invisibilidad.

Charpentier se había criado en un próspero barrio del sur de París, a orillas del Sena. Su padre gestionaba el sistema de mantenimiento de los parques de la zona, mientras que su madre era enfermera en las oficinas de un hospital psiquiátrico. Un día, cuando ella tenía doce años, pasó junto al Instituto Pasteur, un centro de investigación de París, especializado en enfermedades infecciosas. Entonces le dijo a su madre:

Emmanuelle Charpentier

«Cuando sea mayor, voy a trabajar ahí.» Unos años más tarde, cuando le llegó la hora de elegir un área para cursar los estudios de bachillerato, esto es, decidir a qué iba a dedicarse en la universidad, optó por las ciencias naturales.[1]

No obstante, también le interesaban las artes y las letras. Había recibido clases de piano de un vecino concertista, también había llegado a aplicarse al ballet de forma concienzuda, con la idea de, quizá, llegar a dedicarse profesionalmente a la danza, una disciplina con la que había seguido hasta bien entrada la veintena.

—Me hubiese gustado ser bailarina profesional, pero pensé que era una opción bastante arriesgada —afirma—. Era algo bajita, solo por unos centímetros, y también tenía un problema de ligamentos, que afectaba a la extensión de mi pierna derecha.[2]

Con el tiempo, descubriría que pueden extraerse lecciones de las artes para aplicarlas a las ciencias.

—La metodología es importante en ambos mundos —comenta—. Hay que conocer bien los fundamentos y dominar las técnicas. En el caso de la investigación científica, se trata de algo que requiere constancia, para hacer experimentos y repetirlos una y otra vez, y así perfeccionar cosas como la preparación del ADN cuando se clona un gen, para luego repetirlas asimismo una y otra vez. La formación consiste en gran parte en eso, lo cual recuerda bastante al duro trabajo que acarrea el ballet, que consiste en la repetición durante días y días de los mismos movimientos y técnicas.

Como ocurre en las artes, una vez que una científica domina las rutinas básicas, ha de combinarlas con cierta dosis de creatividad.

—Hay que ser rigurosa y disciplinada —explica Charpentier—, pero a la vez hay que saber cuándo soltarse un poco y plantear un enfoque más creativo. Ha sido en la investigación en biología donde he encontrado la combinación perfecta de constancia y creatividad.

Cumpliendo con la predicción que le había hecho a su madre, hizo sus estudios de licenciatura en el Instituto Pasteur, donde, entre otras cosas, aprendió la forma en que una bacteria puede llegar a ser resistente a los antibióticos. En el laboratorio, se sentía como en casa. Se trataba de un templo silencioso en el que cada individuo podía entregarse a la constancia y la contemplación. Allí podía ser creativa e independiente, a medida que recorría el sendero que la llevaría a hacer sus propios descubrimientos.

—Comencé a verme más como una científica que como una estudiante sin más —cuenta—. Quería crear conocimiento y no solo aprenderlo.

Charpentier se convertiría en una peregrina posdoctoral y se uniría, en la Universidad Rockefeller, en pleno Manhattan, al laboratorio de la microbióloga Elaine Tuomanen, que se dedicaba a investigar el mecanismo por el cual la bacteria que causa la neumonía posee secuencias de ADN que pueden cambiar, lo que la hace más resistente a los antibióticos. El mismo día en que llegó, Charpentier descubrió que Tuomanen se mudaba, con su laboratorio y sus estudiantes posdoctorales, al St. Jude Children's Research Hospital, en Memphis. Allí tendría la oportunidad de trabajar con Rodger Novak, un compañero del laboratorio de Tuomanen que también había completado el doctorado y que se convertiría durante un tiempo en su compañero sentimental, y más adelante en su socio. Durante aquella temporada en Memphis firmó, junto con Toumanen, un importante artículo sobre un estudio con el que habían demostrado que antibióticos como la penicilina activan en las bacterias unas enzimas suicidas que disuelven su membrana celular.[3]

Nómada de mente y de espíritu, Charpentier siempre estaba lista para mudarse a otro hogar, así como para cambiar a un nuevo tema de estudio, una predisposición que además vino a verse estimulada por un incómodo descubrimiento biológico que hizo en Memphis: al parecer, los mosquitos del Misisipi adoran la sangre francesa. Por otra parte, llevaba tiempo queriendo dejar de centrarse en los microorganismos unicelulares como las bacterias, para indagar en los genes de los mamíferos, en particular de los ratones. Así, se cambió a un laboratorio de la Universidad de Nueva York, donde llegaría a escribir un artículo sobre las técnicas para manipular los genes de los ratones con el fin de regular el crecimiento del pelo. También hizo una tercera investigación posdoctoral junto con Novak, con el tema del papel de las moléculas de ARN de pequeño tamaño en la regulación de la expresión genética de la *Streptococcus pyogenes*, una bacteria causante de infecciones cutáneas y de la faringitis estreptocócica.[4]

Después de seis años en Estados Unidos, volvió a Europa en 2002 para ponerse al frente de un laboratorio de microbiología y genética en la Universidad de Viena. Aunque, una vez más, no acabó de encontrar acomodo. «Allí, en Viena, la gente parecía conocerse bastante bien —comenta, más como si se tratase de un inconveniente que de una ventaja—. Las dinámicas estaban un poco anquilosadas y las estructuras presentes tenían cierto efecto inhibidor.» Así que, en el momento en que conoció a Doudna, en 2011, acababa de dejar atrás a la mayor parte de los investigadores del laboratorio para trasladarlo a Umeå, en el norte de Suecia. Por supuesto, Umeå no era Viena. A más de seiscientos kilómetros de Estocolmo, la universidad de la ciudad, erigida en la década de 1960, consistía en una aglomeración de edificios modernos levantados sobre unos pastizales a los que antaño acudían los pastores de renos. Era conocida sobre todo por las investigaciones en dendrología.

—Desde luego, se trataba de un movimiento arriesgado —concede Charpentier—, pero iba a darme la oportunidad de pensar.

En los veintisiete años que habían transcurrido desde su entrada en el Instituto Pasteur, en 1992, Charpentier había trabajado en diez instituciones, en siete ciudades de cinco países. Su vida itinerante reflejaba el hecho de que se resistía a los vínculos, algo que reforzaba. Sin pareja y sin familia, le gustaba cambiar de ambiente y adaptarse a los nuevos entornos sin que ningún lazo personal supusiese un impedimento para ella. «Disfruto de la libertad de ir a mi aire sin depender de nadie más», dice. Odiaba el concepto de «equilibrio entre lo laboral y lo personal», pues implicaba una competición entre el trabajo y la vida. Como ella dice, su labor investigadora y su «pasión por la ciencia» le han granjeado «una felicidad que es tan enriquecedora como cualquier otra pasión».

Al igual que ocurre con los organismos a cuyo estudio se dedicaba, fue su necesidad de adaptarse a los nuevos entornos lo que sustentó su capacidad de innovación. «El instinto que poseo para mantenerme en movimiento puede ser desestabilizador, pero tiene su lado bueno. Te asegura no quedarte nunca atascada.» Ir de un sitio a otro era su forma de no cesar nunca de reconsiderar su labor investigadora y de obligarse a comenzar desde cero con regularidad.

—Cuanto más se acostumbra una a cambiar, más aprende a analizar las situaciones nuevas y a ver cosas que otra gente que lleva demasiado tiempo dentro de un sistema dado no puede identificar.

Las continuas mudanzas también la hacían sentir, de alguna manera, como una extranjera la mayor parte del tiempo, igual que Jennifer Doudna durante su infancia en Hawái.

—Es importante saber enfrentarse a la sensación de estar fuera de lugar —afirma Charpentier—. Una nunca está del todo en casa, y eso es algo que puede servir para desenvolverse en la vida, como un acicate para no tratar de primar siempre la comodidad.

Como les ocurre a muchas otras personas observadoras y creativas, llegó a la conclusión de que una cierta sensación de desapego y un leve distanciamiento le ayudaban a hacerse una mejor idea de cuál era el esquema en funcionamiento. Así, le resultó más fácil hacer honor a la máxima que a menudo proclamaba el propio Louis Pasteur: «Hay que prepararse para lo inesperado».

En parte como resultado de todo esto, Charpentier llegó a convertirse en una de esas científicas capaces de estar concentradas y distraídas al mismo tiempo. Aunque impecablemente acicalada y con una elegancia informal incluso cuando monta en bicicleta, también se ajusta al estereotipo del genio despistado. Cuando fui a Berlín, adonde se había mudado después de Umeå, para encontrarme con ella, acudió en bicicleta al hotel donde yo me hospedaba, con algunos minutos de retraso. Resultaba que había llegado esa misma mañana de una visita a Múnich y que, justo cuando salía de la estación, se dio cuenta de que se había dejado la maleta en el tren. De alguna manera, pudo pillarlo aún en la dársena, recuperar su equipaje y coger la bici para llegar hasta mi hotel. También, mientras caminábamos hacia su laboratorio, en el cercano Instituto Max Planck de Biología de las Infecciones, dentro de las instalaciones del Charité, el venerable hospital universitario ubicado en el centro de Berlín, se dirigió a conciencia con la bicicleta por una calle principal para, después de un par de manzanas, advertir que nos llevaba en dirección contraria. Al día siguiente, cuando un amigo mío y yo quedamos con ella para ver una exposición en un museo de arte, consiguió perder su entrada en el trayecto que hay desde la taquilla hasta la entrada principal, y cuando después fuimos a cenar a un apacible restaurante japonés, se dejó allí el móvil. Y al mismo tiempo, ya estuviésemos sentados en su despacho del laboratorio o ante una deliciosa selección de sushi, era capaz de estar horas hablando de forma más que centrada.

El ARNtracr

En 2009, el año en que Charpentier abandonaba Viena para mudarse a Umeå, el mundillo de las CRISPR había comenzado a confluir en torno a Cas9, por ser una de las enzimas asociadas a CRISPR de mayor interés. Las investigaciones habían demostrado que, si se desactivaba Cas9 en una bacteria, el sistema CRISPR perdía la capacidad de trocear los virus invasores. También se había establecido el papel esencial de otra parte de ese complejo, el ARN de CRISPR conocido como ARNcr. Se trata de unos pequeños fragmentos de ARN que contienen algo del código genético de los virus que hayan atacado a una bacteria en el pasado. Este ARNcr guía a las enzimas Cas para atacar a ese virus cuando este trate de invadir otra vez a ese huésped. Estos dos elementos constituyen el núcleo del sistema CRISPR; un pequeño fragmento de ARN que ejerce como guía y una enzima que actúa como tijera.

Sin embargo, aún quedaba por desentrañar un componente añadido del sistema CRISPR-Cas9, que desempeñaría un papel esencial o, como luego se ha sabido, más bien dos papeles esenciales. Se lo llamó «ARN de CRISPR transactivador» o ARNtracr, lo que se vendría a pronunciar como «a-erre-ene-tráquer». No debemos olvidarnos de esta molécula diminuta, porque va a tener un protagonismo desmedido en esta historia. Lo que ocurre es que, con frecuencia, los avances científicos se hacen más bien a través de descubrimientos que constituyen pequeños pasos antes que mediante grandes saltos. Así, es frecuente que las disputas en ciencia giren en torno a quién habría dado cada uno de esos pasitos y cuál sería la verdadera relevancia de cada una de estas personas. Este también iba a ser el caso de los descubrimientos que hay detrás del ARNtracr.

Como decíamos, resultó que el ARNtracr realizaba dos importantes tareas: facilitar la formación del ARNcr, la secuencia que porta el recuerdo de los virus que han atacado previamente a la bacteria, y servir como abrazadera, para que el ARNcr pueda apuntar justo a la ubicación determinada donde debe cortar la enzima Cas9.

El proceso por el cual se desvelaron estas funciones del ARNtracr se inició en el año 2010, cuando Charpentier señaló que la molécula no cesaba de aparecer en los experimentos que realizaba con bacterias. No era capaz de comprender su cometido, pero se dio cuenta de

155

que estaba situada muy cerca de los espaciadores CRISPR, así que pensó que tenían alguna clase de conexión. Un modo de probarlo era eliminar el ARNtracr en algunas bacterias. El resultado fue que ya no eran capaces de producir ARNcr. Los investigadores nunca habían llegado a precisar del todo cómo sucedía el hecho de que los ARNcr se originasen dentro de las células bacterianas. Sin embargo, Charpentier lanzó una hipótesis, que el ARNtracr articulaba la formación de los ARN cortos.

En aquel momento, Charpentier estaba organizando la mudanza a Suecia. Cuando los investigadores que trabajaban en el laboratorio que dirigía en Viena le enviaron un correo electrónico para explicarle que habían demostrado que la ausencia de ARNtracr implicaba la imposibilidad de producir ARNcr, dedicó esa noche a elaborar un extenso plan con los experimentos que debían realizar a continuación.

—Comencé a obsesionarme con el ARNtracr —afirma—. Soy bastante tozuda, de manera que para mí era importante dar continuidad al proceso. Quería que alguien se pusiese manos a la obra con esto en el laboratorio, que alguien mirase por ello.[5]

El problema era que en aquel momento nadie del laboratorio de Viena tenía tiempo y predisposición para andar detrás del ARNtracr. Ese es el inconveniente de ser un profesor errante, que se van dejando atrás a los alumnos y estos pasan a ocuparse de otras cosas.

Charpentier pensó en hacer ella los experimentos, aunque estuviese en medio del caos que supone una mudanza. Sin embargo, al final encontró una voluntaria en el laboratorio de Viena, una joven búlgara estudiante de licenciatura: Elitza Deltcheva. «Elitza era una persona muy dinámica y además creía en mí —sostiene Charpentier—. Aunque fuese una estudiante de carrera, comprendía la importancia de lo que teníamos entre manos.» De hecho, llegó a convencer a uno de los estudiantes de posgrado, Krzysztof Chylinski, para que trabajase con ella.

El pequeño equipo de Charpentier descubrió que el sistema CRISPR-Cas9 cumplía con su misión de defensa frente a los virus con tan solo tres componentes: el ARNtracr, el ARNcr y la enzima Cas9. El primero tomaba cadenas largas de ARN y las procesaba para convertirlas en ARNcr pequeños, que se dirigían a secuencias específicas de los virus atacantes. Con esta información, prepararon un artículo para *Nature*, que se publicaría en marzo de 2011 y del que Deltcheva sería la autora principal, mientras que los estudiantes de posgrado que declinaron la posibilidad de ayudar se perdieron para la historia.[6]

UN MISTERIO POR RESOLVER

Charpentier presentó todos sus hallazgos en uno de los congresos CRISPR, en los Países Bajos, en octubre de 2010. Estaba teniendo problemas para que el artículo culminara el proceso editorial de *Nature*, y era arriesgado dar a conocer un resultado antes de publicarlo. Con todo, se le ocurrió que quizá alguno de los revisores podría encontrarse entre los presentes y que, de este modo, lo convencería para acelerar el procedimiento.

Pasó apuros durante aquella presentación, ya que en aquel momento aún no había dilucidado qué ocurría con el ARNtracr después de su participación en la producción del ARNcr. ¿Acababan ahí sus funciones?, ¿o se adherían los dos ARN pequeños entre sí cuando llegaba la hora de guiar a la proteína Cas para que trocease a un virus invasor?

Alguien entre el público le preguntó directamente: «¿Se quedan los tres elementos unidos, conformando un complejo?». Charpentier intentó eludir la respuesta.

—Traté de tomármelo a risa y ser lo más confusa posible —comenta.

Ese problema, así como lo que Charpentier sabía al respecto, podría parecer una cuestión recóndita. No obstante, condujo a una serie de discusiones que ponen de relieve hasta qué punto los investigadores de las CRISPR, y Doudna en particular, pueden llegar a ser tremendamente competitivos con respecto a quién merece llevarse el reconocimiento por cada pequeño avance. El hecho de que el ARNtracr aún desempeñase un papel importante en el proceso de escisión sería uno de los descubrimientos incluidos en el crucial artículo publicado en 2012 firmado por Charpentier y Doudna. Sin embargo, años después, para enojo de Doudna, Charpentier insinuaría en varias ocasiones que ella ya sabía eso en 2011.

Presionada un poco por mí, Charpentier admite que su artículo de 2011 en *Nature* no describía todo el cometido del ARNtracr. «Tenía claro que debía de mantenerse algún tipo de asociación entre el ARNtracr y el ARNcr, pero había varios detalles que no comprendíamos en su integridad, de manera que no incluimos esa información en aquel artículo.» En su lugar, decidió reservar cualquier tipo de comunicación por escrito sobre la función completa del ARNtracr hasta que encontrase un modo convincente de obtener una demostración experimental.

Ya había estudiado el sistema CRISPR en células vivas. Para dar el paso siguiente, necesitaría la ayuda de bioquímicos que fuesen capaces de aislar cada componente químico en un tubo de ensayo y averiguar el modo preciso en que funcionaba cada uno de ellos. Esa es la razón por la que quiso conocer a Doudna, que tenía programada una ponencia para la conferencia de la Sociedad Estadounidense de Microbiología en marzo de 2011, en Puerto Rico.

—Sabía que ambas íbamos a asistir —dice—, así que me propuse encontrar la ocasión de hablar con ella.

Puerto rico, marzo de 2011

Cuando Jennifer Doudna apareció por la puerta de la cafetería del hotel en el que se alojaban en Puerto Rico, en la segunda tarde del congreso, Emmanuelle Charpentier se encontraba sentada a una mesa en la esquina, sola, como a ella le gustaba, con un aspecto mucho más elegante que el de cualquier otro cliente. Doudna estaba con su amigo John van der Oost, el investigador neerlandés de las CRISPR, que le había hablado de Charpentier y se había ofrecido a presentarlas. «He leído su artículo —fue la respuesta de Doudna—; me encantaría.»[7]

Doudna encontró a Charpentier encantadora, con una pizca de timidez, casi fingida, junto con un contagioso sentido del humor y un halo de sofisticación.

—Su agudeza me atrapó al instante, pero también ese humor tan agudo que ella tiene —cuenta Doudna—. Me gustó de inmediato.

Hablaron unos minutos y luego Charpentier le sugirió que quedasen para una conversación más seria.

—Llevaba tiempo pensando en ponerme en contacto contigo para una colaboración —le dijo.

Quedaron para ir a comer al día siguiente y después dar un paseo por las calles empedradas del casco histórico de San Juan. Cuando la conversación pasó a centrarse en Cas9, Charpentier manifestó su entusiasmo.

—¡Tenemos que averiguar cómo funciona exactamente! —urgió a Doudna—, ¡cuál es el mecanismo exacto con el que corta el ADN!

A Charpentier le encantó la seriedad de Doudna, así como la atención que ponía en los detalles. «La verdad, creo que voy a disfrutar trabajando contigo», le dijo. Doudna también quedó encandilada con el entusiasmo de su colega.

—De alguna manera, el hecho de que dijese que iba a disfrutar al trabajar conmigo hizo que un escalofrío me recorriese la espalda —recuerda.

Y aún había otro incentivo: se trataba del tipo de historia de detectives que infundió en Doudna la sensación de que había un objetivo concreto en todo esto, la búsqueda de la clave de uno de los misterios más fundamentales de la vida.

Nada más dejar Puerto Rico, Doudna mantuvo una conversación con Martin Jinek, el investigador posdoctoral que había estado trabajando en las estructuras de Cas1 y Cas6 en su laboratorio, sobre cómo este iba a orientar su carrera profesional a partir de entonces. Él tenía una serie de dudas, que más adelante resultarían injustificadas, sobre sus posibilidades de éxito como investigador académico, de manera que había pensado en aceptar un cargo como editor de una revista médica. Con todo, acabó decantándose por dejarlo pasar. «Creo que me quedaré en el laboratorio un año más —le dijo a Doudna—. ¿Con qué quieres que me ponga a trabajar?» Le interesaba en especial encontrar un proyecto en torno a las CRISPR del que pudiese encargarse por su cuenta.

De manera que Doudna, al conocer las inclinaciones de Charpentier y pararse a pensar en la necesidad que esta tenía de encontrar a un biólogo estructural que supiese crear proteínas en condiciones de laboratorio, le pareció que se trataba de un proyecto perfecto para Jinek.

—Tengo a un bioquímico estupendo que además sabe mucho de biología estructural —le dijo a Charpentier.[8]

Acordaron poner en contacto a Jinek con el investigador posdoctoral del laboratorio de Charpentier que había colaborado en su anterior artículo sobre Cas9, Krzysztof Chylinski, un biólogo molecular nacido en Polonia que se había quedado en Viena cuando ella se mudó a Umeå. Unido, este cuarteto lograría uno de los avances más importantes de la ciencia moderna.

17

CRISPR-Cas9

ÉXITO

Cuando Doudna regresó a Berkeley, ella y Jinek iniciaron una serie de llamadas por Skype para comunicarse con Charpentier, que se encontraba en Umeå, y Chylinski, que estaba en Viena, y urdir juntos una estrategia para desentrañar el mecanismo de CRISPR-Cas9. La estructura de esta colaboración era como una reproducción a escala de las Naciones Unidas; una profesora de Berkeley, oriunda de Hawái, uno de sus investigadores posdoctorales de la República Checa, una profesora parisina que trabajaba en Suecia y otro posdoctorando que lo hacía en Viena.

«Se convirtió en una actividad de veinticuatro horas —recuerda Jinek—. Terminaba un experimento y enviaba un correo electrónico a Viena, que Krzysztof leería por la mañana, tan pronto como se hubiese levantado.» Después mantenían una llamada por Skype para decidir cuál iba a ser el siguiente paso. «Krzysztof repetía el experimento a lo largo del día y me enviaba los resultados a una hora en que yo ya estaba en la cama, de manera que, cuando me levantase a la mañana siguiente y echase un vistazo a mi bandeja de entrada, me encontraría con una puesta al día.»[1]

Al principio, Charpentier y Doudna se unían a las llamadas por Skype solo una o dos veces al mes, pero la frecuencia aumentó a partir de julio de 2011, cuando la primera y Chylinski volaron a Berkeley para acudir al congreso CRISPR de aquel año, un acontecimiento que crecía a pasos agigantados. Aunque ya habían estrechado lazos por Skype, era la primera vez que Jinek se iba a encontrar en persona con Chylinski, ese investigador larguirucho y de personalidad

Emmanuelle Charpentier, Jennifer Doudna, Martin Jinek y Krzysztof Chylinski, en Berkeley, en 2012

afable, con una notable voluntad de convertir la investigación básica en una herramienta de uso directo.[2]

Conocer a alguien en persona puede servir para hacerse ideas que resultan ajenas a las condiciones de las teleconferencias y los encuentros por Zoom. Había ocurrido en Puerto Rico y ahora volvía a suceder otro tanto en Berkeley, cuando los cuatro investigadores se encontraron todos por primera vez. Allí estaban ellos, dispuestos a compartir ideas sobre la mejor estrategia para averiguar exactamente qué moléculas eran necesarias para que un sistema CRISPR tuviese la capacidad de trocear el ADN. Una reunión presencial de esta clase puede ser de gran utilidad cuando un proyecto se encuentra en sus etapas iniciales.

—No hay nada como tomar asiento en algún lugar con la gente y comprobar cuáles son sus reacciones a distintas cosas, discutir ideas cara a cara —afirma Doudna—. Ha sido una piedra angular en todas las colaboraciones que hemos llevado a cabo, incluso cuando una gran parte del trabajo se basaba en medios de comunicación electrónicos.

En un primer momento, Jinek y Chylinski no tenían la capacidad de hacer que CRISPR-Cas9 troceasc el ADN de un virus en un tubo de ensayo. Habían estado tratando de conseguirlo con la aplicación de dos componentes: la enzima Cas9 y el ARNcr. En teoría, este último debía guiar a la enzima hacia el virus de destino para que lo cortase. Sin embargo, no funcionaba; algo, pues, fallaba.

—Nos tenía desconcertados hasta niveles estratosféricos —recuerda Jinek.

Y aquí es cuando el ARNtracr vuelve a hacer acto de presencia en nuestra historia. En el artículo de 2011, Charpentier había demostrado que este era necesario para la producción del ARNcr guía. Más adelante, mantendría la sospecha de que desempeñaba un papel relevante y con una mayor dilación, aunque la pareja de investigadores posdoctorales no había tenido en cuenta tal posibilidad en los primeros experimentos. Cuando estos fallaron, Chylinski decidió añadir ARNtracr en la mezcla del tubo de ensayo.

Y funcionó; quedó probado que el complejo con los tres componentes dividía el ADN objetivo. Jinek comunicó de inmediato la noticia a Doudna: «Sin la intervención del ARNtracr, el ARNcr guía no se asocia a la enzima Cas9». Después de tal avance, Doudna y Charpentier comenzaron a participar de un modo más activo en el trabajo diario. Ya entonces estaba claro que se encaminaban hacia un descubrimiento importante, el establecimiento de los componentes esenciales de un sistema de corte génico CRISPR.

Noche tras noche, Chylinski y Jinek jugaban al pimpón con los resultados, de un lado de la cancha al otro, en cada ocasión con una pequeña pieza más del rompecabezas y con Charpentier y Doudna ya toralmente integradas a unas llamadas estratégicas cada vez más frecuentes. Estaban listos para elucidar el mecanismo preciso de cada uno de los tres componentes esenciales del complejo CRISPR-Cas9. El ARNcr contenía una secuencia de veinte letras, que actuaba como un conjunto de coordenadas para guiar al complejo hacia un fragmento de ADN con una secuencia similar. El ARNtracr, que había participado en la producción de dicho ARNcr, pasaba a desempeñar entonces la tarea añadida de ejercer a modo de andamiaje, para mantener al resto de los componentes en la ubicación adecuada cuando se aferrasen al ADN de destino. Era entonces cuando la enzima Cas9 iniciaba el proceso de corte.

Una noche, después de que uno de los experimentos clave hubiese arrojado un resultado positivo, Doudna se encontraba en su casa, preparando unos espaguetis. Las espirales que se formaban en el agua hirviendo le recordaron al esperma de salmón que había observado al microscopio cuando aún estaba en el instituto y aprendía lo que era el ADN, y eso la hizo sonreír. Su hijo, Andy, entonces con nueve años, le preguntó por qué se reía.

—Pues mira, hemos descubierto una proteína, una enzima que se llama Cas9 —le explicó ella—. Puede programarse para encontrar virus y cortarlos en pedazos. Es una cosa increíble.

Andy le siguió haciendo preguntas sobre cómo funcionaba. Y entonces Doudna le contó cómo, a lo largo de miles de millones de años, las bacterias habían evolucionado de un modo muy extraño y fascinante, de tal forma que pudiesen protegerse por sí mismas contra los virus. Y el sistema por el que lo hacían era adaptable; cada vez que aparecía un nuevo virus, aquel aprendía a identificarlo y a hacer que retrocediera. Andy se quedó fascinado.

—La felicidad era doble —recuerda Doudna—, en aquel momento

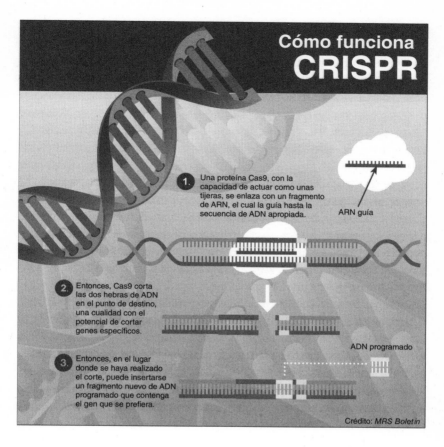

Cómo funciona
CRISPR

1. Una proteína Cas9, con la capacidad de actuar como unas tijeras, se enlaza con un fragmento de ARN, el cual la guía hasta la secuencia de ADN apropiada.

ARN guía

2. Entonces, Cas9 corta las dos hebras de ADN en el punto de destino, una cualidad con el potencial de cortar genes específicos.

ADN programado

3. Entonces, en el lugar donde se haya realizado el corte, puede insertarse un fragmento nuevo de ADN programado que contenga el gen que se prefiera.

Crédito: *MRS Boletín*

en que habíamos hecho un descubrimiento fundamental tan increíble, además estaba el hecho de poder compartirlo con mi hijo y explicárselo de un modo que él pudiese entenderlo.

Vista así, la curiosidad es hermosa.[3]

UNA HERRAMIENTA DE EDICIÓN GENÉTICA

Enseguida estuvo claro que este fabuloso y diminuto sistema tenía una auténtica y trascendental aplicación en potencia: la posibilidad de modificar el ARNcr guía para dirigirlo hacia cualquier secuencia de ADN que se quisiese cortar. Como era programable, podía convertirse en una herramienta de edición genética.

El estudio de las CRISPR se iba a convertir en un ejemplo evidente del dueto de toma y daca que se da entre la ciencia fundamental y la medicina traslacional. En un principio, estuvo en manos de unos cazadores de microbios guiados por la pura curiosidad, que deseaban explicar una rareza con la que se habían tropezado cuando se secuenciaba el ADN de una bacteria insólita. A partir de ahí, pasó a estudiarse en un intento de proteger los cultivos de las bacterias del yogur de los ataques víricos, lo cual llevó a su vez a un descubrimiento básico sobre el funcionamiento esencial de la biología. Entonces un análisis bioquímico apuntó a la vía que había que seguir para inventar una herramienta que sirviera para potenciales usos prácticos.

—Una vez que averiguamos cuáles eran los componentes del ensamblaje de CRISPR-Cas9, comprendimos que podíamos programarlo —explica Doudna—. En otras palabras, podíamos agregar un ARNcr diferente y hacer que cortase cualquier secuencia distinta de ADN que quisiésemos.

En la historia de la ciencia hay pocos momentos «eureka» auténticos, pero aquel se acerca mucho.

—No se trataba de un proceso gradual que llegó poco a poco hasta nosotros sin más. Fue un momento preciso de estos de «¡Madre mía!».

Cuando Jinek le enseñó a Doudna los datos que demostraban que era posible programar Cas9, recurriendo a distintos ARN guía para cortar el ADN por donde se quisiese, literalmente se pararon y se miraron el uno al otro, y ella declaró: «Madre mía..., podría ser una herramienta de edición genética muy eficaz».

En resumen, eran conscientes de haber desarrollado un medio para reescribir el código de la vida.[4]

Un ARN guía único

El siguiente paso era averiguar si era posible simplificar aún más el sistema CRISPR. Si se podía, no solo constituiría una herramienta para la edición genética, sino además una mucho más fácil de programar y más barata que cualquier otro método.

Un día, Jinek recorrió el pasillo que llevaba desde el laboratorio hasta el despacho de Doudna. Había estado haciendo una serie de experimentos para determinar cuáles eran los requisitos mínimos que debían cumplir, por un lado, el ARNcr que hacía las funciones de guía y, por otro, el ARNtracr que lo sujetaba al ADN de destino. Así que allí estaban ambos, con la vista puesta en la pizarra blanca que había frente a la mesa de la profesora, en la que Jinek había bosquejado un diagrama con la estructura de estos dos ARN pequeños, para luego preguntarle qué partes del ARNcr y del ARNtracr eran esenciales para cortar el ADN en un tubo de ensayo. «Parecía que el sistema tenía cierta flexibilidad con respecto a lo largos que debían ser los dos ARN implicados», explica hoy. Cada uno de esos ARN pequeños podía acortarse un poco y seguir funcionando. Doudna contaba con un exhaustivo entendimiento de la estructura del ARN, e ir averiguando el modo en que funcionaba le producía una felicidad casi infantil. A medida que a ambos se les iban ocurriendo distintas ideas, se iba presentando cada vez con más claridad la posibilidad de unir los dos ARN, ligando el extremo inferior del uno al superior del otro, de tal manera que la molécula combinada siguiese siendo funcional.

El objetivo sería obtener una molécula única de ARN que tuviese la información de guía en un extremo y el elemento de sujeción en el otro. Así es como acabarían creando lo que dieron en llamar «ARN guía único» o ARNsg. Se pararon un momento, se miraron el uno al otro, y entonces Doudna exclamó: «¡Guau!». Como ella misma recuerda: «Fue uno de esos momentos de la ciencia en que las cosas suceden como por arte de magia. Noté un escalofrío y el vello de la nuca empezó a erizarse. En aquel instante, ambos comprendimos que aquel proyecto tan divertido y provocado por la simple curiosidad tenía implicaciones de un gran calado, que podían cambiarlo de una manera decisiva». Cuando uno se imagina la escena, resulta muy apropiada, el comportamiento de una simple molécula es capaz de hacer que el vello de la nuca de Doudna se erizase. Sea como fuere, urgió a Jinek a que se pusiese a trabajar de inmediato en la fusión de los dos ARN, para que actuasen como una guía única para Cas9; así que este recorrió apresurado el pasillo de vuelta para hacer un pedido con las moléculas necesarias. Además, habló del plan con Chylinski, así que se pusieron a diseñar juntos y sin dilación una serie de experimentos. Una vez que hubieron determinado qué partes de los ARN se podían eliminar y cómo sería posible conectarlos, no les llevó más de tres semanas obtener un ARN guía único que funcionase.

De inmediato fue evidente que este guía único haría de CRISPR-Cas9 una herramienta de edición genética aún más versátil, fácil de usar y reprogramable. Y así, lo que ha venido otorgando un interés particular a este sistema de guía único, tanto desde el punto de vista científico como de la propiedad intelectual, es que de hecho se trata de una invención humana y no del mero descubrimiento de un fenómeno natural.

Hasta ahora, la colaboración entre Doudna y Charpentier ha alumbrado dos avances importantes. El primero sería el descubrimiento de que el ARNtracr desempeña una función esencial no solo en la generación del ARNcr guía, sino además, y esto es algo aún más importante, en mantenerlo asociado a la enzima Cas9 y adherir el conjunto al ADN de interés para el proceso de corte. El segundo, la invención de un sistema de unión de ambos ARN entre sí, para conformar un ARN guía único. Mediante el estudio de un fenómeno que la evolución lleva perfeccionando en las bacterias desde hace unos mil millones de años o incluso más, convirtieron un milagro de la naturaleza en una herramienta para el uso humano.

Ese día en que Doudna y Jinek comenzaron a compartir ideas sobre cómo obtener a un ARN guía único, ella explicó la idea a su marido durante la cena. Al advertir que todo eso podía llegar a materializarse en la futura patente de una técnica de edición genética, él le comentó que debía irlo anotando todo en el cuaderno del laboratorio y asegurarse de que hubiese siempre alguien presente. De modo que Jinek volvió al laboratorio esa misma noche y escribió la descripción detallada del modelo que habían ideado. Eran cerca de las 21:00, pero Sam Sternberg y Rachel Haurwitz aún estaban allí. Los cuadernos de laboratorio tienen una línea donde firmar al final de cada página, con el fin de documentar los avances de importancia, así que Jinek les pidió que firmasen. A Sternberg nunca le habían pedido antes que lo hiciese, así que se dio cuenta de que se trataba de una noche histórica.[5]

18

Science, 2012

Cuando llegó el momento de escribir un artículo académico en el que se describiese el sistema CRISPR-Cas9, Doudna y sus compañeros de equipo recurrieron al mismo método colaborativo repartido a lo largo de las veinticuatro horas del día que habían utilizado para llevar a cabo los experimentos. Compartieron el manuscrito en Dropbox, de manera que se pudieran seguir en tiempo real los cambios que cada uno iba introduciendo. Jinek y Doudna trabajaban durante las horas de día en California, hacían un pase del relevo mediante una llamada nocturna por Skype, a la misma hora en que amanecía en Europa, y luego Charpentier y Chylinski se encargaban de todo durante las doce horas siguientes. Emmanuelle Charpentier dejó dicho que ella podía dedicar cualquier hora del día al trabajo, pues en Umeå no se ponía el sol en primavera.

—La verdad es que una no puede dormir mucho cuando hay luz todo el día —dice—, y son meses en los que tampoco se siente un verdadero cansancio, así que estaba lista a cualquier hora.[1]

El 8 de junio de 2012, Doudna dio al botón de enviar del ordenador, para mandar el manuscrito a los editores de Science. Lo firmaban seis autores: Martin Jinek, Krzysztof Chylinski, Ines Fonfara, Michael Hauer, Jennifer Doudna y Emmanuelle Charpentier. Los nombres de Jinek y Chylinski tenían un asterisco para denotar que habían contribuido por igual al artículo. Doudna y Charpentier aparecían en último lugar por ser las investigadoras principales, a la cabeza de los laboratorios participantes.[2]

En el artículo, que constaba de tres mil quinientas palabras, se exponían gran cantidad de detalles sobre cómo actúan el ARNcr y el ARNtracr para unir la proteína Cas9 al ADN de destino. También se

explicaba la estructura de dos campos de Cas9 y cómo esta determina que cada uno de ellos corte una de las hebras del ADN en un punto específico. Por último, se describía la técnica con la que eran capaces de unir el ARNcr y el ARNtracr para obtener un ARN guía único, un sistema que, como los propios autores se encargaban de destacar, podía utilizarse para editar los genes.

Cuando los editores de *Science* lo recibieron, se entusiasmaron. Aunque muchas de las funciones en las células vivas de CRISPR-Cas9 se habían descrito con anterioridad, se trataba de la primera vez que unos investigadores aislaban los componentes esenciales del sistema y ponían al descubierto sus mecanismos bioquímicos. Además, y por si fuera poco, se recogía la invención de un ARN guía único con una utilidad potencial.

Gracias a la presión de Doudna, los editores aceleraron el proceso de revisión. Ella sabía que ya habían circulado otros artículos sobre el sistema CRISPR-Cas9, incluido uno de un investigador lituano (del que sabremos más enseguida), y quería asegurarse de que el primer equipo en publicar fuese el suyo. Los editores de *Science* tenían sus propias razones competitivas, pues de ningún modo deseaban que alguna otra publicación les quitase la exclusiva. Pidieron al pionero de las CRISPR Erik Sontheimer que fuese uno de los revisores, con el requisito de enviar la respuesta con sus comentarios en dos días, un plazo inusualmente ajustado. Sontheimer rechazó la propuesta, pues también él estaba trabajando en el tema. No obstante, los editores de la revista pudieron contar con otros revisores a tiempo.

En los comentarios de la revisión solo se pedía que se clarificaran algunos puntos. Había un problema importante que no habían puesto de relieve, esto es, los experimentos se centraban en la CRISPR-Cas9 de *Streptococcus pyogenes*, una bacteria común que puede causar faringitis estreptocócica. Como en el resto de bacterias, se trata de un organismo unicelular sin núcleo. No obstante, en el artículo se indicaba que el sistema CRISPR-Cas9 podía servir para editar genes humanos. Charpentier se temía que esto suscitaría algunas preguntas.

—Me parecía que los revisores iban a preguntar si teníamos alguna prueba de que podía funcionar en células humanas —recuerda—, pero no lo hicieron, incluso a pesar de que yo misma hubiese

escrito en la conclusión que se trataba de una alternativa a los métodos de edición genética ya existentes.[3]

Los editores de *Science* aprobaron las revisiones y aceptaron formalmente el artículo el miércoles 20 de junio de 2012, en un momento
en que los participantes se encontraban reunidos en Berkeley, en el
congreso CRISPR de ese año. Charpentier había acudido desde
Umeå y Chylinski había hecho lo propio desde Viena, ambos con
unos días de antelación, para poder hacer todos juntos las últimas
correcciones y modificaciones.

—A Krzysztof se le notaba mucho el desfase horario —recuerda
Charpentier—; sin embargo, este no era mi caso, debido a la persistente luz de Umeå, que de todas formas ya me había alterado los ciclos del sueño.[4]

Se reunieron en el despacho de Doudna, ubicado en una séptima
planta, donde, una vez que los archivos y gráficos finales en pdf
hubieron comenzado a cargarse en el sistema en línea de la revista,
se quedaron con la mirada fija en la pantalla del ordenador de la profesora.

—Estábamos los cuatro sentados en el despacho, mirando los
indicadores de estado de los artículos mientras terminaban de subirse
—recuerda Jinek—. Cuando el último llegó al cien por cien.

Una vez que se enviaron los cambios finales, Doudna y Charpentier se quedaron en el despacho, ellas dos solas. No habían pasado
más que catorce meses desde la primera vez que se habían visto, en
Puerto Rico. Mientras Charpentier se deleitaba con el paisaje de la
bahía de San Francisco bañada por el último sol de la tarde, Doudna
le expresó que había sido un placer colaborar con ella.

—Era un momento magnífico; por fin podíamos compartir
en persona la satisfacción por lo que habíamos descubierto, además
de hacernos algunas confidencias —recordaría después Doudna—.
Era la hora de tomarnos un descanso y charlar sobre lo arduo que
había sido trabajar juntas con miles de kilómetros de distancia de por
medio.

Cuando pasaron a conversar sobre el futuro, Charpentier dejó
caer que estaba más interesada en volver a centrarse en la ciencia fundamental de los microbios que en hacer herramientas de edición gené-

tica, y le contó a Doudna que estaba preparada para cambiar una vez más de laboratorio, quizá al Max Planck Institute de Berlín. Entonces Doudna le preguntó, quizá de un modo algo burlón, si nunca había pensado en asentarse, casarse, tener hijos...

—La respuesta fue que no —recuerda Doudna—, que le gustaba estar sola y que valoraba mucho el tiempo que tenía para sí misma, de manera que no buscaba ese tipo de relación.

Aquella misma noche, había organizado una cena de celebración en Chez Panisse, el restaurante de Berkeley donde la chef Alice Waters ejerció como pionera de la cocina «de la granja a la mesa». Puesto que aún no era conocida fuera de los exclusivos reinos de la ciencia, no pudo conseguir una reserva en el comedor de la planta baja, mucho más elegante. En su lugar, se hizo con una de las mesas largas en el piso de arriba, con un estilo de cafetería mucho más informal. Pidieron champán y brindaron por lo que ya sabían que iba a ser una nueva era en la biología. «Era como si estuviésemos al comienzo de uno de esos momentos trascendentales, en los que la ciencia parece llegar a buen término, y nos preguntábamos en qué se iba a materializar todo eso», recuerda Doudna. Jinek y Chylinski se fueron antes de que sirviesen los postres, puesto que esa misma noche debían preparar las diapositivas de la ponencia que iban a hacer en el congreso al día siguiente. En el camino de vuelta al laboratorio, con el último brillo del crepúsculo, Chylinski se permitió fumar un cigarrillo.

Virginijus Šikšnys

Krzysztof Chylinski

Martin Jinek

19

Unas ponencias en duelo

Virginijus Šikšnys

Virginijus Šikšnys, de la Universidad de Vilna, en Lituania, es un bioquímico de maneras suaves, con gafas de montura de alambre y una sonrisa tímida, que estudió química orgánica en la misma ciudad, obtuvo el doctorado en la Universidad Estatal de Moscú y después regresó a su tierra natal. Comenzó a sentirse intrigado por las CRISPR cuando leyó el artículo de 2007 de Rodolphe Barrangou y Philippe Horvath, los investigadores del yogur que trabajaban para Danisco, en el que estos demostraban que las CRISPR constituían un arma que las bacterias habían adquirido para enfrentarse a los virus.

En febrero de 2012, él mismo había firmado un artículo con Barrangou y Horvath como autores secundarios, en el que describían cómo, en un sistema CRISPR, el ARNcr guiaba a la enzima Cas9 para cortar un virus invasor. Lo envió a la revista *Cell*, que lo rechazó sin más. De hecho, la publicación ni siquiera estimó que fuera lo suficientemente interesante como para enviarlo a revisión por pares.

—Fue más frustrante, si cabe, cuando lo enviamos a *Cell Reports*, que es algo así como la hermana de *Cell* —cuenta Šikšnys—, y también lo rechazaron.[1]

De manera que el siguiente intento lo hicieron con el envío a *PNAS*, la publicación de la Academia Nacional de las Ciencias de Estados Unidos. Una vía rápida para que en *PNAS* se acepte un artículo de investigación es que lo apruebe un miembro de la academia. El 21 de mayo de 2012, Barrangou decidió mandarle un resumen del artículo a quien tenía entre ellos una mayor familiaridad con el campo de estudio, la misma Jennifer Doudna.

En aquel momento, ella estaba dando los últimos toques a su propio artículo junto a Charpentier, así que se abstuvo. No llegó a leer el artículo completo, tan solo el resumen, pero eso bastaba para que se diese cuenta de que Šikšnys había descubierto muchos de los mecanismos que había detrás de, como el resumen decía, «la ejecución por parte de Cas9 de la escisión del ADN». En el resumen también se afirmaba que esto podría conducir a un método para la edición de ese ácido nucleico: «Los hallazgos presentados allanan el camino a la producción de endonucleasas de ADN guiadas por ARN susceptibles a una programación general».[2]

El hecho de que más adelante Doudna metiese prisa para que el artículo de su propio equipo se publicase provocó una pequeña controversia o, como mínimo, que algunas cejas se levantasen entre quienes pertenecían al mundillo CRISPR. «No hay más que comprobar los tiempos de la petición de la patente por parte de Jennifer y el envío del artículo a *Science*», me cuenta el propio Barrangou. A primera vista, pueden levantar sospechas. Doudna recibió el resumen del artículo de Šikšnys el 21 de mayo, mientras que ella y sus colegas solicitaron la patente el 25 de mayo y enviaron su propio artículo a *Science* el 8 de junio.

Lo cierto es que la petición de la patente y la materialización del artículo por parte del equipo de Doudna ya estaban en el horno mucho antes de que llegase el resumen de Šikšnys. Por su parte, Barrangou subraya que no pretende acusar a Doudna de haber hecho nada irregular. «No se trata de algo deshonesto, ni tan siquiera poco usual —mantiene—. No es que ella robase nada, nosotros se lo enviamos; no la podemos culpar. Así es como la ciencia se agiliza, en esos momentos en que uno sabe que se encuentra en una situación de competencia. Eso da un empuje al proceso, lo impulsa.»[3] En última instancia, Doudna mantuvo una relación amistosa tanto con Barrangou como con Šikšnys. La mezcla de competición y cooperación que hubo entre ellos fue parte de un proceso que los implicados en él entienden.

Con todo, sí hubo un rival que cuestionó la premura de Doudna, y este fue Eric Lander, el director del Instituto Broad del MIT y Harvard. «Le dice a los editores de *Science* que tienen competidores, echa el artículo a la carrera y ellos apresuran a los revisores —dice—, todo en tres semanas, y el resultado es que pisan a los lituanos.[4]

La censura implícita de Doudna por parte de Lander puede resultar de interés, aunque tampoco deja de tener gracia, pues él mismo es una de las personas que conozco que más disfruta al competir. Sospecho que el hecho de que tanto él como Doudna se sientan cómodos cuando compiten ha creado una fuerte rivalidad entre los dos. Aunque también me parece que esto significa que se entienden mutuamente, como ocurre con los dos rivales de la novela de *The Masters*, de C. P. Snow, que son capaces de comprenderse el uno al otro mejor de lo que ninguna otra persona pueda hacerlo. Una noche, mientras cenábamos, Lander me contó que aún conserva los correos electrónicos que Doudna les envió a los editores de *Science* y que probaban que los presionó para que se diesen prisa para que se publicara su artículo de 2012 después de haber leído el resumen del artículo de Šikšnys. Cuando le pregunto a ella al respecto, no tiene ningún problema en convenir en que dijo a los editores de *Science* que se había presentado un artículo a una revista de la competencia y que pidió a los revisores que acelerasen el proceso. «¿Y qué? —repone—. Pregúntale a Eric si él no lo ha hecho alguna vez.» Así que, en la siguiente ocasión en que quedé con Lander para cenar, le comenté que a Doudna le gustaría que le hiciera esa pregunta. Él hizo una pausa, se rio y después concedió jovial: «Por supuesto que lo he hecho, así es como funciona la ciencia, se trata de un comportamiento completamente habitual».[5]

LA PONENCIA DE ŠIKŠNYS

Barrangou fue uno de los organizadores del congreso CRISPR de junio de 2012 en Berkeley, el mismo al que Charpentier y Chylinski habían volado para asistir, y había invitado a Šikšnys a que presentase allí su trabajo. Esto sentó las bases para que los dos equipos de la carrera para describir los mecanismos del sistema CRISPR-Cas9 pudieran verse las caras.

Tanto el equipo de Šikšnys como el de Doudna-Charpentier tenían previsto presentar sus respectivos trabajos la tarde del jueves 21 de junio, el día después de que Doudna subiese la versión final del artículo de *Science* y fuese con sus colegas a celebrarlo en Chez Panisse. Barrangou había decidido, a pesar de que aún no se hubiese aceptado el trabajo de Šikšnys para su publicación, que la ponencia que este iba a hacer debía ir antes, seguida de la del equipo de Doudna-Charpentier.

Sin embargo, la prioridad ya estaba sellada en los anales de la historia, pues *Science* había aceptado el artículo de Doudna y Charpentier, que se publicaría en línea el 28 de junio, mientras que el de Šikšnys tendría que esperar al 4 de septiembre. Sin embargo, la decisión de Barrangou de que la ponencia de Šikšnys en el congreso de Berkeley fuese antes presentaba la posibilidad de reservarle una cierta parte de la gloria, si resultaba que la investigación que él había llevado a cabo igualaba o superaba a la del equipo de Doudna-Charpentier.

—Yo era el encargado de decidir el orden de las ponencias —explica Barrangou—. Alguien del laboratorio de Jennifer me pidió que cambiase su intervención para antes de la de Virginijus, algo a lo que me negué, puesto que él me había enviado primero su artículo, en febrero, cuando tratábamos de publicarlo en *Cell*, por lo que me pareció que lo justo era que él hiciese su presentación primero.[6]

El jueves 21 de junio, después de la comida, Virginijus Šikšnys pasó una serie de diapositivas, hechas a partir de su artículo no publicado, en el auditorio de la planta baja del nuevo centro Li Ka Shing de Berkeley, con un aforo de setenta y ocho asientos, donde se celebraba el congreso. «Hemos aislado el complejo de Cas9 y ARNcr y demostrado que, *in vitro*, causa una ruptura de ambas hebras en lugares específicos de aquellas moléculas de ADN a las que se dirige», anunció. Declaró que ese sistema podía, algún día, llegar a convertirse en una herramienta de edición genética.

No obstante, había varias lagunas tanto en el artículo como en la ponencia de Šikšnys. La más destacada era la de que mencionase un «complejo de Cas9 y ARNcr» sin mencionar la función del ARNtracr en el proceso de corte génico. Aunque sí describía el papel de este en la producción del ARNcr, no había comprendido que su presencia todavía era necesaria para asir esta molécula y Cas9 al lugar del ADN fijado como blanco para su destrucción.[7] Para Doudna, esto se traducía en que Šikšnys no había logrado descubrir la función esencial del ARNtracr.

—Si no sabes que el ARNtracr es necesario para cortar el ADN

—diría más tarde—, no hay modo de que puedas valerte de esa técnica. No has definido los componentes necesarios para que funcione.

Se mascaba la tensión de la competición en el aire, y Doudna tenía el propósito de asegurarse de que ese lapsus de Šikšnys sobre el papel del ARNtracr fuese puesto de relieve. Había tomado asiento en la tercera fila del auditorio y tan pronto como él acabó con la ponencia, levantó la mano para preguntarle si los datos con los que contaba recogían el cometido del ARNtracr en el proceso de adherencia.

En un principio, Šikšnys no fue al grano, así que Doudna continuó presionándolo para que se explicase, mientras que él evitaba refutarla.

—Me acuerdo de que hubo un viso de polémica en la conversación que siguió a la pregunta de Doudna —declara Sam Sternberg—. Él no se mostraba en desacuerdo, pero tampoco admitía plenamente que se le había pasado por alto.

Charpentier también estaba sorprendida; después de todo, ella misma ya había escrito sobre una parte del papel del ARNtracr en 2011.

—Lo que no llego a entender es por qué Šikšnys, después de haber leído mi artículo de 2011, no trató de indagar con mayor profundidad en la función del ARNtracr —dice.[8]

Para ser honestos, hay que decir que Šikšnys merece un gran reconocimiento, algo que espero haber mostrado, por lograr muchos de los hallazgos bioquímicos que Doudna y Charpentier estaban realizando más o menos al mismo tiempo. Quizá haya puesto mucho énfasis en el cometido del diminuto ARNtracr, por una parte, porque estoy escribiendo este libro desde el punto de vista de Doudna, y, por otra, porque ella misma lo ha hecho a lo largo de muchas de nuestras entrevistas. Sin embargo, creo sinceramente que es algo importante. A la hora de explicar los asombrosos mecanismos de la vida, los pequeños detalles son relevantes..., y los detalles muy pequeños tienen aún más relevancia. Desentrañar de manera precisa la labor esencial de estos dos diminutos fragmentos de ARN, el ARNtracr y el ARNcr, era clave para comprender en su integridad el modo en que los ARN se fusionaban para dar lugar a una guía única y común hacia el objetivo génico correcto y en la que el sistema CRISPR-Cas9 podía llegar a ser una herramienta de edición genética.

¡Guau!

Inmediatamente después de que Šikšnys terminase su exposición, seguía el turno de Doudna y Charpentier para presentar lo que la mayoría de los asistentes ya sabía, llegado ese punto, que era toda una serie de grandes descubrimientos. Ambas se quedaron sentadas la una junto a la otra entre la audiencia, pues se había decidido que fuesen los posdoctorandos que habían hecho la mayor parte de los experimentos prácticos, Jinek y Chylinski, quienes se encargasen de la ponencia.[9]

Cuando estaban a punto de comenzar, dos profesores de biología de Berkeley entraron acompañados de algunos de sus estudiantes e investigadores posdoctorales. Doudna había estado hablando con ellos sobre una colaboración para que CRISPR-Cas9 funcionase en humanos, pero la mayor parte del resto de los participantes no sabían quiénes eran. Sternberg supuso que se trataba de abogados expertos en patentes. El caso es que su aparición acentuó una cierta sensación teatral que reinaba en el ambiente.

—Recuerdo lo sorprendida que estaba la gente por ese puñado de desconocidos que acababan de entrar —dice Doudna—. Era algo así como un aviso de que algo importante estaba a punto de pasar.

Jinek y Chylinski trataron de hacer que la ponencia resultase entretenida. Habían preparado una serie de diapositivas, para poder turnarse y explicar cada uno de los experimentos que habían hecho, y lo habían ensayado todo dos veces antes de subir a la palestra. Se trataba de una audiencia no muy numerosa, informal y amiga. No obstante, se mascaban los nervios, en especial los de Jinek.

—Martin estaba muy angustiado, lo que hizo que yo me angustiase por él —dice Doudna.

Sin embargo, no había ninguna razón para dejarse llevar por los nervios. Esa ponencia constituía un verdadero triunfo. Una vez que terminaron, Sylvain Moineau, un pionero de la CRISPR de la Universidad de Laval, en Quebec, se puso en pie y exclamó: «¡Guau!». Otros se apresuraron en enviar correos electrónicos y mensajes de texto a sus colegas de laboratorio cuando estuvieron ya de vuelta en casa.

Barrangou, el investigador de Danisco que había colaborado en el artículo de Šikšnys, diría más tarde que, tan pronto como escuchó la ponencia, supo que Doudna y Charpentier habían llevado el campo de estudio a un nuevo nivel. «El artículo de Jennifer era claramente muchísimo mejor que el nuestro —admite—. Se trata del punto de inflexión que llevó el campo de las CRISPR de un mundo microbiano con un interés particular a toda una técnica. Así que ni Virginijus ni yo albergamos malos sentimientos hacia ella, ni nada similar.

Una reacción especialmente fundamentada, mezcla de emoción y de envidia, vino de Erik Sontheimer. Él había estado entre los primeros en predecir que las CRISPR llegarían a convertirse en una herramienta de edición genética. Cuando Jinek y Chylinski terminaron la ponencia, levantó la mano e hizo una pregunta, a saber, cómo podía utilizarse la técnica de un guía único para editar los genes de células eucariotas, es decir, aquellas que tienen núcleo. Para ser más concretos, lo que preguntaba era si realmente funcionaría con células humanas. Ellos indicaron que podría adaptarse, tal y como se había hecho con muchas técnicas moleculares anteriores. Después de discutirlo, Sontheimer, un científico del tipo afable y a la vieja usanza, se volvió hacia Doudna, sentada dos filas más atrás, y le dijo moviendo los labios: «Vamos a hablar». En el siguiente descanso, se escabulleron para reunirse en el pasillo.

—Hablar con ella me dio seguridad, porque, aunque estábamos intentando hacer cosas similares, supe que era de fiar —afirma Sontheimer—. Le expliqué que en aquel momento trataba de hacer que la CRISPR funcionase en la levadura. Entonces me dijo que quería tener una charla más larga conmigo, porque adaptar la CRISPR a las células eucariotas era algo que no iba a tardar en ocurrir.

Aquella misma noche, con la intención de cenar en un restaurante de sushi, Doudna se dirigió a pie hasta el centro de Berkeley junto con otros tres investigadores que habían sido, y seguirían siendo, tanto colegas como competidores: Erik Sontheimer y los dos hombres cuyo artículo había quedado a la sombra del de ella, Rodolphe Barrangou y Virginijus Šikšnys. Antes que mostrarse molesto porque se les hubiera adelantado, Barrangou le dijo que era consciente de que los había sobrepasado de forma limpia. De hecho, mientras caminaban calle abajo hacia el restaurante, le preguntó a Doudna si Šikšnys y él no harían mejor en retirar su artículo aún pendiente de publicación. «No, Rodolphe, tu artículo está bien —le respondió ella—, no lo retires. Aporta una contribución propia, tal y como intentamos hacer todos los demás.» Durante la cena, hablaron de qué movimiento iban a realizar sus respectivos laboratorios a partir de ese punto.

—Fue todo muy entrañable, a pesar de tratarse de una situación potencialmente embarazosa —cuenta Sontheimer—, una cena muy emotiva en un momento muy emocionante, en el que tan solo comenzábamos a darnos cuenta de lo importante que iba a llegar a ser todo esto.

El artículo de Doudna y Charpentier publicado en línea el 28 de junio de 2012 dio impulso a todo un nuevo sector en la biotecnología, dedicado a hacer que la CRISPR se pudiese utilizar para editar genes humanos.

—Sabíamos que daba comienzo una carrera de gran calado para utilizarlo con células humanas —sostiene Sontheimer—. Se trataba de una idea para la que el momento de su puesta en práctica había llegado, e iba a haber una carrera de velocidad para ver quién lo lograba primero.

TERCERA PARTE

La edición de los genes

¡Qué bella es la humanidad!
¡Magnífico nuevo mundo
que tiene tales habitantes!

WILLIAM SHAKESPEARE,
La tempestad

20

Una herramienta para humanos

LAS TERAPIAS GÉNICAS

El camino hacia la manipulación de los genes humanos comenzó en 1972, cuando el profesor Paul Berg, de Stanford, descubrió un modo de extraer una porción de ADN de un virus que se encontraba en los monos y ensamblarlo con el ADN de otro virus completamente diferente. Y ¡abracadabra! Había creado lo que dio en llamar «ADN recombinante». Herbert Boyer y Stanley Cohen hallaron modos más eficientes de producir estos genes artificiales y luego clonar millones de copias. Así fue como se puso en marcha la ingeniería genética y, claro, el negocio de la biotecnología.

Aún se tardaron otros quince años para que los científicos empezaran a administrar ADN alterado en células de seres humanos. El objetivo era algo parecido a la creación de medicamentos. No se trataba de un intento de cambiar el ADN del paciente, es decir, no era un ejercicio de «edición» genética. En su lugar, la terapia génica consistía en administrar en las células del paciente una cierta cantidad de ADN manipulado para contrarrestar al gen defectuoso que hubiese causado la enfermedad que se iba a tratar.

El primer ensayo data de 1990 y se realizó sobre una niña de cuatro años con una mutación genética que le dejaba inutilizado el sistema inmune, exponiéndola a todo tipo de posibles infecciones. Los médicos encontraron un modo de obtener copias funcionales del gen malogrado en los linfocitos T del sistema sanguíneo de la paciente, de donde se extraían para recibir una copia de ese gen y después introducirlas de nuevo en el cuerpo. Esto indujo una drástica mejora en el sistema inmune y le permitió llevar una vida saludable.

Al principio, el campo de la terapia génica hizo gala de un éxito modesto, pero enseguida hubo retrocesos. En 1999, un ensayo clínico llevado a cabo en Filadelfia hubo de interrumpirse cuando un joven falleció a causa de una respuesta inmune excesiva, provocada por el virus que transportaba el gen terapéutico. A principios de la década de 2000, un procedimiento de terapia génica para una enfermedad inmunodeficiente activó, de manera accidental, un gen causante de un cáncer que hizo que cinco pacientes desarrollasen la leucemia. Tragedias como estas se saldaron con que, durante por lo menos una década, la mayor parte de los ensayos clínicos de este tipo se quedasen en el congelador, pero las mejoras graduales de las terapias génicas sentarían las bases para el ámbito más ambicioso de la edición de los genes.

Edición genética

En lugar de tratar los problemas genéticos mediante la terapia génica, algunos investigadores médicos comenzaron a buscar la forma de solucionar aquellos desde el origen. El objetivo era «editar» las secuencias defectuosas de ADN en las células correspondientes de un paciente. Así fue como nació la iniciativa de lo que hoy conocemos como «edición genética».

Jack Szostak, profesor de Harvard y director de tesis de Doudna, descubriría en la década de 1980 una de las claves necesarias para editar un gen, a saber, inducir una rotura en ambas cadenas de la doble hélice del ADN, lo que se conoce como «rotura de doble cadena». Cuando se hace así, ninguna de las cadenas puede servir como plantilla para la reparación de la otra, de manera que el genoma se repara a sí mismo por una vía entre dos posibles. La primera, conocida como «recombinación no homóloga» (recordemos que «homólogo» proviene de la palabra griega para «correspondiente»), consiste en que el ADN se repara a base de coser dos extremos el uno al otro, sin tratar de encontrar una secuencia que coincida. Puede resultar un proceso un tanto chapucero, pues es posible que se incurra en inserciones o en eliminaciones no deseables del material genético. La otra vía, la «recombinación homóloga», es más precisa y se lleva a cabo cuando el ADN que ha sufrido el corte encuentra una plantilla de reposición apropiada a mano. En general, la célula copiará la secuencia homóloga disponible y la insertará en donde haya ocurrido la «rotura de doble cadena».

La invención de la edición genética requirió de dos pasos. En primer lugar, los investigadores tuvieron que encontrar una enzima determinada con la capacidad de ejecutar una rotura de doble cadena en el ADN. Después fue necesario hallar una guía que dirigiese a la enzima al punto preciso del ADN de la célula en que se quisiese realizar el corte.

Tanto las enzimas que son capaces de cortar el ADN como las que lo hacen con el ARN se conocen como «nucleasas». Para diseñar un sistema de edición genética, los investigadores necesitaban una nucleasa a la que se pudiera dar la instrucción de cortar cualquier secuencia que ellos hubieran establecido como objetivo de antemano. En el año 2000, ya habían hallado una herramienta para hacerlo. La enzima FokI, que se encuentra en algunas bacterias del suelo y del agua, cuenta con dos campos, uno que sirve como unas tijeras con las que puede cortarse el ADN y otro que sirve como guía para indicar adónde ha de dirigirse. Estos dos campos pueden separarse y además el primero se puede reprogramar para que vaya adonde los investigadores quieran.[1]

Así pues, los investigadores estaban preparados para diseñar proteínas que pudiesen guiar al campo encargado del corte hacia la secuencia de ADN establecida. A partir de la fusión del mencionado campo y una proteína con unos dedos minúsculos conformados por la presencia de ion de zinc, que la permitían asirse a cualquier secuencia especificada de ADN, se dio lugar a un sistema, las nucleasas con dedos de zinc o ZFN por sus siglas en inglés, capaz de hacerlo. Un método similar y hasta más fiable, conocido como TALEN, siglas en inglés de «nucleasas efectoras de tipo activador de la transcripción», se originó a partir de la fusión del campo encargado del corte con una proteína que podía guiarlo hacia secuencias de ADN más largas.

En el momento en que se estaba trabajando en el perfeccionamiento de TALEN, apareció la CRISPR. Era algo similar, pues estaba constituida de una enzima de corte, que no era otra que Cas9, y una guía que la llevaba a un punto de corte especificado en la cadena de ADN. No obstante, en el sistema CRISPR, la guía no era una proteína, sino un fragmento de ARN. Este detalle ofrecía una gran ventaja, esto es, mientras que con ZFN o TALEN había que producir una nueva proteína guía cada vez que se quería apuntar a una secuencia genética diferente para cortarla, lo que no estaba exento de dificultad y exigía una gran inversión de tiempo, con CRISPR no había más que manipular la secuencia genética del ARN guía, algo que cualquier buen estudiante sería capaz de hacer con celeridad en el laboratorio.

Aún quedaba por despejar una cuestión, quizá una de las grandes, o una trivial, dependiendo de la perspectiva que se adopte y de la posición que se tome en la guerra de patentes que haría erupción más adelante. Los sistemas CRISPR funcionaban en bacterias y arqueas, organismos unicelulares sin núcleo. Así pues, quedaba por esclarecer si funcionarían en células con núcleo y, especialmente, en organismos multicelulares como las plantas o los animales, como usted o como yo.

El resultado fue que el artículo de junio de 2012 de Doudna y Charpentier disparó una febril carrera contrarreloj en los laboratorios de todo el mundo, incluido el de Doudna, para demostrar que el sistema CRISPR–Cas9 podía funcionar en células humanas, una meta a la que se llegó desde cinco lugares en unos seis meses. Este éxito acelerado podría entenderse como una prueba de que lograr este objetivo constituía un paso fácil y obvio que no se podía considerar como una invención aparte, tal y como Doudna y sus colegas argumentarían más tarde; o también, como han hecho los competidores de Doudna, como una prueba de que se trataba de un paso creativo de gran calado que se dio en el contexto de una carrera marcada por una competición feroz.

De la respuesta a la pregunta penden patentes y premios.

21

La carrera

La competencia lleva a hacer nuevos descubrimientos. Doudna lo llama «el fuego que aviva la máquina» y, desde luego, a ella la aviva. Ya incluso desde su infancia, nunca la avergonzó parecer ambiciosa, aunque siempre supo cómo equilibrarlo con una actitud de camaradería y honestidad. Gracias a la lectura de *La doble hélice*, había descubierto la importancia de la competencia, pues en el libro se describe que advertir los pasos que estaba dando Linus Pauling fue un catalizador para James Watson y Francis Crick. «Las rivalidades enriquecedoras —escribiría ella— han alimentado muchos de los grandes descubrimientos de la humanidad.»[1]

La principal motivación de los científicos proviene del placer de comprender la naturaleza, pero la mayoría no dejará de admitir que también importan las recompensas, tanto psicológicas como materiales, de ser los primeros en hacer un descubrimiento; la publicación de artículos, la obtención de patentes, premios y prestigio en el mundillo. Como cualquier ser humano —¿se tratará de un rasgo evolutivo?—, quieren obtener reconocimiento por sus logros, recompensas por su trabajo, la valoración por parte del público, que les pongan una medalla por lo que hacen. Por eso trabajan hasta tarde, durante noches, contratan a agentes de prensa y a abogados expertos en patentes y hasta invitan a escritores como yo a sus laboratorios.

La competitividad tiene mala reputación,[2] se la culpa de desincentivar la cooperación, de restringir el intercambio de datos y de hacer que la gente quiera mantener en sus manos la propiedad intelectual, en lugar de hacerla libre y abierta para que la pueda utilizar todo el mundo. Sin embargo, no hay duda de que la competencia ofrece grandes beneficios. Si acelera el descubrimiento de una técnica

para corregir la distrofia muscular, prevenir el sida o detectar un cáncer, habrá muchas menos muertes prematuras. Por poner un ejemplo que estos días puede resultar pertinente, tanto el bacteriólogo japonés Kitasato Shibasaburō como su rival suizo Alexandre Yersin acudieron a toda prisa a Hong Kong en 1894 para investigar la epidemia de peste pulmonar que allí se había extendido, y a base de trabajar con métodos distintos, descubrieron la bacteria responsable cada uno por su cuenta y con tan solo unos días de diferencia.

Una de las competiciones en las que Doudna ha participado a lo largo de su vida destaca por haberse caldeado más de la cuenta hasta llegar a hacerse encarnizada: la de encontrar el modo de editar los genes humanos mediante CRISPR. Quizá no sea como cuando Charles Darwin y Alfred Russel Wallace coincidieron en su idea de la evolución o como la disputa entre Newton y Leibniz por ver quién había descubierto primero el cálculo; pero está claro que se trata del equivalente actual de la carrera entre Pauling y el equipo conformado por Watson y Crick para descubrir la estructura del ADN.

Doudna entró en esta competición con la desventaja de que no contaba con un equipo de colaboradores que tuviera experiencia en el trabajo con células humanas. El laboratorio que dirigía no estaba especializado en este tipo de experimentos, sino que los investigadores que formaban parte de él eran, más que nada, bioquímicos que se desenvolvían con soltura entre moléculas depositadas en tubos de ensayo. Así, Doudna acabó por tener problemas para seguir el paso en lo que resultó ser una frenética competición que duró seis meses.

Había muchos laboratorios en todo el mundo que se habían lanzado a esta carrera, pero el acto principal del drama —tanto emocional y personal como científicamente— incluía a tres actores, todos ellos de espíritu competitivo, aunque muy diferentes en lo cómodos que podían llegar a estar con su propia competitividad:

- Feng Zhang, del Instituto Broad del MIT y Harvard, que a pesar de ser tan competitivo como pueda llegar a serlo un investigador estrella, estaba dotado de un alegre candor que le hacía difícil sacar a relucir ese rasgo. Impregnado de una serie de profundos valores que le había inculcado su madre, poseía una humildad natural que a menudo enmascaraba un espíritu competitivo igualmente natural. En caso de que albergase dos corazones, uno de carácter competitivo y otro más bien beatífico, ambos coexistían con mucha comodidad. En este sentido, atesoraba una afectuosa sonrisa que rara vez desaparecía de su rostro en aquellos momentos en que pasaba a hablar de cuestiones relacionadas con la competencia (o con la importancia de los logros de Doudna), ocasiones en las que sus labios permanecían con el mismo gesto, si bien sus ojos habían dejado de acompañarlos. No le gustaba ser el centro de atención, pero su mentor, Eric Lander, ese brillante y vivaracho matemático que se había convertido en investigador científico y que dirigía el Instituto Broad, le animó a que compitiese tanto por conseguir hallazgos como por verse reconocido por el hecho de haberlos realizado.

- George Church, de Harvard, viejo amigo de Doudna, que se había autoproclamado, al menos durante un tiempo, el mentor y consejero académico de Zhang, y que tanto en la superficie como en profundidad, hasta donde puedo alcanzar a ver, era el menos competitivo de todos, un vegano con una barba de Papá Noel que deseaba usar la ingeniería genética para volver a traer a la vida al mamut lanudo, movido por una curiosidad lúdica y sincera.
- Y por último estaba Doudna, que no solo era competitiva, sino que se sentía cómoda imbuida de ese espíritu, lo que se convertiría en una de las razones por las que su relación con Charpentier se enfrió. Por su parte, Charpentier manifestaba cierta sorna y hasta un poco de desdén ante el afán de Doudna por obtener reputación. «Lo del reconocimiento es algo con lo que puede llegar a estresarse, lo que la hace parecer insegura o no del todo satisfecha con su éxito —afirma Charpentier—. Yo soy francesa, y no me altero tanto, así que siempre le decía: "Surfez sur la vague!", es decir, "Disfruta el momento".» No obstante, cuando le insisto, Charpentier admite que la competitividad de la que Doudna hace gala es la misma fuerza que impulsa a la mayor parte de los pioneros científicos y a la propia ciencia. «Si no fuese por personas competitivas como Jennifer, el mundo no estaría tan bien como está —dice—, porque lo que hace que la gente quiera realizar cosas buenas es el reconocimiento.»[3]

22

Feng Zhang

La primera ocasión en que me puse en contacto con Feng Zhang para preguntarle si podía dedicarme un poco de su tiempo, me invadían un poco los nervios. Le había contado que estaba escribiendo un libro sobre Jennifer Doudna, su rival, y pensé que lo iría postergando o incluso que lo rechazaría directamente.

Pero no fue así, y cuando acudí a verlo a su laboratorio del Instituto Broad, cercano al MIT, con sus grandes ventanas con vistas al río Charles y las agujas de Harvard, se mostró abrumadoramente cortés, tal y como siguió haciéndolo en las conversaciones, comidas y cenas que compartimos después. No puedo decir si semejante cordialidad era genuina o se derivaba de la apreciación de que quizá de ese modo lo retrataría con mayor condescendencia en el libro, pero cuanto más tiempo pasé con él, más convencido estuve de que se trataba de lo primero.

La andadura de Zhang, que da para un libro propio, es una de las clásicas historias de emigrantes que hizo grande a Estados Unidos. Nació en 1981 en Shijiazhuang, una ciudad industrial con 4,3 millones de habitantes al sudeste de Pekín. Su madre era profesora de informática, mientras que su padre trabajaba para la administración de la universidad. Las calles de la ciudad siempre estaban engalanadas con las habituales pancartas exhortativas, con unas, en particular, que pregonaban el deber patriótico de estudiar ciencias. Zhang se entregó a esa idea.

—Crecí jugando con robots para montar, fascinado por cualquier cosa que tuviese que ver con la ciencia —recuerda.[1]

En 1991, cuando tenía diez años, su madre hizo una estancia como profesora visitante en la Universidad de Dubuque, una joya anidada en una ciudad de una gran riqueza arquitectónica, en el estado de Iowa, a lo largo del río Misisipi. Un día, fue a visitar un colegio de la localidad, donde se quedó maravillada con el aula de informática, así como con el poco énfasis que se ponía en el aprendizaje de memoria. Como cualquier madre o padre que desee lo mejor para su prole, trató de verlo con los ojos de un niño. «Pensó que me iba a encantar estar en un colegio así, con esas aulas, de manera que decidió quedarse y llevarme con ella», recuerda Zhang. Así que se hizo con un trabajo en una empresa papelera de Des Moines y, gracias a su visado H-1B, pudo llevar a su hijo a Estados Unidos al año siguiente.

El padre de Zhang los siguió pronto, aunque él no llegó a aprender inglés correctamente, de modo que fue la madre de Zhang quien sacó adelante a la familia. Fue ella quien abrió el camino para emigrar juntos a Estados Unidos, quien procuró hacer amistades en el trabajo u ofrecerse para montar ordenadores en las tiendas de beneficencia. Gracias a ella, y a la hospitalidad escrita en los genes de las comunidades del centro del país, la familia nunca dejó de tener una invitación a la mesa de algún vecino para Acción de Gracias o cualquier otra festividad.

—Mi madre me decía todo el tiempo que agachase la cabeza y no fuese arrogante —dice Zhang.

Fue ella quien le inculcó el don de una humildad despreocupada que destaca a todas luces, aunque también la ambición de innovar, de no adoptar una postura de pasividad.

—Siempre me empujaba a hacer las cosas, incluso un ordenador, en lugar de jugar con las que otra gente había hecho.

Años más tarde, mientras yo escribía este libro, la madre de Zhang se había mudado con él y con su esposa, que vivían en Boston, para ayudarlos a tiempo parcial con sus dos niños. En una ocasión, mientras ordenaba una hamburguesa en una marisquería de Cambridge, Zhang agachó la cabeza e hizo una pequeña pausa. «Seguro que la voy a echar mucho de menos cuando se haya ido», dijo en una voz muy baja.

En un principio, parecía que Zhang iba a seguir el camino de tantos otros cerebritos de los años noventa, para convertirse en un loco de la informática. Cuando tenía doce años, le regalaron su primer ordenador (un PC, no un Mac), y aprendió a despiezarlo y utilizar los componentes para montar otros nuevos. También se convirtió en un mago del sistema operativo de código abierto Linux. De manera que su madre lo envió a un campamento de informática, y para asegurarse de que quedaba definitivamente orientado al éxito, a un campamento de debates. Se trataba de la clase de refuerzos que los padres con privilegios pueden brindar sin necesidad de la edición genética.

Con todo, en lugar de lanzarse a estudiar informática, Zhang se convirtió en un precursor de lo que, a mi parecer, será pronto común entre los cerebritos en busca de un futuro, y cambió la tecnología digital por la biotecnología. La generación de sus padres y la suya propia ya se habían encargado de los códigos informáticos; a él le interesaba más el código genético.

El camino de Zhang hasta la biología comenzó con el programa para «gente dotada y con talento» de su instituto, que incluía una clase sabatina de introducción a la biología molecular.[2]

—Hasta entonces, yo apenas sabía nada sobre biología, ni tampoco me interesaba, porque lo único que hacían en séptimo era sacarte una bandeja con una rana y decirte que la diseccionaras e identificaras el corazón —recuerda—. Por lo demás, todo memorización y nada que supusiese un estímulo.

El foco de atención de aquellas clases de iniciación de los sábados era el ADN, así como el mecanismo por el que el ARN transporta sus instrucciones, con énfasis en la labor que desempeñan en el proceso las enzimas, esas moléculas proteicas que actúan como catalizadoras para desencadenar reacciones en una célula.

—A mi profesor le encantaban las enzimas —dice Zheng—. Decía que siempre que busques la solución a una pregunta difícil en biología, no hay más que decir «enzimas», la respuesta correcta a la mayoría de los interrogantes de la disciplina.

Hicieron muchos experimentos de campo, incluido uno en el que transformaron a una bacteria para hacerla resistente a los antibióticos. También vieron, en 1993, la película *Parque Jurásico*, en la que unos científicos hacen que los extintos dinosaurios vuelvan a la vida, a base de mezclar su ADN con el de las ranas. «Me resultaba muy estimulante haber descubierto que los animales podían verse como sistemas programables —cuenta—. Algo así significaba que el código genético humano también podía programarse.» Era mucho más emocionante que Linux.

Con aquel afán por aprender y descubrir alimentado con palomitas, Zhang se convertiría en un ejemplo de que los programas para gente dotada y con talento pueden llegar a convertir a los jóvenes estadounidenses en científicos de primer orden mundial. El Departamento de Educación de Estados Unidos había publicado, justo en 1993, un estudio con el título de «Una defensa del impulso del talento estadounidense», lo que a su vez había conducido a la financiación de los distritos escolares de la zona «para llevar a los estudiantes más destacados a lo más alto». Estamos hablando de una época en la que la gente se tomaba muy en serio, incluso si eso suponía pagar más impuestos, el objetivo de dar vida a un sistema educativo de la más alta categoría, uno que mantuviese a Estados Unidos a la cabeza de la innovación internacional. En Des Moines, el plan integraba un programa con el nombre de STING, las siglas en inglés de Investigaciones de Ciencia y Tecnología: la Siguiente Generación, en el que se escogía a un grupo reducido de estudiantes dotados y motivados para que se implicasen en proyectos originales y trabajasen en hospitales cercanos o en instituciones dedicadas a la investigación.

El profesor de las clases de los sábados ayudó a Zhang para que lo eligiesen para ir por las tardes y en sus ratos libres a un laboratorio de terapias génicas en el Hospital Metodista de Des Moines. Allí, trabajaba en calidad de estudiante de secundaria con un biólogo molecular llamado John Levy, psicológicamente intenso pero muy amigable, quien le explicaba cada día, mientras tomaban un té, el trabajo que estaba haciendo, para asignar a Zhang unos experimentos cada vez más sofisticados. Algunos días, este acudía nada más acabar en el instituto y se quedaba allí trabajando hasta las ocho de la tarde.

—Mi madre iba todos los días en el coche para recogerme después. Me esperaba en el aparcamiento, hasta que hubiese terminado —me cuenta.

Su primer experimento importante lo hizo con una herramienta fundamental en biología molecular, a saber, un gen de una medusa que produce una proteína verde fluorescente, la cual brilla cuando se la expone a la luz ultravioleta, de manera que se puede usar como señal en experimentos celulares. Primero, Levy se aseguró de que

Zhang comprendiese su propósito natural fundamental. Con unos garabateos en una hoja de papel, mientras daba sorbos al té, le explicó cuál podría ser la razón de que las medusas necesitasen de esta proteína fluorescente en sus desplazamientos de arriba abajo por las capas oceánicas, durante las diferentes fases de su ciclo de vida.

—Con sus dibujos, podías ver de verdad a la medusa, el océano y todas sus maravillas.

Zhang recuerda que Levy «estuvo dándome su apoyo mientras hacía ese experimento», que suponía poner el gen que portaba la proteína verde fluorescente en unas células de melanoma humano (es decir, de cáncer de piel). Se trataba de un ejemplo sencillo pero apasionante de ingeniería genética, la inserción del gen de un organismo (una medusa) en las células de otro (un humano), y además pudo ver la prueba del éxito cuando unos brillos de un tono verde azulado comenzaron a emanar de las células manipuladas. «Estaba tan emocionado que comencé a gritar "¡Está brillando!".» Acababa de manipular un gen humano.

Zhang pasó los meses siguientes investigando si aquella proteína fluorescente, capaz de absorber la luz ultravioleta al brillar, podía proteger al ADN de las células humanas del daño que puede causarles la exposición. Y resulta que funcionó.

—Conseguí utilizar la proteína fluorescente verde de la medusa como una pantalla solar, para proteger el ADN humano del daño ocasionado por la luz ultravioleta.

El segundo proyecto científico al que se dedicó con Levy fue deconstruir el VIH, el virus causante del sida, y examinar el modo en que funcionaba cada uno de los componentes. Parte del objetivo de los programas de iniciación de Des Moines era ayudar a los estudiantes a preparar proyectos para competir en la Intel Science Talent Search, un concurso nacional. El experimento con virus de Zhang quedó en el tercer lugar, con lo que se granjeó un abultado premio de cincuenta mil dólares, que utilizaría para pagar la matrícula al entrar en Harvard, en 2000.

Harvard y Stanford

Zhang estuvo en Harvard en la misma época que Mark Zuckerberg, y resulta interesante especular sobre cuál de los dos acabará por tener más influencia en todo el mundo. Se trataría de una aproximación a una pregunta mayor, a la que responderán los historiadores del futuro, la de cuál terminará por ser más importante, si la revolución digital o la revolución de las ciencias de la vida.

Con especialización en química y en física, Zhang comenzó investigando con Don Wiley, un cristalógrafo que era todo un maestro en determinar la estructura de moléculas complejas. «Yo no entiendo nada en biología hasta que no sea capaz de visualizarlo», le gustaba decir, un lema que se podría aplicar a todos los biólogos estructurales, desde Watson y Crick hasta Doudna.

Sin embargo, una noche de noviembre del segundo año de Zhang, Wiley desapareció misteriosamente, cuando asistía a una conferencia en el St. Jude's Childrens's Hospital, en Memphis, dejando su coche de alquiler en mitad de un puente. Poco después, encontraron su cuerpo en el río.

Aquel año, Zhang también tuvo que ayudar a un buen amigo de clase, que estaba cayendo en una grave espiral depresiva. A veces, estaba sentado por la habitación, estudiando, y entonces de repente lo golpeaba un ataque de ansiedad o de depresión y ya no era capaz de moverse ni levantarse.

—Había oído hablar muchas veces de la depresión, pero pensaba que era como tener un mal día, algo que se pasaba y ya está —dice Zhang—. Debido al modo en que me crie con mi familia, pensaba, equivocadamente, que los trastornos de salud mental eran algo que tenía la gente que no era lo suficientemente fuerte.

Él cuidaba de su amigo y lo ayudó a evitar el suicidio, hasta que, tras tomarse su tiempo, se recuperó. La experiencia hizo que Zhang dirigiese la atención a la investigación de tratamientos para los trastornos mentales.

Así que, cuando fue a Stanford para cursar estudios universitarios, quiso unirse al laboratorio de Karl Deisseroth, un psiquiatra y neurocientífico que había desarrollado una serie de métodos para hacer más visibles los mecanismos del cerebro y de sus células nerviosas, las conocidas como neuronas. Junto a otro estudiante de posgrado, llegaría a ser pionero en el campo de la optogenética, que se vale de la luz para estimular las neuronas en el cerebro. Gracias a esta técnica, podían mapearse los diferentes circuitos cerebrales y obtener nuevos conocimientos sobre su buen o mal funcionamiento.

Zhang se encauzó hacia la introducción de proteínas sensibles a la luz en las neuronas, un eco del trabajo de los tiempos del instituto de insertar la proteína verde fluorescente en células cutáneas. El método que seguía consistía en valerse de los virus como mecanismos de distribución. En una demostración, introdujo estas proteínas, que se activan al ser alcanzadas por la luz, en el cerebro de un ratón, en el área que controla el movimiento. Mediante la aplicación de pulsos de luz, los investigadores podían activar esas neuronas y hacer que el ratón caminase en círculos.[3]

El investigador tuvo que hacer frente a un desafío, a saber, la dificultad de introducir el gen de las proteínas sensibles a la luz justo en la localización correcta del ADN de la célula cerebral. De hecho, todo el campo de la ingeniería genética se veía lastrado por el obstáculo de no contar con unas herramientas moleculares sencillas para cortar y pegar los genes necesarios en las cadenas de ADN dentro de una célula. Así que, una vez se hubo doctorado, en 2009, Zhang pasó a ocupar un puesto de investigador posdoctoral en Harvard y comenzó a indagar en las herramientas de edición genética disponibles en aquel momento, como TALEN.

En aquella época, Zhang pasó a concentrarse en hallar modos de hacer las TALEN más versátiles, de manera que se pudieran programar para dirigirse a distintas secuencias de genes.[4] La tarea no estaba exenta de dificultades, por cuanto se trata de unas nucleasas muy difíciles de crear y de manipular. Por fortuna, trabajaba en el laboratorio más estimulante de la facultad de Medicina de Harvard, dirigido por un profesor que gozaba de un gran reconocimiento por su propensión a las ideas novedosas, en ocasiones sin demasiada reflexión, y quien, en consecuencia, propiciaba un ambiente desenfadado en el que se alentaba a explorar nuevos caminos. Este no era otro que el viejo amigo de Doudna, el paternal y generosamente barbado George Church, una leyenda contemporánea de la biología y famoso científico. Él se convertiría para Zhang, como para tantos de sus estudiantes, en un afectuoso y estimado mentor, hasta el día en que pensó que este lo había traicionado.

23

George Church

Alto y desgarbado, George Church tiene el aspecto tanto de un amable gigante como de un científico loco, lo que de hecho es. Se trata de uno de esos personajes icónicos que resulta igual de carismático en el programa de televisión de Stephen Colbert y en su animado laboratorio de Boston, rodeado de un tropel de devotos investigadores. Siempre tranquilo y afable, hace gala de un comportamiento que resulta francamente simpático, como si fuese un viajero del tiempo ansioso por volver al futuro. Con su barba asilvestrada y su cabello como iluminado, parece algo así como un cruce entre Charles Darwin y un mamut lanudo, una especie extinta a la que pretende resucitar, quizá por un vago sentimiento de afinidad, mediante el uso de CRISPR.[1]

Aunque es simpático y encantador, Church tiene esa tendencia a la literalidad que tan a menudo se da tanto entre científicos de éxito como en locos de la informática. En un momento determinado, discutíamos una de las decisiones que Doudna había tomado a lo largo de su carrera, y le pregunté si la consideraba necesaria, a lo que él respondió: «¿Necesaria? Nada es necesario. Ni siquiera respirar es necesario. Se puede dejar de respirar si de verdad se quiere». Cuando le dije riéndome que me estaba interpretando al pie de la letra, repuso que la razón de que sea un buen científico y de que también se lo considere un poco loco es que cuestiona la necesidad de cualquier premisa. Entonces empezó a divagar con una disertación sobre el libre albedrío, algo que no cree que tengamos los seres humanos, hasta que pude hacer que volviese a la senda marcada, para hablar de su propia carrera.

Nacido en 1954, creció en los pantanosos barrios periféricos de Clearwater, en la costa del golfo de Florida, cerca de Tampa, donde su madre llegaría a casarse tres veces. Como resultado, George tuvo tanto

apellidos y pasó por tantos centros educativos distintos que llegó a sentirse, como él dice, «igual que si fuera un auténtico extraño». Su padre biológico era piloto en la cercana base de las Fuerzas Aéreas de MacDill y campeón de esquí acuático, con un lugar en el Salón de la Fama del Esquí Acuático. «Pero no era capaz de mantener un solo trabajo, así que mi madre decidió largarse», explica Church.

Ya en su juventud, a Church le fascinaban las ciencias. En una época en que los padres no eran tan sobreprotectores, su madre lo dejaba deambular en solitario por las ciénagas y las marismas de la zona de la bahía de Tampa, donde se dedicaba a atrapar serpientes e insectos, arrastrándose entre las altas hierbas de los pantanos para hacerse con nuevos especímenes. Un día encontró una oruga singular, que parecía una especie de «submarino con patas», así que la metió en un bote. Al día siguiente descubrió, para su asombro, que se había transformado en una libélula, una metamorfosis que, sin duda, constituye uno de los milagros diarios más estremecedores de la naturaleza.

—Aquello tuvo una gran influencia en el hecho de que quisiese ser biólogo —afirma.

Cuando llegaba a casa por la noche, con las botas llenas de barro, se sumergía en los libros que le conseguía su madre, incluidas la colección de la *Collier's Encyclopedia* y una serie de veinticinco volúmenes de *Time Life*, sobre ciencias naturales, vivamente ilustrados. Como padecía una leve dislexia, tenía ciertas dificultades para leer, pero podía absorber la información que le proporcionaban aquellas imágenes.

—Gracias a eso me convertí en una persona más visual. Podía imaginar los objetos en tres dimensiones, y al visualizar la estructura, era capaz de comprender cómo funcionaba todo.

Cuando tenía nueve años, su madre se casó con un médico que respondía al nombre de Gaylor Church, que adoptó a George y le dio el apellido que mantiene hasta hoy. Siempre llevaba consigo un botiquín en el que a George le encantaba revolver, con una fascinación particular por las agujas hipodérmicas, que el padrastro utilizaba generosamente para administrar calmantes y hormonas de la felicidad, tanto a los pacientes como a él mismo. Enseñó al chico a utilizar el instrumental y a veces lo llevaba consigo en las visitas. En un bar de Harvard Square, delante de una hamburguesa de soja, Church se ríe entre dientes mientras recuerda una infancia sin igual.

—Mi padre me ponía a inyectarles hormonas a las pacientes, algo por lo que ellas lo adoraban —cuenta—. También me mandaba que le inyectase Demerol a él. Solo más tarde fui consciente de que era adicto a los analgésicos.

Church comenzó a hacer experimentos con las sustancias que había en el botiquín de su padrastro. En uno, se valió de hormonas tiroideas que su padre les suministraba a pacientes agradecidos que llegaban quejándose de cansancio o de depresión. Cuando tenía trece años, puso algunas de las hormonas en un poco de agua con un grupo de renacuajos, mientras que dejó otro poco de agua con otro grupo de renacuajos sin ellas. Los primeros crecieron más rápido.

—Se trató de mi primer experimento biológico controlado —recuerda.

Cuando su madre lo subió al Buick y lo llevó hasta la Exposición Universal de Nueva York, en 1964, el futuro comenzó a atormentarlo, a inocularle la ansiedad de estar varado en el presente.

—Quería estar en el futuro, estaba convencido de que era mi sitio, y entonces entendí que era algo que yo tenía que ayudar a crear —explica.

Como el escritor científico Ben Mezrich ha destacado sobre Church, «más adelante, reconocería aquella ocasión como el momento en que comenzó a pensar por primera vez en sí mismo como en una especie de viajero del tiempo. Muy dentro de sí, empezó a creer que había venido del futuro lejano y que, de algún modo, se había quedado atrapado en el pasado. Su cometido en la vida sería entonces intentar volver, tratar de hacer que el mundo fuese el que una vez había conocido».[2]

Muerto de aburrimiento en el instituto rural en el que estaba matriculado, Church no tardaría en convertirse en un problema, sobre todo para su padrastro, que tanto lo había mimado al principio. «Decidió que me quería fuera de allí —cuenta Church—, y a mi madre le pareció una gran oportunidad, porque era él quien iba a pagar el internado al que pensaban mandarme.» Así que hizo la maleta y entró en la Phillips Academy, en Andover, en el estado de Massachusetts, la escuela preparatoria más antigua de Estados Unidos. Sus idílicos patios y sus edificios de estilo georgiano eran casi tan asombrosos como las marismas de su niñez. Aprendió codificación informática por sí mismo, exprimió hasta el límite todas las asignaturas de química y, llegado a un punto, incluso le dieron una llave del laboratorio, de manera que pudo comenzar a explorar sin trabas. Entre sus muchos logros está el de conseguir que las dioneas atrapamoscas creciesen mucho más a base de echarles hormonas en el agua.

Su carrera siguió en Duke, donde obtuvo dos grados universitarios en dos años y luego se metió en un programa doctoral. En ese punto, tuvo un pequeño traspiés, debido a que se implicó tanto en las investigaciones del laboratorio de su director, en las que, entre otras cosas, se recurría a la cristalografía para desentrañar la estructura tridimensional de distintas moléculas de ARN, que dejó de asistir a clase. Tras suspender dos asignaturas, recibió una carta del decano en la que le informaba de que «ha dejado usted de ser candidato para recibir el título de doctor del departamento de Bioquímica de la Universidad de Duke». Él se guardó la carta como motivo de orgullo, igual que otros enmarcan diplomas en la pared.

Ya había sido coautor de cinco relevantes artículos y estaba capacitado para abrirse camino hacia la facultad de Medicina de Harvard. «La verdad es que no deja de ser un misterio que me aceptasen en Harvard después de haber suspendido en Duke —dijo en una videograbación para un proyecto de memoria oral—; lo normal es que sea al revés.»[3] Allí trabajaría con el nobel Walter Gilbert en el desarrollo de métodos de secuenciación del ADN, y estuvo en el seminario original de 1984 patrocinado por el Departamento de Energía del que acabaría saliendo el Proyecto Genoma Humano. Sin embargo, como un anticipo de lo que serían sus ulteriores polémicas, tuvo una trifulca con Eric Lander, que rechazaba el método de Church para optimizar las tareas de secuenciación a base de amplificar clónicamente el ADN.

Church alcanzaría la categoría de famoso extravagante en 2008, cuando Nicholas Wade, un reportero de la sección de ciencias de *The New York Times*, lo entrevistó y le preguntó sobre la posibilidad de utilizar las herramientas de la ingeniería genética para recuperar al extinto mamut lanudo, a partir de las muestras de pelo congelado encontradas en el Ártico. No sorprenderá que la idea tuviese un enorme atractivo para el travieso Church, el niño que jugaba a dar alegría a los renacuajos mediante la inyección de hormonas. Así, se convirtió en la cara visible de este empeño, aún hoy en marcha, que se pretende materializar con el método de tomar células tisulares de un elefante moderno, obtener a partir de ellas un embrión y modificar sus genes hasta que coincidan con la secuencia de un mamut lanudo.[4]

En la época en que Jennifer Doudna estaba haciendo el doctorado en Harvard, a finales de la década de 1980, ella admiraba el estilo y el modo de pensar nada convencionales de Church.

—Era un profesor nuevo, alto y desgarbado, y ya tenía esa barba inmensa, sin duda un heterodoxo —dice—. No le daba miedo ser diferente, y eso me gustaba.

Church recuerda cómo lo impresionaba la actitud de Doudna.

—Hacía un trabajo soberbio, sobre todo en lo que respecta a la estructura del ARN —afirma—. Compartíamos esa especie de interés esotérico.

Durante la década de 1980, Church trabajaba en la creación de nuevos métodos de secuenciación genética. Llegó a ser prolífico no solo como investigador, sino también como fundador de empresas que tenían como fin comercializar los resultados que rendía su laboratorio. Así que, cuando se publicó en línea el artículo de *Science* firmado por Doudna y Charpentier en el que se describía CRISPR-Cas9, aquel junio de 2012, Church decidió que trataría de aplicarlo en humanos.

No escatimó en cortesías y les envió a ambas un correo electrónico. «Quería ser respetuoso con las colegas y ponerme en contacto con ellas, que se hallaban trabajando en ese campo, para saber si les importaría que yo lo hiciese también», recuerda. Como buen madrugador, lo mandó a las cuatro de la mañana:

> Jennifer y Emmanuelle:
>
> Os envío un breve comentario solo para deciros lo inspirador y útil que es vuestro artículo de *Science* sobre la CRISPR.
>
> Voy a tratar de aplicar, con mi grupo, algunas de las lecciones extraídas de vuestro estudio a la ingeniería del genoma en células madre de origen humano. Estoy seguro de que habréis recibido otros comentarios elogiosos como este por parte de otros laboratorios.
>
> Espero ir enviándoos noticias a medida que el asunto vaya progresando.
>
> Con los mejores deseos,
>
> GEORGE

Más tarde, ese mismo día, Doudna le respondió:

> Hola, George:
> Muchas gracias por tu mensaje. Estaremos muy interesadas en que nos vayas contando cómo progresan los experimentos. Y sí, parece que en este momento hay mucho interés en Cas9; esperamos que llegue a ser útil para la edición y la regulación génica en distintos tipos de células.
> Con los mejores deseos,
>
> JENNIFER

Siguieron algunas conversaciones telefónicas, y Doudna le comentó que ella también estaba trabajando para intentar que la CRISPR funcionase con células humanas. Ese era el modo característico en que Church hacía su labor científica, con espíritu colegiado y una enorme inclinación a la cooperación y la transparencia, antes que a la competición y el secretismo.

—Era muy típico de George —sostiene Doudna—; él es incapaz de ser retorcido.

La mejor forma de que alguien confíe en ti es confiar tú también en ese alguien. Doudna es una persona cauta, pero siempre se mostró abierta con Church.

Había otra persona a la que Church no pensó en contactar, a saber, Feng Zhang. La razón fue, según él mismo dice, que no tenía ni idea de que su antiguo alumno de doctorado estaba trabajando con CRISPR.

—Si hubiese sabido que Feng estaba haciendo trabajos en esa área, se lo habría comentado —explica—, pero este fue muy reservado en su repentino salto hacia CRISPR.[5]

Luciano Marraffini

24

Zhang se pasa a CRISPR

EN MODO SIGILO

Tras haber completado el trabajo posdoctoral en el laboratorio de Church en la facultad de Medicina de Harvard en Boston, Zhang se había trasladado a la otra orilla del río Charles, al Instituto Broad, en Cambridge. Compuesto de una serie de edificios que alojan laboratorios de última generación en la linde del campus del MIT, el Broad fue fundado en 2004 por Eric Lander, gracias al mecenazgo (consistente, en última instancia, en ochocientos millones de dólares) de Eli y Edythe Broad. Su cometido sería avanzar en el tratamiento de las enfermedades a partir de los conocimientos arrojados por el Proyecto Genoma Humano, para el que Lander había sido el más prolífico secuenciador.

Lander, un matemático convertido en biólogo, concebía el Broad como un lugar en el que se diese a los representantes de las distintas disciplinas la oportunidad de trabajar en interrelación, un enfoque que exigía un nuevo tipo de institución, una que integrase plenamente la biología, la química, las matemáticas, la ciencia informática, la ingeniería y la medicina. Lander consiguió materializar algo aún más difícil, esto es, una colaboración entre el MIT y Harvard. En 2020, la comunidad del Broad alberga a más de tres mil científicos y técnicos. Si prosperó, fue porque Lander ha sido un mentor, soporte y recaudador de fondos jovial y con un compromiso firme para cada una de las promociones de jóvenes científicos que han desfilado, una tras otra, por el Broad. Además, tiene la habilidad para conectar las ciencias con las políticas públicas y el bienestar social; por ejemplo, en la actualidad está a la cabeza de un movimiento con el nombre de

Count Me In, que anima a los pacientes con cáncer a compartir de forma anónima su información médica y las secuencias de su ADN, en una base de datos pública, a la que cualquier investigador puede tener acceso.

Cuando Feng Zhang se pasó al Broad, en enero de 2011, siguió con el mismo objeto de investigación en el que había estado trabajando en el laboratorio de Church, es decir, el uso de TALEN para la edición genética. Sin embargo, cada nuevo proyecto de edición exigía producir nuevas TALEN.

—A veces podía llevar hasta tres meses —explica—. Empecé a tratar de buscar otros caminos que resultaran mejor.

Y el camino resultó ser el sistema CRISPR. Solo unas semanas después de haber llegado al Broad, Zhang asistió a un seminario impartido por un microbiólogo de Harvard, entonces dedicado al estudio de una especie de bacteria. Resulta que mencionó de pasada que estas contenían secuencias CRISPR, con unas enzimas capaces de cortar el ADN de los virus invasores. Zhang apenas había oído hablar de las CRISPR, pero aquellas lejanas clases de iniciación de séptimo curso le habían enseñado a reaccionar con la sola mención de la palabra «enzimas». Aquellas enzimas llamadas «nucleasas» y que podían cortar el ADN le despertaron un interés particular, de manera que hizo lo que haría cualquiera, esto es, buscar CRISPR en Google.

Al día siguiente, voló a Miami para asistir a un congreso en torno a la expresión de los genes, pero en lugar de acomodarse para escuchar las ponencias, se quedó en la habitación del hotel, leyendo un puñado de artículos científicos sobre las CRISPR que había encontrado en internet. Uno de ellos le impactó de manera particular. Era de noviembre de 2010 y estaba firmado por dos investigadores de la empresa de yogures Danisco, Rodolphe Barrangou y Philippe Horvath, que habían demostrado que los sistemas CRISPR-Cas podían cortar las dos cadenas del ADN en un punto específico.[1]

—En cuanto leí el artículo, comprendí que se trataba de algo increíble —dice Zhang.

En el laboratorio de Church, había dejado a un amigo y protegido que aún estudiaba posgrado, Le Cong, un cerebrito con unas gafas enormes nacido en Pekín, cuyo amor infantil por la electrónica había dado paso, como en el caso de Zhang, al amor por la biología. También, como Zhang, le interesaba la ingeniería genética porque esperaba aliviar, con su ayuda, el sufrimiento ocasionado por desórdenes mentales como la esquizofrenia o el trastorno bipolar.

Inmediatamente después haber terminado de leer los artículos en torno a CRISPR, en aquella habitación de hotel en Miami, Zhang envió un correo electrónico a Cong, en el que le sugería trabajar juntos para ver si conseguían convertir aquello en una herramienta para editar los genes humanos, una, quizá, que funcionase mejor que las TALEN que habían utilizado hasta el momento. «Mira esto —escribió Zhang, que incluyó en el mensaje un enlace al artículo de Barrangou y Horvath—. Quizá podemos probarlo en sistemas mamíferos.» Cong estuvo de acuerdo y respondió: «Estaría muy muy bien». Un par de días después, Zhang le envió otro correo electrónico. Después de todo, Cong no era más que un estudiante del laboratorio de Church, y aquel quería que su amigo pensase en la idea como en algo confidencial, incluso ante quien era su director de tesis. «Oye, ¿qué te parece si lo mantenemos en secreto?», le escribió.[2] Aunque, formalmente, Cong no dejaba de ser uno de los alumnos de posgrado inscritos al laboratorio de Church en Harvard, decidió seguir el requerimiento de su amigo y no contarle a su director que iba a trabajar con CRISPR cuando se cambió al Broad con Zhang.

El despacho de Zhang, al igual que los pasillos, las salas de conferencias o el área de laboratorios, estaba repleta de pizarras blancas, listas para recoger cualquier idea que pudiese surgir de manera espontánea. Es parte de la atmósfera del Broad; escribir en las pizarras blancas es algo así como un entretenimiento, algo así como el futbolín en oficinas menos peculiares. En una de las muy bien aprovechadas pizarras blancas de Zhang, Le Cong y el propio Zhang confeccionaron una lista con los pasos que tendrían que dar para que un sistema CRISPR-Cas penetrase en el núcleo de una célula humana. Después se pasaron noches enteras en el laboratorio, subsistiendo a base de ramen.[3]

Incluso antes de que hubiesen comenzado con los experimentos, Zhang presentó un acta confidencial de invención del Broad, con fecha del 13 de febrero de 2011. «El concepto clave del invento que se pretende tiene como base las CRISPR que se encuentran en muchos organismos microbiológicos», se puede leer en ella. En el texto también se explicaba que el sistema se valía de fragmentos de ARN para guiar a la enzima encargada de realizar los cortes en el ADN, en el lugar marcado como objetivo. Zhang destacaba que, si se llegara a conseguir que funcionase en humanos, supondría una herramienta de edición genética mucho más versátil que ZFN o TALEN. El acta, que nunca se compartió de forma pública, concluía con la declaración de que «el invento podría ser útil para modificar el genoma de microbios, células, plantas y animales».[4]

A pesar de su nombre, el escrito no describía un auténtico invento. Se trataba nada más que del bosquejo de un plan de investigación, para el que no había llevado a cabo ningún experimento, ni había concebido ninguna técnica para poner en práctica la idea. Así pues, no se trataba más que de una marca sobre el terreno, un registro que los investigadores tienen por costumbre dejar, por si se da el caso de que acaben llegando a buen puerto, inventen algo de verdad interesante y necesiten una prueba (como, de hecho, sería el caso) de que llevan trabajando en ella desde hace tiempo.

Zhang parecía albergar, desde el principio, la sensación de que la carrera por hacer del sistema CRISPR una herramienta para la edición de los genes humanos acabaría por volverse tremendamente competitiva. Por eso mantendría su plan en secreto. No le enseñó a nadie el acta confidencial de invención, ni, por ejemplo, mencionó las CRISPR en un vídeo que grabó a finales de 2011, en el que explicaba los distintos trabajos de investigación en los que estaba trabajando. Sin embargo, comenzó a documentar cada uno de sus experimentos y hallazgos, en un cuaderno de notas con la fecha en las páginas y la firma de alguien presente.

En la competición por adaptar CRISPR para que llegase a convertirse en una herramienta de edición genética para uso en humanos, Zhang y Doudna se lanzaron al ruedo por distintas entradas. El primero nunca había trabajado con el sistema, y la gente del mundillo se referiría más adelante a él como un actor rezagado y un intruso, alguien que había echado sus zarpas sobre un asunto después de que otros hubieran sentado las bases pioneras de esa área de estudio. No obstante, su especialidad era la edición genética, y el sistema CRISPR no era más que un nuevo método para lograr los mismos resultados, en la línea de ZFN o TALEN, aunque mucho más eficaz. Doudna y su equipo, por su parte, nunca habían trabajado en la edición de genes de células vivas. Durante cinco años, se habían concentrado en determinar los componentes de las CRISPR. El resultado fue que Zhang tendría algunos problemas a la hora de establecer las moléculas esenciales del sistema CRISPR-Cas9, mientras que Doudna se vería en aprietos para hallar el modo de introducirlo en el núcleo de una célula humana.

Iniciado en 2012, antes de ese junio en el que Doudna y Charpentier verían publicado en línea el artículo de *Science* en el que explicaban los tres componentes del sistema CRISPR-Cas9, Zhang no había hecho aún ningún progreso documentado. Junto con un grupo de colegas del Broad, había cumplimentado una solicitud de fondos para continuar con una serie de experimentos en torno a la edición de genes. «La idea es manipular el sistema CRISPR para dirigir las enzimas Cas hacia varios objetivos específicos de genomas de origen mamífero», dejó escrito Zhang en el formulario. Sin embargo, no afirmaba, de ninguna manera, haber dado alguno de los más importantes pasos que habían de llevarlo hasta el objetivo que se había marcado. De hecho, en el documento de la solicitud de fondos se indicaba que aún iba a tardar algunos meses en comenzar con el mencionado trabajo con células de mamíferos.[5]

Además, Zhang no había resuelto aún la totalidad de las funciones del problemático ARNtracr. Hay que recordar que el artículo de Charpentier de 2011 y el trabajo hecho por Šikšnys durante 2012 recogían la descripción de la labor de dicha molécula en la creación del ARN guía conocido como ARNcr, que dirigía a la enzima encargada de hacer el corte a la zona del ADN adecuada al efecto. No obstante, uno de los descubrimientos que se recogían en el artículo de Doudna y Charpentier de 2012 era el de que el ARNtracr aún tenía otra función importante, a saber, permanece en el esquema para que el sistema CRISPR pueda cortar el ADN objetivo.

La solicitud de fondos de Zhang indicaba que aún no lo había descubierto, ya que solo mencionaba «un componente en la forma de ARNtracr para facilitar el procesamiento de los ARN guía». Una de las ilustraciones no mostraba más que el ARNcr, sin el ARNtracr integrado en el complejo con Cas9 para realizar el corte. Puede parecer algo sin importancia, pero es en función de estos pequeños descubrimientos, o de la ausencia de ellos, como se conducen las batallas por el reconocimiento histórico.[6]

LA AYUDA DE MARRAFFINI

Si las cosas hubiesen sido distintas, quizá Feng Zhang y Luciano Marraffini podrían haber llegado a personificar una historia en colaboración tan inspiradora como la de Doudna y Charpentier. La historia de Zhang es ya sensacional por derecho propio: un vehemente y competitivo geniecillo, inmigrante de origen chino y crecido en Iowa, cuya curiosidad a prueba de bombas lo lleva a convertirse en una estrella de Stanford, Harvard y el MIT. Sin embargo, habría conformado una bonita doble cadena en conjunción con la de Marraffini, proveniente de Argentina, quien a principios de 2012 se vio colaborando con Zhang.

A Marraffini lo apasionaba el estudio de las bacterias, y en la época en que estaba estudiando para el doctorado, comenzó a interesarse por el fenómeno recientemente descubierto de las CRISPR. Debido a que su esposa tenía una plaza como intérprete en los tribunales de Chicago, quería quedarse en esta ciudad, así que consiguió un puesto de investigación posdoctoral en el laboratorio de Erik Sontheimer, en la Universidad del Noroeste. Por aquel entonces, Sontheimer estaba dedicado al estudio de la interferencia por ARN, tal y como lo había estado Doudna, si bien él y Marraffini no tardaron en darse cuenta de que el sistema CRISPR funcionaba de un modo mucho más potente. Así es como llegaron a hacer un descubrimiento importante en 2008, el de que funciona a base de trocear el ADN de los virus invasores.[7]

Marraffini conoció a Doudna al año siguiente, cuando esta acudió a Chicago con motivo de un congreso. Él hizo lo posible por ocupar un asiento cerca de ella. «Quería conocerla por su trabajo sobre la estructura del ARN, que era muy complejo —dice—. Una cosa es cristalizar proteínas y otra muy distinta hacerlo con el ARN, algo que me tenía muy impresionado.» Ella acababa de comenzar a trabajar con las CRISPR y hablaron de la posibilidad de que él se uniese a su laboratorio, pero no había una vacante apropiada para él, así que en 2010 se cambió a la Universidad Rockefeller, en Manhattan, donde montó un laboratorio para estudiar las CRISPR en las bacterias.

Muy a comienzos de 2012, recibió un correo electrónico de Zhang, al que entonces no conocía. «¡Feliz Año Nuevo! —le escribió este—. Me llamo Feng Zhang e investigo en el MIT. He leído con gran interés varios de tus artículos sobre el sistema CRISPR, y me preguntaba si estarías interesado en una colaboración para desarrollarlo, con la idea de hacerlo funcionar en células de mamíferos.»[8]

Marraffini buscó a Zhang en Google, puesto que aún era un desconocido para la mayor parte de la comunidad investigadora de CRISPR. Había enviado el correo electrónico hacia las 22:00, y Marraffini le envió la respuesta como una hora después. «La verdad es que me interesa mucho la perspectiva de esa colaboración», escribió, añadiendo que había estado trabajando con un sistema «mínimo»; en otras palabras, uno reducido a las moléculas esenciales. Acordaron hablar por teléfono al día siguiente. Parecía el comienzo de una hermosa amistad.

Marraffini tenía la impresión de que Zhang se encontraba estancado, probando con distintas proteínas Cas. «No solo estaba con Cas9, también lo intentaba con el resto de los sistemas CRISPR: Cas1, Cas2, Cas3 o Cas10 —cuenta Marraffini—. Nada le funcionaba, iba haciendo las cosas como un pollo sin cabeza.» Así que Marraffini sería, al menos según él mismo lo recuerda, quien lo empujara a poner el foco en Cas9. «Estaba bastante seguro con respecto a Cas9. Era experto en ese campo y tenía la idea de que con las otras enzimas iba a ser demasiado difícil.»

Después de aquella primera llamada telefónica, Marraffini le envió a Zhang una lista con todo lo que deberían hacer. Lo primero sería dejar de lado cualquier otra enzima que no fuese Cas9.[9] También le mandó, por correo postal, la impresión de una secuencia CRISPR completa de una bacteria, que ocupaba varias páginas (ATGGTA-GAAAACACTAAATTA...). Cuando Marraffini me contó la historia, se levantó de su escritorio e imprimió las páginas de la secuencia para que lo viese.

—Con todos estos datos —me explicó—, conseguí que Feng comprendiese que debía usar Cas9, y le di una hoja de ruta, que él se ocupó de seguir.

Durante un tiempo, estuvieron colaborando, con una división de las tareas. Zhang aparecía con ideas que esperaba que funcionasen en seres humanos y entonces Marraffini, cuya especialidad eran los microbios, probaba la idea sobre bacterias, lo que constituía un experimento mucho más fácil de llevar a cabo. Uno de los procesos más importantes consistía en incorporar una secuencia de localización nuclear (o NLS por sus siglas en inglés), un requisito para conseguir introducir CRISPR-Cas9 en el núcleo de una célula humana. Zhang concibió distintas formas de incorporar secuencias de localización nuclear diferentes a Cas9, y luego Marraffini lo probaba en bacterias.

—Si integras una NLS y deja de funcionar en una bacteria, sabes que tampoco va a hacerlo en seres humanos —explica.

Marraffini creía que lo que estaba en marcha era una fructífera colaboración, basada en el respeto mutuo, que podría llevarlos, si tenían éxito, a publicar juntos un artículo y presentarse como coinventores de lo que podía convertirse en un lucrativo surtido de patentes. Durante un tiempo ese fue, de hecho, el espíritu reinante.

¿CUÁNDO LO SUPO?

El trabajo que Zhang llevó a cabo a inicios de 2012 con Marraffini no llevaría a ningún resultado en forma de publicación hasta comienzos de 2013. Más tarde, esto dejaría sobre la mesa una cuestión multimillonaria para los jurados de premios, examinadores de patentes y cronistas de la historia encargados de valorar la gran carrera CRISPR, a saber, la de qué sabía y qué había hecho Zhang antes de que Doudna y Charpentier publicasen en *Science* el artículo en línea sobre CRISPR-Cas9, en junio de 2012.

Una de las personas que más adelante se encargaría de reconstruir esta historia sería Eric Lander, el mentor de Zhang en el Broad. En un controvertido artículo, con el título de «Los héroes del CRISPR», que analizaré más adelante, se dedicaría a pregonar la relevancia de Zhang. «A mediados de 2012», según dejaba escrito, Zhang «tenía un sistema riguroso con tres componentes, constituido de la enzima Cas9, obtenida a partir de *S. pyogenes* o *S. thermophilus*, ARNtracr y una matriz CRISPR. Tomando como referencia dieciséis puntos distintos, tanto del genoma humano como del de los ratones, fue capaz de demostrar que era posible mutar genes con gran eficacia y precisión».[10]

Lander no ofreció prueba alguna de su afirmación, y Zhang aún no había publicado ninguna prueba de que hubiese sido capaz de identificar de forma experimental las funciones precisas de cada uno de los componentes de CRISPR-Cas9.

—Íbamos con retraso —alega Zhang—. Entonces yo no había comprendido que se trataba de una competición.

Sin embargo, en junio de 2012 se publicó en línea el artículo de Doudna y Charpentier. Zhang lo leyó en cuanto le llegó una de las alertas de correo electrónico que la revista *Science* envía regularmente, lo que fue un acicate para reaccionar.

—Fue entonces cuando me di cuenta de que tenía que cerrar la investigación y publicar —dice—. Me dije a mí mismo: "No queremos que nos pisen toda la parte de la edición genética". Esa pasó a ser la meta para mí, demostrar que el sistema podía utilizarse para editar células humanas.

Da la impresión de que a Zhang se le ponen los pelos de punta por un momento, cuando le pregunto si su trabajo estaba edificado sobre los descubrimientos de Charpentier y Doudna. Insiste en que él llevaba afanándose durante más de un año para convertir CRISPR en una herramienta de edición genética. «No lo veo como si yo les hubiese tomado el relevo o algo así», dice. Él ya estaba trabajando con células vivas de ratones y seres humanos, y no solo con tubos de ensayo. «El de ellas no era un artículo sobre edición genética, sino sobre un experimento de bioquímica en un tubo de ensayo.»[11]

Cuando Zhang dice «un experimento de bioquímica en un tubo de ensayo», lo hace con un tono despreciativo.

—Demostrar que CRISPR-Cas9 se adhiere al ADN en un tubo de ensayo no supone un avance en términos de edición genética —afirma—. Este es un campo en el que tienes que saber si se adherirá o no a las células. Yo siempre he trabajado directamente sobre estas, no *in vitro*, porque constituyen en sí mismas un entorno distinto al que ofrece la bioquímica.

Doudna ofrece el argumento inverso y mantiene que algunos de los avances más importantes de la biología se han originado a partir de componentes moleculares aislados en un tubo de ensayo.

—Lo que Feng estaba haciendo era utilizar el sistema Cas9 íntegro, con todos los genes y la matriz CRISPR que lo conformaban, y expresarlo en células —dice ella—. Justo porque no estaban haciendo bioquímica, no sabían cuáles eran los componentes individuales.

No lo supieron hasta que leyeron en nuestro artículo lo que les hacía falta.

Ambos tienen razón. La biología celular y la bioquímica son complementarias. Y esa es la verdad que se esconde detrás de muchos de los más importantes descubrimientos de la genética, algo destacable en el caso CRISPR, pues la necesidad de combinar ambos enfoques fue la base de la colaboración entre Charpentier y Doudna.

Zhang insiste en que ya estaba manejando sus propias ideas sobre la edición de genes cuando leyó el artículo de las dos científicas. En su momento, presentó como prueba un cuaderno de notas en el que se describían experimentos en los que se utilizaban los tres componentes de un sistema CRISPR-Cas9, es decir, el ARNcr, el ARNtracr y la enzima Cas9, para materializar ediciones en células humanas.[12]

No obstante, existen pruebas de que en junio de 2012 aún le quedaba un largo camino por recorrer. Hay un estudiante de posgrado de origen chino llamado Shuailiang Lin, que trabajó durante nueve meses en el laboratorio de Zhang, en torno al proyecto con las CRISPR, y que aparecería en la lista de coautores del artículo que se publicaría. En junio de 2012, cuando Lin estaba a punto de volver a China, preparó una presentación de diapositivas con el título de «Resumen del trabajo con CRISPR entre octubre de 2011 y junio de 2012», de la que se deduce que los intentos de edición genética de Zhang hasta el momento no eran concluyentes o directamente no habían llegado a buen puerto. «No se observan modificaciones», se recoge en una de las diapositivas. Otra ofrece una perspectiva distinta, y en ella se declara: «CRISPR 2.0 da errores a la hora de inducir modificaciones en los genes». En la última diapositiva de la presentación, se afirma: «Es posible que la proteína Csn1 [como se llamaba entonces a Cas9] sea demasiado grande; hemos probado diversos métodos para hacerla llegar al núcleo, pero ninguno ha dado resultado [...]. Quizá queden factores por identificar». En otras palabras, de acuerdo con la presentación de Lin, en junio de 2012, el laboratorio de Zhang aún no había sido capaz de lograr que un sistema CRISPR ejecutase corte alguno en células humanas.[13]

Tres años después, cuando Zhang ya se hallaba envuelto en plena guerra de patentes con Doudna, Shuailiang Lin explicó con más detalle la información contenida en aquella presentación, en un correo electrónico que envió a Doudna. «Feng no solo está siendo desleal conmigo, sino también con la historia de la ciencia —escribía Lin—. La declaración de la página 15 con esos datos suyos y de Le Cong sobre la luciferasa está tergiversada y tiende a la exageración. Lo cierto es que no llegamos a tener una solución hasta después de haber leído su artículo. Todo esto es una verdadera pena.»[14]

El Instituto Broad calificó el mensaje de Lin de interesado y alegó que aquel lo había enviado con la expectativa de conseguir un puesto en el laboratorio de Doudna. «Hay muchos otros indicios —afirmaba el Broad en una declaración— de que Zheng y otros miembros de su laboratorio trabajaban de forma activa y con resultados en la materialización de un sistema CRISPR-Cas9 para la edición del genoma eucariota antes de que [Charpentier y Doudna] publicaran sus propios resultados.»[15]

En una página de los cuadernos de notas de Zhang, se registran experimentos fechados en la primavera de 2012, lo que él esgrime como prueba de que ya entonces contaba con los elementos necesarios para brindar unos resultados que sirviesen como demostración de que el sistema CRISPR-Cas9 podía utilizarse para editar células humanas. Sin embargo, como suele suceder con la experimentación científica, los datos están abiertos a la interpretación. No sirven para probar con claridad que Zhang había conseguido editar las células, ya que algunos de los resultados indican, de hecho, otra cosa. Dana Carroll, un bioquímico de la Universidad de Utah, examinó las páginas de los cuadernos de notas de Zhang, en calidad de testigo y experto por cuenta del equipo de Doudna y sus colegas. Según él, Zhang omite parte de los datos más conflictivos o poco concluyentes de cuantos se recogen en dichos documentos. «Feng alude a los datos de manera selectiva —es su conclusión—. En uno de los resultados incluso da cuenta de una edición sin la intervención de Cas9.»[16]

Hay otro aspecto del trabajo llevado a cabo por Zhang a principios de 2012 que parece indicar que se quedaron cortos y que está relacionado con la cuestión del papel del ARNtracr. Como se recordará, Charpentier descubrió, tal y como recogía en su artículo de 2011, que se necesita el ARNtracr para la creación del ARNcr que sirve como guía de la enzima Cas9, aunque no fue hasta el artículo que publicó en junio de 2012 con Doudna cuando se recogió de forma clara que aquel tenía una función aún más importante: la de conformar el mecanismo de enlace que habilita a Cas9 para cortar el ADN por la parte que se pretende.

En la solicitud de patente de enero de 2012, Zhang no describía el cometido íntegro del ARNtracr. Del mismo modo, ni entre las páginas del cuaderno de notas ni en la declaración en la que se describe el trabajo que habían hecho antes de junio de 2012 hay prueba alguna de que fueran conscientes de la labor que desempeña el ARNtracr en el proceso de adherencia al ADN de destino. Según Carroll, una de las páginas más sustanciosas «incluye una fórmula de los componentes comprendidos bastante detallada, pero no hay ni tan siquiera una mínima sugerencia de que el ARNtracr estuviese entre ellos». Más adelante, Doudna y sus partidarios aludirían a la incapacidad de Zhang para discernir la función del ARNtracr como razón principal de que sus experimentos no estuviesen resultando fructíferos antes de junio de 2012.[17]

El propio Zhang, en el artículo que al final publicó con su equipo en enero de 2013, parecía reconocer que no había sido capaz de elucidar el papel desempeñado por el ARNtracr hasta después de haber leído la publicación de Doudna y Charpentier. Así, apuntaba que se había «mostrado con anterioridad» la labor de esta molécula en el proceso de adherencia al ADN, y en ese punto del trabajo incluía una nota al pie con el artículo de Doudna y Charpentier.

—La razón de que Feng supiese que ambos ARN eran necesarios se basaba en la lectura de nuestro artículo —afirma Doudna—. Si lees el suyo de 2013, verás que nos cita, y que lo hace precisamente por eso.

Cuando le pregunto a Zhang sobre el asunto, dice que incluyó la nota al pie en virtud de la práctica habitual, debido a que el artículo de Doudna y Charpentier había sido el primero en publicarse con la descripción completa de las funciones del ARNtracr. No obstante, él y el Instituto Broad sostienen que ya estaba haciendo experimentos con estos sistemas en los que se vinculaban ARNtracr y ARNcr.[18]

Se trata de declaraciones que resulta algo difícil hacer encajar. Por si tiene algún valor, una conclusión de mi propia cosecha es que Zhang trabajaba en el uso de CRISPR para editar los genes humanos desde 2011 y que, hacia mediados de 2012, había empezado a centrar la atención en el sistema Cas9, con algunos resultados positivos, aunque no de envergadura. Sin embargo, no hay pruebas concluyentes (ni, desde luego, ninguna prueba publicada) de que hubiesen distinguido en su integridad los componentes precisos y esenciales, ni de que hubiesen advertido el papel continuado del ARNtracr, hasta después de haber leído el artículo de junio de 2012 de Doudna y Charpentier.

Zhang no tiene reparos en admitir al menos un descubrimiento que hizo gracias al artículo de Doudna y Charpentier, y es la posibilidad de fusionar el ARNcr y el ARNtracr en un ARN guía único, que luego podría programarse para dirigirlo hacia una secuencia de ADN predeterminada. «Adaptamos un diseño híbrido de ARNcr y ARNtracr recombinados, que hemos validado *in vitro* recientemente», escribiría más tarde, con una nota al pie en la que citaba el artículo de Doudna y Charpentier. Marraffini, que aún trabajaba con Zhang en junio de 2012, lo confirma.

—No fue hasta después de haber leído el artículo de Jennifer que Feng y yo comenzamos a utilizar el ARN guía único.

Tal y como Zhang pone de relieve, la creación de un guía único supuso una invención muy conveniente, pero no imprescindible. El sistema CRISPR-Cas9 puede funcionar incluso si el ARNtracr y el ARNcr se mantienen separados en lugar de fundirse en una sola molécula, como el equipo de Doudna y Charpentier había hecho. El guía único simplifica el sistema y facilita su aplicación a las células humanas, pero no es lo que hace que el sistema funcione.[19]

25

Doudna se suma a la carrera

«Nuestra especialidad no era la edición genética»

El que Jennifer Doudna fuera tan siquiera aspirante en la carrera para hacer que el sistema CRISPR-Cas9 funcionase en humanos resultaba sorprendente. Nunca había hecho experimentos con células humanas, ni se había dedicado al diseño de herramientas de edición genética como TALEN. Y lo mismo puede decirse de su investigador principal, Martin Jinek.

—Contaba con un laboratorio repleto de bioquímicos, gente que sabía manejar la cristalografía, esas cosas... —explica ella—. No éramos expertos en cultivos de células humanas, ni de nematodos, si a eso vamos.

Así, el salto a lo que sabía que iba a ser una carrera multitudinaria para convertir los descubrimientos que habían hecho sobre CRISPR-Cas9 en una herramienta que funcionase con células humanas puede considerarse un testimonio de su voluntad de asumir riesgos.

Doudna suponía, con acierto, que el uso de CRISPR para editar los genes humanos estaba destinado a ser la próxima gran innovación, a la espera de que alguien la concretase. Asumía que otros investigadores, entre los que se incluirían Erik Sontheimer y, probablemente, personal del Broad, ya estarían en ello, así que sintió el apremio de la competición.

—Sabía que, una vez que hubiese salido el artículo de junio, tendríamos que ponernos las pilas, y no estaba claro que nuestros colaboradores fuesen a mostrar el mismo grado de compromiso —recuerda—. Para mí, se trataba de una fuente de frustración. Soy una persona competitiva.

Así que le apretó las tuercas a Jinek para que trabajase con mucho más ahínco. «Tienes que hacer de esto una prioridad absoluta —le decía sin descanso—, porque si Cas9 resulta ser una tecnología sólida para la edición del genoma humano, va a cambiar el mundo.» Jinek temía que se tratase de una tarea demasiado difícil.

—Nuestra especialidad no era la edición genética, a diferencia de otros laboratorios que fueron pioneros en el método —cuenta él—, así que teníamos que reinventar lo que otros ya habían hecho.[1]

ALEXANDRA EAST

Al principio, como ella misma admitiría más tarde, Doudna fue víctima de «un sinfín de frustraciones» en su empeño para que CRISPR-Cas9 funcionase con células humanas.[2] Sin embargo, cuando comenzó el semestre otoñal de 2012, cuando Zhang estaba pisando al máximo el acelerador para concluir con sus propios experimentos, tuvo un golpe de suerte. Una nueva estudiante de posgrado, Alexandra East, que contaba con experiencia en el trabajo con células humanas, se unió al laboratorio. Lo que dotaba a su llegada de un interés particular era de dónde venía, pues había formado y puesto a punto sus habilidades como editora de genes en un puesto técnico del Instituto Broad, codo a codo con Feng Zhang y otros.

East tenía las habilidades necesarias para cultivar las células humanas que hiciesen falta y después probar formas de introducir Cas9 en el núcleo. Cuando comenzó a reunir los datos de los experimentos, no estaba segura de que fuesen a recoger ninguna prueba de que se hubiese logrado, de hecho, la edición genética. En biología, hay ocasiones en las que los experimentos no arrojan resultados concluyentes. Sin embargo, Doudna, que tenía de lejos mucho mejor ojo para valorarlos, comprobó que la investigadora había tenido éxito.

—Cuando me mostró los datos, tuve claro de inmediato que había logrado obtener una prueba espléndida de edición genética de las células humanas mediante Cas9 —declara Doudna—. Se trata de la típica diferencia entre una estudiante que aún se está formando y alguien como yo, que llevo en esto unos cuantos años. Yo sabía detrás de qué íbamos, así que cuando vi los datos que tenía, todo cuadró y pensé: «Sí, señora, lo ha conseguido». Mientras que ella se sentía insegura y pensaba que quizá tendría que repetir los experimentos, yo estaba en plan: «Madre mía, ¡esto es increíble! ¡Es una pasada!».[3]

Para Doudna, se trataba de una prueba de que utilizar CRISPR-Cas9 para editar una célula humana no suponía un salto complicado, ni un nuevo invento de envergadura.

—La técnica de identificación de proteínas mediante secuencias de localización nuclear para introducirlas en el núcleo, que es lo que hicimos con Cas9, era bastante conocida. Asimismo, se conocía muy bien cómo cambiar el uso de codones en un gen, para que pudiese expresarse correctamente en células de mamíferos frente a las de origen bacteriano, algo que asimismo pusimos en práctica.

Así que se quedó con la idea de que no se trataba de una invención importante, a pesar de estar ella misma en la carrera por ser la primera en darle forma. Lo único que hacía falta era adaptar los métodos que ya se habían utilizado en el pasado, como TALEN, para introducir las enzimas en el núcleo de una célula. East lo había logrado en tan solo unos meses.

—Era fácil una vez que se sabían los componentes —afirma Doudna—. Una estudiante recién graduada era capaz de hacerlo.

Le parecía que era importante no tardar mucho en publicar algo, pues suponía, con acierto, que si otros laboratorios se adelantaban en dar a conocer la demostración de que CRISPR-Cas9 podía transferirse a células humanas, lo presentarían como un descubrimiento de gran importancia. Por ello apretó a East para que ultimase los datos con algunos experimentos más. Entretanto, Jinek había estado tratando de inferir un modo para hacer que el ARN guía único que habían concebido en los tubos de ensayo guiase a Cas9 hacia el objetivo correcto en una célula humana. No era una tarea fácil. Resultó que el ARN guía único que habían diseñado no era lo bastante largo como para funcionar con eficacia en el ADN humano.

26

La foto de llegada

Cuando Feng Zhang comenzó a poner a prueba la idea de recurrir al ARN guía único, descubrió que la versión descrita en el artículo de junio de 2012 de Doudna y Charpentier funcionaba de forma mediocre en células humanas. Así que preparó una versión más larga con un segmento en forma de herradura, que hacía la guía única más eficiente.[1]

La modificación de Zhang vino a ser una demostración de la diferencia entre hacer algo en un tubo de ensayo, como el equipo de Doudna, y hacerlo en células humanas.

—Seguramente Jennifer estaba convencida, por los resultados bioquímicos, de que un añadido en el ARN así no hacía falta —dice—. Pensaba que el modelo de guía único que Jinek había obtenido era suficiente, porque funcionaba en el tubo de ensayo. Por mi parte, sabía que la bioquímica no siempre sirve para predecir lo que va a ocurrir de verdad en las células vivas.

Zhang hizo algunas otras cosas para mejorar el sistema CRISPR-Cas9 y optimizarlo para que funcionase en células humanas. A veces cuesta mucho conseguir que una molécula grande pase por la membrana que rodea al núcleo celular. Zhang se valió de una técnica que implicaba identificar la enzima Cas9 con una secuencia de localización nuclear, lo que garantiza a la proteína el acceso al núcleo de la célula, de otro modo impenetrable.

Además, se valió de una técnica muy conocida, que responde al nombre de «optimización de codones», para lograr que el sistema

CRISPR-Cas9 funcionase en células humanas. Los codones son fragmentos de tres letras de ADN, que contienen las instrucciones para codificar aminoácidos específicos, los cuales son algo así como los componentes básicos para la producción de las proteínas. Codones diferentes pueden codificar el mismo aminoácido. En los diferentes organismos que existen, uno u otro de estos codones alternativos pueden mostrarse más eficientes. En tal sentido, cuando intentamos trasladar un sistema de expresión génica de un organismo a otro, de uno bacteriano a uno humano, la optimización de codones cambia de secuencia a la que mejor funcione.

El 5 de octubre de 2012, Zhang envió su artículo a los editores de *Science*, que lo aceptaron el 12 de diciembre. Entre los autores, se encontraba Shuailiang Lin, el investigador de posdoctorado que había dicho que aquel estaba haciendo pocos progresos hasta que apareció el artículo de Doudna y Charpentier, así como Luciano Marraffini, que lo había socorrido al proponerle que diera prioridad a Cas9, pero que más adelante se quedaría fuera de la solicitud de la patente. Después de describir los experimentos llevados a cabo y los resultados, el artículo concluía con una de esas elocuentes frases finales: «La capacidad de lograr una edición del genoma múltiplex en células de mamíferos posibilita una miríada de aplicaciones en ciencia fundamental, biotecnología y medicina».[2]

ZHANG CONTRA CHURCH

George Church llevaba veinticinco años experimentando con distintos métodos de modificación de los genes. Había formado a Feng Zhang y aún era, en teoría, el asesor académico del coautor principal del artículo, es decir, Le Cong. Con todo, ninguno de ellos le contó hasta finales de otoño de 2012 —o así lo considera Church— que llevaban más de un año trabajando para convertir las CRISPR en una herramienta de edición genética.

Hasta noviembre de ese año, cuando Church acudió al Instituto Broad para dar una charla, este no supo que Zhang había enviado un artículo sobre el uso de la CRISPR-Cas9 en células humanas a *Science*. La cuestión lo dejó algo sorprendido, pues también él había enviado un artículo con el mismo objeto a esa revista. Había publicado artículos sobre la edición de los genes junto con Zhang con anterioridad, de manera que no llegaba a entender que su antiguo estudiante lo considerase ahora un rival antes que un colaborador.

—Supongo que Feng no se empapó del todo de la cultura de mi laboratorio —dice Church— o puede que le pareciese que las apuestas eran demasiado altas como para contármelo.

Aunque Le Cong se había trasladado al Broad para trabajar con Zhang, no dejaba de ser un estudiante de posgrado de Harvard, y Church seguía siendo, de forma oficial, su director.

—Me pareció muy molesto, además de una ruptura del protocolo, el hecho de que un alumno a mi cargo estuviese haciendo algo que sabía que me iba a interesar y me lo ocultase —afirma Church.

Church llevó el asunto ante el decano de la facultad de Medicina de Harvard para estudios de posgrado, que estuvo de acuerdo en que se trataba de una conducta inadecuada. Entonces, Eric Lander acusó a Church de hacer bullying a Le Cong.

—No quería convertirlo, ni mucho menos, en algo así como una cuestión nacional —apunta Church—; no tengo la impresión de que estuviese haciendo bullying, pero, al parecer, a Eric sí se lo parecía, así que reculé.[3]

Para aclarar un poco lo que pasó, acudí en diferentes ocasiones a las distintas partes de la controversia, lo que supuso un recordatorio constante de que la memoria puede ser una referencia historiográfica bastante poco fiable. Zhang insiste en que, de hecho, sí le había contado a Church que estaba trabajando con CRISPR, en agosto de 2012, cuando fueron juntos en coche hasta el aeropuerto de San Francisco tras haber asistido a un congreso puntero que responde al nombre de Science Foo Camp y que se organiza en el campus de Google, un recorrido de una hora. Church padece de narcolepsia y admite que podría haberse quedado dormido mientras Zhang conversaba con él. Sin embargo, en su opinión, aunque esto hubiese pasado, no eximiría a Zhang de la responsabilidad de no haberle explicado sus planes, ya que no hay duda de que tendría que haber notado que Church no respondía.

Una noche, en el transcurso de una cena, le pregunté a Lander qué opinaba sobre esta polémica. Él insistió en que lo de la narcolepsia de Church era una «tontería» y lo acusó de haber comenzado a trabajar con las CRISPR solo después de que Zhang le comentara que se había embarcado en esa empresa. Diría que, cuando le pregunto a Church sobre esto, noto que su plácido rostro se contrae detrás de la barba.

—Es absurdo —replica—. Si me hubiese visto en la situación de que uno de mis alumnos me cuenta que quiere hacerse un nombre en esto, me habría echado a un lado; había muchos otros temas de estudio a los que podía dirigir la atención.

La trifulca también dejó un poco alterado al tímido y educado Le Cong, hasta el punto de que más adelante evitó volver a trabajar en el campo de las CRISPR. Cuando conseguí rastrear sus pasos, hasta la facultad de Medicina de Stanford, donde había hecho de la inmunología y la neurociencia su campo de estudio, acababa de volver de luna de miel. Me dijo que creía haberse comportado de forma apropiada cuando ocultó a Church los detalles de lo que hacía en el laboratorio de Zhang.

—Cada uno de los laboratorios constituía un grupo de investigación independiente, en dos instituciones distintas —sostiene—. Los investigadores principales —Zhang y Church— eran los responsables de compartir la información o los materiales. Eso es lo que nos enseñaron cuando comenzamos a estudiar el doctorado en las clases de Conducta Responsable en la Investigación.[4]

Cuando le conté la versión de Le Cong de la historia, Church se rio entre dientes. Resulta que él da clase de ética en Harvard, y está de acuerdo en que el comportamiento de Le Cong y el de Zhang no sería reprobable desde la ética.

—Estaba dentro de las normas de la ciencia.

Así es, no obstante, violaba las que él trataba de cultivar en su propio laboratorio. Según él, la historia habría sido un poco distinta si los dos investigadores se hubiesen quedado trabajando con él en lugar de cambiarse al Broad.

—Si hubiesen permanecido en mi laboratorio, donde hay una conducta abierta, me habría asegurado de que mantenían con Jennifer una relación con mucha más colaboración, de manera que toda esa batalla por las patentes no habría ocurrido.

En el carácter de Church hay arraigados una serie de instintos que estimulan la reconciliación. Zhang también evita el conflicto, recurre a su encantadora sonrisa para eludir cualquier confrontación.

—Cuando nació uno de nuestros nietos, Feng nos envió una colorida manta de juegos para bebés, que tenía escrito el alfabeto —dice

Church—. También me invita cada año a los talleres que imparte. Todos seguimos con nuestras cosas.

Zhang lo siente de la misma forma.

—Nos abrazamos cada vez que nos reencontramos —dice.[5]

EL ÉXITO DE CHURCH

Church y Zhang acabaron en un empate técnico en cuanto a revelar un modo de manipular el CRISPR-Cas9 para su uso en células humanas. El primero enviaría un artículo a *Science* el 26 de octubre, tres semanas después de que Zhang hubiese hecho lo propio. Tras superar la fase de los comentarios de los pares, los editores aceptaron ambos en la misma fecha, el 12 de diciembre, y se publicaron en línea a la vez, el 3 de enero de 2013.

Al igual que había hecho Zhang, Church dio vida a una versión de Cas9 sometida al proceso de optimización de los codones y con una secuencia de localización nuclear. Con apoyo en el artículo de Doudna y Charpentier de junio de 2012 —y otorgándole el debido reconocimiento con mucha más generosidad de lo que lo hacía Zhang—, había sintetizado también un ARN guía único, con un formato más largo que el concebido por Zhang, de manera que incluso llegó a funcionar mejor. Además, en el trabajo de Church se incluían unas plantillas para la ejecución de la reparación por recombinación homóloga del ADN una vez que la CRISPR-Cas9 hubiese aplicado la rotura de la doble hebra.

Aunque los artículos diferían un tanto, ambos llegaban a la misma e histórica conclusión. «Nuestros resultados componen una herramienta de edición guiada por ARN», se declaraba en el artículo de Church.[6]

El editor de *Science* estaba sorprendido (y sentía cierta desconfianza) de que la revista hubiese recibido dos artículos sobre el mismo asunto de unos investigadores que, en teoría, eran colegas y colaboradores. ¿Estaban jugando a algo?

—Al editor le pareció que quizá Feng y yo, al haber escrito cada uno un artículo en vez de uno entre los dos, estábamos haciendo algo así como redoblar su importancia —recuerda Church—, por lo que me pidió que escribiese una declaración de que lo habíamos hecho sin conocimiento expreso.

Martin Jinek

27

El esprint final de Doudna

En noviembre de 2012, Doudna y su equipo se encontraban esforzándose al máximo para constreñir los resultados de los experimentos que habían estado llevando a cabo, con el objetivo de ganar la carrera por ser los primeros en publicar el uso de la CRISPR-Cas9 en humanos. Ella no sabía que Church acababa de enviar un artículo a *Science* y apenas había oído hablar de Feng Zhang, que también lo había hecho. Entonces recibió la llamada telefónica de un colega. «Espero que estés sentada —le dijo la voz al otro lado del teléfono—; las CRISPR están dando unos frutos absolutamente espectaculares en manos de George Church.»[1]

Doudna ya estaba enterada, por el correo electrónico que el propio Church le había enviado, de que este estaba trabajando con CRISPR, y cuando supo de los progresos que estaba haciendo para que funcionase en humanos, decidió llamarlo. Él se mostró gentil y le explicó los experimentos que había hecho, así como los contenidos del artículo que había enviado. Por aquella época, él ya sabía del trabajo de Zhang, y le dijo a Doudna que su publicación también estaba programada.

Church acordó en enviar a Doudna una copia de su manuscrito tan pronto como los editores de *Science* lo hubiesen aceptado. Al recibirlo, a principios de diciembre, se sintió abatida. Jinek aún seguía con los experimentos en el laboratorio, y no contaban con un conjunto tan copioso de datos.

«¿Qué hago? ¿Sigo adelante y publico el trabajo de todas maneras?», le preguntó Doudna a Church. A lo que él respondió afirmativamente.

—Nos secundó mucho con nuestro trabajo y con que lo publicásemos —dice ella—. Creo que se comportó como un colega de verdad.

Church creía que, fuesen cuales fuesen los datos que obtuviese Doudna, estos vendrían a añadirse al cúmulo existente y serían especialmente útiles en el trabajo de adecuar el ARN guía.

—Al final pensé que era importante seguir adelante con nuestros experimentos, incluso aunque otros ya estuviesen dedicándose a hacer lo mismo —me diría Doudna más tarde—, porque así quedaría demostrado lo fácil que resulta utilizar Cas9 para la edición del genoma humano. Se demostraría que no había que tener ninguna competencia especial para utilizar la tecnología, y me parecía que era importante que eso fuese de conocimiento público.

La publicación de su trabajo también le serviría para reclamar para sí el haber demostrado, casi al mismo tiempo en que lo habían hecho otros laboratorios en competencia, que el sistema CRISPR-Cas9 podía funcionar en células humanas.

Sin embargo, eso significaba que debían publicar rápido el artículo. De manera que llamó a un colega de Berkeley que había fundado hacía poco una revista electrónica de acceso abierto, *eLife*. Esta publicaba los artículos tras un tiempo de revisión inferior al de las publicaciones tradicionales como *Science* o *Nature*.

—Hablé con él, le desgrané los datos y le propuse un título —explica Doudna—. Dijo que sonaba interesante, que haría que lo revisasen lo más pronto posible.

Jinek, sin embargo, se mostraba reacio a precipitar la publicación del artículo. —Él es todo un perfeccionista y quería contar con un conjunto de datos aún mayor, con una trama de más envergadura —recuerda ella—. Le parecía que aún no valía la pena publicarlo.

Tuvieron más de una discusión acalorada, incluida una en el patio interior de Berkeley, en presencia de todo el laboratorio del Stanley Hall.

—Martin, tenemos que publicarlo, incluso si no es exactamente la historia que queríamos contar —argüía Doudna—. Tenemos que sacar lo mejor que podamos con los datos con los que contamos, porque ya no nos queda más tiempo. Va a salir otro montón de artículos y debemos publicar ya.

—Si publicamos esto, vamos a parecer unos principiantes en el área de la edición genética —replicaba Jinek.

—Pero, Martin, es que somos principiantes, y está bien —contraponía ella—. No creo que nadie vaya a pensar nada malo de nosotros.

Si contásemos con otros seis meses, podríamos hacer mucho más, pero, estoy segura de que, a medida que pase el tiempo lo entenderás, es de una importancia enorme que lo publiquemos en este preciso momento.[2]

Doudna recuerda haberse «puesto firme» y que, después de que la discusión siguiese un poco más, acabaron por llegar a un acuerdo. Jinek organizaría los datos y las ilustraciones de los experimentos, pero Doudna tendría que encargarse de escribir el artículo.

En aquella época estaba ocupada con la revisión, para la segunda edición, de un libro de texto sobre biología molecular que había escrito junto con otros dos colegas.[3]

—No nos habíamos quedado del todo satisfechos con la primera edición, así que alquilamos una casa en Carmel, para darnos un par de días para valorar entre los tres cómo plantear la revisión —explica.

Como resultado, acabó en Carmel en pleno diciembre, con un frío terrible, en una casa en la que no funcionaba la calefacción. Los propietarios dijeron que iban a llamar a alguien para que la arreglara, pero les fue imposible encontrar a un profesional disponible. Así que Doudna y los otros coautores no tuvieron más remedio que acurrucarse alrededor del fuego, mientras trabajaban hasta bien entrada la noche en la revisión del libro de texto. Después de que el resto se fuesen a la cama, hacia las 23:00, Doudna se quedaba despierta para preparar el artículo sobre el sistema CRISPR para *eLife*.

—Estaba exhausta y helada de la cabeza a los pies, pero era consciente de que no tenía más remedio que escribirlo así, o entonces quizá ya no lo haría —cuenta—. Así que me sentaba en la cama unas tres horas, pellizcándome las mejillas para no quedarme dormida, y me ponía a escribir el borrador del texto.

Ella se lo enviaba a Jinek y este se lo devolvía con sugerencias.

—Ni a los coautores del libro de texto ni a los editores les comenté nada de esto, así que imagínate la escena, helada en medio de aquella casa, tratando de concentrarme en la conversación sobre el libro de texto, pero distraída por completo, debido a que sabía que tenía que terminar el artículo.

Al final, paró en seco a Jinek y declaró el artículo finiquitado. El 15 de diciembre envió un correo electrónico a *eLife*.

Unos días después, su marido Jamie, su hijo Andy y ella estaban de vacaciones en Utah, para esquiar, pero ella pasó la mayor parte del tiempo en el alojamiento, acordando pequeños cambios con Jinek y presionando al editor de *eLife* para que acelerase el proceso de revisión. Cada mañana comprobaba el sitio en internet de *Science* para ver si ya habían publicado el artículo de Church o el de Zhang. El encargado de gestionar la revisión del artículo de Doudna estaba en Alemania,[4] y ella lo azuzaba por correo electrónico casi todos los días. También hablaba por teléfono con su antigua colaboradora, Emmanuelle Charpentier, aún instalada en Umeå, donde en ese momento del año la oscuridad reinaba todo el día.

—Trataba de poner en orden nuestra relación; por una parte, no quería que le pareciese que de alguna manera la habíamos dejado fuera de todo esto, aunque la realidad era que no había participado en los trabajos científicos para el artículo de *eLife* —dice Doudna—. Así que, a fin de cuentas, sin dejar de reconocer sus aportaciones, el caso es que no era coautora.

Doudna le envió un borrador del manuscrito, con la esperanza de que no se molestase. «Me parece bien», respondería Charpentier, sin entrar en muchos más detalles. Se percibía una cierta frialdad, y lo que Doudna no acababa de entender era por qué, a pesar de que su colega francesa no había querido colaborar en la iniciativa para editar células humanas, se sentía de algún modo propietaria del sistema CRISPR-Cas9. Después de todo, era ella quien había llevado a Doudna a trabajar en ello, después de que se conociesen en Puerto Rico.[5]

Cuando por fin el revisor del artículo le escribió con novedades desde Alemania, le pidió que hiciesen un par de experimentos más. «Hay que secuenciar algunos de los objetivos mutados para demostrar que se dan los tipos de mutación esperados», apuntaba en el escrito. Doudna ya tenía la repuesta preparada e indicó en la réplica que tales experimentos exigirían «el análisis de cerca de cien clones, lo que sería más apropiado para un estudio de mayor envergadura».[6]

Al final, se impuso su criterio y el 3 de enero de 2013 *eLife* aceptó el artículo. No obstante, no hubo celebraciones, ya que la noche antes había recibido un inesperado correo electrónico de felicitación del Año Nuevo que en realidad no auguraba un año muy feliz:

De: Feng Zhang
Enviado: miércoles, 2 de enero, 2013, 19.36
Para: Jennifer Doudna
Asunto: CRISPR
Adjuntos: CRISPR_manuscript.pdf

Estimada dra. Doudna:

Saludos desde Boston, ¡y feliz Año Nuevo!

Soy profesor auxiliar en el MIT y he estado trabajando en el desarrollo de aplicaciones sobre la base de las CRISPR. Nos conocimos brevemente durante mi entrevista para el posgrado en Berkeley, en 2004, y su trabajo ha sido desde entonces una fuente de inspiración para mí. Nuestro grupo, en colaboración con Luciano Marraffini, del Rockefeller, ha completado recientemente un grupo de estudios sobre la aplicación del complejo CRISPR tipo II, con el objetivo de editar el genoma de células de mamíferos. La revista *Science* ha aceptado el artículo resultante hace poco y mañana lo va a publicar en línea. Le envío adjunta una copia del artículo para que pueda echarle un vistazo. El sistema Cas9 es magnífico, y me gustaría tener la ocasión de hablar con usted sobre él. Estoy seguro de que podemos dar lugar a una gran sinergia, ¡y quizá haya varias cosas en las que podamos trabajar juntos en el futuro!

Con mis más sinceros deseos, Feng.

Doctor Feng Zhang
Claustro de profesores del
Instituto Broad del MIT y Harvard

Le pregunté a Doudna si el artículo se habría publicado antes en caso de que Jinek no hubiese sido tan testarudo, de manera que pudiesen haber estado a la par e incluso haberse adelantado a Zhang y a Church, incluso a pesar de que el trabajo de laboratorio de su propio equipo hubiese concluido después.

—Habría sido muy difícil —afirma—, pero no lo creo. Estuvimos haciendo experimentos hasta el último minuto debido a que Martin quería, con razón, asegurarse de que los datos incluidos en el artículo se hubiesen replicado hasta tres veces. Me gustaría que hubiese sido posible enviarlo antes, pero probablemente no lo era.

En su artículo no figuraba una versión alargada del ARN guía, algo que tanto Zhang como Church habían demostrado que hacía el sistema más eficaz en células humanas. Además, tampoco se incluían unas plantillas para la ejecución de la reparación por recombinación homóloga, que ayudaban a que las ediciones fuesen más fiables. No obstante, quedaba claro que un laboratorio especializado en bioquímica podía trasladar la CRISPR-Cas9 del tubo de ensayo a las células humanas con sobrada prontitud. «Demostramos que Cas9 puede expresarse y traducirse en el núcleo de una célula humana —dejaba escrito Doudna—. Estos resultados demuestran la viabilidad de la edición del genoma humano programada mediante el ARN en células humanas.»[7]

Algunos de los grandes descubrimientos e invenciones, como la teoría de la relatividad de Einstein o la creación del transistor en los Bell Labs, constituyen avances únicos; otros, como la invención del microchip o la aplicación de las CRISPR a la edición de las células humanas, pueden resultar del trabajo independiente de distintos grupos más o menos al mismo tiempo.

El mismo día en que el artículo de Doudna apareció en *eLife*, el 29 de enero de 2013, se publicaría en línea un cuarto artículo que demostraba que la CRISPR-Cas9 funcionaba en células humanas. El autor era un investigador surcoreano, Jin-Soo Kim, que había mantenido correspondencia con Doudna y reconocía su artículo de junio de 2012 como la base sobre la que establecía su propio trabajo. «Fue su artículo en *Science* lo que nos animó a dar inicio a este proyecto», le había escrito en un correo electrónico de julio.[8] Un quinto artículo publicado ese mismo día, firmado por Keith Joung, de Harvard, venía a demostrar asimismo que la CRISPR-Cas9 servía para modificar genéticamente el embrión de un pez cebra.[9]

Aunque Zhang y Church se hubiesen adelantado a Doudna por unas semanas, el hecho de que cinco artículos distintos sobre la edición de células animales mediante CRISPR-Cas9 apareciesen, y todos a la vez, en enero de 2013, reforzaría el argumento de que, una vez que se había demostrado el funcionamiento del sistema en un tubo de ensayo, se estaba ya ante un hallazgo inminente. Tanto si se trataba de dar un complicado paso, como sostiene Zhang, como de uno obvio, que sería la versión de Doudna, la idea de recurrir a una molécula de ARN de fácil programación para dirigirse a unos genes determinados y cambiarlos fue, para la humanidad, uno de carácter sin duda trascendental, que la introduciría en una nueva era.

28

Fundando empresas

BAILES EN CÍRCULO

En diciembre de 2012, solo unas semanas antes de la publicación de los distintos artículos sobre la edición de los genes con las CRISPR, Doudna organizó un encuentro entre Andy May, uno de sus socios, y George Church, que tendría lugar en el laboratorio de Harvard de este último. May había estudiado biología molecular en Oxford, era asesor científico en Caribou Biosciences, la empresa de biotecnología que Doudna había fundado junto con Rachel Haurwitz en 2011, y quería explotar todo el potencial comercial del uso de la edición genética a partir de CRISPR como tecnología médica.

Doudna se encontraba impartiendo un seminario en San Francisco cuando May trató de ponerse en contacto con ella para darle cuenta de la reunión. «¿Podemos hablar esta noche?», le escribió ella en un mensaje como respuesta. «Vale, pero, en serio, tenemos que hablar», respondió él. Cuando lo llamó, estaba conduciendo de regreso a Berkeley; él comenzó por preguntarle:

—¿Estás sentada?

—Sí, claro, estoy conduciendo a casa —le respondió.

—Vale, pues espero que no te vayas a salir de la carretera —repuso él—, porque la reunión con George ha sido alucinante; dice que va a ser el descubrimiento del siglo. Piensa orientar todo su trabajo sobre la edición de genes a las CRISPR.[1]

La agitación despertada por el potencial de las CRISPR hizo que todos los actores importantes se pusieran a hacer como si interpretaran un baile en círculo, formando grupos e intercambiando parejas, con el deseo de crear empresas para la comercialización de CRISPR

Rodger Novak, Jennifer Doudna y Emmanuelle Charpentier

para usos médicos. Primero, Doudna y May decidieron fundar una junto con Church, para sumar después, si eran capaces de unirse, a otros pioneros. De manera que, en enero de 2013, Haurwitz acompañó a May de vuelta a Boston para encontrarse de nuevo con Church.

La poblada barba y sus refinadas excentricidades habían hecho de Church una celebridad del mundo científico, lo que le llevó a andar un poco despistado el día de la cita. En una entrevista para el semanario alemán *Der Spiegel*, había especulado, con cierta ligereza, sobre la posibilidad de resucitar a los neandertales mediante la implantación de su ADN en el óvulo de una madre de alquiler voluntaria. No fue ninguna sorpresa (excepto quizá para él mismo) que de repente su teléfono comenzase a sonar sin descanso, pues los reporteros de la prensa sensacionalista no querían dejar pasar la historia.[2] Sin embargo, al final puso toda su atención en el encuentro y, en una hora, ya habían establecido un plan. Tratarían de sumar a Emmanuelle Charpentier y a Feng Zhang, además de a algunos inversores de capital, en un gran consorcio para comercializar las CRISPR.

Entretanto, Charpentier trabajaba por su cuenta en una potencial empresa emergente. A principios de 2012, se había puesto en contacto con Rodger Novak, que había sido su novio y durante mucho tiempo colaborador científico, después de haber entablado amistad cuando ambos investigaban en la Universidad Rockefeller y en Memphis. Habían mantenido una estrecha relación personal y por aquel entonces, él se había integrado en la plantilla de una empresa farmacéutica, Sanofi, en París.

—¿Y qué piensas de las CRISPR? —le preguntó ella.

—¿De qué hablas? —repuso él.

Sin embargo, una vez que estudió sus datos y consultó con algunos de sus colegas de Sanofi, se dio cuenta de que resultaba muy lógico emprender un negocio con ese material. Así que llamó a un buen amigo que se dedicaba a la inversión, Shaun Foy, y quedaron para hablar de las posibilidades que se abrían durante un viaje para hacer surf, al norte de Isla de Vancouver. Un mes más tarde, después de haber hecho las debidas diligencias, Foy llamó a Novak y le dijo que tenían que crear esa empresa lo antes posible. «Tienes que dejar el trabajo», añadió. Y, con el tiempo, así haría.[3]

Con la esperanza de que todos los actores principales confluyesen, se programó una cita en forma de *brunch* en febrero de 2013, en The Blue Room, un antiguo restaurante de moda, con mesas con tableros de zinc, ubicado en una antigua fábrica construida en ladrillo y ahora restaurada, cerca del MIT, más en concreto en la Kendall Square de Cambridge, un epicentro de instituciones encargadas de convertir la ciencia fundamental en lucrativas aplicaciones, como centros de investigación corporativa del estilo de los de Novartis, Biogen o Microsoft, instituciones sin ánimo de lucro como el Broad o el Whitehead u organizaciones de financiación pública como el Centro Nacional de Sistemas de Transporte.

Entre los invitados al *brunch* se encontraban Charpentier, Church, Zhang y la propia Doudna. En el último minuto, el investigador del Broad no acudió, pero Church insistió en que siguieran adelante sin él.

—Tenemos que crear la empresa... Podemos sacar un gran provecho —dijo—. Se trata de algo de mucho peso.

—Pero ¿cómo de grande crees que es?

—A ver, Jennifer, todo lo que puedo decirte es que se avecina un tsunami —replicó él.[4]

Doudna quería trabajar con Charpentier, aunque hubiesen seguido por caminos distintos en lo científico.

—Dediqué muchas horas a hablar con ella por teléfono, tratando de convencerla de que se uniese como cofundadora del proyecto que estaba poniendo en marcha con George —mantiene Doudna—. Pero lo cierto es que no le apetecía trabajar con algunos de los de Boston; creo que no se fiaba mucho de ellos, y al final resultó que tenía razón. Aunque yo no lo veía así en aquel momento, quería darle a la gente el beneficio de la duda.

A Church no le entusiasmaba tanto la idea de que Charpentier subiese a bordo.

—Adopté una actitud cauta con respecto a unir fuerzas con ella —explica—. Una de las razones por las que no acabó de cuajar es que su novio quería ser el director ejecutivo, lo que nos pareció algo imposible. Hace falta seguir un proceso para ver quién va a ocupar ese cargo. Por mi parte, pensaba tragar con ello, tiendo a acomodarme, pero Jennifer puso de relieve todas estas razones en contra, y dije: «Pues sí, tienes razón».

Hay que puntualizar que, de hecho, Novak y Charpentier habían acabado su relación por entonces.[5]

Andy May tuvo la misma reacción a la contra durante el encuentro con Novak y Foy que le organizó Doudna.

—Llegaron con un rollo muy invasivo —afirma May sobre los dos socios de Charpentier—. Su enfoque inicial era que nos echásemos a un lado para que ellos se encargasen de todo.[6]

Para ser justos, hay que decir que Novak y Foy conocían el mundo de los negocios y sabían lo que hacían. Así que, de acuerdo con Charpentier, rompieron las conversaciones con el grupo de Doudna y Church y decidieron fundar una empresa por su propia cuenta, a la que llamaron CRISPR Therapeutics, con sede en Suiza en un principio, y más adelante también en Cambridge, Massachusetts.

—Por entonces era muy fácil conseguir financiación si el nombre de la empresa llevaba la palabra CRISPR —dice Novak.[7]

Durante un tiempo, en 2013, parecía que Doudna y Zhang, a pesar de la rivalidad, podían llegar a ser aliados en los negocios (y hasta socios). Después de que este se ausentara del *brunch* de febrero en The Blue Room, envió a Doudna un correo electrónico en el que le preguntaba si le gustaría colaborar en temas relacionados con el cerebro, que durante tanto tiempo habían sido de su interés.

—Recuerdo pasar largos ratos sentada a la mesa, aquí en mi propia cocina, en Berkeley, hablando con él por Skype —dice ella.

Él fue a San Francisco a un congreso que se celebraba aquella primavera y se vio con Doudna en el Claremont Hotel, en Berkeley.

—Fui porque me parecía importante que hiciésemos piña en torno a la propiedad intelectual, para poder hacer de este un campo al que la gente se pudiese dedicar sin que hubiese lagunas en ese aspecto —alega Zhang.

La idea que tenía era crear un consorcio para la propiedad intelectual y las potenciales patentes de Berkeley con las del Broad, lo que haría más fácil para los usuarios obtener los permisos para utilizar el sistema CRISPR-Cas9. Y además, se había quedado con la sensación de que a Doudna le había gustado este planteamiento.

—Al día siguiente, Eric me dijo que había sido muy productivo el que me acercase hasta allí —dice Zhang— y que pensaba que la posibilidad de la alianza estaba consolidada.

Pero Doudna tenía reparos.

—Algo en Feng no me dio buena espina, sin más —recuerda ella—. No estaba siendo franco. Estaba siendo taimado en aspectos como cuándo habían solicitado de verdad las patentes. No me encajaba.

Así que decidió dar la licencia exclusiva de su propiedad intelectual, que Berkeley se encargaba de gestionar en coordinación con Charpentier, a la empresa que ya tenía, Caribou Biosciences, y no asociarse con el Broad. Zhang cree que Doudna «tiene dificultades para confiar en la gente», de manera que se apoyaba en exceso en Haurwitz, su antigua estudiante y cofundadora de Caribou.

—Rachel es una persona estupenda, además de inteligente, pero no es la indicada para dirigir una empresa de tal envergadura —afirma—. Es importante contar con alguien con muchos más conocimientos en lo que respecta a la capacidad de desarrollar las tecnologías que van a manejarse.

La decisión de no entrar en consorcio con la propiedad intelectual de CRISPR-Cas9 allanaría el camino para una épica guerra de patentes. También acabaría por obstaculizar las concesiones de la licencia para el uso de la tecnología, un proceso hasta entonces sencillo y común.

—Visto en retrospectiva, si tuviese que hacerlo otra vez, creo que habría planteado la licencia de manera distinta —declara Doudna—. Cuando se cuenta con una plataforma tecnológica como las CRISPR, es probable que la mejor idea sea materializar una patente cuya concesión pueda ser lo más amplia posible.

No tenía experiencia en el campo de la propiedad intelectual, como tampoco la universidad en la que estaba.

—Era algo así como el ciego que guía a otro ciego —dice.

EDITAS MEDICINE

A pesar de no querer hacer un consorcio de propiedades intelectuales con el Broad, Doudna seguía abierta a asociarse en una empresa con enfoque en las CRISPR, que se beneficiase de sus futuras patentes potenciales y de las del Broad. Así que, durante la primavera y el verano de 2013, acudió en varias ocasiones a Boston, para entrar en el baile con un elenco en continuo cambio de inversores y científicos interesados en crear una empresa conjunta, incluidos Church y Zhang.

En una de esas ocasiones, a principios de junio, se encontraba haciendo *footing* por la tarde junto al río Charles, en Harvard, mientras recordaba los días en que estudiaba el ARN bajo la dirección de Jack Szostak. Por entonces, jamás habría pensado que sus investigaciones acabarían sumergiéndola en empresas comerciales. No formaba parte del espíritu de aquella universidad. Sin embargo, la cosa había cambiado, al igual que ella. Era consciente de que, si quería influir directamente en la vida de la gente, si quería convertir la ciencia fundamental de las CRISPR en un recurso clínico, no había mejor modo que fundando empresas.

A medida que las negociaciones se fueron prolongando a lo largo de todo el verano, la tensión generada por los devaneos y quebraderos de cabeza en torno a la formación de una empresa comenzó a hacerle mella, como el hecho de tener que volar entre San Francisco y Boston cada poco tiempo. Especialmente peliagudo fue tener que escoger entre trabajar con Charpentier o con Church y Zhang.

—No era capaz de determinar cuál sería la decisión apropiada —admite—. Un par de personas de Berkeley, colegas en los que confiaba y que habían fundado empresas en el pasado, me decían que, sin duda, tenía que trabajar con la gente de Boston, porque eran buenos con los negocios.

Hasta entonces eran pocas las ocasiones en las que se había puesto enferma. Sin embargo, durante aquel verano, comenzó a verse sacudida por oleadas de dolor y fiebre. Por las mañanas, se despertaba con las rodillas apretadas, y a veces apenas se podía mover. Acudió a un par de médicos, que especularon con la posibilidad de que tuviese una enfermedad rara o incluso una enfermedad autoinmune.

El problema desapareció en el transcurso de un mes, aunque reapareció durante una visita a Disneylandia con su hijo, al final del verano.

—Estábamos solo él y yo. Cuando me levantaba por las mañanas, en el hotel, me dolía todo —recuerda—. No quería despertar a Andy, así que me metía en el cuarto de baño, cerraba la puerta y me ponía al teléfono con la gente de Boston.

Advirtió entonces que la presión de toda aquella situación la estaba afectando físicamente.[8]

Con todo, llegó a un acuerdo con ellos cuando el verano ya terminaba. Se aglutinó un grupo cuyo núcleo serían Doudna, Zhang y Church. Algunas agencias de inversión, como Third Rock Ventures, Polaris Partners o Flagship Ventures, cerraron con ellos acuerdos de inversión inicial por más de cuarenta millones de dólares. El grupo decidió que contarían con cinco científicos fundadores, así que se unieron dos biólogos de Harvard de primera línea que habían estado trabajando con CRISPR, Keith Joung y David Liu.

—Se podía decir que los cinco juntos éramos como un equipo de lujo —afirma Church.

En el consejo, habría representantes de cada una de las tres firmas de inversión más destacadas, junto con algunos científicos distinguidos. Había un consenso general sobre la mayor parte de los miembros, aunque Church terminó vetando la elección de Eric Lander.

En septiembre de 2013, se fundaba Gengine Inc. Dos meses más tarde, se cambió el nombre a Editas Medicine. «Contamos con la capacidad de apuntar, básicamente, a cualquier gen que deseemos —afirmaba Kevin Bitterman, una de las cabezas de Polaris Partners, que ejerció como presidente interino durante los primeros meses—. Y tenemos puesto el punto de mira en las enfermedades con algún componente genético. Podemos buscarlo y arreglarlo.»[9]

DOUDNA SE APEA

Después de tan solo unos pocos meses, la incomodidad y el estrés de Doudna comenzaron a rebrotar. Tenía la sensación de que sus socios, Feng Zhang en particular, lo hacían todo a sus espaldas, unos recelos que empeoraron durante un congreso médico celebrado en enero de 2014 en San Francisco, organizado por J. P. Morgan. Zhang acudió desde Boston con algunos miembros del equipo directivo de Editas, que a su vez invitaron a Doudna a un par de reuniones con inversores potenciales. Desde el momento de entrar al lugar donde se iba a mantener el primer encuentro, a ella le dio mala espina.

—Pude percibir de inmediato, por el comportamiento de Feng, por su lenguaje corporal, que algo había cambiado —explica—; la solidaridad entre colegas se había acabado.

Mientras ella observaba desde un rincón, los hombres que participaban de la reunión se mantenían apiñados alrededor de Zhang y lo trataban como la figura principal allí. Mientras que a él se lo presentó como «el inventor» de la edición genética mediante las CRISPR, a Doudna la trataron como si tuviese un papel secundario, el de una consejera científica.

—Me estaban dejando de lado —dice—. Muchos de los aspectos de los que se hablaba estaban relacionados con la propiedad intelectual, algo de lo que no me habían informado antes; algo estaba pasando.

Entonces se topó con unas sorprendentes noticias, que le hicieron comprender aquella sensación tan mareante que la había estado invadiendo de que Zhang pretendía mantenerla a raya. El 15 de abril de 2014, recibió un correo electrónico de un periodista, que le preguntaba por su reacción ante la noticia de que Zhang y el Broad habían obtenido una patente sobre el uso de CRISPR-Cas9 como herramienta de edición. Doudna y Charpentier aún estaban pendientes de que se aprobase su propia solicitud, pero los de Boston, que habían presentado la suya más tarde, habían pagado para acelerar la decisión. De repente, todo estaba claro, al menos para Doudna: Zhang y Lander estaban tratando de relegar a Charpentier y a ella a un segundo plano, tanto en la historia como en lo concerniente a cualquier uso de CRISPR-Cas9.

Doudna cayó en la cuenta de que esa era la razón por la que Zhang y muchos otros en Editas le habían dado la impresión de estar comportándose de manera demasiado hermética con ella. Los inversores de Boston lo habían situado a él como el inventor. «Llevan con esta historia desde hace meses —se dijo a sí misma—, y ahora sale esta patente y tratan de ponerme fuera de juego y apuñalarme por la espalda.»

Y además sentía que no se trataba tan solo de Zhang, sino de toda esa banda de machos de Boston que tenía en sus manos la industria de la biotecnología y el mundo de las finanzas.

—Los de Boston tejían entre sí una red de contactos muy firme —dice—. Eric Lander estaba en el consejo asesor de Third Rock Ventures, y luego está el hecho de que el Broad sacaba beneficios con

Editas, por lo que los acuerdos de licencias que se materializasen les iban a proporcionar muchísimo dinero si convencían a todo el mundo de que Feng era el inventor.

Todo este episodio hizo que enfermara.

También se encontraba agotada. Había estado volando a Boston una vez al mes para las reuniones de Editas.

—Era una burrada. Compraba un billete en clase turista, me sentaba derecha durante cinco horas, para llegar al día siguiente a las siete de la mañana, ir hasta el United Club, darme una ducha, cambiarme de ropa, ir hasta Editas, mantener el tipo en la reunión y a continuación ir al laboratorio de Church para hablar de ciencia. Y después me metía en un avión a las seis de la tarde para volar de regreso a California.

Así que decidió dejarlo.

Habló con un abogado para ver cómo podía salirse del acuerdo que había firmado. Aunque llevó algo de tiempo, en junio ya habían escrito el borrador del correo electrónico que enviarían al director ejecutivo de Editas para informarle de su dimisión. Cerraron el texto por teléfono, mientras ella asistía a una reunión en Alemania. «Vale, ya está listo», le dijo el abogado después de haber estado bregando con algunos cambios finales. Era de noche en Alemania y por la tarde en Boston cuando Doudna pulsó el botón de enviar.

—Me preguntaba cuánto iba a tardar en sonar el teléfono —dice—. Fueron menos de cinco minutos, y era el director ejecutivo de Editas el que llamó.

—No, no; no puedes irte, no puedes dejarlo —le dijo este—. ¿Qué es lo que ha pasado? ¿Por qué lo haces?

—Sabes muy bien qué habéis hecho —le objetó ella—. He terminado con vosotros; no voy a trabajar con gente en la que no puedo confiar, gente que va y me apuñala por la espalda. Me habéis apuñalado por la espalda.

El director ejecutivo de Editas negó estar implicado en el asunto de las patentes de Zhang.

—Mira —replicó Doudna—, puede que digas la verdad o puede que no, en cualquier caso ya no puedo ser parte de esta empresa. Me voy.

—Pero ¿y tus acciones?

—No me importan —repuso—. No lo entiendes. No lo hago

por el dinero. Si crees que lo hago por el dinero no entiendes en absoluto cómo funciono.

Nunca había visto a Doudna tan enfadada como cuando me contó aquella escena. Su habitual templanza había desaparecido.

—Afirmaba que no sabía de qué estaba hablando, qué ridículo, qué mentira, menuda sarta de mentiras. Y puede que me equivocase, Walter, pero era así como me sentía con toda esa historia.

Todos los fundadores de la empresa, incluso el propio Zhang, le enviaron un correo electrónico ese mismo día para pedirle que reconsiderara su decisión. Se ofrecieron a hacer modificaciones, así como todo lo que fuese posible para enmendar las desavenencias, pero ella rehusó.

«Me voy», se reafirmó en un correo electrónico que escribió en respuesta.

Se sintió mejor de inmediato.

—De repente toda esa tremenda carga que tenía pesándome sobre los hombros se desvaneció.

Cuando le explicó la situación a Church, él le sugirió que, si ella quería, consideraría presentar su dimisión también.

—Había hablado con George un domingo, él estaba en su casa —cuenta Doudna—. Se ofreció vagamente a dimitir, pero al final decidió no hacerlo, y era su decisión.

Le pregunté a Church si Doudna tenía razones para desconfiar de los otros fundadores. «Desde luego que estaban confabulados para hacer las cosas a sus espaldas», conviene, pero agrega que a ella no debería haberle pillado por sorpresa; al fin y al cabo, Zhang actuaba por propio interés.

—Es probable que se rodease de abogados que le dijesen lo que debía hacer y decir —dice Church—; yo trato de entender por qué la gente hace lo que hace.

Para él, los actos de cualquiera, incluidos Zhang y Lander, son susceptibles de predicción.

—Todo el mundo hizo lo que me había esperado que hiciese.

Y entonces ¿por qué no lo dejó? Me explicó que, al igual que no era muy lógico sorprenderse por el comportamiento de sus socios, tampoco lo era abandonar el proyecto.

—Casi me voy con ella, pero luego pensé: ¿para qué va a servir eso? Sería recompensarles, dejar que se quedasen con todos los beneficios. Yo siempre recomiendo mantener la calma. Tras pensarlo durante un tiempo, decidí que se imponía un poco de calma. Quería ser testigo del éxito de la empresa.

Poco después de dejar Editas, Doudna asistió a un congreso, donde le explicó a Charpentier qué había ocurrido. «Qué cosas —respondió Charpentier—. Oye, ¿te gustaría formar parte de CRISPR Therapeutics?» Se trataba, como sabemos, de la empresa que había fundado con Novak. «El problema es que estoy un poco como si acabase de divorciarme, ¿sabes? —fue la repuesta de Doudna—. No estoy segura de querer empezar otra relación con nadie justo ahora. Creo que por el momento ya he tenido bastante con esta historia de las empresas.»

Transcurridos unos meses, estaba convencida de que no se sentiría más cómoda que trabajando con su socia de confianza y antigua estudiante, Rachel Haurwitz, con la que había creado Caribou Biosciences en 2011, como ya sabemos. Además, habían dado vida a una filial con el nombre de Intellia, con el objeto de comercializar herramientas basadas en el CRISPR-Cas9.

—Comenzó a interesarme mucho lo de Intellia, ya que el equipo de Caribou estaba implicando a los investigadores universitarios que más me gustaban, en los que más confiaba y a los que más respetaba —afirma Doudna.

Entre ellos, se encontraban tres importantes pioneros de las CRISPR: Rodolphe Barrangou, Erik Sontheimer y Luciano Marraffini, antiguo colaborador de Zhang. Todos ellos eran brillantes, y además gozaban de un rasgo aún más importante.

—Se trataba de buenos científicos y, lo que es aún más importante, de gente sincera que va de frente.[10]

Como resultado, los pioneros del sistema CRISPR-Cas9 acabaron repartidos en tres empresas competidoras: CRISPR Therapeutics, fundada por Charpentier y Novak, Editas Medicine, de la que formaban parte Zhang y Church, así como Doudna, hasta su dimisión, e Intellia Therapeutics, fundada por Doudna, Barrangou, Sontheimer, Marraffini y Haurwitz.

29

«Mon amie»

El distanciamiento

La decisión de Doudna de irse a una empresa de la competencia venía a ser un reflejo de (además de, quizá, haber contribuido a) la leve frialdad que se había ido desplegando entre ella y Charpentier. Ella había intentado con gran ahínco mantener los lazos. Por ejemplo, cuando comenzaron a trabajar juntas, uno de los objetivos había sido cristalizar Cas9 y determinar cuál era exactamente su estructura. Después de que Doudna y su laboratorio lo consiguiesen, a finales de 2013, le preguntó a Charpentier si quería participar como coautora en el artículo científico resultante. Charpentier, que creía que se trataba de un proyecto que ella había llevado al laboratorio de Doudna, respondió afirmativamente. El hecho molestó a Jinek, pero Doudna siguió adelante.

—Quería hacer de verdad todo lo que estuviese en mi mano para mostrarme generosa con ella —mantiene— y, francamente, pretendía que nuestra relación, tanto la personal como la científica, siguiese en marcha.[1]

En parte como manera para mantener su colaboración científica intacta, Doudna le sugirió a Charpentier que ambas fueran las coautoras de un artículo de revisión para *Science* en 2014. A diferencia de un artículo de investigación, que trata sobre un nuevo descubrimiento, uno de revisión es un estudio de los avances recientes sobre un tema en particular. El de las dos se tituló «The New Frontier of Genome Engineering with CRISPR-Cas9».[2]

Doudna escribió un borrador, sobre el que Charpentier añadió algunos cambios. Esto sirvió para desarticular, por decirlo así, cualquier alejamiento que pudiese haberse dado entre ellas.

Sin embargo, sea como fuere, comenzaron a alejarse. En lugar de haberse unido a Doudna en la iniciativa para encontrar distintos modos de aplicar el CRISPRS-Cas9 en seres humanos, Charpentier le había dicho que tenía planeado concentrarse en investigaciones sobre las moscas de la fruta y las bacterias.

—Disfruto más de la investigación fundamental que de la búsqueda de herramientas —dice Charpentier.[3]

Desde el punto de vista de Doudna, había otra razón subyacente para esa tensión: según ella, a pesar de que eran codescubridoras del sistema CRISPR-Cas9 en términos de igualdad, Charpentier lo veía como un proyecto propio, uno en el que había involucrado a Doudna cuando ya estaba bastante avanzado. A veces, habla de ello como «mi trabajo» y se refiere a su colega como si se tratase de una colaboradora secundaria. Sin embargo, Doudna había acabado en primerísimo plano, concediendo entrevistas y planeando nuevas investigaciones en torno a la CRISPR-Cas9.

Doudna no ha llegado a entender muy bien ese sentimiento de propiedad por parte de Charpentier, de manera que era incapaz de encontrar la manera de enfrentarse a la frialdad que se ocultaba, de forma clara, detrás de una actitud cálida y desenfadada. Continuó sugiriéndole vías para trabajar juntas, a lo que la francesa respondía invariablemente: «Parece una idea fantástica», aunque luego nunca se llegaba a materializar.

—Yo quería seguir colaborando, y saltaba a la vista que Emmanuelle no quería —dice Doudna con un aire de tristeza en la voz—. Pero tampoco me lo dijo nunca a las claras. Nos alejamos sin más.

Doudna llegó a sentir una auténtica frustración.

—Me dio la impresión de que se trataba de una forma de actuar un poco pasivo-agresiva —afirma—. Era frustrante y también llegaba a ser doloroso.

Parte del problema se derivaba del distinto grado de comodidad que cada una de ellas sentía ante la exposición pública. Cuando se encontraban en alguna entrega de premios o en algún congreso, la interacción podía llegar a hacerse incómoda, en especial en las sesiones fotográficas, durante las cuales Charpentier destilaba una actitud de sutil condescendencia cuando Doudna acaparaba la atención, como si le hiciera gracia. Eric Lander, el esporádico antagonista de esta en el Instituto Broad, me contó que, cuando hablaba con Charpentier, esta parecía sentirse resentida por la atención que su compañera recibía.

Rodger Novak, por su parte, veía a Doudna como la típica estadounidense a la que le agradaba recibir elogios, y a su amiga Charpentier, cuya reputación él trataba de salvaguardar, más como la típica parisina, siempre reservada. De modo que trató de animarla para que ofreciese más entrevistas y hasta para que recibiese formación para saber enfrentarse a los medios. «Un europeo y alguien de la costa oeste tienen estilos distintos; la tendencia de alguien de Francia es poner el foco más en la propia ciencia que en el revuelo mediático», diría más adelante.[4]

La observación no es del todo exacta. Aunque a Doudna le resultaba cómodo haberse convertido en una figura pública y se sentía halagada por el reconocimiento, el hecho es que no se trataba de una persona que buscase la fama. Además, ponía todo su empeño en compartir la atención y los galardones con Charpentier. Rodolphe Barrangou cree que la situación creada se debe más bien a la francesa.

—Emmanuelle hace que la gente se sienta incómoda, incluso cuando se trata de hacerse unas fotos o de estar esperando en la antesala a salir ante el público —afirma—. Me resulta desconcertante su escaso interés en compartir los méritos con otra gente. Sí creo que Jennifer, por su parte, trata de hacerlo, incluso se excede, pero Emmanuelle siempre parece algo reacia, reticente.[5]

Semejante diferencia de estilos se refleja en muchos aspectos, incluso en los gustos musicales de cada una. En una entrega de premios a la que acudieron juntas, cada cual debía elegir una canción para que sonase cuando subiesen al escenario. La elección de Doudna fue la interpretación del blues de Billie Holiday de «On the Sunny Side of the Street», mientras que Charpentier eligió un tema de corte technopunk del dúo francés de música electrónica Daft Punk.[6]

Surgió asimismo entre ellas una cuestión de fondo muy conocida por parte de los historiadores. Casi cualquiera que contribuya en una gran hazaña tiende a dar a su propia aportación algo más de importancia de la que el resto de participantes. Es algo que nos ocurre todos los días. Recordamos vívidamente el brillo de las intervenciones que hacemos en una discusión, aunque tendemos a ser algo más olvidadizos con respecto a las de los demás, o bien tendemos a minimizar su importancia. Tal y como Charpentier concibe la historia de las CRISPR, fue ella la primera en trabajar con Cas9 y en identificar sus componentes, y luego hizo que Doudna se sumara al proyecto.

Fijémonos, por ejemplo, en ese molesto problemilla que aún sigue aflorando en toda esta historia, en torno al papel actual del ARNtracr, que, como Doudna y Charpentier revelaron en el artículo de 2012, no solo contribuye a la creación del ARNcr que hace de guía hacia el gen objetivo, sino que además permanece en el cuadro para posibilitar la adhesión del complejo CRISPR-Cas9 al ADN de destino. Después de haberlo publicado, Charpentier dio a entender en alguna ocasión que, antes de comenzar a colaborar con Doudna, ya conocía esa aportación extra del ARNtracr en 2011. Se trata de algo que ha llegado a irritar a Doudna.

—Si ves las charlas que ha estado dando últimamente, las diapositivas que prepara... Yo creo que la han estado asesorando los abogados, y que trata de presentar el trabajo como si ella ya conociese la importancia del ARNtracr para la función de Cas9 antes de que comenzásemos a colaborar; la verdad es que me parece una pretensión deshonesta, porque no es verdad —explica Doudna—. No sé si es una cosa de ella sola o si de verdad ha sido lo que los abogados le han aconsejado, pero lo que me parece es que, de algún modo, trata de desdibujar la línea entre lo que ella ya había hecho en 2011 y los hallazgos posteriores.[7]

Cuando le pregunté a Charpentier, durante una cena, sobre esa frialdad que se interpuso entre ellas, se mostró cauta. Después de todo, sabía que estaba escribiendo un libro en el que Doudna es la figura principal, y nunca trató de persuadirme para que cambiara de enfoque.

Con un cierto aire de indiferencia, concedió que el artículo de *Nature* de marzo de 2011 no describe, de hecho, la función completa del ARNtracr, pero se rio y añadió que Doudna debería relajarse un poco y no ser tan competitiva.

—No hace falta estresarse tanto con los reconocimientos debidos por el ARNtracr y demás —alega Charpentier—. Lo veo innecesario.

Sonriendo, comenzó a hablar de la vena competitiva de Doudna, como si encontrase que se trata de una característica admirable y graciosa, aunque también indecorosa.

El cisma se agravó en 2017, cuando Doudna publicó un libro sobre el trabajo llevado a cabo a partir de las CRISPR, escrito a cuatro manos con Sam Sternberg, cuyos contenidos son acertados, pero que tienden al uso de la primera persona con una frecuencia mucho mayor de la que a Charpentier le parecía apropiada.

—Usa la primera persona incluso para esas partes en las que fueron sus estudiantes quienes hicieron la mayor parte del trabajo —afirma Charpentier—. Alguien tendría que haberle dicho que escribiera en tercera persona. Conozco a algunas de las personas que están en la organización de los premios, y también la mentalidad sueca; no gusta lo de escribir libros demasiado rápido y cosas así.

Al utilizar las palabras «premios» y «sueca» en la misma frase, se refería, claro, al galardón más famoso de todos.

PREMIOS

Un impulso que sirvió para mantener unidas a Doudna y Charpentier a pesar de todo fue la de los premios científicos. Si se presentaban juntas, las posibilidades de ganarlos aumentaban. En algunos casos, puede tratarse de sumas de un millón de dólares o incluso más, aunque tienen un valor que va más allá del dinero, pues constituyen una carta de presentación que el público, la prensa y los historiadores del futuro utilizarán para decidir quién merece el reconocimiento por haber adelantado los avances científicos más importantes. Los abogados incluso los citan como argumento en los pleitos generados por las patentes.

Los premios de envergadura se otorgan a un número limitado de personas —en el caso del Premio Nobel, el máximo es de tres para cada una de las distinciones—, de manera que no se refleja el abanico completo de los investigadores que han contribuido a un descubrimiento en concreto. El resultado es que pueden llegar a distorsionar la historia y desincentivar la colaboración, como ocurre con las patentes.

Uno de los más importantes y glamurosos entre este tipo de premios, en el campo de las ciencias naturales, es el Breakthrough, que se otorgó a Doudna y Charpentier *ex aequo* en noviembre de 2014, solo unos meses después de que Zhang se les adelantase con la primera patente. La mención reconocía el hecho de haber «aprovechado un antiguo mecanismo de inmunidad bacteriana y convertirlo en una poderosa tecnología para usos generales en la edición del genoma».

El premio, dotado con tres millones de dólares para cada uno de los ganadores, lo había instituido un año antes el multimillonario ruso Yuri Milner, uno de los primeros inversores de Facebook, junto con Serguéi Brin, de Google, Anne Wokcicki, de 23andMe, y Mark Zuckerberg, de Facebook. Como fanático de las ciencias, Milner orquestó una rutilante ceremonia de entrega, transmitida por televisión, que sumaba al prestigio de las ciencias el glamur de Hollywood. *Vanity Fair* participó en la organización de la gala, de rigurosa etiqueta, que se llevó a cabo en un hangar para vehículos espaciales del Centro de Investigación Ames de la NASA, en Mountain View, en el estado de California, en pleno corazón de Silicon Valley. Actuaron como maestros de ceremonia actores de la talla de Seth MacFarlane, Kate Beckinsale, Cameron Diaz o Benedict Cumberbatch. La cantante Christina Aguilera interpretó su gran éxito «Beautiful».

Los encargados de presentar a Doudna y a Charpentier, elegantes y vestidas de gala, fueron Cameron Diaz y Dick Costolo, entonces director ejecutivo de Twitter. La primera en tomar el micrófono fue Doudna, que aprovechó para rendir tributo a «ese proceso tan parecido a armar un rompecabezas que es la ciencia». Charpentier, con un aire juguetón, se giró hacia Cameron Diaz, que había sido una de las protagonistas de la película basada en la serie de televisión *Los ángeles de Charlie*, y le dijo: «Somos un trío de mujeres bastante fuertes», señalándolas con un gesto de la cabeza a ella y a Doudna; luego se volvió hacia Costolo, un tipo calvo y con gafas, y añadió: «Me pregunto si no serás tú Charlie».

Entre el auditorio se encontraba Eric Lander, que había obtenido el galardón el año anterior y, en consecuencia, había sido el encargado de dar por teléfono a Doudna y a Charpentier la noticia de que ellas eran las ganadoras en esta ocasión. Como director del Instituto Broad y mentor de Zhang, se había implicado con celo en la batalla contra ellas por la obtención del reconocimiento por las CRISPR. No obstante, también había llegado a desarrollarse una cierta afinidad entre él y Charpentier, o al menos así creía él que era, pues compartían, según pensaba, el resentimiento por cómo Doudna medraba. De hecho, Lander me contó que, al principio, habían nominado solo a Doudna para el premio Breakthrough, pero que él convenció al jurado de que las aportaciones de esta no eran, de hecho, tan importantes como las de Charpentier, Zhang o los microbiólogos que habían descubierto en primer lugar las CRISPR en las bacterias.

—Les hice comprender que probablemente Jennifer merecía el premio, pero no por las técnicas CRISPR, sino por los trabajos en torno a la estructura del ARN —explica él—. Las CRISPR fueron fruto de una acción conjunta en la que participó mucha gente, entre la que Doudna no es la más importante.

No pudo imponer su deseo de que el premio se otorgase a Zhang, pero se aseguró de que, junto con Doudna, se incluyera a Charpentier. Asimismo, pensó que Zhang ganaría el premio al año siguiente. Cuando esto resultó no ser así, culpó a Doudna de haberlo bloqueado.[8]

Los premios Breakthrough tienen un límite de dos ganadores en cada área. El premio Gairdner de biomedicina, otorgado por una fundación canadiense, es más amplio y admite hasta cinco investigadores. Esto se tradujo en que, cuando la mencionada fundación decidió, en 2016, distinguir a los pioneros que habían desarrollado las técnicas CRISPR, se contó con la representación de un mayor número de científicos, y a Doudna y Charpentier vinieron a unirse Zhang y los dos investigadores del yogur de Danisco, Horvath y Barrangou, aunque también se dejaba de lado a muchas figuras importantes, como Francisco Mojica, Erik Sontheimer, Luciano Marraffini, Sylvain Moineau, Virginijus Šikšnys o George Church.

A Doudna le molestó la exclusión de este último, su amigo, así que hizo dos cosas. En primer lugar, donó el dinero de su premio, unos cien mil dólares, al educativo Proyecto Genoma Personal, que Church había puesto en marcha junto con su esposa, Ting Wu, profesora de biología molecular en Harvard. El proyecto animaba a la gente, a los jóvenes estudiantes en particular, a comprender sus propios genes. Asimismo, Doudna invitó a ambos a la ceremonia. No estaba segura de si Church aceptaría; después de todo, lo habían excluido de la mención, y lo que quizá sea incluso más importante, rehusaba ponerse esmoquin. Sin embargo, haciendo gala de su habitual gentileza, se dejó ver por allí, junto con su mujer, impecablemente vestido. «Quisiera aprovechar esta oportunidad para rendir homenaje al trabajo de dos personas que me han inspirado durante mucho tiempo, George Church y Ting Wu», dijo Doudna, para, a continuación, remarcar con toda la intención «la enorme influencia [de Church] en el área de la edición genética, incluso en la adaptación del sistema CRISPR-Cas a la edición de los genes de células de mamíferos».[9]

Doudna y Charpentier completaron el triplete al obtener su tercer premio de envergadura en 2018, el Kavli, llamado así en honor de Fred Kavli, un emprendedor nacido en Noruega. Este premio tiene muchas de las características del Premio Nobel, con una glamurosa ceremonia, un millón de dólares para cada uno de los ganadores (en este caso ganadoras) y una medalla de oro con un busto grabado del fundador del galardón. El premio acoge hasta tres científicos y, en esta ocasión el comité se decantó por añadir a Virginijus Šikšnys, un merecido reconocimiento que hasta aquel momento parecía habérsele venido escapando al tímido lituano. «Soñamos con reescribir el propio lenguaje de la vida, y con la concepción de las técnicas CRISPR encontramos una nueva e imponente herramienta para escribir en esa misma lengua», afirmaba la actriz noruega Heidi Ruud Ellingsen, que ejercía como anfitriona de la gala junto al actor estadounidense y friki de las ciencias Alan Alda. Doudna vistió una pieza corta de color negro, mientras que Charpentier, por su parte, optó por el largo, y Šikšnys, un elegante traje gris, que daba la impresión de haberse comprado *ex profeso* para la ocasión. Después de que el rey Harald V de Noruega les entregase sus respectivas medallas, se inclinaron levemente entre un estallido de trompetas.

Eric Lander

30

Los héroes de las CRISPR

LA VERSIÓN DE LANDER

En la primavera de 2015, mientras Emmanuelle Charpentier estaba de visita en Estados Unidos, ella y Eric Lander quedaron en una ocasión para comer en el despacho de este en el Instituto Broad. Según lo recuerda Lander, la francesa estaba «algo entristecida» y también resentida por la envergadura de los elogios que Doudna se estaba granjeando. «Tuve una idea muy clara de que estaba ofendida con Jennifer —recuerda Lander—. Le parecía que se estaba haciendo con un prestigio por encima del de algunos microbiólogos», como Francisco Mojica, Rodolphe Barrangou, Philippe Horvath o ella misma, que habían resuelto, en primer lugar, cómo funcionaban las CRISPR en las bacterias.

Es posible que Lander esté en lo cierto o quizá está, al menos en parte, proyectando su propio resentimiento y recordando unas vagas emociones de Charpentier con más viveza de la que en realidad pudiesen tener. El científico tiene un carácter persuasivo y se le da bien conseguir que la gente se muestre de acuerdo con él. Cuando le pregunté a Charpentier sobre el modo en que Lander recordaba las cosas, me ofreció una sonrisa burlona y sugirió, con un mínimo encogimiento de hombros, que se trata más de los sentimientos de Lander que de los suyos. No obstante, no hay que descartar que el modo en que aquel percibió el sentir de Charpentier esconda algo de verdad.

De hecho, como cuenta Lander, aquella conversación durante la comida fue el origen de lo que se convertiría en un detallado, emocionante, bien razonado y controvertido artículo científico que pasaría a formar parte de la historia de las CRISPR.

261

—Después de haber hablado con Emmanuelle, me decidí a tirar del hilo para rastrear los orígenes de las CRISPR y reconocer a quienes habían hecho el trabajo original, pero que, sin embargo, no estaban gozando de la debida notoriedad —dice—. Tengo esta vena de defender a los desamparados; al fin y al cabo, me crie en Brooklyn.

Le pregunté si no había también alguna otra razón, incluso el deseo de restar importancia al papel de Doudna y Charpentier, enfrentadas a su protegido, Feng Zhang, tanto en la cuestión de las patentes como en la obtención de galardones. Aunque es muy combativo, Lander también tiene, hay que alabarlo, plena conciencia de sí mismo. Para responder, mencionó la obra de teatro *Copenhague*, de Michael Frayn. En ella se aplica el principio de indeterminación con respecto a las razones de Werner Heisenberg, en el marco de su visita a Niels Bohr, durante los primeros tiempos de la Segunda Guerra Mundial, para discutir la posibilidad de fabricar una bomba atómica.

—Como en la obra *Copenhague*, no puedo asegurar cuáles son mis propias razones —alega Lander—. Uno no conoce sus razones.

Vaya, pienso yo.[1]

Una de las cosas más interesantes de Lander es que su espíritu competitivo se despliega de un modo feliz y exultante, como cuando empujó a Zhang a reclamar el reconocimiento debido y luego se encargó de los pleitos para proteger las patentes de este. Su mostacho hirsuto y sus ojos entusiastas lo dotan de una enorme expresividad, con lo que le resulta inevitable reflejar todos y cada uno de sus cambios emocionales, con tal diligencia que haría las delicias de un rival en el póquer. El empuje y la pasión para la persuasión de los que goza —me recuerda en eso al ya fallecido diplomático Richard Holbrooke— tienden a exasperar a sus rivales, pero también lo convierten en un director de equipo y artífice institucional perseverante y fructífero. Su artículo sobre la historia de las CRISPR fue un ejemplo del rendimiento que procuran todos estos instintos en conjunto.

Después de meses de leer cada uno de los artículos científicos publicados y de entrevistar a muchos de los protagonistas por teléfono, Lander publicó «The Heroes of CRISPR» en la revista *Cell*, en enero de 2016.[2] Contaba con unas ocho mil palabras, manejadas con una viva escritura, y los detalles que en él se exponían gozaban de gran rigor objetivo. No obstante, desató un alud de respuestas por parte de una serie de críticos indignados, que lo acusaban de distorsionar los hechos, tanto con argucias sutiles como con evidentes torpezas, con el ánimo de pregonar las contribuciones de Zhang y de minimizar las de Doudna. La historia se convertía en un arma.

El relato de Lander comenzaba con Francisco Mojica e iba pasando por cada uno de los partícipes a los que ya he mencionado a lo largo de este libro, y en él se mezclaban las tendencias personales con las explicaciones científicas de cada paso que se fue dando en el desarrollo de las CRISPR. Describía y alababa el trabajo de Charpentier por haber descubierto el ARNtracr, pero en lugar de explicar cómo Doudna y ella habían averiguado cuál era exactamente el papel de cada componente en 2012, ofrecía una amplia descripción del trabajo del lituano Šikšnys, y especificaba las dificultades por las que había pasado para que lo publicasen.

En la parte dedicada a Doudna, Lander se mostraba encantador con ella, tildándola de «bióloga estructural de renombre internacional y experta en el ARN», pero, de los sesenta y siete que tenía el artículo, despachaba su trabajo con Charpentier en un solo párrafo. No sorprenderá que Zhang, por el contrario, contase con un recuento mucho más profuso. Tras poner gran énfasis en lo difícil que había sido traspasar la CRISPR-Cas9 de origen bacteriano a células humanas, Lander describía con cierta riqueza de detalles, pero sin citar fuente alguna, el trabajo que Zhang ya habría estado haciendo a principios de 2012. En lo que respecta al artículo de Doudna de enero de 2013, en el que se recogía el funcionamiento del sistema en células humanas y que se había publicado tres semanas después del de Zhang, aquel lo daba por visto en una frase que además llevaba entreverado el aserto, en forma de puñalada, de que se había hecho «con la ayuda de Church».

El tema principal del ensayo de Lander era relevante y acertado. «En los avances de la ciencia, los momentos "eureka" son poco frecuentes —afirmaba en la conclusión—. Por lo general, se trata de un conjunto de aportaciones, a lo largo de una década o más, cuyo elenco pasa a ser parte de algo mucho más grande, algo que no podría haber hecho ninguno de ellos por separado.» A pesar de esta declaración, la realidad que recogía el artículo era claramente otra, dispensada con guantes de seda, pero que sin duda se saldaba con un demérito del nombre de Doudna. *Cell* no exponía el hecho de que el Instituto Broad de Lander estaba en pugna con Doudna y sus colegas por la cuestión de las patentes, lo cual resulta llamativo para una revista científica.

Doudna decidió permanecer en silencio en lo que a reacciones públicas se refiere. Se limitó a publicar un comentario en línea, en el que mantenía que «la descripción de las investigaciones llevadas a cabo en mi laboratorio y de las interacciones que tuvimos con otros investigadores es incorrecta en los hechos que expone, que el autor no ha corroborado, y en ningún momento he dado el visto bueno previo a la publicación». Charpentier también se mostró enojada: «Lamento que la descripción que se hace, no solo de mis propias contribuciones, sino también de las de mis colaboradores, sea tan incompleta e imprecisa», publicó por su parte en los comentarios.

Church fue más preciso en sus críticas. En ellas señalaba que había sido él, y no Zhang, el primero en demostrar que el uso de un ARN guía alargado funcionaría mejor en las células humanas. También cuestionaba que se afirmara que Doudna había extraído información de la prepublicación que él le había enviado.

LA REACCIÓN

Las amistades de Doudna se movilizaron para defenderla con un furor que dejaría impresionadas incluso a las hordas de Twitter. De hecho, también hubo hordas de Twitter.

Una de las respuestas más enérgicas y con mayor repercusión la brindaría uno de los colegas más explosivos de Doudna en Berkeley, el profesor de genética Michael Eisen. «Hay algo hipnótico en las creaciones más perfectas de un genio malvado, y no cabe duda de que Eric Lander es un genio malvado que nos ofrece una de sus creaciones más perfectas», escribió y compartió en público unos pocos días después de la aparición del artículo, al que calificaba de «tan vil y tan brillante al mismo tiempo que me resulta difícil no quedarme deslumbrado, incluso mientras me lo represento propalando esos cacareos que nos brinda desde su mazmorra en Kendall Square, con un cañón láser de proporciones descomunales apuntando a Berkeley, dispuesto a destruir la universidad si no les cedemos de una vez por todas nuestras patentes».

Eisen, que reconocía el hecho de que él era amigo y partidario de Doudna, acusaba al artículo de Lander de constituir una «hábil estrategia» para promocionar al Broad y denigrar a su colega, con la coartada de la pretensión de ofrecer un recuento historiográfico. «Se trata de una mentira bien elaborada con la que se reorganiza y retuerce la historia, sin ningún otro propósito que cumplir con los objetivos personales de Lander, a saber, llevar a Zhang a ganar el Premio Nobel y conseguir para el Broad una patente increíblemente lucrativa. En los pasajes más relevantes, hay tal desconexión de la realidad que resulta hasta arduo concebir cómo alguien tan brillante pudo escribirlo.»[3] No creo que sea justo, ni que sea cierto. Mi opinión es que quizá Lander sea culpable de haber mostrado un exceso de celo como mentor y demasiado entusiasmo en su afán por tejer la historia, pero, en cualquier caso, no con pretensiones poco honradas.

Hubo otros científicos que, sin llegar a hacer gala de una pasión tan exacerbada, se unieron a las críticas, de tal manera que una serie de erupciones volcánicas parecieron comenzar a aflorar aquí y allá, desde los foros de discusión científica de *PubPeer* hasta el propio Twitter.[4] «El término técnico más apropiado para la reacción de la comunidad de la investigación del genoma a los comentarios de Eric Lander en *Cell* sería el de "tormenta de mierda"», escribió Nathaniel Comfort, profesor de historia de la medicina en la Johns Hopkins. Por otra parte, calificaba el artículo de Lander como una muestra de «historiografía *whig*», con lo que quería significar que se trataba de una manipulación para «valerse de la historia como herramienta política». Incluso llegó a crear una etiqueta de Twitter con el nombre de #Landergate, que sirvió para movilizar a todos aquellos que pensaban que Lander estaba repudiando de forma traicionera a los competidores del Broad.[5]

En la prestigiosa *MIT Technology Review*, Antonio Regalado subrayó las afirmaciones de aquel, no respaldadas por cita alguna, de que Zhang ya había hecho grandes progresos en el desarrollo de herramientas a partir del sistema CRISPR-Cas9 un año antes de que se publicase el artículo de 2012 de Doudna y Charpentier. «Los descubrimientos de Zhang aún estaban sin publicar por entonces, razón por la que no forman parte del registro científico —escribía Regalado—. Pero resultan de vital importancia si el Broad quiere conservar sus patentes [...]. No es de extrañar, pues, que a Lander le gustase verlos descritos por primera vez en una revista de la importancia de *Cell*. Creo que se trata de una jugada un poco maquiavélica por su parte.»[6]

Las escritoras e investigadoras científicas, muy al tanto de la injusticia a la que se había visto sometida la figura de Rosalind Franklin en muchas de las historias sobre el ADN, estaban muy indignadas con Lander, cuya actitud de macho alfa nunca lo había ayudado a hacerse querer por las feministas, incluso a pesar de un encomiable historial de apoyo a las compañeras científicas. «Los escritos de este hombre constituyen otro ejemplo de cómo se trata de borrar el nombre de las mujeres de la historia de la ciencia —escribió en *Mic* la periodista científica Ruth Reader—, algo que hay que tener en cuenta para explicarse el apremio de las reacciones al informe de Lander; una vez más, un cabecilla de sexo masculino aparece para usurpar el mérito (y, con ello, los beneficios económicos) de un descubrimiento que ha supuesto el trabajo de varias personas.» Un artículo que vio la luz en *Jezebel*, una publicación en línea que se describe a sí misma, de forma algo atrevida, como «un sitio web supuestamente feminista», llevaba este encabezamiento: «Así es como un hombre ha tratado de borrar el nombre de las mujeres de la historia de las CRISPR, la mayor innovación biotecnológica de las últimas décadas». En él, Joanna Rothkopf escribía: «La cuestión del reconocimiento evoca a la propia Rosalind Franklin».[7]

La riña contra Lander, que se desarrolló mientras él estaba en un viaje a la Antártida, de modo que no se encontraba, ni mucho menos, en las mejores condiciones para responder, llegó a ser tan mediática como para que los medios principales se hiciesen eco de ella. En *Scientific American*, Stephen Hall lo llamó «el combate palomitero más entretenido de la ciencia en años» y se preguntaba: «¿Por qué, con una mente astuta y estratégica como la suya, iba Lander a inducir semejante reacción pública con la escritura de una relación histórica cuidadosamente sesgada?». También citaba a Church, en referencia a este: «La única persona a la que hace daño es a sí mismo», para luego declarar con deleite: «Y ustedes que pensaban que los científicos no podían tener una lengua viperina».[8]

La respuesta de Lander fue criticar a Doudna por no haberle proporcionado más información para el artículo cuando le envió por correo electrónico algunos de los pasajes, antes de mandarlo a publicar. «Recibí aportaciones sobre el desarrollo de las CRISPR por parte de más de una docena de científicos de todo el mundo —le escribió en un correo electrónico a Tracy Vence, de *The Scientist*—. La doctora Doudna fue la única que declinó hacerlo, algo desafortunado. No obstante, respeto por completo su decisión de no compartir su perspectiva del asunto.»[9] Esa última puntada de guante blanco era Lander en todo su esplendor.

El artículo sirvió para delimitar los frentes en la guerra de las CRISPR. Los admiradores de Doudna en Harvard, con Church y el director de tesis de Doudna, Jack Szostak, entre ellos, estaban furiosos.

—Se trata de un texto horrible, ¡horrible! —mantiene este último—. Eric quiere que todos los honores por la revolución de la edición genética vayan para Feng Zhang y para él mismo, y dejar fuera a Jennifer. Así que se dedica a minimizar las contribuciones que ella ha hecho de un modo que llega a parecer pura y simple animadversión.[10]

Al escrito de Lander le vieron el plumero incluso en su propia institución. Después de que varios miembros del personal le preguntasen sobre el asunto, envió un correo electrónico colectivo, un escrito en el que se dirigía a todo el equipo como «queridos broadistas», en el que no se detectaban visos de remordimiento. «Lo que pretendo con el artículo es hacer el perfil de ese conjunto de científicos de carácter extraordinario que, a base de asumir riesgos, han llegado a aportarnos unos hallazgos de primera importancia (muchos de ellos en una fase inicial de su carrera) —dejaba escrito—. Estoy muy orgulloso de este artículo y del mensaje que transmite sobre la ciencia.»[11]

Un par de meses después de la publicación, con la controversia aún en el fuego, llegué a entrar como actor secundario en toda esta historia. Resulta que Christine Heenan, entonces vicepresidenta del departamento de Comunicaciones de Harvard, recibió una solicitud por parte de Eric Lander, para ver si podía hacer algo para atenuar la tensión. Hacía tiempo que yo conocía a Eric y que era, como sigo siendo hoy, uno de sus más fervientes admiradores. Así que Heenan me pidió que organizase un coloquio entre él, la prensa y la comunidad científica, que se llevaría a cabo en la sede del Instituto Aspen en Washington, donde yo trabajaba entonces. El objetivo era aplacar la controversia, mediante una declaración de Lander en la que afirmase que no había sido su intención minimizar las contribuciones de Doudna al área de las CRISPR. Lander trató de cumplir lo que Heenan le pedía, aunque no de una forma que se pueda calificar de «valiente». «Nunca tuve la intención de menoscabar a nadie», dijo, para agregar que Doudna era «una científica impresionante». Eso era todo. Al verse presionado por las preguntas de Joel Achenbach, de *The Washington Post*, insistiría en que los contenidos del artículo eran objetivos y en que no se minimizaban los logros de Doudna. Le llamé la atención a Heenan sobre el asunto, y ella se encogió de hombros.[12]

31

Las patentes

«UTILIDAD DE LAS ARTES»

Desde que la República de Venecia aprobara, en 1474, una ley que daba a los inventores de «cualquier dispositivo nuevo e ingenioso» el derecho exclusivo a los beneficios que a partir de él se generasen durante diez años, los seres humanos han venido peleándose por las patentes. En el caso de Estados Unidos, el artículo 1 de la Constitución se consagra, entre otros asuntos, a ellas: «El Congreso ostentará el poder para [...] promover el progreso de la ciencia y la utilidad de las artes, asegurando, por un periodo de tiempo limitado, a los autores e inventores el derecho exclusivo a sus respectivos escritos y descubrimientos». Un año después de la ratificación de esta norma, el Congreso aprobó un acta que permitía emitir patentes sobre «cualquier artificio, producto manufacturado, máquina, aparato o dispositivo de utilidad, así como cualquier mejora posterior de estos que no fuese conocida».

Sin embargo, como los tribunales llegaron de hecho a comprender, resulta bastante complicado aplicar estas ideas incluso a cosas tan aparentemente sencillas como un pomo. En 1850, se celebró el caso de Hotchkiss contra Greenwood, en torno a una solicitud de patente para la fabricación de pomos hechos de porcelana en lugar de madera. El Tribunal Supremo comenzó con el proceso de definir lo que era «evidente» y «no evidente», para así sopesar el caso de que una invención «no fuese conocida». La toma de decisiones sobre las patentes mostró su particular dificultad cuando había procesos biológicos implicados. Sea como fuere, las patentes biológicas cuentan con un dilatado historial. En 1873, por ejemplo, se concedió al

269

Eldora Ellison

biólogo francés Louis Pasteur la primera patente conocida de un microorganismo, con un método para elaborar una «levadura libre de patógenos». De ahí proviene de pasteurización de la leche, el zumo y el vino.

La industria de la biotecnología moderna nacería un siglo más tarde, cuando un abogado de Stanford se acercó a Stanley Cohen y Herbert Boyer y los convenció para solicitar la patente del método que estos habían diseñado para producir nuevos genes con recurso al ADN recombinante. Muchos científicos, incluido Paul Berg, el primero en haber obtenido una de estas moléculas, se quedaron horrorizados ante la idea de patentar procesos biológicos, pero los ingresos en concepto de derechos que fluyeron hacia los inventores y sus universidades hicieron, en poco tiempo, que las patentes en biotecnología se generalizasen. Por ejemplo, Stanford recaudó doscientos veinticinco mil millones de dólares en veinticinco años con la concesión de licencias no exclusivas sobre las patentes de Cohen y Boyer a cientos de empresas de biotecnología.

En 1980 se dieron dos hitos de la mayor importancia; por un lado, el Tribunal Supremo se pronunció a favor de un ingeniero genético que había obtenido una cepa de una bacteria capaz de comer petróleo crudo, lo que la hacía útil para la limpieza de vertidos. La oficina de patentes había rechazado la solicitud para patentarla, alegando que no se puede patentar a un ser vivo. Sin embargo, el Tribunal Supremo decidió, en una decisión de 5 a 4, de cuya redacción se encargaría el juez presidente, Warren Burger, que «un microorganismo vivo creado por el ser humano puede ser objeto de patente», si se trata de «un producto del ingenio de este».[1]

Ese mismo año, el Congreso aprobó la ley Bayh-Dole, que hacía más fácil para las universidades beneficiarse de las patentes, aunque se tratase del fruto de investigaciones financiadas por el Gobierno. Hasta aquel momento, era habitual exigir a estas instituciones que cedieran los derechos de sus invenciones a los organismos federales que las hubiesen financiado. Algunos investigadores tuvieron la sensación de que la ley Bayh-Dole despistaba al público en cuanto a todo el proceso que conducía a una invención, que se financiaba con el dinero de los contribuyentes, y distorsionaba el modo en que realmente la universidad funcionaba. «Alentadas por un reducido número de patentes que habían llegado a aportar grandes sumas, las universidades se lanzaron a desarrollar unas infraestructuras descomunales para lucrarse a costa de sus investigadores», sostiene Michael Eisen, colega de Doudna en Berkeley. Según él, el Gobierno debería convertir en dominio público cualquier proyecto financiado con dinero proveniente de los contribuyentes. «Todo el mundo saldría ganando si la universidad volviese a sus raíces, a la investigación orientada a los descubrimientos fundamentales. Es algo que se ve muy claramente con todo el asunto de las CRISPR, las consecuencias tóxicas de haber hecho de las instituciones académicas unas buhoneras hambrientas de propiedades intelectuales.»[2]

Sin duda, se trata de un argumento bastante convincente; no obstante, mi opinión es que, en términos generales, la ciencia se ha venido beneficiando del encuentro que se da en la actualidad entre la financiación gubernamental y los incentivos comerciales. Para convertir los descubrimientos de la ciencia fundamental en herramientas o en medicamentos pueden hacer falta miles de millones de dólares. A menos que haya un modo de recuperar esas cantidades, es imposible que se hagan inversiones importantes en investigación.[3] El desarrollo de las CRISPR y de las terapias que se han diseñado a partir de este constituyen un buen ejemplo de ello.

LAS PATENTES DE LAS CRISPR

Doudna no sabía mucho sobre patentes. Los ejemplos con aplicaciones prácticas de su trabajo anterior eran pocos. Cuando Charpentier y ella se encontraban cerrando el artículo de junio de 2012, Doudna fue a ver a la mujer que se encargaba en Berkeley de las cuestiones de propiedad intelectual, que la puso en contacto con un abogado.

En Estados Unidos, las patentes de los profesores de investigación sobre sus propios inventos se asignan, en general, a la institución académica en la que trabajen, Berkeley en el caso de Doudna, aunque mantienen una considerable capacidad de decisión sobre las concesiones y reciben una parte (un tercio, en la mayoría de las universidades) de la rentabilidad. Sin embargo, en Suecia, que era donde Charpentier estaba entonces establecida, las patentes van directamente al inventor. Así que la solicitud de Doudna hubo de ser presentada en conjunto por Berkeley, Charpentier y la Universidad de Viena, esta última por Chylinski. Poco después de las siete de la mañana del 25 de mayo de 2012, cuando el artículo para *Science* estaba ya casi terminado, presentaron una solicitud provisional de la patente, abonando mediante tarjeta de crédito ciento cincuenta y cinco dólares por la gestión. No se les ocurrió gastar un poco más para acelerar el proceso de solicitud.[4]

El documento, de ciento sesenta y ocho páginas, en el que se incluían una serie de diagramas y datos experimentales, contenía la descripción de CRISPR-Cas9, y en él se requerían los derechos sobre hasta ciento veinticuatro modos en que el sistema podía llegar a utilizarse. Todos los datos de la solicitud provenían de experimentos realizados con bacterias. No obstante, se mencionaban métodos de administración que podían funcionar en células humanas, por lo que se sostenía que la patente debía cubrir el uso de las CRISPR como herramienta de edición para cualquier forma de vida.

Como ya he indicado, Zhang y el Broad habían enviado su propia solicitud de patente en diciembre de 2012, en el momento en que *Science* aceptó su artículo sobre la edición de células humanas.[5] En ella, se describía específicamente un proceso para el uso de CRISPR en células humanas. Por otra parte, frente a Berkeley, el Broad hizo uso de una prestación sencilla y limpia en el proceso de patentes, la de pagar una pequeña tarifa adicional y acordar una serie de condiciones extra para dar curso a su consideración bajo lo que se conoce como una solicitud de examen rápido o, con un nombre más poético, solicitud para una mención especial.[6]

La oficina de patentes no aceptó la solicitud de Zhang en primera instancia, y le pidió más información. Zhang respondió con una declaración escrita, en la que hacía una acusación que enfureció a Doudna, y es que en ella señalaba que Church le había enviado a ella el texto de prepublicación de su propio artículo, para luego apuntar a que ella había utilizado los datos de dicho documento en la solicitud que, por su parte, había hecho. «Con todos los respetos, deseo poner en duda el origen de esa muestra», declaraba Zhang. En una de sus tramitaciones legales, Zhang y el Broad afirmaban: «No fue hasta después de que el laboratorio de Church compartiese aquellos datos no publicados con el de la doctora Doudna que desde este último se informó de que habían conseguido adaptar el sistema CRISPR-Cas9» para el uso en células humanas.

Doudna se quedó indignada con la declaración de Zhang, debido a que en ella se daba por sentado que había plagiado los datos de Church. Llamó a este último a casa, una tarde de domingo, para compartir con él la frustración que habían despertado en ella las alegaciones de su antiguo estudiante. «Estaré encantado de decir en público que no has hecho un uso inadecuado de mis datos», le dijo Church. Ella había tenido la cortesía de incluir una frase para mencionarlo en la sección de agradecimientos, y era «indignante», como él mismo me diría más tarde, que Zhang volviese contra ella ese acto de camaradería sin importancia.[7]

LA ELIMINACIÓN DE MARRAFFINI

Mientras Zhang esperaba por la decisión sobre la solicitud de la patente, hizo, mano a mano con el Broad, algo ciertamente inusual: eliminó el nombre de su colaborador Luciano Marraffini de la solicitud principal. Esta sucesión de hechos, de algún modo desconcertante, constituye sin duda un triste ejemplo de los efectos tergiversadores que la normativa de patentes puede tener sobre la colaboración entre científicos. Se trata, en este caso, de una historia en la que la competitividad, quizá hasta la codicia, se sobrepone a la amabilidad y al compañerismo.

Marraffini, recordemos, es aquel bacteriólogo de dicción suave y nacido en Argentina que trabajaba en la Universidad Rockefeller, que había colaborado con Zhang en un primer momento, a inicios de 2012, y que había aparecido como coautor en su artículo de *Science*. Cuando Zhang hizo la primera solicitud, para una serie de patentes distintas, Marraffini figuraba en la lista de los coinventores.[8]

Un año después, el rector de la Rockefeller llamó a Marraffini a su despacho, donde le contó (algo que le provocó una gran impresión y una profunda tristeza) que Zhang y el Broad habían resuelto limitar algunas de las solicitudes de patentes y centrar solo una de ellas en el proceso de hacer que el sistema CRISPR-Cas9 funcionase en células humanas. El Broad había decidido de forma unilateral que él no había contribuido lo suficiente al trabajo como para merecer figurar en la patente y había pasado a borrarlo de la lista.

—Feng Zhang ni siquiera tuvo la delicadeza de decírmelo él directamente —afirma Marraffini, negando con la cabeza, dando la impresión de estar aún conturbado y pesaroso después de seis años—. Soy una persona razonable. Si me hubiesen dicho que mi contribución no merecía ir a partes iguales, habría aceptado una parte más pequeña, pero no me dijeron nada de nada.

Algo que lo apena particularmente es que él veía la historia de su trabajo con Zhang como un ejemplo inspirador de la típica historia estadounidense, dos inmigrantes, uno de China y el otro de Argentina, que se convierten en unas jóvenes estrellas en ascenso y unen sus fuerzas para encontrar el modo de usar el sistema CRISPR en seres humanos.[9]

Cuando le pregunté a Zhang por este asunto, habló también con un deje reservado y doloroso, como si fuese él quien estaba herido.

—Puse el foco en Cas9 desde el principio —insistió cuando le pregunté si Marraffini merecía algún reconocimiento por haberlo llevado a poner el ojo en esa enzima.

Tal y como Zhang lo concibe, puede que sacarlo de la patente fuese poco generoso, pero no fue algo injustificado. Ahí reside uno de los problemas de las patentes: incitan a la gente a ser menos generosa a la hora de compartir honores.[10]

CONFLICTO

La oficina de patentes decidió conceder la patente a Zhang el 15 de abril de 2014, a pesar de que la solicitud* de Doudna aún estaba en revisión.[11] Cuando llegó a los oídos de esta, llamó a Andy May, su socio en las cuestiones empresariales, que en ese momento iba conduciendo.

—Me acuerdo de orillar el coche y coger la llamada, y de repente ese bombazo —dice él—. «¿Cómo ha podido pasar?», se preguntaba ella, «¿Cómo es posible que se nos hayan adelantado?». Estaba colérica, absolutamente colérica.[12]

---

* Respecto a las solicitudes, cuando hablo de la de Doudna, me refiero a las que hizo junto con Charpentier, Berkeley y la Universidad de Viena; cuando hablo de las de Zhang, aludo a las que presentó junto con el Broad, el MIT y Harvard.

La solicitud de Doudna seguía languideciendo en la oficina de patentes, lo que pone de relieve otra cuestión, a saber, si se solicita una patente y antes de que se tome una decisión al respecto se otorga a otra persona una patente similar, ¿qué ocurre entonces? Según las leyes estadounidenses, hay un año de plazo para solicitar una audiencia por «intromisión». De modo que, en abril de 2015, Doudna presentó una demanda para que se desaprobara la patente de Zhang, pues había habido intromisión en las solicitudes de patentes que ella ya había solicitado con anterioridad.[13]

En concreto, Doudna presentó un «inicio de proceso de intromisión» de ciento catorce páginas, en el que exponía los detalles sobre por qué algunas de las solicitudes de Zhang «no constituían patentes distintas» de las que ella tenía aún pendientes. Lo que argumentaba era que, aunque los experimentos llevados a cabo por el equipo se hubiesen hecho con bacterias, en la solicitud de la patente que habían presentado se «afirma específicamente» que el sistema puede aplicarse en «cualquier organismo» y se proporcionan «descripciones al detalle de varios pasos que podrían darse para su aplicación» en humanos.[14] En la declaración que preparó como repuesta, Zhang alegaba que la solicitud de Doudna «NO contiene los elementos apropiados para la unión de Cas9 ni para el reconocimiento del punto de destino en el ADN en una célula humana».[15]

De este modo, quedaban delimitados los frentes de combate. Doudna y sus colegas habían identificado los componentes esenciales del sistema CRISPR-Cas9 y habían ideado una técnica para poder utilizarlos a partir de células bacterianas. La controversia giraba en torno a si, partiendo de ahí, el modo en que podría funcionar en una célula humana era algo «evidente». Zhang y el Instituto Broad contraponían que, de hecho, no era evidente que el sistema fuese a funcionar en humanos. Había sido necesario otro paso creativo para conseguirlo, y aquel había aventajado a Doudna al darlo. En diciembre de 2015, los examinadores de la patente, con el ánimo de resolver el problema, iniciaron un «proceso de intromisión», para que un jurado conformado por tres miembros tomase una decisión al respecto.

Cuando los abogados de Doudna afirmaron que era «evidente» que un sistema que funcionaba en una bacteria también lo haría en seres humanos, estaban usando la palabra como un tecnicismo. En el derecho de patentes, el término «evidente» hace referencia a un concepto legal muy concreto, pues los tribunales establecen que «el criterio para determinar la evidencia es si el estado de la técnica previamente existente daba a entender a un individuo con una competencia normal en esa área que el proceso tenía una probabilidad razonable de éxito».[16] En otras palabras, un solicitante no merece obtener una patente si lo único que ha hecho es modificar un invento previo de un modo tan evidente que cualquier persona con las destrezas habituales en el campo del que se trate pudiese haberlo hecho igualmente con una probabilidad razonable de éxito. Por desgracia, conceptos como el de «individuo con una competencia normal» o «probabilidad razonable de éxito» son bastante difusos cuando se aplican a la biología, una ciencia en la que los resultados son menos predecibles que en otras formas de ingeniería. Cuando uno empieza a manipular las entrañas de una célula viva, ocurren cosas inesperadas.[17]

El juicio

Hizo falta todo un año para la interposición de todos los informes, declaraciones y resoluciones, tras lo cual se dispuso una audiencia, en diciembre de 2016, ante el ya mencionado jurado de tres miembros, en la Oficina de Patentes y Marcas Registradas de Alexandria, en Virginia. Con su tarima de madera clara y unas mesas sobrias, la sala de audiencias parece un adormilado tribunal para casos de tráfico de provincias. Sin embargo, el día del juicio una centena de periodistas, abogados, inversores y aficionados a la biotecnología, la mayoría de estos con unas buenas gafas y un cierto aire de empollón, se pusieron a hacer cola desde las seis menos cuarto de la mañana para coger sitio.[18]

El abogado de Zhang abrió la sesión, estableciendo que el asunto clave era «si el uso de CRISPR en células eucariotas era evidente» a partir de la publicación del artículo de 2012 de Doudna y Charpentier.[19] Para montar un caso donde no lo había, mostró una colección de láminas que llevaban impresas una serie de declaraciones hechas por Doudna y su equipo. La primera era de una entrevista que esta había concedido a la revista del departamento de Bioquímica de Berkeley: «Nuestro artículo de 2012 fue un gran éxito, pero había un problema, y es que no teníamos la seguridad de que CRISPR-Cas9 funcionase en las células de plantas y animales».[20]

277

A continuación, trajo a colación una cita que, lejos de constituir un mero comentario hecho de pasada, se trataba de una declaración que Jennifer Doudna y Martin Jinek habían recogido en el artículo de *eLife*, aquel para cuya publicación en enero de 2013 se habían apurado tanto. En él decían que en su artículo anterior se había «indicado la estimulante posibilidad» de que las CRISPR pudieran utilizarse para editar genes humanos, a lo que añadían que «sin embargo, no se sabía si tal sistema bacteriano funcionaría con células eucariotas». Tal y como el abogado de Zhang declaró ante el tribunal, «estos comentarios, hechos en el momento en que se hicieron, refutan la idea de que todo esto era evidente».

El abogado de Doudna adujo que dichas observaciones no eran sino la impronta de una científica cauta. No obstante, esto no conmovió demasiado a la magistrada, Deborah Katz, que le preguntó: «¿Consta alguna declaración en la que alguien afirme que se pensaba que funcionaría?». Lo mejor que podía ofrecer era la afirmación de Doudna de que se trataba «de una posibilidad real».

Temeroso de estar apostando a una mano perdida, el abogado de Doudna cambió de razonamiento. Así, explicó que cinco laboratorios habían conseguido que el sistema funcionase en células eucariotas en seis meses desde la publicación del hallazgo de Doudna y Charpentier, una indicación de lo «evidente» que un paso así había sido. Además, presentó una gráfica en la que se mostraba que todos ellos habían recurrido a métodos muy conocidos. «No hay ningún ingrediente especial en la receta —mantuvo ante la jueza—. Todos estos laboratorios jamás se habrían embarcado en este proyecto si no hubiese habido unas perspectivas de éxito razonables.»[21]

Los tres componentes del jurado terminaron tomando partido por Zhang y el Broad. «El Broad nos ha convencido de que las partes reclamaban una patente por un instrumento distinto —declaraban los jueces en febrero de 2017—. Las pruebas demuestran que la invención de tales sistemas para las células eucariotas no habría sido evidente.»[22]

El grupo de Doudna apeló a los tribunales federales, lo que inició un proceso de otros nueve meses. En septiembre de 2018, el Tribunal de Apelaciones de Estados Unidos del Distrito Federal ratificó la resolución del tribunal de patentes.[23] Zhang merecía su patente, pues no había habido intromisión con respecto a la solicitud de Doudna y Charpentier.

Aunque, como suele ocurrir en muchos casos complejos de propiedad intelectual, estas resoluciones no pusieron fin al caso ni dieron a Zhang la victoria total. Debido a que se consideraba que no había «intromisión» entre las dos series de solicitudes, podían considerarse de manera separada, es decir, aún quedaba la posibilidad de que la solicitud de Doudna y Charpentier también se aceptase.

Controversia por la prioridad de las patentes, 2020

Esto fue lo que ocurrió. En los dos fallos definitivos de la resolución de 2018 para confirmar la patente de Zhang, el Tribunal de Apelaciones de Estados Unidos había hecho hincapié en un hecho relevante: «Este caso trata del alcance de dos grupos de solicitudes de derechos y de si estos eran distintos en cuanto posibles patentes —escribió el juez—. Por ello, no se fija sentencia sobre la validez de cada uno de estos grupos de solicitudes de derechos». En otras palabras, no había «intromisión» entre las patentes que se había asegurado Zhang y las solicitadas por Doudna y Charpentier y aún pendientes. Podían considerarse como dos inventos distintos, y era posible que ambos fuesen patentables o que el de Doudna y Charpentier tuviese prioridad.

No hay duda de que tal resultado podía llegar a ser confuso y, de algún modo, paradójico. Si se aprobaban ambos paquetes de patentes y después se solapaban en cierta manera, la decisión de que no había intromisión sería contradictoria. Sin embargo, a veces la vida, en particular la que se esconde dentro de las células y de los tribunales, puede ser paradójica.

A principios de 2019, la oficina de patentes de Estados Unidos concedió quince patentes sobre la base de las solicitudes realizadas por Doudna y Charpentier en 2012. Ya entonces, la primera había contratado a una nueva abogada para que la representase, Eldora Ellison, que había destacado con creces en una trayectoria académica a medida de la era de las biotecnologías. Había obtenido el título de Biología en Haverford y después un doctorado en Bioquímica y en Biología Celular en Cornell, para, en último lugar, licenciarse en Derecho en Georgetown. A menudo, sugiero a mis alumnos que piensen en estudiar tanto biología como empresariales, como hizo Rachel Haurwitz, o biología y derecho, como sería el caso de Ellison.

En una ocasión en que analizaba el caso para ayudarme con mi trabajo en este libro, mientras desayunábamos, Ellison me explicó las sutilezas de la biología y del derecho, a la vez que me demostraba su capacidad para citar de memoria las notas al pie de una variedad de artículos científicos y sentencias de los tribunales. Llegué a la conclusión de que Ellison sería un miembro estupendo del Tribunal Supremo, que, en los tiempos que corren, se beneficiaría mucho de contar con al menos una jueza que comprendiese los entresijos de la biología y de la tecnología.[24]

Ellison fue capaz de empujar a la oficina de patentes a abrir un nuevo caso en junio de 2019.[25] A diferencia de lo que ocurrió con el primero, que había tenido por objeto saber si las patentes de Zhang habían interferido con respecto a las solicitadas por Doudna, en este nuevo caso se trataría de la resolución de una cuestión elemental, a saber, cuál de las dos partes había hecho en primer lugar los descubrimientos fundamentales. Esta nueva «disputa por la prioridad», con recurso en los libros de notas y otras pruebas, estaba orientada a precisar cuándo había inventado cada uno de los solicitantes el sistema CRISPR-Cas9 como una herramienta de edición.

En una audiencia de mayo de 2020, que se hizo por teléfono debido a las restricciones ocasionadas por el coronavirus, el abogado de Zhang alegó que el problema ya estaba resuelto, pues se había establecido que no era «evidente» que el sistema CRISPR-Cas9 que Doudna y Charpentier habían presentado en 2012 fuese a funcionar con células humanas, de manera que se había otorgado a aquel la titularidad de la patente por ser el primero en demostrarlo. Ellison contrapuso que la discusión legal de este nuevo caso se refería a cosas distintas. La patente que se había concedido a Doudna y a Charpentier era por el uso de la CRISPR-Cas9 en todos los organismos, desde las bacterias hasta los seres humanos, por lo que la cuestión, afirmaba la abogada, era si la solicitud de 2012 contenía pruebas suficientes como para demostrar que eran ellas las que habían diseñado esa tecnología. Así, aseguraba que aunque sus datos experimentales procediesen del uso de componentes bacterianos en un tubo de ensayo, la solicitud de la patente, considerada en su integridad, describía el uso del sistema en cualquier organismo.[26] A finales de 2020, seguían llevando el caso a rastras.

En Europa, al principio también se dio una situación similar: se concedió a Doudna y a Charpentier una patente y después se le dio otra a Zhang.[27] Sin embargo, en ese punto, salió a relucir de nuevo la disputa de este con Marraffini. Después de que se revisasen las patentes del investigador del Broad y de que se eliminase el nombre de su antiguo colaborador, el tribunal de patentes europeo dictaminó que aquel no podía invocar la fecha de la solicitud inicial como «fecha de prioridad». El resultado fue que se consideró que otras solicitudes gozaban de una fecha de prioridad anterior, de manera que el tribunal derogó la patente de Zhang. «La patente europea de Feng se anuló por el modo en que él me dejó fuera», sostiene Marraffini.[28] En 2020, Doudna y Charpentier también habían conseguido la titularidad de las patentes más importantes en Gran Bretaña, China, Japón, Australia, Nueva Zelanda y México.

¿Han valido la pena todas estas batallas por las patentes? ¿Habría sido mejor que Doudna y Zhang llegasen a un acuerdo en lugar de enfrentarse en los tribunales? Con mirada retrospectiva, así lo cree el socio de Doudna, Andy May.

—Nos habríamos ahorrado un montón de tiempo y de dinero en disputas legales si hubiésemos sido capaces de unirnos —opina.[29]

Se trató de una prolongada riña en la que las emociones y los resentimientos se pusieron por delante hasta un extremo innecesario. En su lugar, Doudna y Zhang podían haber seguido el ejemplo de Jack Kilby, de Texas Instruments, y Robert Noyce, de Intel, que tras cinco años de discusiones se pusieron de acuerdo para compartir los derechos de la patente del microchip mediante una titularidad cruzada de la propiedad intelectual de ambos y el reparto equitativo de los beneficios, algo que ayudó a que el negocio de los microchips aumentase de forma exponencial y viniese a definir una nueva era de la tecnología. A diferencia de lo que ha ocurrido con los antagonistas de las CRISPR, Noyce y Kilby siguieron una máxima muy importante en los negocios: «No te pelees por el reparto del botín hasta después de haber asaltado la diligencia».

CUARTA PARTE

Las CRISPR en acción

Lo principal: si uno caía enfermo no tenía ninguna defensa, alguna cosa que pudiera comer, untarse o beber, sino que por falta de medicina, se iban extenuando, hasta que yo les mostré las mixturas de los remedios curativos.

PROMETEO, en ESQUILO,
Prometeo encadenado, 477-483

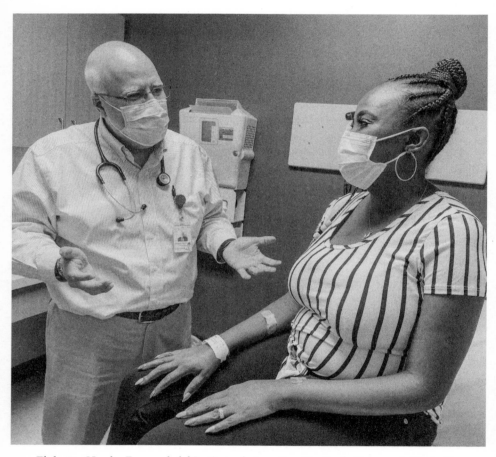

El doctor Haydar Frangoul, del Instituto de Investigación Sarah Cannon de Nashville, con Victoria Gray

32

Las terapias

LA ANEMIA DE CÉLULAS FALCIFORMES

En julio de 2019, un médico de un hospital de Nashville hundió la aguja de una enorme jeringa en el brazo de una mujer afroamericana de treinta y cuatro años procedente de un pueblecito del interior de Misisipi y le infundió células madre extraídas previamente de su sangre y editadas empleando la CRISPR-Cas9. Se las reintroducían ahora en un intento de curar la anemia falciforme que llevaba atormentándola con dolores debilitantes desde que era un bebé. Así fue como Victoria Gray, madre de cuatro hijos, se convirtió en la primera persona en Estados Unidos en recibir un tratamiento basado en la técnica de edición génica CRISPR. El ensayo clínico lo dirigía CRISPR Therapeutics, la empresa fundada por Emmanuelle Charpentier. Cuando Gray recibió la inyección, se le disparó el ritmo cardiaco, y por un instante tuvo dificultades para respirar. «Fue un momento terrible y duro para mí —le explicó al periodista de la NPR Rob Stein, al que permitieron cubrir su tratamiento—. Cuando pasó, lloré. Pero eran lágrimas de felicidad.»[1]

Gran parte de la atención que reciben en los últimos tiempos las CRISPR gira en torno a la posibilidad de llevar a cabo ediciones heredables (en la línea germinal) que los humanos transmitiríamos a cada una de las células de cada uno de nuestros futuros descendientes, algo que podría transformar nuestra especie. Estas ediciones se practican en las células reproductoras o en embriones en sus primeras etapas de desarrollo. Así se hizo con las pequeñas gemelas CRISPR en China en 2018, una cuestión controvertida que analizaré más adelante. Sin embargo, en este capítulo voy a centrarme en las que van a ser, al menos de momento, las aplicaciones más comunes y felices de la CRISPR: casos como el de Victoria Gray, en el que la CRISPR sirve para editar una parte de las células del cuerpo (somáticas) de un paciente, pero no todas, y realizar cambios que «no se heredarán». Esto se puede conseguir extrayendo las células del paciente, editándolas e introduciéndolas de nuevo *(ex vivo)*, o insertando la herramienta de edición CRISPR directamente en las células del paciente *(in vivo)*.

La anemia falciforme es una de las mejores candidatas para la edición genética *ex vivo* porque afecta a células sanguíneas que se pueden extraer y reintroducir con facilidad. Esta enfermedad está provocada por la mutación de una sola letra entre los más de tres mil millones de pares de bases que componen el ADN de una persona, lo que conduce a una deformación de los glóbulos rojos. La proteína de hemoglobina normal da lugar a unos glóbulos rojos lisos y redondeados capaces de circular de forma fluida por nuestros vasos sanguíneos y transportar el oxígeno de los pulmones al resto del cuerpo. Sin embargo, las proteínas de hemoglobina anormal se adhieren entre sí en forma de fibras que terminan por combar los glóbulos rojos y otorgarles forma de hoz, lo que acarrea a su vez que sean más frágiles y propensos a crear atascos. El oxígeno no llega a los órganos y tejidos, lo que desencadena un dolor extremo y, en la mayoría de los casos, la muerte en torno a la cincuentena. La anemia falciforme afecta a más de cuatro millones de personas en todo el mundo, el 80 por ciento de ellas en el África subsahariana, y en torno a noventa mil en Estados Unidos, sobre todo afroamericanas.

La simplicidad del fallo genético, junto con la gravedad del síndrome, la convierten en la candidata perfecta para la edición genética. En el caso de Victoria Gray, los médicos extrajeron células madre de su propia sangre y las editaron, por medio de la CRISPR, para activar un gen que produce un tipo de célula sanguínea que en general se desarrolla únicamente en el estadio fetal de la vida. Esa hemoglobina fetal es sana, de manera que si la modificación genética surte efecto, los pacientes pueden producir ellos mismos sangre normal.

Unos meses después de que le inyectaran las células modificadas, Gray viajó en coche hasta el hospital de Nashville para ver si la terapia funcionaba. Parecía optimista: desde la infusión de células editadas no había necesitado transfusiones de donantes, ni había tenido ningún acceso de dolor. Una enfermera le insertó una palomilla y le extrajo numerosos tubos de sangre. Tras una nerviosa espera, su médico entró para darle la noticia: «Estoy entusiasmadísimo con tus resultados de hoy —le dijo—. Hay indicios de que estás comenzando a fabricar hemoglobina fetal, y eso es muy emocionante para nosotros». La mitad de su sangre, aproximadamente, contenía en ese momento células sanas con hemoglobina fetal.

En junio de 2020, Gray recibió noticias aún más ilusionantes: los resultados parecían ser duraderos. Transcurridos nueve meses, seguía sin haber sufrido ningún otro acceso de dolor, y tampoco había vuelto a necesitar transfusiones de sangre. Las pruebas mostraron que el 81 por ciento de las células de su médula ósea estaban ya fabricando la hemoglobina fetal correcta, lo que significaba que las ediciones genéticas perduraban.[2] «Graduaciones en el instituto, graduaciones en la universidad, bodas, nietos... Creía que me iba a perder todo eso —dijo tras recibir las noticias—. Ahora estaré ahí para ayudar a mis hijas a escoger sus vestidos de boda».[3] Fue un hito asombroso: la CRISPR había curado, al parecer, una enfermedad genética en humanos. Desde Berlín, Charpentier escuchó una grabación de la emotiva entrevista de Gray para la NPR: «Fue increíble pensar, mientras la escuchaba, que esa pequeña criatura que yo había contribuido a crear, la técnica CRISPR, ha significado que no tenga que seguir sufriendo».[4]

La asequibilidad

Esta clase de aplicaciones de las CRISPR pueden salvar muchas vidas; pero también serán, sin duda, muy caras. De hecho, tratar a un solo paciente podría costar un millón de dólares o incluso más, al menos en un principio, de modo que las grandes perspectivas beneficiosas de las CRISPR van a la par de su capacidad de llevar a la bancarrota el sistema sanitario.

Doudna comenzó a centrarse en este problema tras la conversación que mantuvo con un grupo de senadores estadounidenses en diciembre de 2018. La reunión se llevó a cabo en el Capitolio varias semanas después de que se anunciara que las «gemelas CRISPR» habían nacido en China con ediciones heredables, y Doudna había creído que el encuentro giraría en torno a esa noticia que ocupaba entonces todos los titulares. Al principio así fue. Sin embargo, para su sorpresa, la conversación viró rápidamente de los peligros de la edición genética heredable a la promesa de usar esa técnica para tratar enfermedades.

Doudna les explicó a los senadores que la CRISPR estaba a punto de dar con una cura para la anemia falciforme, algo que los animó, pero de inmediato la acribillaron a preguntas sobre los costes. «Tenemos cien mil personas afectadas de anemia falciforme en Estados Unidos —señaló un senador—. ¿Cómo nos lo vamos a poder permitir, si sale a un millón de dólares por paciente? Eso supone la bancarrota.»

Doudna decidió que su Innovative Genomics Institute debía encomendarse la misión de conseguir un tratamiento asequible para curar la anemia falciforme.

—La audiencia en el Senado supuso para mí un antes y un después —explica—. Había dedicado mucho tiempo a pensar en los costes antes de ese momento, pero no con un objetivo concreto en mente.

A su regreso a Berkeley, convocó a su equipo en una serie de reuniones para debatir la manera en que el acceso a los tratamientos contra la anemia falciforme pasara a ser uno de los ejes principales de su misión.[5]

La colaboración público-privada que condujo en su día a la disponibilidad de la vacuna contra la polio le sirvió de inspiración. Contactó con la Fundación Gates y con los Institutos Nacionales de Salud, que anunciaron su alianza para crear el Programa para la Cura de la Anemia Falciforme, dotado con unos fondos de doscientos millones de dólares.[6] El principal objetivo científico de este programa es encontrar un método con el que editar la mutación que provoca la enfermedad dentro del paciente, sin necesidad de extraerle células de la médula ósea. Una posibilidad es inyectar en la sangre del paciente una herramienta molecular de edición con una etiqueta de destinatario que la dirija directamente a las células de la médula ósea. La parte difícil consistirá en encontrar el sistema de entrega correcto, como, por poner un ejemplo, una partícula similar a un virus, que no haga saltar el sistema inmunitario del paciente.

Si el programa tiene éxito, no solo servirá para curar a muchísima gente de una enfermedad terrible, sino que supondrá un paso adelante en la causa de la justicia sanitaria. La mayoría de pacientes de anemia falciforme en el mundo son africanos o afroamericanos, poblaciones históricamente desatendidas por parte de la comunidad médica. Si bien las causas genéticas de la anemia falciforme se conocen desde hace más tiempo que las de ninguna otra afección similar, el avance en los tratamientos ha ido un paso por detrás. Por ejemplo, la lucha contra la fibrosis quística, que afecta sobre todo a estadounidenses y europeos blancos, ha recibido ocho veces más financiación por parte de gobiernos, entidades benéficas y fundaciones. La gran promesa de la edición genética es que traerá consigo una transformación de la medicina. El peligro es que termine por agrandar la brecha entre ricos y pobres. La iniciativa de Doudna está pensada para encontrar las formas de evitarlo.

El cáncer

Además de en el tratamiento de trastornos hematológicos, como la anemia falciforme, las técnicas CRISPR se han empleado en la lucha contra el cáncer. China ha sido pionera en este campo, y le lleva a Estados Unidos dos o tres años de ventaja en el diseño de tratamientos y en los ensayos clínicos.[7]

La primera persona en recibir tratamiento fue un paciente de cáncer de pulmón de Chengdu, una ciudad de catorce millones de personas situada al oeste de la provincia china de Sichuan. En octubre de 2016, un equipo extrajo de la sangre del paciente algunos de sus linfocitos T, que son un tipo de glóbulos blancos que ayudan a combatir enfermedades y confieren inmunidad. A continuación, los médicos recurrieron a la CRISPR-Cas9 para desactivar cierto gen que produce una proteína, conocida como PD-1, que inhibe la respuesta inmunitaria de la célula. En ocasiones, las células cancerosas desatan la respuesta de la PD-1, y se protegen de este modo a sí mismas del sistema inmunitario. Con la edición del gen por medio de la CRISPR, los linfocitos T de los pacientes eliminan de un modo más efectivo las células cancerosas. En el plazo de un año, China organizó siete ensayos clínicos usando esta técnica.[8]

«Creo que esto va a desencadenar un Sputnik 2.0, un duelo biomédico continuado entre China y Estados Unidos», afirmaba Carl June, un destacado investigador oncológico de la Universidad de Pensilvania que, en aquel momento, estaba aún batallando por obtener la autorización reglamentaria para arrancar un ensayo clínico similar. Sus colegas y él consiguieron al final poner el ensayo en marcha y publicaron los resultados preliminares en 2020. Su método, con el que se trató a tres pacientes de cáncer en fase avanzada, era más sofisticado que el empleado en China. Dejaba fuera de juego el gen PD-1 y al mismo tiempo introducía en los linfocitos T un gen que ataca específicamente los tumores del paciente.

Pese a que los pacientes no se curaron, los ensayos demostraron que la técnica era segura. Doudna y una de sus alumnas de posdoctorado publicaron un artículo en la revista *Science* en el que explicaban los resultados de Pensilvania: «Hasta ahora, desconocíamos si los linfocitos T editados mediante la CRISPR-Cas9 serían tolerados y prosperarían una vez reintroducidos en un humano —decían en el artículo—. Estos hallazgos representan un importante avance en la aplicación terapéutica de la edición genética».[9]

La CRISPR se está utilizando asimismo como herramienta de detección para identificar con exactitud qué tipo de cáncer tiene un paciente. Mammoth Biosciences, una empresa que fundó Doudna con dos de sus alumnos de doctorado, está diseñando herramientas diagnósticas basadas en la CRISPR que pueden aplicarse en tumores con el fin de identificar rápida y fácilmente las secuencias de ADN asociadas a diferentes tipos de cánceres y determinar así tratamientos específicos adaptados a cada paciente.[10]

La ceguera

La tercera aplicación de la edición CRISPR que estaba en marcha en 2020 tenía como fin curar una forma de ceguera congénita. En este caso, el procedimiento se llevaba a cabo *in vivo* —en el cuerpo del paciente—, puesto que las células oculares no se pueden extraer y reintroducir del mismo modo que las de la sangre o la médula ósea. Los ensayos clínicos se realizaron en colaboración con Editas Medicine, la empresa fundada por Zhang y compañía.

El objetivo era tratar la amaurosis congénita de Leber, causa habitual de ceguera infantil. Los que sufren esta dolencia presentan una mutación en el gen que fabrica las células receptoras de luz. El resultado es el acortamiento de una proteína esencial, lo que hace que la luz que impacta en las células no se convierta en señales nerviosas.[11]

La primera aplicación del tratamiento fue en marzo de 2020, justo antes de que el coronavirus obligara a cerrar la mayoría de clínicas, en el Casey Eye Institute de Portland, Oregón. En el procedimiento, de una hora de duración, los médicos emplearon una diminuta cánula del diámetro de un pelo para inyectar tres gotas de un fluido que contenía CRISPR-Cas9 en la capa formada por células fotosensibles que se encuentra justo debajo de la retina del paciente. Se utilizó un virus modificado como vehículo de transporte para introducir la CRISPR-Cas9 en las células diana. Si la edición de estas células surte el efecto esperado, la solución será permanente, dado que, a diferencia de las células sanguíneas, las células oculares no se multiplican ni reponen a sí mismas.[12]

Próximamente

Hoy se está trabajando también en algunas aplicaciones más ambiciosas de la CRISPR que podrían hacernos menos vulnerables frente a pandemias, cánceres, el alzhéimer y otras enfermedades. Existe, por ejemplo, un gen conocido como P53 que codifica para una proteína que refrena el crecimiento de los tumores cancerosos. Ayuda al cuerpo a reparar el ADN dañado y evita que las células cancerosas se dividan. Los humanos acostumbran a tener una copia de este gen, y los cánceres proliferan si hay algún problema con él. Los elefantes, en cambio, poseen veinte copias, y casi nunca desarrollan cánceres. Los investigadores están explorando actualmente vías para añadir genes P53 extra en los humanos. De modo similar, el gen APOE4 incrementa el riesgo de sufrir la devastadora enfermedad de Alzheimer, por lo que los investigadores están buscando la manera de conseguir una versión benigna del gen.

Otro gen, el PCSK9, codifica para una enzima que propicia la síntesis de LDL, el colesterol «malo». Algunas personas presentan una copia mutada del gen y, en consecuencia, niveles muy bajos de este tipo de colesterol, lo que resulta en una reducción del 88 por ciento en el riesgo de padecer enfermedades coronarias. Antes de optar por la edición del gen que codifica para los receptores del VIH en los bebés CRISPR que creó, He Jiankui había estudiado posibles maneras de aplicar la CRISPR para hacer ediciones de la línea germinal en el gen PCSK9 de embriones y producir así bebés modificados con un riesgo mucho menor de sufrir enfermedades coronarias.[13]

A comienzos de 2020, había planes para dos docenas de ensayos clínicos con aplicaciones diversas de la CRISPR-Cas9. Entre ellos, posibles tratamientos para el angioedema (una enfermedad hereditaria que provoca hinchazón grave), la leucemia mieloide aguda, el colesterol superelevado y la alopecia androgénica.[14] En marzo de ese año, sin embargo, la mayor parte de laboratorios de investigación cerraron de forma provisional a causa de la pandemia de coronavirus. Se hizo una excepción con los laboratorios implicados en la lucha contra el virus. Muchos investigadores del campo de las CRISPR, Doudna la primera, pasaron a centrarse en la creación de herramientas de detección y tratamientos con los que hacer frente a la enfermedad, y algunos de ellos recurrieron a los trucos que habían aprendido estudiando la respuesta inmunitaria desarrollada por las bacterias para repeler virus nuevos.

33

El biohackeo

Vestido con camiseta negra y unos vaqueros blancos ajustados, Josiah Zayner se plantó frente a una sala llena de biotecnólogos en el Congreso Internacional de Biología Sintética de San Francisco en 2017 y se puso a soltar un discurso sobre un «kit de ingeniería genética de ranas» que había fabricado en el garaje de su casa. Este kit DIY [hazlo tú mismo], disponible en línea por doscientos noventa y nueve dólares, permitía a los usuarios hacer que los músculos de una rana doblasen su volumen en un mes inyectándole un ADN editado por medio de CRISPR que desactivaba el gen que produce la miostatina, proteína que inhibe el crecimiento muscular una vez que el animal ha alcanzado su tamaño adulto.

Funcionaba también en humanos, dijo Zayner, lanzando una cómplice sonrisa. Podríamos tener músculos más grandes.

Se oyeron algunas risas nerviosas, y luego unos cuantos gritos animándolo:

—¿Qué te lo impide? —bramó alguien.

Zayner, un científico serio envuelto en el personaje de un rebelde, dio un trago de whisky de una petaca forrada de cuero.

—¿Estáis sugiriendo que debería probarlo? —respondió.

Se oyeron más murmullos, algunas risas y gritos ahogados, y luego más voces animándolo. Zayner buscó en un botiquín y sacó una jeringa, la llenó con un vial del ADN editado y proclamó:

—De acuerdo, ¡vamos allá!

Se clavó la aguja en el antebrazo izquierdo, dio un pequeño respingo y luego introdujo el líquido en sus venas.

—Esto va a modificar mis genes musculares y me dará unos músculos más grandes —proclamó.

Josiah Zayner

Hubo unos aplausos desperdigados. Dio otro trago de whisky de la petaca.

—Ya os contaré qué tal sale —dijo.[1]

Zayner, con su flequillo rubio decolorado y diez *piercings* en cada oreja, se convirtió con este gesto en el icono de una nueva generación de biohackers, una enérgica banda formada por investigadores renegados y felices aficionados que quieren democratizar la biología por medio de la ciencia ciudadana y poner su poder al alcance de la gente. Mientras que una de las preocupaciones de los investigadores convencionales son las patentes, los biohackers quieren una biofrontera libre de derechos de autor, normativas y restricciones, una actitud similar a la de los hackers digitales con respecto a la ciberfrontera. En su mayor parte, los biohackers son, como es el caso de Zayner, científicos consumados que renuncian a trabajar en universidades y empresas y optan por convertirse en los hechiceros renegados de un sector minoritario del movimiento maker. En la obra teatral de las CRISPR, Zayner interpreta el papel de uno de esos bufones sabios de Shakespeare, como el Puck de *Sueño de una noche de verano*, que va soltando verdades bajo el pretexto del espectáculo, se mofa de las pretensiones de los arrogantes y nos hace avanzar mostrándonos «qué tontos son estos mortales».

En su adolescencia, Zayner trabajó de programador para la red de telefonía móvil de Motorola, pero lo echaron tras el estallido de la burbuja puntocom en el año 2000, y decidió entonces ir a la universidad. Se licenció en Botánica en la Universidad del Sur de Illinois, y se doctoró más tarde en Biofísica Molecular en la Universidad de Chicago, donde estudió el funcionamiento de las proteínas fotoactivas. En lugar de continuar con los tradicionales estudios de posdoctorado, se puso a escribir sobre el uso de la biología sintética en la colonización de Marte y lo acabó reclutando la NASA. Sin embargo, Zayner no estaba hecho para trabajar en una organización jerárquica, de modo que renunció para ir en busca de la libertad de ser un biohacker.

Antes de volcarse en las CRISPR, Zayner llevó a cabo numerosos experimentos de biología sintética, también sobre sí mismo. Para tratar sus problemas gastrointestinales, se practicó un trasplante fecal (no quieran saber) con el fin de modificar su flora intestinal. El procedimiento se llevó a cabo en una habitación de hotel, acompañado de un par de documentalistas que grabaron la escena, lo que se acabaría convirtiendo (en caso de que tengan la absoluta necesidad de saber cómo funciona) en un documental corto titulado *Gut Hack* que puede encontrarse en internet.[2]

Zayner gestiona hoy una tienda digital de suministros de biohackeo desde el garaje de su casa, The ODIN, que fabrica y vende «kits y herramientas con los que cualquiera puede crear organismos únicos y utilizables en su propia casa o en un laboratorio». Entre sus productos, además del kit muscular para ranas, hay un «kit CRISPR DIY de ingeniería genética bacteriana» (ciento sesenta y nueve dólares) y un «laboratorio casero de ingeniería genética» (mil novecientos noventa y nueve dólares).

Poco después de que Zayner pusiera en marcha su empresa en 2016, recibió un correo electrónico de George Church desde Harvard: «Me gustan las cosas que estás haciendo», le decía Church. Se estuvieron escribiendo, terminaron por conocerse en persona, y Church se convirtió en el «asesor empresarial y científico» de The ODIN. «Creo que George se dedica a coleccionar personas interesantes», dice Zayner, acertadamente.[3]

La mayoría de biólogos que trabajan en laboratorios universitarios ven con desdén lo que consideran los métodos chapuceros de Zayner. «Los numeritos de Josiah demuestran una búsqueda temeraria de publicidad y una falta de comprensión científica— afirma Kevin Doxzen, que trabaja en el laboratorio de Doudna—. Fomentar la curiosidad y las preguntas entre el público es un empeño valioso, pero vender kits, dando a entender que puedes manipular genéticamente ranas en la cocina de tu casa, células humanas en el salón o bacterias en el garaje es simplificar una tecnología que no es simple. Me entristece pensar en profesores de instituto gastándose sus presupuestos cada vez más míseros en kits que sencillamente no funcionan.» Para Zayner estas críticas solo responden al interés de los científicos académicos por proteger su sacerdocio. «Las secuencias de ADN y todos los datos y métodos de nuestros kits están colgados online para que cualquiera pueda juzgar.»[4]

Ese procedimiento CRISPR improvisado que Zayner se aplicó a sí mismo en el congreso de San Francisco no tuvo ningún efecto reseñable en los músculos de su cuerpo más bien delgado. Para ello habría sido necesaria una serie prolongada de tratamientos. Sin embargo, sí tuvo cierto efecto en el mundo de la normativa CRISPR. Al convertirse en la primera persona que intentaba editar su propio ADN, mostró que el genio de los genes escaparía algún día de su lámpara, algo que, insistía Zayner, sería positivo.

Su objetivo es conseguir que la revolución de la ingeniería genética sea tan abierta y colaborativa como lo fue en sus comienzos la revolución digital, cuando programadores como Linus Torvalds crearon el sistema operativo de código abierto Linux, y hackers como Steve Wozniak se reunían en el Homebrew Computer Club para hablar de liberar los ordenadores del control exclusivo de corporaciones e instituciones gubernamentales. La ingeniería genética, insiste, no es más complicada que la ingeniería informática.

—Estuve a punto de no sacarme el bachillerato —dice—, pero fui capaz de aprender hacer estas cosas.

Su sueño es que millones de personas en todo el mundo se interesen por la bioingeniería amateur.

—Ahora tenemos todos la posibilidad de programar la vida —afirma—. Si millones de personas se dedicaran a ello, transformarían de inmediato la medicina y la agricultura, y harían una contribución enorme al resto del mundo. Lo que busco demostrando lo fácil que es la CRISPR es motivar a la gente a hacerlo.

¿No es peligroso, le pregunté, que todo mundo tenga acceso a esta tecnología?

—No, es muy emocionante —replicó—. Ninguna tecnología importante ha prosperado hasta que la gente ha tenido completo acceso a ella.

No le falta razón. Lo que hizo que la era digital llegase verdaderamente a su apogeo fue que los ordenadores pasaran a ser «personales». Eso sucedió a mediados de la década de 1970, con la aparición del Altair y el Apple II, dispositivos que democratizaron el control del poder informático. Los primeros hackers, y más tarde el resto de nosotros, pudimos entonces trastear con nuestros propios ordenadores y crear contenidos digitales. Y el nacimiento del *smartphone* a comienzos de los 2000 impulsó la revolución digital a una órbita aún mayor.

—Cuando la gente se ponga a hacer biotecnología en casa, como ocurrió con la informática, aportarán un sinfín de cosas increíbles —dice Zayner.[5]

Es posible que Zayner se salga con la suya. La tecnología CRISPR está a punto de resultar lo bastante sencilla como para escapar de los límites de los laboratorios regulados. Progresará también de la mano de los rebeldes y renegados que se mueven en la frontera. En este sentido, puede que siga el mismo camino que la revolución digital, que avanzó en gran parte, desde Linux hasta la Wikipedia, por medio del *crowdsourcing* o colaboración abierta. En el reino digital, no existe una línea que separe claramente a los programadores aficionados de los profesionales. Puede que pronto ocurra lo mismo con los bioingenieros.

A pesar de los riesgos, el hecho de que la biotecnología siguiera ese camino podría traer beneficios. Ante una pandemia, sería provechoso que las sociedades pudiesen emplear los conocimientos y las innovaciones biológicas de multitud de personas. Como mínimo, sería positivo contar con ciudadanos que supiesen hacerse los test a sí mismos y a sus vecinos en casa. El rastreo de contactos y la recogida de datos podrían ser un esfuerzo colaborativo. Hoy, existe una línea marcadísima que separa a los biólogos oficialmente legitimados de los hackers caseros, pero Josiah Zayner vive entregado a cambiar eso. Las CRISPR y la COVID-19 podrían ayudarlo a desdibujar esas líneas divisorias.

34

La DARPA y los anti-CRISPR

EVALUACIÓN DE AMENAZAS

La posibilidad de que las CRISPR cayesen en manos de hackers, de terroristas o de enemigos extranjeros empezó a preocupar a Doudna, que expresó estas preocupaciones en un congreso celebrado en 2014. En él, un investigador describió el modo en que podría modificarse un virus para introducir en los ratones componentes CRISPR que les provocarían cáncer de pulmón mediante la edición de un gen. Sintió un escalofrío de pies a cabeza. Algún pequeño retoque o un error en el procedimiento podrían hacer que funcionase fácilmente en los pulmones humanos. En otro congreso, un año después, interpeló a un estudiante de doctorado que había copublicado un artículo junto con Feng Zhang en el que describían un experimento CRISPR similar que había ocasionado cáncer en los ratones. Estas y otras experiencias la llevaron a sumarse a una iniciativa financiada por el Departamento de Defensa de Estados Unidos enfocada a evitar el uso indebido de las técnicas CRISPR.[1]

Desde los tiempos en que César Borgia contrató a Leonardo da Vinci, los gastos militares han impulsado la innovación. Así ocurrió en relación con las CRISPR cuando, en 2016, James Clapper, director de la Agencia de Inteligencia Nacional de Estados Unidos, publicó el informe anual «Análisis internacional de amenazas» e incluyó en él por primera vez la «edición del genoma» como una potencial arma de destrucción masiva. En respuesta, la Agencia de Proyectos de Investigación Avanzados de Defensa (DARPA) —el financiadísimo órgano investigador del Pentágono— lanzó un programa llamado Safe Genes con el que respaldar la búsqueda de vías de defensa frente

Joseph Bondy-Denomy

a armas de ingeniería genética. Repartió sesenta y cinco millones de dólares en forma de subvenciones, con lo que los militares se convirtieron en la mayor fuente de inversión de las investigaciones en torno a las CRISPR.[2]

Las primeras subvenciones de la DARPA fueron a siete equipos. George Church, de Harvard, recibió una para estudiar la reversión de mutaciones ocasionadas por la exposición a radiaciones. A Kevin Esvelt, del MIT, lo reclutaron para estudiar los impulsores genéticos, con los que se puede acelerar un cambio genético en una población de organismos, como, por ejemplo, mosquitos o ratones. Amit Choudhary, de la facultad de Medicina de Harvard, recibió fondos para desarrollar formas de activar y desactivar la edición del genoma.[3]

Las subvenciones que recibió Doudna, que acabarían ascendiendo a casi tres millones y medio dólares, cubrían diversos proyectos, entre ellos la búsqueda de formas de bloquear un sistema de edición CRISPR. El objetivo era crear herramientas que, como decía el anuncio de la concesión, «podrían servir algún día para desactivar armas por medio de las CRISPR». Sonaba a argumento de novela de suspense: unos terroristas, o algún país enemigo, despliega un sistema CRISPR capaz de editar organismos, mosquitos, por ejemplo, y volverlos superdestructivos, y la doctora Doudna tiene que correr a salvarnos con su bata blanca de laboratorio.[4]

Doudna asignó el proyecto a dos jóvenes estudiantes de posdoctorado que acababan de incorporarse a su laboratorio, Kyle Watters y Gavin Knott. Se centraron en un método que emplean algunos virus para desactivar los sistemas CRISPR de las bacterias a las que atacan. En otras palabras, las bacterias desarrollaron los sistemas CRISPR para repeler el ataque de los virus, y estos a su vez desarrollaron una forma de desmantelar esas defensas. Era una carrera armamentística que el Pentágono podía comprender: misiles interceptados por sistemas defensivos interceptados por sistemas antidefensa. Estos sistemas recién descubiertos se bautizaron como «anti-CRISPR».

LOS ANTI-CRISPR

Los anti-CRISPR se descubrieron a finales de 2012 —momento en que Doudna y Zhang competían por convertir la CRISPR-Cas9 en una herramienta de edición de los genes humanos— de la mano de un alumno de doctorado de la Universidad de Toronto, Joe Bondy-Denomy. Topó con el hallazgo mientras probaba algo que no debería haber funcionado: trató de infectar algunas bacterias con un virus que, supuestamente, sucumbiría frente al sistema CRISPR de las bacterias. Sin embargo, en unos cuantos casos, los virus atacantes sobrevivieron.

En un primer momento dio por hecho que había metido la pata en los experimentos, pero luego se le ocurrió algo: tal vez esos astutos virus habían desarrollado una forma de desarmar las defensas CRISPR de las bacterias. Y así resultó ser. Los virus habían sido capaces de infiltrar en el ADN de las bacterias una pequeña secuencia que saboteaba sus sistemas CRISPR.[5]

Los anti-CRISPR de Bondy-Denomy no funcionaban, al parecer, con la CRISPR-Cas9, de modo que el descubrimiento no recibió en sus comienzos mucha atención. Sin embargo, en 2016, junto con April Pawluk, con quien había trabajado en el artículo original, identificó unos anti-CRISPR que desactivaban la enzima Cas9. Aquello les abrió las puertas a otros investigadores que se unieron a la búsqueda, y pronto se habían descubierto ya más de cincuenta proteínas anti-CRISPR. Ya entonces Bondy-Denomy había pasado a ser profesor en la Universidad de California, en San Francisco, y colaboraba en el laboratorio de Doudna para demostrar que los anti-CRISPR podían introducirse en las células humanas con el fin de modular o interrumpir la edición de la CRISPR-Cas9.[6]

Se trataba de un descubrimiento de ciencia fundamental acerca de las maravillas de la naturaleza, un descubrimiento que desvelaba la evolución que había seguido la asombrosa carrera armamentística entre bacterias y virus. Y, una vez más, se convirtió en un ejemplo del modo en que las ciencias fundamentales pueden llevarnos a aplicaciones útiles. Era posible modificar los anti-CRISPR para que regulasen los sistemas de edición genética, algo que resultaría muy útil en procedimientos médicos que necesitaban controlar la duración de la edición CRISPR, y podrían utilizarse también como defensa frente a sistemas creados por terroristas o enemigos. Además, podrían servir para desactivar los impulsores genéticos, sistemas CRISPR diseñados para hacer que un cambio genético se propague a toda velocidad en poblaciones con ciclos reproductivos cortos, como los mosquitos.[7]

Doudna cumplió con éxito los encargos de la DARPA, y su Innovative Genomics Institute de Berkeley consiguió en los años siguientes diversas subvenciones para nuevos proyectos de investigación. Del mismo modo que el laboratorio de Church en Harvard, recibieron el encargo de estudiar un posible uso de las CRISPR como protección frente a la radiación nuclear. El líder de ese proyecto de nueve millones y medio de dólares era Fiódor Urnov, estudiante de la Universidad de Moscú cuando se produjo el desastre de Chernóbil. Su misión consistía en salvar a los soldados y los civiles expuestos a un ataque o un desastre nuclear.[8]

Los laboratorios que recibían las subvenciones de Safe Genes se reunían una vez al año con Renee Wegrzyn, directora de programas del departamento de Biotecnología de la DARPA. Doudna asistió a un encuentro en San Diego en 2018 y quedó impresionada por las dotes de Wegrzyn a la hora de impulsar la colaboración entre los laboratorios que recibían fondos militares, igual que se había impulsado desde la DARPA en la década de 1960, mientras se creaba lo que acabaría siendo internet. Y le chocaron también las disonancias del encuentro: «Comíamos al aire libre, bajo el balanceo de las palmeras, con un tiempo espléndido —explica—, mientras hablábamos de enfermedades por radiación y del uso de la edición genética en la creación de armas de destrucción masiva».[9]

NUESTRO HACKER SE ALISTA

El 26 de febrero de 2020, en el mismo momento en que la plaga de la COVID-19 empezaba a prender en Estados Unidos, un grupo de generales del ejército, funcionarios del Departamento de Defensa y ejecutivos de empresas biotecnológicas desfilaron por delante de una imponente estatua de Albert Einstein sentado que está camino de una sala en la planta baja del majestuoso edificio de mármol que alberga la sede central de la Academia Nacional de Ciencias en Washington, D. C. Estaban allí para asistir al congreso «La Biorevolución y sus Implicaciones en el Potencial de Combate del Ejército», patrocinado por el programa de investigación y tecnología militar. Entre la cincuentena de participantes, había algunos científicos distinguidos, en particular George Church, así como una anomalía: Josiah Zayner, ese biohacker con las orejas llenas de *piercings* que se había inyectado un gen editado vía CRISPR en el Congreso de Biología Sintética de San Francisco. «El edificio era bonito, pero la cafetería era una mierda», dice Zayner. ¿Y el congreso? «Un aburrimiento. Un montón de gente que no tenía ni idea de lo que hablaba.»

En cierto momento, garabateó entre sus notas: «Parece que la ponente se haya tomado un Trankimazin.

A Zayner le gusta ser irreverente, pero, a pesar de sus palabras, tuve la sensación de que en realidad había disfrutado del congreso. No estaba previsto que diese ninguna charla, pero suscitó tal impresión que lo invitaron a tomar la palabra de forma improvisada. Los funcionarios militares se habían estado quejando de los problemas que tenían para reclutar científicos de calidad. «Tenéis que abrir las puertas de vuestros laboratorios, y tal vez montar un espacio biohacker para interaccionar más con la gente», les dijo Zayner. Les recordó lo que habían hecho los militares con los hackers informáticos. Unos laboratorios del Gobierno con personal procedente de la comunidad de la biología DIY, les dijo, podrían dar con soluciones de utilidad para el sector militar.

Algunos de los demás ponentes apoyaron la idea de que el ejército haría bien en reclutar gente de, en sus palabras, «comunidades no tradicionales». Como dijo un funcionario, se podía recurrir a la «ciencia ciudadana» con el fin de mejorar la capacidad del ejército de detectar amenazas. Uno de los científicos del sector privado apuntó a ese nuevo coronavirus que se estaba propagando por China, y que tardaría aún unos días en desatar la alarma en todo el país. Debían imaginar un mundo, dijo, en el que esa clase de pandemias virales se repetiría; en esas situaciones, podría ser útil contar con científicos ciudadanos que encontrasen la manera de desplegar métodos de detección en tiempo real y organizar una recogida y análisis colaborativos de los datos. Ese era un argumento importante, un argumento que Zayner y la comunidad biohacker llevaban tiempo intentando defender.

Hacia el final del encuentro, Zayner quedó gratamente sorprendido por los deseos de los funcionarios de enrolar a la comunidad hacker en el proyecto de desplegar las CRISPR para combatir las pandemias y proteger a los soldados. «Todo el mundo mirándome y sorprendido de que haya venido», anotó en su libreta. Y luego, algo más tarde: «La gente se acerca a darme las gracias por venir».[10]

QUINTA PARTE

Científico público

Era una estancia nueva, llena de esperanza, acechante de peligros desconocidos. Una vaga memoria popular había preservado la historia de un avance aún mayor: «El perro alado de Zeus» arrancando del hígado de Prometeo el precio del fuego. ¿Estaba preparado el mundo para este nuevo paso adelante? Con toda certeza, va a cambiar el mundo. Hay que hacer leyes que lo contemplen. Y si unas personas corrientes no lo comprendieron y controlaron, ¿quién podría?

Extraído del artículo de JAMES AGEE, «Atomic Age», a propósito del lanzamiento de la bomba atómica, *Time*, 20 de agosto de 1945

James Watson y Sydney Brenner en Asilomar

Herbert Boyer y Paul Berg en Asilomar

35

Las reglas del camino

UTÓPICOS CONTRA BIOCONSERVADORES

Durante décadas, la idea de crear humanos genéticamente modificados estuvo circunscrita al ámbito de la ciencia ficción. Tres obras clásicas de la literatura advertían de lo que podría pasar si les arrebatába-
mos ese fuego a los dioses. *Frankenstein, o el moderno Prometeo*, la
novela de Mary Shelley, de 1818, es una fábula sobre un científico que
crea una criatura humanoide. En *La máquina del tiempo*, de H. G. Wells,
que se publicó en 1895, el viajero descubre que en el futuro los humanos han evolucionado hacia dos especies distintas: la clase ociosa de los
eloi y la clase obrera de los morlocks. En *Un mundo feliz*, publicada en
1932, Aldous Huxley describe un futuro distópico similar en el que la
modificación genética da lugar a una élite de líderes con características
intelectuales y físicas mejoradas. En el primer capítulo, un trabajador
ofrece una visita guiada a un centro de incubación:

> —Decantamos nuestros críos como seres humanos socializados,
> como Alfas y Epsilones, como futuros poceros o futuros... —iba a
> decir futuros Interventores Mundiales, pero rectificando a tiempo,
> dijo—: ... Futuros Directores de Incubadoras.

La idea de modificar seres humanos saltó del ámbito de la ciencia
ficción al de la ciencia en la década de 1960. Los investigadores averiguaron la función que desempeñaban algunas secuencias de nuestro
ADN y empezaron a descifrar el código genético. Cuando se descubrió cómo cortar y pegar ADN de distintos organismos, el campo de
la ingeniería genética dio sus primeros pasos.

La primera reacción ante estos avances, en particular entre los científicos, fue un optimismo que rayaba en hibris. «Nos hemos convertido en los Prometeos de nuestro tiempo —declaró el biólogo Robert Sinsheimer, sin dar muestra alguna de haber comprendido el mito griego—. Pronto tendremos el poder de alterar de forma deliberada nuestra herencia, nuestra propia naturaleza.» Sinsheimer hizo caso omiso de los que consideraban turbadora esta perspectiva. Dado que las decisiones en relación con nuestro futuro genético estarían guiadas por decisiones individuales, argumentaba, esta nueva eugenesia distaría en términos morales de la desacreditada eugenesia de la primera mitad del siglo xx: «Tendríamos la posibilidad de crear genes nuevos y atributos nuevos con los que aún ni soñamos —afirmaba exultante—. Es un acontecimiento descomunal».[1]

El genetista Bentley Glass defendió, en su discurso de investidura como presidente de la Asociación Estadounidense para el Avance de la Ciencia, en 1970, que el problema ético no consistía en que la gente abrazara estas nuevas tecnologías genéticas, sino en que tal vez las rechazara: «El derecho que debe prevalecer es el de todo niño a nacer con una constitución física y mental sana —dijo—. Ningún padre tendrá derecho a hacer cargar a la sociedad con un niño con malformaciones o deficiente mental».[2]

Joseph Fletcher, profesor de Ética Médica en la Universidad de Virginia y antiguo sacerdote de la Iglesia episcopal, estaba de acuerdo en que cabría considerar la ingeniería genética como un deber y no como algo éticamente problemático: «Producir a nuestros hijos por medio de una "ruleta sexual", sin ningún control preconceptivo ni uterino y conformándose sencillamente con lo que venga es irresponsable, ahora que podemos acceder a la selección genética —escribía en un libro de 1974, *The Ethics of Genetic Control*—. A medida que aprendamos a guiar médicamente las mutaciones, deberíamos hacerlo. Renunciar al control cuando podemos tenerlo es inmoral».[3]

En oposición a este utopismo biotecnológico había un grupo de teólogos, tecnoescépticos y bioconservadores que adquirieron influencia en la década de 1970. Paul Ramsey, profesor de Ética Cristiana en la Universidad de Princeton y destacado teólogo protestante, publicó *El hombre fabricado. La ética del control genético*. Es una obra ampulosa que contiene una contundente afirmación: «Los hombres no deberían jugar a ser Dios antes de aprender a ser hombres».[4] El teórico social Jeremy Rifkin, bautizado por la revista *Time* como el «mayor opositor de la ingeniería genética» en Estados Unidos, publicó un libro titulado *Who Should Play God?*: «En su día, todo esto podía despacharse como mera ciencia ficción, los locos desvaríos de algún doctor Frankenstein, pero ya no. No hemos llegado todavía al Mundo Feliz, pero llevamos mucho camino andado».[5]

Pese a que no se habían desarrollado aún las tecnologías de edición genética, la guerra estaba declarada. La misión de muchos científicos pasó a ser encontrar un término medio y evitar que la cuestión quedase políticamente polarizada.

ASILOMAR

En el verano de 1972, Paul Berg, que acababa de publicar un artículo seminal sobre la síntesis de ADN recombinante, acudió al antiguo pueblo de Erice, en lo alto de un monte de la costa siciliana, para dirigir un seminario sobre nuevas biotecnologías. Los alumnos de doctorado que asistieron quedaron impactados por sus explicaciones y lo acribillaron a preguntas acerca de los peligros éticos de la ingeniería genética, en particular sobre la modificación de seres humanos. Berg no había previsto centrarse en esas cuestiones, y accedió a celebrar un debate informal una noche entre los baluartes del antiguo castillo normando del pueblo, desde el que se alcanzaba a ver el estrecho de Sicilia. Bajo la luna llena, ochenta alumnos e investigadores estuvieron bebiendo cerveza y bregando con los dilemas éticos. Las preguntas que plantearon eran básicas, pero difíciles de responder para Berg: ¿qué pasaría si pudiésemos modificar genéticamente la altura o el color de los ojos? ¿Y la inteligencia? ¿Lo haríamos? ¿Debíamos? Francis Crick, codescubridor de la estructura de doble hélice del ADN, estaba presente, pero siguió dando sorbos de cerveza y guardó silencio.[6]

Estos debates llevaron a Berg a convocar en enero de 1973 a un grupo de biólogos en el centro de congresos de Asilomar, ubicado en un punto de la costa de California próximo a Monterrey. El congreso, conocido como Asilomar I, porque con él arrancó un proceso que culminaría dos años más tarde en el mismo lugar, se centró principalmente en cuestiones de seguridad en los laboratorios. Lo siguió en abril otro congreso, organizado esta vez por la Academia Nacional de Ciencias en el MIT, en el que se debatió la forma de prevenir la creación de organismos con ADN recombinante que pudiesen resultar peligrosos. Cuanto más ahondaban en ello los participantes, menos seguros estaban de que hubiese algún método infalible. De modo que publicaron una carta —firmada por Berg, James Watson y Herbert Boyer, entre otros— en la que abogaban por una «moratoria» en la creación de ADN recombinante hasta que pudieran redactarse unas directrices de seguridad.[7]

De ahí surgió un encuentro memorable que pasaría a los anales de los científicos que trataban de regular su propio campo: el congreso de Asilomar, que se prolongó a lo largo de cuatro días en febrero de 1975. Mientras las bandadas migratorias de mariposas monarca salpicaban el cielo, ciento cincuenta biólogos, médicos y abogados de todo el mundo, así como unos cuantos periodistas que habían accedido a apagar sus grabadoras si el debate se calentaba demasiado, se reunieron para pasear por las dunas, se sentaron alrededor de mesas de reuniones y debatieron las restricciones que deberían aplicarse a las nuevas tecnologías de ingeniería genética. «Sus discusiones transmiten al mismo tiempo la vitalidad de unos chiquillos con un juego de química nuevo entre las manos y la agitación de un cotilleo de patio de vecinos», decía Michael Rogers, de la revista *Rolling Stone,* en un artículo titulado apropiadamente «The Pandora's Box Conference».[8]

Uno de los principales organizadores era un profesor de Biología del MIT, de voz suave, pero sutil autoridad, llamado David Baltimore, que ese año ganaría el Premio Nobel por su labor al demostrar que los virus que contienen ARN, como los coronavirus, pueden introducir su material genético en el ADN de una célula huésped por medio de un proceso conocido como «transcripción inversa». En otras palabras, el ARN podía convertirse en ADN, lo que desmontaba el dogma central de la biología, que afirmaba que la información genética viajaba en una única dirección, de ADN a ARN. Baltimore pasaría a ser más adelante el presidente de la Universidad Rockefeller y más tarde del Caltech, y su trayectoria de medio siglo como líder respetado de consejos de políticas científicas serviría de modelo a Doudna para su implicación pública.

Una vez que Baltimore hubo sentado las bases del encuentro al explicar los motivos de su convocatoria, Berg expuso la cuestión científica que se debatía: la tecnología de ADN recombinante hacía que fuese «ridículamente sencillo» combinar el ADN de distintos organismos y crear genes nuevos. Poco después de publicar su descubrimiento, explicó Berg al grupo, había empezado a recibir llamadas de investigadores en las que solicitaban que les enviase material para llevar a cabo sus propios experimentos. Cuando les preguntaba qué era lo que querían hacer, «obteníamos la descripción de algún tipo de experimento atroz». Empezó a temer que algún científico loco creara un nuevo microbio que pusiese en peligro el planeta, como ese que había descrito Michael Crichton en su *biothriller* de 1969 *La amenaza de Andrómeda*.

A lo largo de los debates, Berg insistió en que los riesgos de emplear ADN recombinante para crear nuevos organismos eran tan difíciles de calcular que debía prohibirse la investigación al respecto. A otros esa postura les parecía absurda. Y Baltimore, como acostumbraría a hacer a lo largo de su carrera, trató de encontrar un punto medio. Defendió que se restringiera el uso de ADN recombinante a virus previamente «inutilizados» para evitar su propagación.[9]

James Watson, fiel a su esencia, se instaló en el papel de inconformista cascarrabias. «Se habían entregado a la histeria —me diría tiempo después—. Yo aposté por que los investigadores hiciesen lo que quisieran.» En cierto momento, se enzarzó en un crudo enfrentamiento con Berg, cuyo talante disciplinado contrastaba radicalmente con la impetuosidad de Watson. La discusión llegó a un punto tan acalorado que Berg amenazó con demandar a Watson. «Firmaste una carta diciendo que esta línea de trabajo implica un riesgo potencial —le recordó Berg, en referencia a su carta del año anterior—. Si ahora dices que no estás dispuesto a implantar ningún procedimiento para proteger al personal de Cold Spring Harbor, siendo tú el director, te puedo poner una demanda por irresponsabilidad, y lo haré.»

Mientras la riña entre los veteranos se intensificaba, algunos de los asistentes más jóvenes se escabulleron a la playa para fumar hierba. La última noche antes de la clausura del congreso, no se había alcanzado todavía ningún consenso. Sin embargo, un comité de abogados vino a espolear a los científicos alertándoles de que sus instituciones tendrían muy probablemente que rendir cuentas si alguien llegaba a infectarse con ADN recombinante en algún laboratorio. La universidad responsable tal vez tuviese que cerrar sus puertas.

Esa misma noche, Berg y Baltimore se quedaron hasta tarde, cenando comida china con unos cuantos colegas en una cabaña junto a la playa. Dedicaron horas a redactar un comunicado en una pizarra que se habían agenciado. Hacia las cinco de la madrugada, justo antes de que saliera el sol, dieron con un borrador.

«Las nuevas técnicas, que permiten la combinación de información genética de organismos muy distintos, nos sitúan en un escenario de la biología lleno de interrogantes —escribieron—. Es esta ignorancia la que nos ha llevado a la conclusión de que sería conveniente proceder con considerable cautela en las investigaciones.» A continuación, describían con detalle las salvaguardas y restricciones que se aplicarían a los experimentos.

Baltimore hizo copias de su comunicado provisional a tiempo para repartirlas en la sesión de las 8:30, momento en el que Berg se arrogó la tarea de aglutinar el apoyo de los científicos. Alguien insistió en que votaran párrafo a párrafo. Berg sabía que eso sería un desastre y vetó la propuesta, pero sí cedió ante el eminente biólogo molecular Sydney Brenner, que pidió un voto a favor o en contra de la recomendación central de la propuesta: que se levantase la moratoria en las investigaciones sobre ingeniería genética y que estas avanzasen con ciertas salvaguardas. «El alto ha terminado», dijo Brenner. Los presentes estuvieron de acuerdo. Unas horas después, justo cuando sonaba la campana que anunciaba el último almuerzo, Berg pidió que se votara el documento en conjunto, que incluía disposiciones de seguridad detalladas que los laboratorios habrían de cumplir. La mayoría de manos se alzaron a favor. Sin hacer caso de los que seguían pidiendo la palabra a voces, preguntó entonces si alguien estaba en contra. Se levantaron solo cuatro o cinco manos, incluida la de Watson, que consideraba que toda salvaguarda era una tontería.[10]

El congreso tenía dos objetivos: prevenir los peligros que podrían derivarse de la creación de nuevas formas de genes y prevenir la amenaza de que los políticos prohibieran por completo la ingeniería genética. En ambos frentes, el proceso de Asilomar fue un éxito. Se mostraron capaces de trazar «una senda prudente», un enfoque al que Baltimore y Doudna recurrirían de nuevo en los debates sobre la edición CRISPR.

Las universidades y los organismos de financiación de todo el mundo aceptaron las restricciones acordadas en Asilomar. «Ese congreso único marcó el comienzo de una era excepcional para la ciencia y para el debate público de las políticas científicas —escribiría Berg treinta años después——. Nos ganamos la confianza del público, pues fueron los científicos que más implicados estaban en la labor, aquellos que tenían todos los motivos del mundo para querer que los dejasen perseguir su sueño sin cortapisas, los que llamaron la atención sobre los riesgos inherentes a los experimentos que estaban realizando. Así se evitó una legislación nacional restrictiva.»[11]

Otros no estaban tan dispuestos a unirse a esa mutua palmadita en la espalda. Erwin Chargaff, un brillante bioquímico que había llevado a cabo descubrimientos cruciales sobre la estructura del ADN, recordaba el evento como una farsa: «En este Consejo de Asilomar se congregaron los obispos moleculares y los padres de la Iglesia de todo el mundo con el fin de condenar herejías de las que ellos mismos eran los primeros y principales responsables —decía—. Fue seguramente la primera vez en la historia en la que los pirómanos formaron su propia brigada de bomberos».[12]

Berg tenía razón al afirmar que Asilomar había sido un gran éxito. Allanó el camino para que la ingeniería genética se convirtiera en un campo floreciente. Sin embargo, la mofa de Chargaff apuntaba a otro legado perdurable. Asilomar destacaría también por lo que los científicos «no» habían debatido en él. El foco estaba puesto en la seguridad. Ninguno de ellos abordó el gran dilema ético, ese sobre el que Berg había estado discutiendo en Sicilia hasta bien entrada la noche: ¿hasta dónde debíamos llegar en caso de que esos métodos con los que modificar nuestros genes resultaran ser seguros?

SPLICING LIFE, 1982

Que Asilomar no hubiese prestado atención a los problemas éticos era una cuestión que preocupaba a numerosos líderes religiosos y dio pie a una carta dirigida al presidente Jimmy Carter y firmada por los directores de tres prominentes organizaciones religiosas: el Consejo Nacional de Iglesias, el Consejo de Sinagogas de Estados Unidos y la Conferencia católica. «Nos adentramos rápidamente en una nueva era de peligros fundamentales desatados por el veloz avance de la ingeniería genética —decían en su carta—. ¿Quién va a decidir de qué manera se sirve mejor al bien de la humanidad cuando se crean nuevas formas de vida?»[13]

Esas decisiones no deberían dejarse en manos de los científicos, defendía el trío: «Habrá siempre quien considere apropiado "corregir" nuestras estructuras mentales y sociales por medios genéticos. Esto se torna más peligroso ahora que las herramientas básicas para hacerlo están al fin disponibles. Aquellos que querrían jugar a ser Dios se verán más tentados que nunca».

Carter respondió designando una comisión presidencial que estudiaría la cuestión. Esta volvió a finales de 1982 con un informe de ciento seis páginas titulado *Splicing Life*, que terminó siendo una plasta indefinida. Se limitaba a exigir más diálogo para alcanzar un consenso social. «Uno de los objetivos de este informe es impulsar un debate profundo y prolongado, no anticiparse a él con conclusiones que serían, necesariamente, prematuras.»[14]

El informe de la comisión, no obstante, sí ponía sobre la mesa dos preocupaciones proféticas. La primera era el temor a que la ingeniería genética estuviese llevando a una mayor implicación del sector privado en la investigación universitaria. Las universidades se habían centrado tradicionalmente en la investigación fundamental y en el intercambio abierto de ideas y, alertaba el informe, «estos objetivos podrían chocar de frente con los de la industria, que son el desarrollo de productos y técnicas comercializables por medio de investigaciones aplicadas, todo ello manteniendo una postura competitiva, ocultando secretos comerciales y protegiéndose con el uso de patentes».

La segunda preocupación era que la ingeniería genética hiciese aumentar las desigualdades. Los nuevos procedimientos de biotecnología serían caros, de modo que las personas nacidas en entornos privilegiados se llevarían la mayor parte de los beneficios. Eso podía agrandar, y codificar genéticamente, las desigualdades existentes: «Las oportunidades que ofrecen la terapia y la cirugía genéticas pueden, de hecho, poner en tela de juicio un elemento central de la teoría y la práctica política democrática: el compromiso con la igualdad de oportunidades».

EL DIAGNÓSTICO GENÉTICO DE PREIMPLANTACIÓN Y *GATTACA*

Al hilo del desarrollo del ADN recombinante en la década de 1970, el siguiente avance importante en bioingeniería —con su cohorte de dilemas éticos— llegó en la década de 1990. Fue el resultado de la confluencia de dos innovaciones: la fecundación *in vitro* (la primera niña probeta, Louise Brown, nació en 1978) en combinación con la tecnología de secuenciación del ADN. Esto condujo, en 1990, a la primera aplicación de lo que se daría en conocer como «diagnóstico genético de preimplantación».[15]

El diagnóstico de preimplantación consiste en fertilizar un óvulo con esperma en una placa de Petri, realizar test en los embriones resultantes* para determinar sus características genéticas y a continuación implantar en el útero de la mujer el embrión que reúna un mayor número de características deseadas. Esto permite a los padres escoger el género de su hijo, o evitar que este sea portador de una enfermedad genética, o algún otro atributo que consideren no deseable.

El potencial de este cribado genético se introdujo en el imaginario popular de la mano de la película de 1997 *Gattaca* (el título está compuesto con las letras de las cuatro bases de ADN), protagonizada por Ethan Hawke y Uma Thurman. Presenta un futuro en el que la selección genética se usa de manera normalizada para mejorar a los niños con unos rasgos hereditarios óptimos.

Para promocionar la película, la productora puso unos anuncios en los periódicos que aparentaban ser los de una clínica de edición genética real. Con el título «Niños por encargo», el texto del anunció decía: «En Gattaca, ahora es posible diseñar a su descendencia. Aquí tiene un listado para ayudarle a decidir qué rasgos transmitirle a su nuevo hijo». La lista incluía el género, la estatura, el color de los ojos, el color de la piel, el peso, la propensión a las adicciones, las tendencias agresivas criminales, las dotes musicales, la capacidad atlética y la inteligencia. La última opción era «Ninguna de las anteriores», que el anuncio acompañaba de una recomendación: «Por motivos religiosos o de otra naturaleza, es posible que sienta reservas ante la posibilidad de modificar genéticamente a su hijo. Le invitamos con todo el respeto a reconsiderarlo. En nuestra opinión, a la raza humana no le vendría mal alguna mejora».

---

* Empleo aquí «embrión» en el sentido general del término. El organismo unicelular resultante tras la fertilización del óvulo es un «cigoto». Cuando el cigoto se divide y pasa a ser un conjunto de células capaces de implantarse en la pared del útero, recibe el nombre de «blastocito». En torno a cuatro semanas después, una vez formado en saco amniótico, se convierte en un «embrión». Pasadas once semanas, se lo suele denominar «feto».

Al pie del anuncio había un teléfono gratuito en el que respondía una voz grabada que daba a elegir tres opciones: «Pulse uno si quiere dar los pasos necesarios para garantizar que su descendencia esté libre de enfermedades. Pulse dos si le gustaría optimizar sus características físicas e intelectuales. Pulse tres si no quiere toquetear la configuración genética de su hijo». Al cabo de dos días, el número gratuito había recibido cincuenta mil llamadas, pero la productora no registró cuántos escogieron cada una de las opciones.

El héroe de la película, interpretado por Hawke, es concebido sin los beneficios o las cargas de la ingeniería de preimplantación y debe combatir la discriminación genética para alcanzar su sueño de ser astronauta. Por supuesto, lo consigue, porque esto es una película. Una escena particularmente interesante tiene lugar cuando sus padres deciden recurrir a la edición genética con su segundo hijo. El médico les explica todos los rasgos y mejoras que puede modificar: mayor visión, color de ojos y de piel deseados, ninguna predisposición al alcoholismo o a la calvicie, entre otras. «¿No sería bueno dejar algunas cosas al azar?», preguntan los padres. No, asegura el médico, lo único que están haciendo es darle a su futuro hijo «las mejores condiciones de partida».

Esto llevó al crítico de cine Roger Ebert a escribir: «El día en que los padres puedan encargar bebés "perfectos", ¿lo harán? ¿Nos la jugaríamos a los dados genéticos o encargaríamos la marca y modelo que queremos? ¿Cuánta gente está preparada para comprar un coche al azar entre todo el universo de coches disponibles? Ese sería el número de personas, sospecho, que optarían por tener hijos naturales». Sin embargo, a continuación Ebert expresaba brillantemente los temores que empezaban a tomar forma por aquel entonces: «Todo el mundo vivirá más tiempo, será más guapo y estará más sano en el mundo gattaquiano. Pero ¿será igual de divertido? ¿Encargarán los padres niños rebeldes, torpes, excéntricos, creativos o mucho más inteligentes que ellos mismos? ¿No tienen a veces la sensación de que nacieron justo a tiempo?».[16]

WATSON Y COMPAÑÍA EN UCLA, 1998

Una vez más, el viejo e irascible pionero del ADN James Watson estaba entre el público farfullando provocadores comentarios que alegremente parecía incapaz de contener. Se trataba en esta ocasión de un congreso sobre edición genética organizado por el profesor de la UCLA Gregory Stock en 1998. French Anderson, líder en la utilización de ingeniería genética en la creación de fármacos, dio un pequeño sermón sobre la necesidad de distinguir entre el tratamiento de enfermedades, que él proclamaba una labor moral, e introducir en los niños mejoras genéticas, que según él no lo era. Watson empezó a resoplar y a provocar. «Nadie tiene narices de decirlo —lo interrumpió—, pero si supiésemos cómo crear seres humanos mejores añadiendo genes, ¿por qué no íbamos a hacerlo?»[17]

El título del encuentro era «La ingeniería de la línea germinal» y se centraba en los aspectos éticos de la edición genética heredable. Estas ediciones en la línea germinal eran esencialmente distintas, en términos médicos y morales, de las ediciones en células somáticas, que afectaban solo a ciertas células de un único paciente. La línea germinal era una línea roja que los científicos se habían resistido a cruzar. «Este es el primer congreso en el que la gente habla sin tapujos de la ingeniería de la línea germinal —dijo Watson con aprobación—. Parece evidente que la terapia germinal será mucho más efectiva que la edición de células somáticas. Si esperamos conseguir algo con la terapia somática, estaremos esperando hasta el día que se apague el sol.»

Era absurdo tratar la línea germinal como si fuese «una especie de Rubicón enorme y que cruzarlo implicase ir contra las leyes naturales», dijo Watson. Y cuando lo interpelaron sobre la necesidad de respetar «el carácter sagrado del patrimonio genético humano», estalló. «La evolución puede ser condenadamente cruel, y afirmar que tenemos un genoma perfecto y que tiene algo de sagrado es una soberana estupidez.» Su hijo esquizofrénico, Rufus, era un recordatorio diario de que la lotería genética podía ser, en sus palabras, condenadamente cruel. «El problema ético más importante que tenemos es el de no usar nuestros conocimientos y no tener valor de seguir adelante y tratar de ayudar a alguien», insistió.[18]

Watson, en general, hablaba para un público ya convencido. Las opiniones en el congreso de la UCLA oscilaban entre el entusiasmo y un entusiasmo desatado por la edición genética. Cuando alguien insinuó que adentrarse en esos terrenos podía tener consecuencias imprevistas, Watson se mantuvo firme: «Creo que el argumento de la pendiente resbaladiza es una chorrada. Las sociedades prosperan cuando son optimistas, no pesimistas, y ese argumento de la pendiente resbaladiza parece de persona agotada y furiosa consigo misma».

Lee Silver, biólogo de Princeton, acababa de publicar *Vuelta al Edén*, que se convertiría en el manifiesto del congreso. Había acuñado en él el término «reprogenética» para referirse a la tecnología de selección de los genes que heredaría un niño: «En una sociedad que valora la libertad individual por encima de cualquier otra cosa, es difícil encontrar una base legítima para restringir el uso de la reprogenética», escribió.[19]

La obra de Silver fue importante porque formulaba la cuestión en torno a los derechos y libertades individuales en una sociedad de consumo basada en el mercado: «Si las sociedades democráticas permiten a los padres comprar ventajas ambientales para sus hijos, ¿cómo les van a prohibir comprar ventajas genéticas? —azuzó—. Los estadounidenses responderían a cualquier intento de prohibición con la pregunta: "¿Por qué no puedo darle a mi hijo los genes beneficiosos que otros niños obtienen de modo natural?"».[20]

El tecnoentusiasmo de Silver marcó el tono de lo que fue, para los participantes, un momento histórico: «Por primera vez tenemos como especie la capacidad de autoevolucionar —dijo Silver al grupo—. Es decir, se trata de un concepto increíble». Silver se refería aquí a «increíble» en el buen sentido.

Como en el caso del congreso de Asilomar, uno de los objetivos del congreso de la UCLA era eludir una regulación gubernamental. «El mensaje principal que debemos recoger es el de alejar al Estado de cualquier clase de decisión genética», defendió Watson. Los asistentes aceptaron esa postura. «No debería promulgarse en este momento ninguna legislación estatal o federal que regule la terapia génica en la línea germinal», escribió en su recapitulación el organizador Gregory Stock.

Stock prosiguió con la escritura de un manifiesto proedición, *Redesigning Humans. Our Inevitable Genetic Future*. «Un aspecto clave de la naturaleza humana es nuestra capacidad para manipular el mundo —sostenía—. Dar la espalda a la selección y la modificación de la línea germinal sin explorarlas siquiera equivaldría a negar nuestra naturaleza esencial y tal vez nuestro destino.» Recalcó que los políticos no deberían tratar de interferir: «Los legisladores piensan a veces equivocadamente que tienen voz en la cuestión de si llegarán

a existir o no las tecnologías germinales —escribió—. No la tienen».[21]

El entusiasmo estadounidense por la ingeniería genética contrastaba de forma radical con la actitud en Europa, donde tanto legisladores como diversas comisiones se habían puesto en contra, tanto
en la agricultura como entre los humanos. La manifestación más
notable llegó a raíz de un encuentro convocado por el Consejo de
Europa en Oviedo, en 1997. El Convenio de Oviedo que salió de él
pretendía ser un tratado legalmente vinculante pensado para prohibir
el uso de adelantos biológicos en modos que amenazasen la dignidad
humana. Excluía la ingeniería genética en humanos, salvo «por razones preventivas, diagnósticas o terapéuticas y solo cuando no tenga
por finalidad la introducción de una modificación en el genoma de
la descendencia». En otras palabras, nada de edición de la línea germinal. Veintinueve países europeos incorporaron la Convención de
Oviedo en sus leyes, con el Reino Unido y Alemania como notables
excepciones. Sin embargo, hasta en los países donde no fue ratificado
ayudó a moldear el que sigue siendo un consenso general en Europa
contra la ingeniería genética.[22]

Jesse Gelsinger

El optimismo entre los investigadores estadounidenses en torno a la ingeniería genética perdió fuelle en septiembre de 1999 debido a la
tragedia que sufrió en Filadelfia un guapo, encantador y algo rebelde
estudiante de secundaria de dieciocho años. Jesse Gelsinger padecía
una forma leve de enfermedad del hígado causada por una simple
mutación genética. Esta hacía que a su hígado le costase eliminar del
cuerpo el amonio, que es un producto secundario del metabolismo
de las proteínas. Las víctimas de esta enfermedad acostumbran a morir de bebés, pero la forma leve que padecía Gelsinger le permitía
sobrevivir llevando una dieta muy baja en proteínas y tomando treinta y dos píldoras al día.

Un equipo de la Universidad de Pensilvania estaba ensayando
una terapia génica para tratar la enfermedad. Esta clase de terapias no
implican una edición del ADN de las células dentro del cuerpo, sino
que los genes sin la mutación se crean en el laboratorio y a continua-

ción los médicos introducen estos genes buenos en los virus que sirven de mecanismo de entrega. En el caso de Gelsinger, los virus con los genes buenos se le inyectaron en una arteria que conducía al hígado.

Era poco probable que la terapia ayudase a Gelsinger de inmediato, porque los ensayos estaban diseñados para ver cómo podría servir para salvar bebés. Sin embargo, le daba alguna esperanza de poder algún día comer perritos calientes y de paso salvar a algún pequeño. «¿Qué es lo peor que me puede pasar? —le dijo a un amigo mientras se ponía en camino hacia el hospital de Filadelfia—. Si me muero, será por los bebés.»[23]

A diferencia de las otras diecisiete personas que participaron en el ensayo, Gelsinger sufrió una respuesta inmune provocada por el virus que transportaba el gen terapéutico, lo que dio lugar a una fiebre alta seguida por un fallo de los riñones, los pulmones y demás órganos. Murió a los cuatro días. Los trabajos sobre terapia génica se interrumpieron en seco. «Fuimos todos muy conscientes de lo que sucedió —recordaba Doudna—. Aquello hizo que todo el campo de la terapia génica desapareciese, en su mayor parte, durante al menos una década. Incluso el propio término "terapia génica" se convirtió en una especie de mancha. No te convenía que apareciese en las subvenciones. No te convenía decir "Estoy trabajando en terapias génicas". Sonaba fatal.»[24]

LA COMISIÓN KASS, 2003

El debate en torno a la ingeniería genética en el cambio de siglo —una vez completados el Proyecto Genoma Humano y la clonación de la oveja Dolly— condujo a la creación en Estados Unidos de una nueva comisión presidencial, de la mano esta vez del presidente George W. Bush, en 2003. La presidía Leon Kass, un biólogo y filósofo social que había expresado ya sus reticencias hacia la biotecnología treinta años antes.

Kass es la figura más influyente entre los bioconservadores de su país, tradicionalistas éticos versados en biología que instan a la restricción en lo tocante a las nuevas tecnologías genéticas. Hijo de inmigrantes judíos seculares, se licenció en Biología en la Universidad de

Chicago, donde quedó marcado profundamente por el programa de estudio de los «grandes libros» incluido en su currículum troncal. Se licenció más tarde en Medicina en Chicago y obtuvo el doctorado en Bioquímica en Harvard. Junto con su esposa, Amy, viajó a Misisipi en 1965 con un grupo de activistas en defensa de los derechos civiles para inscribir a los afroamericanos en el registro de votantes, una experiencia que reforzó su fe en los valores tradicionales: «En Misisipi vi gente viviendo en condiciones peligrosas y miserables, muchos de ellos analfabetos, pero apoyados en la religión, la familia extensa y el vínculo con la comunidad», recordaba.[25]

A su regreso a la Universidad de Chicago como profesor, sus escritos alternaron entre artículos científicos sobre biología molecular («La actividad antibacteriana de la 3-decinoil-N-acetilcisteamina») y un libro sobre la Biblia hebrea. Después de leer *Un mundo feliz,* de Huxley, empezó a interesarse más en «el modo en que el proyecto científico de domeñar la naturaleza podría conducirnos, si no vamos con cuidado, a nuestra deshumanización». Combinando su comprensión tanto de las ciencias como de las humanidades, se dispuso a abordar los problemas que suscitaban tecnologías reproductivas como la clonación o la fecundación *in vitro.* «Pronto pasé de dedicarme a hacer ciencia a reflexionar sobre su significado humano —escribió—, preocupado por defender nuestra humanidad frente a una posible degradación tecnológica.»

Su primera publicación en la que alertaba de las consecuencias de la bioingeniería fue una carta en la revista *Science* en 1971 en la que criticaba el argumento de Bentley Glass según el cual «todo niño tiene el derecho inalienable a una herencia sana». Kass afirmaba que «cumplir con semejante "derecho inalienable" supondría convertir la reproducción humana en un producto manufacturado». El año siguiente, escribió un ensayo justificando sus reservas hacia las tecnologías de ingeniería genética: «El camino hacia *Un mundo feliz* está empedrado de sentimentalismo; sí, incluso de amor y caridad —decía—. ¿Tenemos sentido común suficiente para dar vuelta atrás?».[26]

En 2001, la Comisión Kass incorporó a un buen número de distinguidos pensadores conservadores o neoconservadores, entre ellos Robert George, Mary Ann Glendon, Charles Krauthammer y James Q. Wilson.

Dos eminentes filósofos tuvieron una particular influencia. El primero fue Michael Sandel, profesor de Harvard y sucesor contemporáneo de John Rawls en la labor de definir el concepto de «justicia». Por aquel entonces, estaba trabajando en un ensayo titulado «The Case Against Perfection. What's Wrong with Designer Children, Bionic Athletes, and Genetic Engineering», que se publicó en *The Atlantic* en 2004.[27] El otro pensador clave fue Francis Fukuyama, que había publicado en el año 2000 *El fin del hombre. Consecuencias de la revolución biotecnológica*, que era una contundente llamada a los gobiernos para que regulasen la biotecnología.[28]

No debería sorprendernos que su informe final, *Beyond Therapy*, de trescientas diez páginas, fuese un documento profundo, con una escritura viva y lleno de dudas en torno a la ingeniería genética. Advertía de los peligros de usar esa tecnología para ir más allá de curar enfermedades y tratar de mejorar las capacidades humanas: «Hay razones para preguntarse si la vida realmente será mejor en caso de que recurramos a la biotecnología para satisfacer nuestros deseos humanos más profundos», declaraba el informe.[29]

Los autores, más centrados en preocupaciones filosóficas que de seguridad, entraban a analizar lo que significaba ser humano, la búsqueda de la felicidad, el respeto por los dones de la naturaleza y la aceptación de lo que nos es dado. Defendían o, mejor dicho, predicaban que ir demasiado lejos para alterar lo que es «natural» era hibris y algo que ponía en peligro nuestra esencia individual: «Queremos niños mejores, pero no convirtiendo la procreación en un producto manufacturado, o modificando su cerebro para proporcionarles ventaja frente a sus compañeros», afirmaban. «Queremos desempeñar mejor las actividades de la vida, pero no convirtiéndonos en meras creaciones de nuestros químicos, ni en herramientas diseñadas para ganar o alcanzar el éxito por vías inhumanas.» Casi podemos oír a la congregación asintiendo con un «Amén» mientras unos cuantos al fondo mascullan: «Habla por ti».

36

Doudna entra en escena

La pesadilla con Hitler

En la primavera de 2014, cuando la batalla por hacerse con patentes de las CRISPR y por crear empresas de edición genética empezaba a caldearse, Doudna tuvo un sueño. O, mejor dicho, una pesadilla. En ella, un importante investigador le pedía que se reuniese con alguien que quería saber más sobre la edición genética. Cuando entraba en la sala, retrocedía espantada. Sentado frente a ella, con un bolígrafo y un papel, listo para tomar notas, estaba Adolf Hitler con una careta de cerdo. «Quiero comprender los usos e implicaciones de esta asombrosa tecnología que ha desarrollado usted», le decía. Doudna se despertó sobresaltada, recuerda: «Allí tumbada a oscuras, con el corazón latiéndome acelerado, no conseguía quitarme de encima la terrible premonición que me había dejado el sueño». Empezó a tener problemas para dormir.

La tecnología de edición genética tenía un poder enorme para hacer el bien, pero la perspectiva de usarla para producir en los humanos alteraciones que heredarían todas las generaciones futuras era inquietante. «¿Hemos creado las herramientas para unos futuros Frankenstein?», se preguntaba. O, peor aún, ¿tal vez sería la herramienta para unos futuros Hitler? «Emmanuelle y yo, y nuestros colaboradores, habíamos imaginado que la tecnología CRISPR podría salvar vidas ayudando a curar enfermedades genéticas —escribiría más tarde—. Sin embargo, cuando lo pienso ahora, apenas empezaba a concebir todas las maneras en que se podrían trastocar nuestros arduos esfuerzos».[1]

George Daley, Doudna y David Baltimore en el congreso internacional de 2015

Happy healthy baby

Por aquella época, Doudna se enfrentó con un ejemplo de cómo personas con buenas intenciones podían allanar el camino de la edición genética. Sam Sternberg, uno de los investigadores de su estrecho equipo CRISPR, recibió en marzo de 2014 un correo electrónico de Lauren Buchman, una joven emprendedora en ciernes de San Francisco que había conseguido el contacto de Sternberg a través de un amigo. «Hola, Sam —le decía—. Encantada de conocerte por correo electrónico. Veo que estás instalado justo al otro lado del Puente. ¿Habría alguna posibilidad de invitarte un café y charlar un rato de lo que estás haciendo?»[2]

«Me encantaría quedar en algún momento, aunque tengo una agenda muy apretada —respondió Sternberg—. Tal vez mientras tanto podrías explicarme un poco a qué se dedica tu empresa.»

«He fundado una empresa llamada Happy Healthy Baby —le explicó ella en su siguiente correo—. Hemos visto el potencial de Cas9 para ayudar a prevenir enfermedades genéticas en niños concebidos por medio de fecundación *in vitro* en el futuro. Asegurarnos de que esto se lleve a cabo con el mayor nivel de exigencia científica y ética es primordial para nosotros.»

Sternberg se sorprendió, pero tampoco le chocó. Por aquel entonces, la CRISPR-Cas9 se había utilizado ya para editar embriones implantados en monos. Le interesaba ahondar un poco más en los motivos de Buchman, y averiguar cómo tenía pensado desarrollar esta idea, de manera que accedió a quedar con ella en un restaurante mexicano de Berkeley. Allí, Buchman le mostró la idea de ofrecer a la gente la posibilidad de usar las CRISPR para editar los genes de sus futuros hijos.

Buchman había registrado ya el dominio HealthyBabies.com. ¿Querría Sternberg asociarse con ella? La propuesta lo sorprendió, y no solo porque compartiera con su colega de laboratorio Blake Wiedenheft una afable humildad. No tenía ninguna experiencia editando células humanas, y mucho menos sabía cómo implantar embriones.

Cuando oí hablar por primera vez de la idea de Buchman, me pareció desconcertante. Sin embargo, cuando busqué información sobre ella, me sorprendió descubrir que, en efecto, había dedicado mucha consideración a los dilemas morales. Su hermana había superado una leucemia, y como resultado del tratamiento no podía tener hijos. La propia Buchman estaba intentando labrarse una carrera y le preocupaba que a su reloj biológico se le acabase el tiempo.

—Era una mujer treintañera —recuerda—. Nos enfrentamos todas al mismo problema. Queremos tener una carrera, sin que no nos pongan en el carril lento de las madres, y empezamos a pasar por clínicas de fertilidad.

Buchman sabía que las clínicas de fecundación *in vitro* podían hacer cribados en busca de genes perjudiciales antes de elegir qué embrión implantar, pero como mujer de treinta y tantos sabía también que producir un puñado de embriones fertilizados era más fácil de decir que de hacer.

—Puede que acabes produciendo solo uno o dos embriones —señala—, por lo que el cribado genético de preimplantación no siempre es fácil.

Fue entonces cuando oyó hablar de las CRISPR y se entusiasmó:

—La idea de que pudiésemos tratar algo en las propias células parecía prometedora y maravillosa.

Buchman era sensible a los problemas sociales:

—Toda tecnología se puede usar para el bien o para el mal, pero los primeros impulsores de nuevas tecnologías tienen la oportunidad de impulsar un uso ético y positivo —afirma—. Yo quería emplear correctamente la edición genética, y hacerlo a la vista del público, de manera que hubiese un patrón establecido de procedimientos éticos para los pacientes que quisieran recurrir a ella.

Algunos inversores de capital de riesgo y emprendedores biotecnológicos con los que consultó terminaban por presentarle ideas estrafalarias que le ponían los pelos de punta, como reclutar a biohackers para editar en colaboración los genes de los pacientes.

—Cuantas más ideas escuchaba, más pensaba «Tengo que hacerlo yo» —explica—, porque, si no lo hago, esta panda sin ninguna consideración por la ética o el posible impacto se apropiará del terreno.

Sternberg se marchó del restaurante mexicano antes del postre. No tenía ningún interés en asociarse con Buchman, pero estaba lo bastante intrigado para acceder a visitar las oficinas de la empresa:

—No hubo en ningún momento ni una posibilidad entre un millón de que fuera a implicarme en ello, pero tenía curiosidad.

Sabía que a Doudna empezaban a preocuparle este tipo de asuntos, de modo que decidió visitar el laboratorio para hablar con alguien que quisiera ponerse al frente de la clase de aplicación CRISPR que generaría controversia.

Durante su visita, Sternberg visionó un vídeo promocional de Happy Healthy Baby, lleno de animaciones e imágenes de archivos de experimentos en laboratorio, en el que Buchman, sentada en una habitación soleada de grandes ventanales, explicaba el concepto de la edición genética de bebés. Sternberg le dijo que, como mínimo, no veía ninguna probabilidad de que Estados Unidos aprobase el uso de las CRISPR en bebés humanos en los siguientes diez años. Ella le respondió que las clínicas no tenían por qué estar en Estados Unidos. Seguramente habría otros países en los que se autorizaría el procedimiento, y la gente que pudiera permitirse bebés editados genéticamente estaría también dispuesta a viajar.

Sternberg decidió no implicarse, pero George Church accedió a ejercer durante un tiempo de asesor científico no remunerado.

—George me sugirió que trabajásemos con espermatozoides, en vez de con embriones —recuerda Buchman—. Dijo que tal vez no fuese tan controvertido o problemático.[3]

Buchman acabaría por desistir del empeño.

—Profundicé en los casos de uso, las regulaciones del mercado y los aspectos éticos y se hizo evidente que había llegado demasiado pronto para trabajar en ello —dice—. La ciencia no estaba preparada y la sociedad, tampoco.

Cuando Sternberg le describió a Doudna sus encuentros, le dijo que Buchman tenía «un brillo prometeico en los ojos». Más adelante, usó esa frase en un libro que escribió a cuatro manos con Doudna, algo que enfureció a Buchman. Si el discurso de Happy Healthy Baby hubiese sido unos años antes, decían Doudna y Sternberg, habrían despachado la idea como «una mera fantasía», porque «había pocas posibilidades de que alguien tramara planes tan frankensteinianos». Sin embargo, la invención de la tecnología CRISPR-Cas9 había cambiado eso:

—Ahora ya no podemos tomarnos a risa esta clase de especulaciones. Que manipular el genoma humano fuese tan fácil como manipular el de una bacteria era, a fin de cuentas, exactamente lo que las CRISPR habían conseguido.[4]

Napa, enero de 2015

Como resultado de su pesadilla con Hitler y de la historia de Sternberg con Happy Healthy Baby, Doudna decidió, en la primavera de 2014, aumentar su implicación en los debates políticos relacionados con el uso de las herramientas CRISPR de edición genética. En un primer momento, se planteó publicar un artículo de opinión en algún periódico, pero no parecía que eso estuviese a la altura del desafío. De modo que se remontó cuarenta años, al proceso que había desembocado en el congreso de Asilomar en febrero de 1975, del que habían salido las directrices de la «senda prudente» a la hora de trabajar con ADN recombinante. Decidió que la invención de las herramientas CRISPR de edición genética justificaban convocar a un grupo similar.

El primer paso fue asegurar la participación de dos de los organizadores clave del congreso de Asilomar en 1975: Paul Berg, que había inventado el ADN recombinante, y David Baltimore, que había participado en la mayoría de encuentros importantes en torno a la regulación, comenzando por Asilomar.

—Sentía que si podía contar con los dos tenderíamos un vínculo directo con Asilomar y obtendríamos un sello de credibilidad —recuerda Doudna.

Ambos accedieron a participar, y el encuentro se programó para enero de 2015, en un resort del valle de Napa a más o menos una hora al norte de San Francisco. Fueron invitados otros dieciocho investigadores de primera línea, entre ellos Martin Jinek y Sam Sternberg, del laboratorio de Doudna. El eje serían las cuestiones éticas derivadas de la edición genética heredable.

En Asilomar, los debates habían girado en su mayor parte en torno a la seguridad, pero Doudna quiso garantizar que el congreso de Napa abordara las cuestiones morales: ¿justificaba el valor que Estados Unidos otorgaba a la libertad individual que las decisiones con respecto a la edición genética en bebés quedasen sobre todo en manos de los padres? ¿En qué medida la creación de bebés editados genéticamente —abandonando la idea de que nuestra dotación genética fuese fruto de una lotería natural— podía menoscabar nuestra noción de empatía moral? O, por formular la pregunta desde una perspectiva más bioliberal, si teníamos a nuestra disposición una tecnología con la que conseguir bebés más sanos y mejores, ¿estaría éticamente mal «no» utilizarla?[5]

Pronto se estableció el consenso de que no sería correcto prohibir por completo la edición de la línea germinal. Los asistentes querían dejar esa puerta abierta. Y su objetivo pasó a ser parecido al de Asilomar: no tanto poner el freno como encontrar un camino por el cual avanzar. Este sería el tema central de la mayoría de comisiones y congresos organizados por científicos en adelante; era demasiado pronto para practicar ediciones de la línea germinal con seguridad, pero el día llegaría, y el objetivo debía ser proporcionar unas directrices prudentes.

David Baltimore subrayó un avance que diferenciaba el congreso de Napa del de Asilomar, cuarenta años antes: «La gran diferencia hoy es la creación de la industria biotecnológica —dijo a los asistentes—. En 1975, no existían grandes compañías biotecnológicas. Hoy, al público le preocupa el desarrollo comercial, porque no hay tanta supervisión». Si los participantes querían prevenir un contragolpe popular, dijo, tenían que convencer a la gente de confiar, no solo en los científicos de bata blanca, sino también en las corporaciones guiadas por criterios comerciales. No sería ningún paseo. Alta Charo, profesora de bioética de la facultad de Derecho de la Universidad de Wisconsin, señaló que la estrecha relación entre los investigadores académicos y las empresas comerciales podía empañar la credibilidad de los académicos: «Los intereses económicos socavan la imagen del científico de "bata blanca" hoy», afirmó.

Otro de los asistentes puso sobre la mesa el argumento de la justicia social. La edición genética sería cara. ¿Solo los ricos tendrían acceso a ella? Baltimore coincidió en que esto era un problema, pero sostuvo que no era razón para prohibir la propia tecnología: «Ese argumento no va demasiado al fondo —respondió—. Así es como funciona todo. Mira los ordenadores. Todo pasa a ser más barato cuando se hace a gran escala. No es un argumento suficiente para no seguir adelante».

A lo largo del congreso, empezó a circular el rumor de que en China ya se estaban llevando a cabo experimentos de edición en embriones no viables. Era una tecnología que, a diferencia de la fabricación de armas nucleares, podía difundirse con facilidad y caer no solo en manos de investigadores responsables, sino también de médicos sin escrúpulos o biohackers. «¿Podemos de verdad volver a meter al genio dentro de la lámpara?», preguntó uno de los asistentes.

El grupo convino en que el uso de herramientas CRISPR para la edición genética «no heredable» en células somáticas era positivo. Podía acabar aportando fármacos y tratamientos beneficiosos. De modo que decidieron que sería útil consensuar algunas restricciones con respecto a la edición de la línea germinal y prevenir así una reacción negativa: «Tenemos que avanzar muy despacio en la edición germinal para crear un espacio político seguro que nos permita seguir trabajando en la edición de células somáticas», afirmó uno de los participantes.

Al final, decidieron pactar un alto temporal en la edición germinal en humanos, al menos hasta que hubiese una mayor comprensión de los problemas sociales y de seguridad asociados: «Queremos que la comunidad científica pulse el botón de pausa hasta que las implicaciones sociales, éticas y filosóficas de la edición germinal puedan debatirse apropiada y exhaustivamente, a poder ser a escala mundial», dijo Doudna.

Doudna redactó un primer borrador del informe del congreso, que hizo llegar al resto de participantes. Tras incorporar sus sugerencias, lo mandó, en marzo, a la revista *Science*. Se titulaba «A Prudent Path Forward for Genomic Engineering and Germline Gene Modification».[6] Pese a que era ella la autora principal, los nombres de Baltimore y de Berg se citaban primero. El azar provocado por el orden alfabético hizo que los dos pioneros de Asilomar figurasen delante.

El informe definía con claridad a qué se referían con «edición en la línea germinal» y por qué cruzar esa línea suponía un paso ético y científico importantísimo. «Hoy es posible llevar a cabo modificaciones en el genoma de óvulos animales fertilizados, o embriones, y alterar con ello la dotación genética de cada una de las células diferenciadas del organismo, garantizando así que los cambios se transmitan a su progenie —explicaban—. La posibilidad de aplicar la ingeniería de la línea germinal en humanos hace mucho que es fuente de agitación e inquietud entre el público general, en particular por el temor a entrar en una "pendiente resbaladiza" que nos lleve de las aplicaciones terapéuticas hacia usos más discutibles e incluso con preocupantes implicaciones».

Tal y como Doudna esperaba, el artículo recibió una gran atención en todo el país. *The New York Times* sacó un artículo en primera página firmado por Nicholas Wade, con una foto de Doudna sentada en su despacho de Berkeley y el titular: «Los científicos piden que se prohíba la edición del genoma humano».[7] Sin embargo, se trataba de un titular engañoso. En realidad, en casi toda la difusión que se hizo del informe de Napa se echaba en falta un punto clave. A diferencia de otros científicos de la época,[8] sus participantes habían decidido de forma deliberada no pedir ninguna prohibición ni moratoria que con el tiempo costase levantar. Su objetivo era dejar abierta la puerta de la edición germinal para cuando esta fuese segura y necesaria desde el punto de vista médico. De ahí que, en el título del artículo, hablasen de una «senda prudente», término que se ha convertido en la consigna de muchos de los congresos científicos en torno a la edición de la línea germinal humana.

El trabajo con embriones en China, abril de 2015

En el congreso de Napa, a Doudna le llegó un inquietante rumor: un equipo de científicos chinos había empleado la CRISPR-Cas9 para editar, por primera vez, los genes de un embrión humano en su primera etapa de desarrollo, algo que en teoría podía dar lugar a cambios heredables. El atenuante era que se trataba de embriones no viables. No se implantarían en el útero de una madre. Sin embargo, de ser cierto, los planes de los reguladores bienintencionados se verían trastocados una vez más por el afán de investigadores impacientes.[9]

El artículo chino no se había publicado todavía, pero se había filtrado su existencia. Las prestigiosas revistas *Science* y *Nature* lo habían rechazado, y ahora circulaba por otras redacciones. Lo terminó aceptando la revista china *Protein & Cell*, poco conocida, que lo publicó online el 18 de abril de 2015.

En el artículo, los investigadores de una universidad cantonesa describían su aplicación de la CRISPR-Cas9 en ochenta y seis cigotos no viables (precursores del embrión) con el objetivo de suprimir un gen mutado que causa la beta-talasemia, una enfermedad sanguínea mortal similar a la anemia de células falciformes.[10] Si bien no hubo intención en ningún momento de que esos embriones llegasen a ser bebés, se había rozado, si no cruzado, una línea. Por primera vez

331

la CRISPR-Cas9 se había empleado para hacer modificaciones potenciales en la línea germinal humana, cambios que las futuras generaciones podrían heredar.

Después de leer el artículo en su despacho de Berkeley, Doudna se quedó mirando la bahía de San Francisco —«sobrecogida y algo mareada», recordaría más tarde—. Seguramente otros científicos de todo el mundo estaban realizando experimentos similares con la tecnología que Charpentier y ella habían creado. Eso podía traer, comprendió, algunas consecuencias no imaginadas, y podía provocar también la reacción negativa del público. «Esta tecnología no está preparada para su aplicación clínica en la línea germinal humana —respondió a un periodista de la NPR cuando le preguntaron acerca de los experimentos chinos—. Esta aplicación de la tecnología debe esperar a que se produzca un debate social más amplio de los dilemas científicos y éticos.»[11]

El congreso de Napa y los experimentos chinos de edición con embriones despertaron el interés del Congreso. La senadora Elizabeth Warren organizó una reunión informativa, y Doudna fue a Washington a declarar junto con su amigo, y también pionero de las CRISPR, George Church. La cita atrajo a tanto público que muchos tuvieron que quedarse de pie. Más de ciento cincuenta senadores, congresistas, asistentes y personal de distintas agencias se apiñaron en la sala. Doudna relató la historia de las CRISPR, recalcando que habían surgido investigando, por pura «curiosidad», el mecanismo con el que las bacterias combaten a los virus. Para usarlas en humanos, explicó, había que encontrar la forma de llegar a las células correctas del cuerpo, una tarea que resultaba más sencilla cuando las ediciones se hacían en embriones en fase temprana. «Sin embargo, usar la edición genética de ese modo —alertó— es también mucho más controvertido desde el punto de vista ético.»[12]

Doudna y Church escribieron cada uno artículos para la revista *Nature* en los que explicaban sus respectivas posturas hacia la edición genética heredable. Si bien diferían hasta cierto punto, ambos afianzaron el argumento de que los científicos estaban abordando estas cuestiones con seriedad y no eran necesarias nuevas regulaciones por parte del Gobierno. «Hay una gran diversidad de opiniones sobre la ingeniería genética de la línea germinal humana —escribió Doudna—. A mi modo de ver, una prohibición total impediría investigaciones que tal vez nos lleven a futuras terapias, y es además algo poco factible, dado el acceso generalizado y la facilidad de uso de la CRISPR-Cas9. Lo más deseable, en su lugar, es un pacto firme que marque el justo medio apropiado.»[13] Church fue más contundente en su defensa de que las investigaciones, incluso en la línea germinal humana, debían continuar: «En lugar de hablar de la posibilidad de prohibir las alteraciones de la línea germinal humana, deberíamos estar debatiendo la manera de impulsar vías por las que mejorar su seguridad y eficacia —afirmaba—. Prohibir la edición de la línea germinal humana podría suponer un impedimento para la mejor investigación médica y llevar la práctica a la clandestinidad de los mercados negros y el turismo médico descontrolado».[14]

El bioentusiasmo de Church recibió un espaldarazo en los medios generales de la mano de uno de sus colegas de Harvard, el conocido profesor de psicología Steven Pinker: «El objetivo moral fundamental de la bioética hoy se puede resumir en una sola frase —escribió en un artículo de opinión para *The Boston Globe*—: quítense de en medio». Asestaba un golpe brutal al colectivo de bioéticos al completo: «Una bioética verdaderamente ética no debería poner palos en las ruedas de la investigación en forma de burocracia, moratorias o amenazas de acciones judiciales basándose en principios nebulosos, pero arrolladores, como la "dignidad", lo "sagrado" o la "justicia social" [...]. Lo último que necesitamos es un *lobby* de supuestos moralistas».[15]

EL CONGRESO INTERNACIONAL DE DICIEMBRE DE 2015

Tras en el encuentro en el valle de Napa, Doudna y Baltimore instaron a la Academia Nacional de Ciencias de Estados Unidos y a sus organizaciones hermanas de todo el mundo a convocar a un grupo globalmente representativo con el que debatir cómo regular desde la prudencia la edición de la línea germinal en humanos. Más de quinientos científicos, legisladores y expertos en bioética —aunque muy pocos pacientes o padres de niños afectados— se reunieron en Washington durante tres días a principios de diciembre de 2015 en el primer Congreso Internacional sobre Edición Genética Humana. Junto con

Doudna y Baltimore, había otros pioneros de las CRISPR, como Feng Zhang, George Church y Emmanuelle Charpentier. Entre los coorganizadores se encontraban la Academia de Ciencias china y la Royal Society británica.[16]

«Estamos aquí como parte de un proceso histórico que se remonta a los trabajos de Darwin y Mendel en el siglo XIX —dijo Baltimore en su discurso de apertura—. Podríamos encontrarnos en la cúspide de una nueva era de la historia de la humanidad.»

Un representante de la Universidad de Pekín aseguró a la audiencia que China había dispuesto salvaguardas para evitar la edición germinal: «La manipulación de los genes de gametos, cigotos o embriones humanos con propósitos reproductivos está prohibida».

Dado el número de participantes y de periodistas, el encuentro consistió sobre todo en presentaciones enlatadas y no en un verdadero debate. Hasta las conclusiones eran precocinadas. La conclusión más importante fue casi idéntica a la que se había alcanzado en el pequeño congreso de Napa a comienzos de ese año: había que desincentivar de forma contundente la edición de la línea germinal humana hasta que se lograran unas condiciones estrictas, pero los términos «moratoria» o «prohibición» se evitaron.

Entre las condiciones que aprobó el grupo se hallaba la de no avanzar con la edición germinal hasta que hubiese un «amplio consenso social en cuanto a la pertinencia de la aplicación propuesta». La necesidad de un «amplio consenso social» se invocaría con frecuencia, como un mantra, en los debates éticos sobre la edición germinal. Era una meta loable, pero, como había mostrado ya la polémica sobre el aborto, los debates no siempre conducen a amplios consensos sociales. Los organizadores de la Academia Nacional de Ciencias eran conscientes de ello. Y al tiempo que abogaban por un debate público de la cuestión, crearon un comité de veintidós expertos para que determinasen, tras un año de estudio, si debía imponerse o no una moratoria a las ediciones del ADN germinal.

En su informe final, emitido en febrero de 2017, el grupo no pedía ninguna prohibición ni ninguna moratoria. En su lugar, aportaban una lista de criterios que habrían de cumplirse antes de dar luz verde a la edición germinal, entre ellos «la ausencia de alternativas razonables» y su «uso restringido a la prevención de enfermedades o afecciones graves», así como algunos otros que no parecían insalvables en un futuro próximo.[17] Omitieron, en particular, una restricción clave que sí aparecía en el informe del congreso internacional de 2015: no había ya mención alguna a la necesidad de un «amplio consenso social» como condición para permitir las ediciones genéticas heredables. El informe de 2017 pedía solo, por el contrario, una «participación amplia y continuada por parte del público».

Muchos bioéticos quedaron consternados, pero la mayoría de científicos, incluidos Baltimore y Doudna, consideraron que en el informe se había logrado un atinado punto medio. Aquellos dedicados a la investigación médica lo vieron como una luz ámbar que les permitía avanzar con precaución.[18]

En el Reino Unido, por su parte, el Nuffield Council, la organización independiente de bioética más prestigiosa del país, publicó en julio de 2018 un informe que era incluso más progresista: «La edición del genoma tiene el potencial de alumbrar tecnologías transformadoras en el campo de la reproducción humana —concluía—. Siempre y cuando las intervenciones que resulten en una edición del genoma heredable vayan de acuerdo con el bienestar de la futura persona y con la justicia y la solidaridad social, no contravienen ninguna prohibición moral categórica». El consejo llegaba incluso a minimizar la distinción entre usar la edición genética para curar enfermedades y emplearla para incorporar mejoras genéticas: «Es posible que la edición del genoma pueda utilizarse en un futuro para [...] el mejoramiento de los sentidos o las capacidades», decía el texto resumen del informe. Este se vio, de forma acertada, como un impulso en el camino hacia la edición germinal en humanos. El titular de *The Guardian* fue: «El órgano de ética del Reino Unido da luz verde a los bebés modificados genéticamente».[19]

LAS NORMATIVAS MUNDIALES

Pese a que tanto la Academia Nacional de Ciencia estadounidense como el Nuffield Council británico adoptaron un enfoque progresista frente a la edición germinal, se impusieron en ambos países ciertas restricciones. El Congreso aprobó una disposición por la que impedía a la Administración de Medicamentos y Alimentos evaluar cualquier tratamiento «en el que se cree o se modifique de manera intencionada un embrión humano con el fin de incorporar una modificación genética heredable». El asesor científico del presidente Barack Obama, John Holdren, declaró: «El Gobierno considera que alterar la línea germinal humana con propósitos clínicos es una línea que no cabe cruzar en estos momentos»; y el director de los Institutos Nacionales de Salud, Francis Collins, anunció: «Los Institutos Nacionales de Salud no financiarán ninguna tecnología de edición genética en embriones humanos».[20] En el Reino Unido, del mismo modo, diversas regulaciones restringieron la edición de embriones humanos. Sin embargo, ni allí ni en Estados Unidos apareció una ley clara y terminante en contra de la edición genética de la línea germinal.

En Rusia no existía ninguna ley que impidiera el uso de la edición genética en humanos y, en 2017, el presidente Vladímir Putin alabó el potencial de las CRISPR. En un festival juvenil celebrado ese año, habló de los peligros y beneficios de la creación de humanos genéticamente diseñados, como, por ejemplo, supersoldados: «El ser humano tiene la oportunidad de introducirse en el código genético creado por la naturaleza o, como dirían las personas religiosas, por Dios —dijo—. Cabe imaginar que los científicos podrían crear un individuo con los rasgos deseados. Este podría ser un genio matemático, un músico excepcional, pero también podría ser un soldado, una persona capaz de combatir sin miedo ni compasión, ni piedad ni dolor».[21]

En China las políticas eran más restrictivas, o al menos eso parecía. Pese a que no contaban con leyes claras que prohibiesen de manera explícita la edición genética heredable de embriones humanos, había numerosas regulaciones y directrices que la evitaban (o creían evitarla). Por ejemplo, en 2003 el Ministerio de Sanidad publicó las «Normas técnicas de reproducción humana asistida», en las que se especificaba: «La manipulación genética de gametos, cigotos y embriones humanos con fines reproductivos queda prohibida».[22]

La sociedad china es una de las más controladas del mundo y en las clínicas suceden pocas cosas que no cuenten con el conocimiento del Gobierno. Duanqing Pei, un joven y respetado investigador de células madre que es también el director general del Instituto de Biomedicina y Salud cantonés, había asegurado a sus colegas del comité de pilotaje en el congreso internacional de Washington que no habría edición genética de embriones en China.

De ahí que Pei y sus amigos de todo el mundo con ideas afines quedasen tan impactados cuando llegaron a Hong Kong en noviembre de 2018 para asistir al II Congreso Internacional sobre Edición del Genoma Humano y descubrieron que, a pesar del alto número de deliberaciones y de la meticulosa redacción de sus informes, la especie humana había sido arrojada de pronto y sin esperarlo a una nueva era.

SEXTA PARTE

Bebés CRISPR

Una nueva especie me bendeciría como a su creador; muchos seres felices y maravillosos me deberían su existencia.

MARY SHELLEY,
Frankenstein, o el moderno Prometeo, 1818

He Jiankui haciéndose un selfi con Doudna en Cold Spring Harbor Laboratory

Michael Deem

37

He Jiankui

EL ÁVIDO EMPRENDEDOR

He Jiankui, hijo de unos humildes recolectores de arroz, nació en el orwelliano año de 1984 y se crio en Xinhua, uno de los pueblos más pobres de la zona rural de Hunan, provincia interior al este de China. Los ingresos medios familiares en la región cuando él era pequeño rondaban los cien dólares al año. Sus padres eran tan pobres que no se podían permitir comprarle los libros de texto, de modo que He iba a una librería del pueblo para leerlos allí. «Crecí en una pequeña familia de campesinos —recordaba—. Me pasaba el verano arrancándome sanguijuelas de las piernas. No olvidaré jamás mis raíces.»[1]

La infancia de He infundió en él un hambre de fama y éxito, de modo que se tomaba muy en serio esos mensajes en los carteles y pancartas de la escuela que exhortaban a entregarse a la tarea de ampliar las fronteras de la ciencia. Y terminaría, sin duda, haciendo que esas fronteras se ampliaran, salvo que inspirado no tanto por una ciencia de primer orden como por un ansia de primer orden.

Espoleado por el convencimiento de que la ciencia era una empresa patriótica, el joven He se montó un rudimentario laboratorio de física en casa, en el que realizaba continuos experimentos. Tras sus buenas notas en la escuela, lo reclutaron para la Universidad de Ciencia y Tecnología de Hefei, novecientos treinta kilómetros al este, donde se licenció en Física.

Envió solicitud a cuatro escuelas de doctorado estadounidenses, y lo aceptaron solo en una: la Universidad Rice, de Houston. Alumno del profesor Michael Deem, ingeniero genético que sería sometido tiempo después a una investigación ética, He se convirtió en una estrella del diseño de simuladores de sistemas biológicos. «He es un alumno con un gran impacto —afirmaba Deem—. Ha hecho una labor fantástica aquí en Rice, y estoy seguro de que va a cosechar muchos éxitos en su carrera.»

He y Deem diseñaron un modelo matemático con el que predecir qué cepas de la gripe surgirían cada año, y en septiembre de 2010 escribieron a cuatro manos un artículo poco reseñable sobre las CRISPR en el que mostraban cómo se forman las secuencias espaciadoras complementarias al ADN viral.[2] Popular, sociable y ansioso por hacer contactos, He se convirtió en el presidente de la Asociación de Alumnos y Académicos Chinos de la Universidad Rice y en un ávido jugador de fútbol. «Rice es un lugar en el que puedes disfrutar realmente del doctorado —contaba en la revista de la universidad—. Cuando sales del laboratorio, hay muchas cosas para hacer. Madre mía, ¡si hay seis campos de fútbol! Es increíble.»[3]

Pese a que se había doctorado en Física, decidió que el futuro estaba en la biología. Deem le permitió asistir a conferencias por todo el país y le facilitó una carta de presentación para el bioingeniero de Stanford Stephen Quake, que invitó a He a incorporarse como alumno de posdoctorado en su laboratorio. Sus colegas lo recuerdan como alguien divertido y lleno de energía, con una pasión por el emprendimiento del tamaño del estado de Texas.

Quake había fundado una empresa para comercializar una tecnología de secuenciación genética desarrollada por él, pero esta había empezado a deslizarse hacia la bancarrota. Convencido de que el proceso podía tener éxito comercial en China, He se propuso montar allí una empresa. Quake estaba entusiasmado: «Esto puede hacer resurgir al fénix de sus cenizas», dijo exultante a uno de sus socios.[4]

China estaba impaciente por promover a emprendedores biotecnológicos. En 2011, inauguró una nueva e innovadora universidad, la Universidad de Ciencia y Tecnología del Sur, en Shenzhen, una ciudad floreciente de veinte millones de habitantes en la frontera con Hong Kong. En respuesta a una oferta de trabajo publicada en la web de la universidad, He terminó contratado allí como profesor de Biología y anunció en su blog que estaba creando el «Laboratorio Conjunto de He Jiankui y Michael Deem».[5]

Los funcionarios chinos habían señalado la ingeniería genética como una pieza crucial para el futuro económico del país y para su rivalidad con Estados Unidos, y con ese propósito lanzaron numerosas iniciativas para alentar a los emprendedores y atraer de nuevo a los investigadores que estudiaban en el extranjero. He se benefició de dos de estas iniciativas: el Plan de los Mil Talentos y la Campaña Pavo Real.

Cuando fundó su nueva empresa de fabricación de máquinas de secuenciación genética basadas en la tecnología de Quake en julio de 2012, la Campaña Pavo Real aportó un desembolso inicial de ciento cincuenta y seis mil dólares. «La generosidad de Shenzhen en su apuesta por las empresas emergentes, en particular por parte de inversores de capital de riesgo, comparable a la de Silicon Valley, me sedujo para venir —relataría más adelante He a la *Beijing Review*—. Yo no soy un profesor en el sentido tradicional del término. Prefiero ser un emprendedor con perfil de investigador.»

A lo largo de los siguientes seis años, la empresa de He recibió más de cinco millones y medio de dólares de fondos gubernamentales. En 2017, su secuenciadora genética estaba en el mercado y la empresa, de la que He contaba con un tercio de las acciones, estaba valorada en trescientos trece millones de dólares. «El desarrollo de este dispositivo es un avance técnico de primer orden y reducirá de forma significativa la relación costo-efectividad, la rapidez y la calidad de la secuenciación genética», afirmaba He.[6] En un artículo científico que describía la aplicación de la máquina en la secuenciación de genomas, aseguraba que los resultados «mostraban un rendimiento comparable a los de Illumina», refiriéndose a la empresa estadounidense que domina el mercado de las secuenciadoras de ADN.[7]

Gracias a su trato fácil y a su sed de fama, He se convirtió en una celebridad científica de segunda fila en China, donde los medios controlados por el Estado buscaban con impaciencia a innovadores a los que poder promocionar como modelos a los que seguir. La cadena de radiodifusión CTV emitió una serie a finales de 2017 en la que presentaba a los jóvenes emprendedores científicos del país. Con una inspiradora música patriótica de fondo, He aparecía hablando de su empresa de secuenciadoras genéticas, que según el narrador funcionaban mejor y más rápido que sus equivalentes estadounidenses. «Alguien dijo que habíamos dejado atónito al mundo con nuestra máquina —declaraba un sonriente He frente a la cámara—. Sí, ¡tienen razón! Yo lo he conseguido: ¡He Jiankui! ¡Soy yo quien lo ha conseguido!»[8]

En un primer momento, He utilizó su tecnología de secuenciación para diagnosticar enfermedades genéticas en embriones humanos en las primeras etapas de desarrollo. Sin embargo, a comienzos de 2018, empezó a hablar de la posibilidad de editar, y no solo de leer, el genoma humano: «Durante miles de millones de años, la vida ha progresado de acuerdo con la teoría de la evolución de Darwin: mutación aleatoria del ADN, selección y reproducción —escribió en su página web—. Hoy, la secuenciación y la edición del genoma proporcionan nuevas y poderosas herramientas con las que controlar la evolución». Su objetivo, decía, era secuenciar un genoma humano por cien dólares, y a continuación resolver cualquier problema que apareciese. «Una vez que se conoce la secuencia genética, podemos usar la CRISPR-Cas9 para insertar, editar o eliminar el gen vinculado a una característica particular. Corrigiendo los genes de las enfermedades, nosotros, los humanos, podremos vivir mejor en este entorno cambiante.»

No obstante, sí afirmaba que rechazaba el uso de la edición genética con ciertos fines de mejoramiento: «Estoy a favor de la edición genética para el tratamiento y la prevención de enfermedades —escribió He en un post de la red social WeChat—, pero no para hacer mejoras o para aumentar el cociente intelectual, que no es algo beneficioso para la sociedad».[9]

Círculo de contactos

La página web y los comentarios en redes sociales de He Jiankui, que estaban escritos en chino, no captaron mucha atención en Occidente, pero como promiscuo cazacontactos, siempre de congreso en congreso, estaba empezando a tejerse un círculo de contactos en la comunidad científica estadounidense.

En agosto de 2016, asistió al congreso anual sobre las CRISPR, que se celebró en el Cold Spring Harbor Laboratory. «El congreso

344

sobre edición genética que acaba de concluir en el Cold Spring Harbor es el evento más importante en este campo —fanfarroneaba en su blog—. ¡Feng Zhang, Jennifer Doudna y otras figuras de primera línea estaban allí!» Ilustrando el post, había un selfi que He se había hecho con Doudna sentados en el auditorio, bajo un retrato al óleo de James Watson.[10]

Unos meses después, en enero de 2017, He le mandó a Doudna un correo electrónico. Como había hecho ya con otros destacados investigadores CRISPR, pidió verse con ella cuando volviera a visitar Estados Unidos. «Estoy trabajando en la tecnología necesaria para mejorar la eficacia y la seguridad de la edición del genoma de embriones humanos en China», le decía. El correo llegó cuando Doudna se encontraba ayudando a organizar un pequeño taller sobre «los desafíos y oportunidades de la edición genética». Habían pasado dos años desde el congreso de Napa, y la Fundación Templeton, que financia los estudios de grandes cuestiones éticas, había proporcionado fondos para una serie de debates en torno a las CRISPR. Doudna había invitado a veinte científicos y expertos en ética a un taller inaugural en Berkeley, pero pocos venían del extranjero. «Estaríamos encantados de contar con su participación», le respondió a He, que, como era de esperar, estuvo igualmente encantado de aceptar la invitación.[11]

El encuentro comenzó con una conferencia a cargo de George Church, en la que habló de los posibles beneficios de la edición germinal, incluidos aquellos enfocados a mejorar las capacidades humanas. Church mostró una diapositiva en la que se enumeraban variaciones genéticas simples que aportaban efectos beneficiosos. Entre ellas estaba una variante del gen CCR5 que hacía a la persona menos receptiva al virus del VIH, causante del sida.[12]

En su blog, He relató aspectos *off-the-record* del encuentro: «Un buen número de cuestiones espinosas causaron debates encarnizados, y el olor a pólvora invadía el aire». Es de particular interés su interpretación del informe del congreso internacional sobre edición genética, que acababa de salir publicado. Se refirió a él como «una luz ámbar para la edición genética humana». En otras palabras, en lugar de leer el informe como una llamada a no avanzar con las ediciones heredables en embriones humanos por el momento, lo interpretó como una señal de que podía proceder con cautela.[13]

El turno de exposición de He llegó el segundo día de congreso.

Su ponencia, titulada «La seguridad en la edición de genes embrionarios humanos» no destacó especialmente. Hubo solo una parte interesante: la descripción que hizo de su labor editando el gen CCR5, ese que Church había mencionado en su conferencia como candidato potencial a una futura edición germinal. He explicó cómo había editado el gen, que produce una proteína que puede servir de receptora del virus VIH, en ratones, en monos y en embriones humanos no viables desechados por clínicas de fertilidad.

Otros investigadores chinos habían desatado ya debates éticos internacionales por usar las CRISPR para editar genes CCR5 en embriones humanos no viables, de modo que nadie en el congreso hizo demasiado caso. «Su charla no me dejó ninguna impresión —explica Doudna—. Me pareció muy impaciente por conocer gente y ser aceptado, pero no había publicado aún nada significativo, y no parecía estar trabajando en nada relevante.» Cuando He le preguntó a Doudna si podría ir a su laboratorio como investigador invitado, a ella le sorprendió su atrevimiento. «Esquivé su petición —dice—. No me interesaba ni lo más mínimo.» Lo que sorprendió a Doudna y a otros en el congreso fue que a He no parecían importarle los problemas morales que entrañaba la edición genética heredable en embriones.[14]

Siguiendo con su búsqueda de contactos de congreso en congreso, He regresó al Cold Spring Harbor en julio de 2017 para el congreso anual sobre las CRISPR. Con camisa de rayas y el pelo oscuro juvenilmente despeinado, presentó casi la misma ponencia de Berkeley de ese mismo año, arrancando de nuevo bostezos y gestos de indiferencia entre el público. Terminó con una advertencia, acompañada de una diapositiva que mostraba el artículo de *The New York Times* sobre Jesse Gelsinger, aquel chico que había muerto tras recibir un tratamiento de terapia génica: «Un solo fracaso puede acabar por completo con el campo», concluyó. Hubo tres preguntas superficiales. Nadie se quedó con la impresión de que sus experimentos hubiesen supuesto ningún avance científico.[15]

EDITAR BEBÉS

En esta ponencia de julio de 2017 en el Cold Spring Harbor, He describió la edición del gen CCR5 en embriones descartados y no viables. Lo que no dijo fue que tenía ya en mente editar ese gen en embriones humanos viables con el propósito de que naciesen bebés genéticamente modificados. En otras palabras, hacer ediciones germinales heredables. Cuatro meses antes, había presentado una solicitud ante el comité de ética médica del Hospital Maternoinfantil HarMoniCare de Shenzhen. «Tenemos planeado usar la CRISPR-Cas9 para editar los embriones —escribió en ella—. Los embriones editados se transferirán a mujeres y se proseguirá el embarazo.» Su propósito era que parejas con sida tuviesen hijos protegidos frente al VIH, al igual que lo estarían todos sus descendientes.

Dado que había formas más sencillas de evitar una infección, como el lavado seminal y el cribado de embriones sanos antes de la implantación, el procedimiento no era necesario desde el punto de vista médico. Y tampoco venía a corregir un trastorno genético claro: el gen CCR5 es común y sirve seguramente a múltiples propósitos, incluido reforzar la protección frente al virus del Nilo occidental. De modo que el plan de He no cumplía con las directrices que se habían acordado en numerosos congresos internacionales.

Sin embargo, sí le proporcionaba la oportunidad, o al menos eso creía él, de conseguir un avance histórico y elevar la gloria de la ciencia china. «Este será un gran logro científico y médico», afirmaba en su solicitud, comparándolo con la «tecnología de fecundación *in vitro* que recibió el Premio Nobel en 2010». El comité de ética del hospital le otorgó su consentimiento por unanimidad.[16]

Hay más de un millón de personas seropositivas en China, una cifra que sigue creciendo rápidamente, y el ostracismo hacia los afectados está muy extendido. En colaboración con un grupo de presión con sede en Pekín, He trató de reclutar a veinte parejas voluntarias en las que el marido fuese VIH positivo y la esposa VIH negativa. Más de doscientas parejas mostraron su interés.

Dos de las parejas seleccionadas acudieron al laboratorio de He en Shenzhen un sábado de junio de 2017 y en una reunión, grabada en vídeo, se les informó de la propuesta de ensayo clínico y se les preguntó si deseaban participar. He repasó con ellas el formulario en el que daban su consentimiento: «Como voluntaria, su pareja ha sido diagnosticada de sida o está contagiada por el VIH —decía—. Este proyecto de investigación probablemente les ayude a conseguir recién nacidos resistentes al VIH». Ambas parejas accedieron a participar, como también lo hicieron otras cinco en otras sesiones. Se obtuvieron treinta y dos embriones, de los que He consiguió editar dieciséis. Once no se lograron implantar con éxito en las voluntarias, pero, a finales de la primavera de 2018, He consiguió por fin implantar dos embriones gemelos en una de las madres y un tercer embrión en otra.[17]

El procedimiento de He consistía en extraer esperma del padre, practicarle un lavado seminal para eliminar el virus y luego inyectarlo en los óvulos de la madre. Seguramente con esto habría bastado para asegurarse de que los óvulos fertilizados resultantes estaban libres de VIH. Sin embargo, el objetivo de He era cerciorarse de que los niños no contraerían nunca el virus, de manera que inyectó en los óvulos fertilizados una CRISPR-Cas9 dirigida al gen CCR5. Los dejaron crecer durante unos cinco días en una placa de Petri, hasta que alcanzaron la primera etapa de desarrollo embrionario, con más de doscientas células, y a continuación secuenciaron su ADN para ver si las ediciones habían funcionado.[18]

LOS CONFIDENTES ESTADOUNIDENSES

En el transcurso de sus visitas a Estados Unidos en 2017, He empezó a insinuar sus planes a algunos de los investigadores estadounidenses que fue conociendo, muchos de los cuales expresarían más adelante su arrepentimiento por no haber puesto más empeño en detenerlo o en alertar de la situación. Confió en particular en William Hurlbut, neurobiólogo y bioético de la Universidad de Stanford que había coorganizado el encuentro de enero de 2017 en Berkeley junto con Doudna. Según relató tiempo después Hurlbut a la revista *Stat*, «tuvieron varias conversaciones largas, de unas cuatro o cinco horas, sobre ciencia y ética». Hurlbut comprendió que He tenía intención de editar embriones y llevarlos a término. «Intenté transmitirle una noción de las implicaciones prácticas y morales», afirma, pero He insistía en que solo «un grupo marginal» se oponía a las ediciones germinales. Si se podían usar estas ediciones para evitar una enfermedad temible, ¿cómo iba a estar alguien en contra?, preguntaba He. Hurlbut lo veía como «una persona con buenas intenciones que quiere que sus esfuerzos sirvan para hacer el bien», pero espoleada por una cultura científica «que premia la investigación provocadora, la celebridad, la competitividad científica entre países y el llegar primero».[19]

He le confió también sus planes a Matthew Porteus, un experto y respetado investigador de células madre de la facultad de Medicina de Stanford. —Me quedé perplejo y con la boca abierta —recuerda Porteus.

Aquello pasó de ser una amable conversación sobre datos científicos a una conferencia de media hora por parte de Porteus acerca de todos los motivos por los que la idea de He le parecía terrible.[20] «No hay ninguna necesidad médica —le dijo Porteus—. Infringe todas las directrices. Está poniendo en peligro todo el campo de la ingeniería genética.» Quiso saber si He lo había consultado con sus superiores. «No», respondió He. «Tiene que hablarlo con estas personas, los funcionarios de China, antes de dar un solo paso más», le advirtió Porteus con ira creciente. En ese punto, He se quedó muy callado, se ruborizó y salió del despacho.

—No creo que esperase una reacción tan negativa —dice Porteus.

Echando la vista atrás, Porteus se culpa ahora por no haber hecho más.

—Temo que algunos piensen que quedé como un idiota —dice—. Ojalá, mientras lo tuve en mi despacho, hubiese insistido en mandar correos electrónicos conjuntos a algunos de sus superiores en China.

Sin embargo, es poco probable que He le hubiese permitido contárselo a otra gente:

—Creía que si lo contaba antes de tiempo, intentarían detenerlo, pero que una vez que consiguiese obtener los primeros bebés CRISPR todo el mundo lo reconocería como un gran logro.[21]

He habló también con Stephen Quake, el emprendedor de secuenciación genética de Stanford que había supervisado su trabajo posdoctoral y había ayudado a fundar la empresa con sede en Shenzhen que empleaba su tecnología. Ya en 2016, He le contó a Quake que quería ser la primera persona en crear bebés editados genéticamente. Quake le dijo que era «una pésima idea», pero, viendo que He insistía, le sugirió que lo hiciera con los permisos apropiados. «Seguiré tu consejo de obtener autorización ética local antes de ponernos a trabajar en el primer bebé editado genéticamente —le respondió He en un correo electrónico que publicó más tarde la periodista especializada en salud del *The New York Times* Pam Belluck—. Que siga siendo confidencial, por favor.»

«¡Buenas noticias! —le contó He a Quake en abril de 2018—. Hace diez días se implantaron en las mujeres los embriones con el gen CCR5 editado, ¡y hoy se ha confirmado el embarazo!» «¡Guau, eso es todo un logro! —respondió Quake—. Esperemos que lleguen a término.»

Tras una investigación, la Universidad de Stanford absolvió a Quake, así como a Hurlbut y a Porteus, de cualquier mala práctica. «Se ha demostrado que los investigadores de Stanford expresaron al doctor He graves preocupaciones en torno a sus trabajos —declaró la universidad—. En vista de que el doctor He no atendía a sus recomendaciones y procedía, los investigadores de Stanford lo instaron a seguir unas prácticas científicas apropiadas.»[22]

De todos los facilitadores estadounidenses de He, el más implicado y salpicado en el asunto fue Michael Deem, su tutor de doctorado en Rice. En una escena que quedó grabada en vídeo, podemos ver a Deem sentado a la mesa durante la primera de las sesiones en las que He aconsejó a los futuros padres que diesen su consentimiento para la edición genética de los embriones. «Cuando esta pareja dio su consentimiento informado —diría He más tarde públicamente—, fue en presencia de este profesor de Estados Unidos.» Deem habló con los voluntarios por medio de un intérprete, contó a *Stat* un miembro del equipo chino.

En una entrevista con Associated Press, Deem reconoció que estaba en China durante la reunión. «Conocí a los padres —dijo—. Acudí para el consentimiento informado de los padres.» Deem defendió además las acciones de He. Sin embargo, luego terminó contratando a dos abogados de Houston que emitieron un comunicado en el que afirmaban que Deem no había estado involucrado en el proceso de consentimiento informado, aun cuando la grabación lo mostraba ahí sentado. Los abogados señalaban también que «Michael no se dedica a la investigación en humanos y no realizó ninguna investigación en humanos para este proyecto», algo que quedó en entredicho cuando se reveló que Deem era el coautor del artículo que He escribió sobre sus experimentos acerca de la edición genética en humanos.

La Universidad Rice declaró que emprendería una investigación, pero dos años después aún no ha publicado ninguna conclusión. Hacia finales de 2020, la universidad había eliminado de su página web la ficha de Deem, pero seguía negándose a proporcionar alguna explicación y sus dos abogados dejaron de contestar mis llamadas.[23]

La campaña de relaciones públicas de He

A medida que los embarazos progresaban, a mediados de 2018, He supo que el anuncio supondría un terremoto, y quería sacarle todo el partido. El objetivo del experimento, a fin de cuentas, no era solo proteger a dos niños del sida. La perspectiva de alcanzar la fama era también una razón. De modo que contrató a Ryan Ferrell, un respetado ejecutivo de relaciones públicas estadounidense con el que había trabajado ya en otro proyecto, al que los planes de He le parecieron tan emocionantes que dejó su agencia y se instaló de forma temporal en Shenzhen.[24]

Ferrell planificó una campaña multimedia. Esta contemplaba que He escribiese un artículo sobre los aspectos éticos de la edición genética para una revista, que colaborase con la Associated Press para un artículo en exclusiva sobre la creación de los bebés CRISPR y que grabase cinco vídeos que se mostrarían en su página web y en YouTube. Además de esto, escribiría también un artículo científico, a cuatro manos con Michael Deem, que trataría de publicar en una revista prestigiosa como, por ejemplo, *Nature*.

El artículo sobre ética, que He y Ferrell titularon «Draft Ethical Principles for Therapeutic Assisted Reproductive Technologies», se había pensado para una nueva revista llamada *CRISPR Journal*, que editaban el pionero de las CRISPR Rodolphe Barrangou y el periodista científico Kevin Davies. En su propuesta, He enumeraba los cinco principios que debían seguirse a la hora de decidir si convenía o no editar embriones humanos:

> *Consuelo para las familias necesitadas:* para algunas familias, la cirugía genética temprana puede ser la única forma viable de curar una enfermedad hereditaria y salvar a sus hijos de toda una vida de sufrimiento [...].

Solo para enfermedades graves, nunca por vanidad: la cirugía genética es un procedimiento médico importante que no debería usarse en ningún caso con fines estéticos, de mejoramiento o de elección del sexo [...].

Respetar la autonomía del niño: una vida es más que nuestro cuerpo físico [...].

Los genes no nos definen: nuestro ADN no predetermina nuestro propósito o lo que podríamos conseguir. Prosperamos sobre la base de nuestros propios esfuerzos, la nutrición y el apoyo que recibimos de la sociedad y de nuestros seres queridos [...].

Todo el mundo merece vivir sin enfermedades genéticas: la riqueza no debería determinar la salud.[25]

En lugar de atenerse a directrices como las que había establecido la Academia Nacional de Ciencias, He había creado un marco de trabajo que, al menos a su modo de ver, justificaba el uso que había hecho de la CRISPR para eliminar el gen receptor del VIH. Estaba siguiendo, así, unos principios morales que habían planteado, en ocasiones de forma bastante convincente, algunos destacados filósofos occidentales. Por ejemplo, el profesor de Duke Allen Buchanan, filósofo miembro de la Comisión de Ética Médica del presidente Reagan, del Consejo Asesor del Instituto Nacional de Investigaciones sobre el Genoma Humano durante la Administración Clinton y del prestigioso Hastings Center. Siete años antes de que He decidiese editar el gen CCR5 en embriones humanos, Buchanan había respaldado el concepto en su influyente obra *Better Than Human*:

> Supongamos que descubrimos que existe ya algún gen o conjunto de genes deseables, pero solo en un número reducido de humanos. Este es precisamente el caso de los genes que confieren resistencia frente a ciertas cepas del VIH. Si confiamos en la «sabiduría de la naturaleza» o dejamos «que la naturaleza siga su curso», este genotipo beneficioso puede o no propagarse entre la población humana [...]. Supongamos que fuese posible garantizar que estos genes beneficiosos se propagasen mucho más rápido por medio de una modificación genética deliberada. Esto podría hacerse inyectando genes en los testículos o, de un modo más radical, introduciéndolos en un gran número de embriones humanos recurriendo a la fecundación *in vitro*. Obtendríamos así los beneficios [...] sin pasar por ninguna matanza.[26]

Buchanan no estaba solo. En la misma época del ensayo clínico de He, muchos pensadores éticos serios, y no solo investigadores científicos obstinados, habían defendido públicamente, empleando el gen CCR5 como ejemplo concreto, que la edición genética con el fin de curar o prevenir enfermedades debía ser permisible y hasta deseable.

Ferrell dio al equipo de Associated Press —Marilynn Marchione, Christina Larson y Emily Wang— acceso exclusivo a He. Incluso les dejaron grabar cómo inyectaban CRISPR en un embrión humano no viable en su laboratorio.

Bajo la dirección de Ferrell, He preparó también unos vídeos que lo mostraban en el laboratorio, hablando directamente a cámara. En el primero de ellos, resumía sus cinco principios éticos: «Si podemos proteger a una niña o a un niño de alguna enfermedad, si podemos ayudar a que más parejas llenas de amor formen una familia, la cirugía genética es un provechoso avance», afirmaba. También distinguía entre la cura de enfermedades y el mejoramiento genético: «La cirugía genética debería usarse únicamente para tratar enfermedades graves. No deberíamos emplearla para aumentar el cociente intelectual, para mejorar el rendimiento deportivo o para modificar el color de piel. Eso no es amor».[27]

En el segundo vídeo, explicaba por qué consideraba «inhumano que los padres "no" protegieran a sus hijos si la naturaleza les proporcionaba las herramientas para hacerlo». En el tercero, justificaba su decisión de escoger el VIH como primer objetivo. El cuarto, en chino y a cargo de uno de sus alumnos de posdoctorado, describía los detalles científicos del procedimiento de edición CRISPR.[28] Pospusieron la grabación del quinto vídeo hasta que pudiesen anunciar el nacimiento de los dos bebés.

EL NACIMIENTO

La campaña de relaciones públicas y el lanzamiento de los vídeos en YouTube estaban previstos para enero, que era cuando se esperaba el nacimiento de los bebés. Sin embargo, una tarde de principios de noviembre de 2018, He recibió una llamada en la que se le informaba de que la madre se había puesto de parto de forma prematura. Salió disparado al aeropuerto de Shenzhen para tomar un vuelo hacia la ciudad en la que residía la madre, llevando consigo a algunos estudiantes de su laboratorio. La madre terminó dando a luz, por medio de cesárea, a dos niñas en apariencia sanas a las que llamaron Nana y Lulu.

El nacimiento llegó tan pronto que He no había mandado todavía la descripción oficial de su ensayo clínico a las autoridades chinas. El 8 de noviembre, después de la llegada de las gemelas, la entregó al fin. Estaba escrita en chino, y durante dos semanas el hecho pasó desapercibido en Occidente.[29]

Terminó también el artículo académico en el que había estado trabajando. Lo envió, con el título «Birth of Twins after Genome Editing for HIV Resistance», a la prestigiosa revista *Nature*. Nunca llegó a publicarse, pero el manuscrito, del cual uno de los investigadores estadounidenses al que iba dirigido me facilitó una copia, aporta detalles sobre sus prácticas científicas y permite atisbar su mentalidad.[30] «La edición del genoma en la etapa embrionaria ofrece la posibilidad de curar permanentemente enfermedades y aportar resistencia frente a infecciones patógenas —señalaba—. Aquí damos cuenta del primer nacimiento tras un procedimiento de edición genética humana: dos niñas gemelas, sometidas previamente a una edición embrionaria del gen CCR5, nacieron, sanas y normales, en noviembre de 2018.» En el artículo, He defendía el valor ético de lo que había hecho: «Anticipamos que la edición genómica de embriones humanos traerá nuevas esperanzas a millones de familias que desean bebés sanos, libres de posibles enfermedades mortales, hereditarias o adquiridas».

Escondidos en distintas partes del artículo inédito de He había algunos datos inquietantes. En Lulu, solo uno de los dos cromosomas implicados había quedado modificado de manera correcta. «Pudimos confirmar que el gen CCR5 de Nana se había editado con éxito y presentaba una mutación por desplazamiento del marco de lectura en ambos alelos, mientras que Lulu era heterocigota», reconocía. En otras palabras, Lulu llevaba dos versiones distintas del gen en sus dos cromosomas, lo que significaba que su sistema podía seguir produciendo parte de proteína CCR5.

Además de esto, había pruebas de que se habían producido algunas ediciones *off-target* indeseadas y no previstas, así como de que ambos embriones habían sido embriones mosaico, es decir, en el momento de la edición CRISPR, la división celular estaba tan avanzada que algunas de las células resultantes en los bebés no estaban modificadas. A pesar de todo, afirmó He más tarde, los padres habían optado por implantar ambos embriones. Kiran Musunuru, de la Universidad de Pensilvania, comentaría tiempo después: «El primer intento de hackear el código de la vida y, se suponía, mejorar la salud de los bebés humanos había sido, en realidad, una chapuza».[31]

LA NOTICIA SALE A LA LUZ

Los días posteriores al nacimiento de los bebés, He y su publicista, Ferrell, pretendieron guardarlo en secreto hasta enero, momento en que esperaban que la revista *Nature* publicase su artículo académico. Sin embargo, la noticia era demasiado explosiva. Justo antes de la llegada de He al II Congreso Internacional sobre Edición del Genoma Humano, que iba a celebrarse en Hong Kong, se filtró la noticia de sus bebés CRISPR.

Antonio Regalado, periodista de la *MIT Technology Review*, combinaba sus conocimientos científicos con el olfato para la noticia de un cazaexclusivas. Estaba en China en octubre y casualmente lo invitaron a un encuentro con He y Ferrell justo cuando estaban planificando el anuncio. Pese a que He no reveló su secreto, sí habló del gen CCR5, y Regalado tenía suficientes dotes de periodista como para sospechar que algo se traía entre manos. Buscando en internet, descubrió la solicitud que He había enviado al registro chino de ensayos clínicos: «Exclusiva. Un equipo de científicos chinos está creando bebés CRISPR», rezaba el titular de su artículo, que se publicó online el 25 de noviembre.[32]

Con el artículo de Regalado en internet, Marchione y sus colegas soltaron el suyo: un reportaje ecuánime y lleno a rebosar de detalles. La primera frase conseguía atrapar la trascendencia del momento: «Un investigador chino afirma haber contribuido a crear los primeros bebés genéticamente editados del mundo, unas gemelas nacidas este mes cuyo ADN asegura haber alterado con una herramienta nueva y poderosa capaz de reescribir el propio patrón de la vida».[33]

Todos los elevadísimos debates sobre la edición germinal que habían estado sosteniendo los éticos fueron de pronto rebasados por un joven y ambicioso científico chino que quería pasar a la historia. Como había ocurrido con el nacimiento de la primera niña probeta, Louise Brown, y con la clonación de la oveja Dolly, el mundo había entrado en una nueva era.

Esa tarde, He publicó los vídeos que había grabado con antelación junto con un quinto y último en el que hizo su trascendental anuncio en YouTube. Hablando con voz calmada pero orgullosa a cámara, declaró:

> Dos hermosas niñas chinas llamadas Lulu y Nana llegaron llorando al mundo tan sanas como cualquier otro bebé hace unas pocas semanas. Las niñas ya están en casa con su madre, Grace, y su padre, Mark. Grace se quedó embarazada mediante un proceso habitual de fecundación *in vitro*, pero con una diferencia. Justo antes de introducir el esperma de su marido en el óvulo, metimos también una pequeña cantidad de proteína y las instrucciones para que esta llevase a cabo una cirugía genética. Cuando Lulu y Nana eran todavía una única célula, esta cirugía suprimió la puerta por la que entra el VIH para contagiar a las personas [...]. Cuando Mark vio sus hijas, lo primero que dijo fue que nunca había imaginado que pudiera ser padre. Ahora ha encontrado una razón para vivir, para avanzar, un propósito. Porque, verán, Mark es seropositivo [...]. Como padre de dos hijas, no se me ocurre un regalo más hermoso y más positivo para la sociedad que darle a una pareja la oportunidad de formar una familia llena de amor.[34]

38

El congreso de Hong Kong

El 23 de noviembre, dos días antes de que la noticia de He Jiankui saliera a la luz, Doudna recibió un correo electrónico de su parte. El texto del asunto era totalmente efectista: «Nacimiento de bebés».

Doudna quedó desconcertada, luego conmocionada y por último alarmada.

—En un primer momento pensé que era falso, o que igual estaba loco —cuenta—. La idea de que alguien usara «Nacimiento de bebés» como asunto de algo así me parece increíble.[1]

He había adjuntado el borrador del original enviado a *Nature*. Cuando Doudna abrió el archivo, supo que aquello era más que real.

—Era un viernes, el día después de Acción de Gracias —recuerda—. Yo estaba fuera, en nuestro apartamento de San Francisco, con familiares y amigos de toda la vida, cuando este correo electrónico cayó como un rayo.

Doudna comprendió que la noticia sería aún más espectacular por el momento en que llegaba. En cuestión de tres días, estaba previsto que coincidiesen en Hong Kong quinientos científicos y legisladores invitados al II Congreso Internacional sobre Edición del Genoma Humano, continuador del celebrado en diciembre de 2015 en Washington. Doudna era una de las organizadoras principales, junto con David Baltimore, y He Jiankui participaría como ponente.

Doudna y los demás organizadores no habían incluido en un principio a He en la lista de ponentes invitados, pero habían cambiado de idea pocas semanas antes al llegarles los rumores de que He soñaba, o deliraba, con editar embriones humanos. Algunos en el comité de planificación creían que incluirlo el congreso podía ayudar a disuadirlo de que cruzara la línea germinal.[2]

He Jiankui subiendo al estrado

Con Robin Lovell-Badge y Matthew Porteus

Tras recibir ese chocante correo electrónico de «Nacimiento de bebés», Doudna averiguó el número de móvil de Baltimore y contactó con él justo cuando este se disponía a coger el vuelo a Hong Kong. Acordaron que Doudna cambiara sus billetes para llegar un día antes de lo previsto, pues así podrían reunirse con algunos otros de los organizadores y decidir qué iban a hacer.

Cuando aterrizó a primera hora de la mañana del lunes 26 de noviembre, y encendió de nuevo su teléfono, Doudna vio que He había estado intentando contactar con ella por correo electrónico urgentemente. «En el mismo nanosegundo en que pisé el aeropuerto, tenía ya una tonelada de correos electrónicos de He», le contó Doudna a Jon Cohen, de la revista *Science*. He iba camino de Hong Kong en coche desde Shenzhen, y quería verla lo antes posible: «Tengo que hablar contigo ahora mismo —le escribió en un correo electrónico—. Las cosas están totalmente descontroladas».[3]

Doudna no respondió, porque quería encontrarse primero con Baltimore y el resto de organizadores. Poco después de registrarse en el hotel Le Méridien Cyberport, donde se alojaban los conferenciantes, un botones llamó a la puerta con un mensaje de He, en el que le pedía que lo llamase de inmediato.

Doudna accedió a reunirse con He en el vestíbulo del hotel, pero antes convocó apresuradamente a algunos de los organizadores en la sala de reuniones de la cuarta planta. Baltimore estaba ya allí, junto con George Daley, de la facultad de Medicina de Harvard; Robin Lovell-Badge, del Instituto Francis Crick de Londres; Victor Dzau, de la Academia Nacional de Medicina de Estados Unidos; y la bioética Alta Charo, de la Universidad de Wisconsin. Ninguno de ellos había visto el artículo científico que He había enviado a la revista *Nature*, de modo que Doudna les mostró el archivo que este le había mandado.

—Nos afanamos todos en decidir si debíamos dejar que He siguiese incluido en el programa del congreso —recuerda Dzau.

Decidieron enseguida que sí. De hecho, decidieron que era importante no dejar que se retirase. Le reservarían un espacio en el programa y le pedirían que abordase los fundamentos científicos y los métodos que había empleado para crear a los bebés CRISPR.

Quince minutos después, Doudna bajó al vestíbulo para reunirse con He. Hizo que la acompañase Robin Lovell-Badge, que sería quien presidiría la sesión. Se sentaron los tres en un sofá, y Doudna y Lovell-Badge le explicaron a He que querían que su ponencia relatase exactamente cómo y por qué había procedido con su experimento.

He los dejó desconcertados, pues insistió en que quería ceñirse a su presentación original y no entrar a hablar de los bebés CRISPR. Lovell-Badge, cuyo tono de piel habitual es un pálido inglés, se quedó casi lívido escuchándolo. Doudna señaló con educación que He no estaba siendo serio. Había detonado la polémica científica más explosiva en años, y no había manera posible de que eludiese hablar de ello. Eso pareció sorprender a He.

—Creo que era extrañamente ingenuo, además de ambicioso —recuerda—. Había buscado provocar una explosión, y sin embargo quería actuar como si nada hubiese sucedido.

Lo convencieron de cenar a una hora temprana con algunos miembros de la organización para discutir el asunto.[4]

Cuando abandonaba el vestíbulo, negando con la cabeza, incrédula, Doudna se topó con Duanqing Pei, biólogo chino formado en Estados Unidos e investigador de células madre que dirige el Instituto de Biomedicina y Salud de Cantón. «¿Te has enterado?», le preguntó Doudna. Cuando le explicó los detalles, a él le costó creerlo. Pei y Doudna habían trabado amistad tras muchos congresos, incluido el internacional de 2015 en Washington, y él les había asegurado en repetidas ocasiones a sus colegas estadounidenses que en China existían regulaciones que prohibían la edición germinal en humanos. «Les garanticé que, en nuestro sistema, está todo sometido a cuidadosos controles y permisos, por lo que este tipo de cosas no podían ocurrir», me contó tiempo después Pei. Accedió a acudir a la cena con He esa noche.[5]

LA CENA DEL CARA A CARA

La cena, un bufet cantonés en el restaurante de la cuarta planta del hotel, fue tensa. Cuando llegó, He se mostró a la defensiva, incluso algo desafiante, sobre lo que había hecho. Sacó su portátil para mostrarles los datos y la secuenciación de ADN que había practicado a los embriones.

—Estábamos cada vez más horrorizados —recuerda Lovell-Badge.

Lo acribillaron a preguntas: ¿se había supervisado el proceso de consentimiento? ¿Por qué había considerado médicamente necesario editar la línea germinal de los embriones? ¿Había leído las directrices que habían aprobado las academias internacionales de medicina? «Creo que he cumplido con todos esos criterios», respondió He. Su universidad y el hospital estaban informados de todo lo que estaba haciendo y habían dado su aprobación, insistía, «y ahora, viendo la reacción negativa, lo niegan y me dejan a mi suerte». Cuando Doudna repasó los motivos por los que la edición germinal no era «médicamente necesaria» para prevenir el contagio del VIH, He se puso muy sensible: «Jennifer, tú no comprendes China —le dijo—. Hay un estigma increíble con respecto a ser seropositivo, y quería dar a estas personas la posibilidad de llevar una vida normal y ayudarles a tener hijos, pues, de otro modo, tal vez no los tendrían».[6]

La cena se fue poniendo tensa. Transcurrida una hora, He pasó del tono quejumbroso al airado. Se levantó con brusquedad y lanzó unos cuantos billetes sobre la mesa. Había estado recibiendo amenazas de muerte, dijo, y ahora iba a trasladarse a un hotel sin desvelar en el que la prensa no pudiese encontrarlo. Doudna salió tras él: «Creo que es muy importante que comparezcas el miércoles y presentes tu trabajo —le dijo—. ¿Vendrás?». Él calló un momento y luego accedió, pero quería medidas de seguridad. Estaba asustado. Lovell-Badge le prometió que haría que la Universidad de Hong Kong le proporcionase protección policial.

Una de las razones por las que He mostraba esa actitud desafiante era que había creído que lo aclamarían como a un héroe chino, tal vez incluso mundial. De hecho, las primeras informaciones en China así lo hicieron. El *Diario del Pueblo*, un órgano del Gobierno, publicó un artículo esa mañana con el titular: «Los primeros bebés genéticamente modificados para ser resistentes al sida han nacido en China», y se refería al trabajo de He como «un hito que China ha alcanzado en el terreno de las tecnologías de edición genética». Sin embargo, las tornas cambiaron tan pronto como los científicos, también en China, empezaron a criticar sus acciones. Esa misma noche, el *Diario del Pueblo* eliminó el artículo de su página web.[7]

Después de que He abandonase el restaurante del hotel, los organizadores se quedaron a la mesa decidiendo cómo manejar la situación. Pei echó un vistazo al móvil y les informó de que un grupo de científicos chinos había emitido un comunicado en el que condenaban a He. Pei empezó a traducirlo para el resto: «La experimentación directa en humanos solo se puede describir como una locura —declaraban—. Este es un golpe enorme contra la reputación internacional y contra el desarrollo de la ciencia china, en particular en el campo de la investigación biomédica». Doudna le preguntó a Pei si el comunicado había salido de la Academia de Ciencias china. No, respondió este, pero llevaba la firma de más de un centenar de prestigiosos científicos chinos, lo que significaba que el comunicado tenía la bendición oficial.[8]

Doudna y sus compañeros de cena comprendieron que también ellos, como organizadores del congreso, debían emitir un comunicado. Sin embargo, no querían que sonase demasiado contundente por miedo a que llevase a He a cancelar su ponencia. A decir verdad, reconoció Doudna, sus motivaciones no eran puramente científicas. El rumor internacional era inmenso, todos los ojos estaban puestos en Hong Kong, y sería una decepción tremenda que He se volviese a Shenzhen y perdiesen todos la oportunidad de formar parte de un momento histórico.

—Emitimos un brevísimo comunicado que era bastante tibio, y nos criticaron por ello —dice—, pero queríamos asegurarnos de que acudiera al congreso.

Mientras Doudna y sus colegas cenaban, empezaba a desplegarse el gran plan publicitario de He: se lanzaron los vídeos de YouTube, el artículo de AP en el que había colaborado se hizo viral y ese artículo moralista que había escrito sobre ética se publicaba finalmente online de la mano de los editores de la *CRISPR Journal* (aunque más tarde se retractaron).

—Estábamos todos anonadados por el hecho de que fuese tan joven, y por esa interesante combinación de hibris y notable ingenuidad que daba la impresión de ser —dice Doudna.[9]

La ponencia de He

Justo al mediodía del miércoles 28 de noviembre de 2018, llegó por fin el momento de que He Jiankui compareciera.[10] Robin Lovell-

Badge, el moderador, subió al estrado con aspecto nervioso. Su pelo rubio canoso, que no dejaba de revolverse con las manos, y sus gafas de pasta, le hacían parecer una versión aún más *nerd* de Woody Allen. Se le veía también ojeroso. Le confesaría más tarde a Doudna que no había dormido en toda la noche. Le pidió al público, con la mirada en sus notas, que fuese amable, como si temiera que los asistentes fuesen a tomar el estrado. «Permitan que hable sin interrupciones, por favor —dijo, y agitó la mano en un gesto de borrar mientras añadía—: Tengo potestad para cancelar la sesión si hay demasiado ruido o interrupciones.» Sin embargo, lo único que se oyó fueron los disparos de las cámaras de decenas de fotógrafos de pie al fondo de la sala.

Lovell-Badge explicó que la ponencia de He se había programado antes de conocer la noticia de sus bebés CRISPR: «No conocíamos esta historia que iba a salir a la luz en los últimos días —dijo—. De hecho, me mandó las diapositivas que iba a mostrar en su sesión y no incluían nada con relación al trabajo del que nos va a hablar». A continuación, mirando nerviosamente alrededor, anunció: «Me gustaría ahora, si puede escucharme, invitar a Jiankui He a subir al estrado para presentar su trabajo».[11]

No apareció nadie. El público parecía estar conteniendo la respiración. «Estoy seguro de que la gente se preguntaba si de verdad se iba a presentar», contó Lovell-Badge tiempo después. Y entonces, justo detrás de él, que estaba de pie a la derecha de estrado, apareció un joven asiático vestido con traje oscuro. Hubo tímidos aplausos desperdigados y algo de confusión. El hombre trasteó con un portátil para mostrar la diapositiva correcta y luego ajustó el micrófono. Algunos miembros del público empezaron a soltar risitas nerviosas al comprender que se trataba del técnico audiovisual. «Miren, no sé dónde está», confesó Lovell-Badge, agitando su cuaderno.

A lo largo de unos inquietantes treinta y cinco segundos, que en casos como este es un tiempo «muy» largo, en la sala hubo un silencio electrizado pero ningún movimiento. Por fin, algo vacilante, un hombre menudo con camisa de rayas y un abultado maletín marrón asomó por el extremo contrario del estrado. En el ambiente hasta cierto punto formal de Hong Kong (Lovell-Badge iba con traje), su presencia —con el cuello desabrochado, sin chaqueta y corbata— desentonaba. «Tenía más pinta de ser un oficinista corriendo para pillar el Star Ferry en medio de la humedad de Hong Kong que de ser un científico en el centro de una inmensa tormenta internacional», diría más tarde el editor de ciencia Kevin Davies.[12] Lovell-Badge, aliviado, le hizo señas de que se acercara, y cuando He llegó al atril, le susurró al oído: «Por favor, no te extiendas demasiado, necesitamos tiempo para hacerte preguntas».

Cuando He empezó a hablar, un aluvión de clics y flases de los paparazis ahogaron su voz y parecieron desconcertarlo. David Baltimore se puso de pie en la primera fila, se volvió hacia la zona de prensa y los regañó.

—El sonido de los disparadores era tan fuerte que no oíamos nada de lo que sucedía en el estrado —dice—. De modo que intervine un momento y les hice parar.[13]

He echó un vistazo alrededor, avergonzado; sus rasgos suaves lo hacían parecer todavía más joven de los treinta y cuatro años que tenía. «Debo disculparme por el hecho de que mis resultados se hayan filtrado de manera imprevista, lo que ha eliminado la posibilidad de una revisión por pares antes de presentarlos en este congreso —empezó diciendo, y luego, sin ser consciente, al parecer, de la contradicción, siguió dando las gracias—: Gracias a la Associated Press, a la que contactamos meses antes del parto para que informaran con rigor de los resultados del estudio.» Leyendo muy despacio su ponencia, con apenas emoción, describió el azote del VIH, las muertes y la discriminación que causaba, y cómo la mutación del gen CCR5 podía prevenir el contagio de bebés nacidos de padres seropositivos.

Tras veinte minutos mostrando diapositivas y explicando el proceso que había seguido, llegó el momento de las preguntas. Lovell-Badge invitó a Matthew Porteus, biólogo de células madre de Stanford que conocía a He, a subir al estrado para ayudarlo con el interrogatorio. En lugar de preguntar a He por el enorme problema que suponía su edición germinal de embriones humanos que violaba las normas internacionales, Lovell-Badge comenzó con una larga pregunta, y luego otra, acerca de la historia evolutiva y el posible papel del gen CCR5. Porteus tomó el relevo con numerosas y detalladas preguntas en relación con cuántas parejas, óvulos, embriones e investigadores habían estado implicados en el ensayo clínico de He. «Me decepcionó que el debate en el estrado no se centrara en las cuestiones principales», diría Doudna más tarde.

Finalmente, se invitó al público a comentar y a hacer preguntas.

Baltimore se levantó primero y fue directo al grano. Tras exponer las directrices internacionales que habían de cumplirse antes de editar la línea germinal en humanos, declaró: «No se han dado estos supuestos». Se refirió a las acciones de He como «irresponsables», solapadas y «médicamente innecesarias». David Liu, destacado bioquímico de Harvard, habló a continuación e interpeló a He sobre sus razones para considerar que la edición de embriones estuviese justificada en este caso. «Podría haber usado el lavado seminal para generar embriones no infectados —dijo Liu—. ¿Cuál era la necesidad médica no satisfecha de estos pacientes?» He, en voz baja, respondió que no solo trataba de ayudar a esas gemelas, sino que quería encontrar una vía «para millones de niños VIH» que algún día podían necesitar protección frente a un contagio por parte de sus padres incluso después de nacer: «Tengo experiencia personal con personas de pueblos con sida en los que el treinta por ciento de los vecinos están contagiados, y tienen que entregar a sus hijos a tíos y a tías por miedo a infectarlos». «Existe un consenso que no permite la edición genómica en células de la línea germinal —señaló un profesor de la Universidad de Pekín—. ¿Por qué decidió cruzar esta línea roja? ¿Y por qué los llevó a cabo [estos procedimientos] en secreto?» Cuando Lovell-Badge se arrogó la tarea de reformular la pregunta, se centró solo en el secretismo, cuestión que He esquivó explicando que había consultado a un buen número de investigadores en Estados Unidos, algo que, de este modo, le permitió evitar abordar de forma directa el problema histórico crucial. La última pregunta la hizo un periodista: «Si hubiese sido su hijo, ¿habría seguido adelante con esto?». La respuesta de He: «Si fuese mi hijo el que estuviese en esta situación, lo habría intentado». A continuación, He cogió su maletín, abandonó el estrado y lo llevaron de vuelta a Shenzhen.[14]

Sentada entre el público, Doudna empezó a sudar.

—Sentía una mezcla de energía nerviosa y náuseas —recuerda.

He aquí su asombrosa herramienta de edición genética, la CRISPR-Cas9, que ella había coinventado, usada para crear, por primera vez en la historia, un ser humano genéticamente modificado. Y había sucedido antes de que los problemas de seguridad se sometiesen a ensayos clínicos, antes de que los dilemas éticos se resolviesen o de que se decidiera, por medio de un consenso social, si esta era la forma en que debían evolucionar la ciencia y los seres humanos.

—Me afectó mucho sentir esa decepción y esa indignación increíbles por la forma en que se había manejado. Me preocupaba que la carrera para llevarlo a cabo no hubiese estado motivada por necesidades médicas o por el deseo de ayudar a la gente, sino por un deseo de atención y de llegar el primero.[15]

La pregunta a la que se enfrentaban ella y el resto de organizadores era si no tendrían parte de culpa. Habían dedicado años a elaborar los criterios que debían cumplirse antes de cualquier edición en humanos, pero habían evitado declarar explícitamente una moratoria o establecer un proceso claro para aprobar un determinado ensayo. He podía alegar, como de hecho hizo, que había seguido esos criterios.[16]

«UNA IRRESPONSABILIDAD»

Esa noche, Doudna fue al bar del hotel para charlar con algunos de sus exhaustos compañeros de organización. Baltimore acudió también, y pidieron unas cervezas. Él creía, más que el resto, que había sido un error por parte de la comunidad científica no aplicar suficiente autorregulación. «Una cosa está clara —dijo—. Si este tipo ha hecho realmente lo que dice que ha hecho, no es muy difícil hacerlo. Esto da que pensar.» Decidieron que debían emitir un comunicado.[17]

Doudna, Baltimore, Porteus y otros cinco se apropiaron de una pequeña sala de reuniones y empezaron a elaborar un borrador.

—Fueron muchas horas dándole vueltas renglón por renglón y debatiendo el propósito de cada frase —recuerda Porteus.

Al igual que los demás, quería expresar su profunda desaprobación con lo que He había hecho, pero evitando usar, no obstante, la palabra «moratoria» o hacer cualquier cosa que pudiera poner trabas a las investigaciones sobre edición genética.

—Me parece que el término «moratoria» no es muy útil, porque no da ninguna idea de cómo ir más allá —explica Porteus—. Sé que es un término que atrae a la gente, porque traza una línea bonita y bien marcada que no se debe cruzar. Pero limitarse a decir que debería haber una moratoria anula la conversación y no nos permite considerar detenidamente cómo se podría avanzar de un modo responsable.

Doudna se sentía dividida. Estaba consternada por lo que He había hecho, porque era prematuro e innecesario como procedimiento médico y era un acto presuntuoso que podía atizar una reacción negativa contra cualquier labor de edición genética. Sin embargo, había llegado a creer, y hasta esperar, que la CRISPR-Cas9 se revelase como una poderosa herramienta que ayudara al bienestar humano, por medio también, algún día, de ediciones germinales. A lo largo de la discusión en torno al borrador del comunicado, ese terminó siendo el consenso en la mesa.[18]

De modo que decidieron, una vez más, buscar un justo medio. Hacían falta directrices más específicas que indicasen cuándo debían realizarse ediciones germinales, pero era asimismo importante evitar toda retórica que condujese a prohibiciones nacionales y moratorias.

—La sensación en el encuentro era que la tecnología había llegado a un punto que nos obligaba a marcar un camino claro para el uso clínico de la edición genética de embriones —explica Doudna.

En otras palabras, en lugar de intentar impedir cualquier uso de las CRISPR para crear bebés genéticamente editados, quería sentar las bases para que hacerlo fuese más seguro.

—Meter la cabeza en la arena o decir que hace falta una moratoria no es realista —sostiene—. En lugar de eso deberíamos decir: «Si quieres hacer ensayos clínicos con edición genética, estos son los pasos específicos que debes seguir».

A Doudna le influyó la postura de George Daley, decano de la facultad de Medicina de Harvard, un viejo amigo que formó parte de estas deliberaciones. Daley estaba firmemente convencido de que las CRISPR se podrían usar algún día para hacer ediciones heredables; en esos momentos en Harvard había una investigación en marcha que estudiaba ediciones germinales en el esperma que tal vez previnieran el alzhéimer.

—George es consciente del potencial de la edición germinal humana en embriones y quiso protegerlo para su uso en el futuro —afirma Doudna.[19]

De modo que el comunicado que redactaron Doudna, Baltimore y el resto de organizadores fue muy contenido: «En este congreso hemos oído la afirmación, inesperada y profundamente preocupante, de que se habían editado e implantado embriones humanos, con el consiguiente embarazo y nacimiento de gemelas —escribieron—.

El procedimiento fue una irresponsabilidad y no siguió las normas internacionales». Sin embargo, no se abogaba en ningún momento por una prohibición o moratoria. El comunicado se limitaba a señalar que los riesgos de seguridad eran demasiado altos como para permitir la edición germinal «en ese momento», y a continuación pasaba a subrayar que «la edición genómica de la línea germinal podría resultar aceptable en el futuro si se abordasen estos riesgos y se cumpliesen determinados criterios añadidos». La línea germinal había dejado de ser una línea roja.[20]

39

La recepción de la noticia

Francis Collins, Doudna y el senador Richard Durbin en una audiencia
en el Congreso

JOSIAH ZAYNER LO CELEBRA

Josiah Zayner, el biohacker que se había autoinyectado un gen editado vía CRISPR el año anterior, estaba tan entusiasmado que se quedó
toda la noche en vela siguiendo en directo el anuncio de He Jiankui
desde Hong Kong. Lo vio en su portátil, metido en la cama con una
manta sobre las piernas y con las luces apagadas, con solo el resplandor de la pantalla reflejándose en su cara, porque su novia dormía a su
lado.

    —Estaba ahí sentado esperando a que subiese al estrado, con la
piel de gallina y un escalofrío bajándome por la espalda porque sabía
que estaba a punto de ocurrir algo emocionante —cuenta.[1]

    Cuando He Jiankui describió a las gemelas genéticamente edita-
das que había creado por medio de CRISPR, Zayner se dijo: «¡Esto es
lo más!». Aquello no era solo un logro científico, sintió, sino un hito
para la especie humana. «¡Lo hemos conseguido! —exclamó exultan-

te—. ¡Hemos diseñado genéticamente un embrión! ¡Nuestra humanidad ha cambiado para siempre!»

No había vuelta atrás, comprendió. Era como cuando Roger Bannister había batido el récord de los cuatro minutos en la prueba de una milla. Ahora que había sucedido, volvería a ocurrir.

—Para mí es una de las cosas más revolucionarias que se han hecho en la ciencia. Nunca en la historia humana hemos podido decidir qué genes tenemos, ¿no es así? Ahora podemos.

Y, desde una perspectiva personal, validaba la que Zayner consideraba su propia misión.

—Pasé unos días tan excitado que no podía dormir, porque aquello venía a confirmarme por qué hago lo que hago, que es tratar de asegurarme de que la gente impulse la humanidad hacia delante.

¿Impulsar la humanidad hacia delante? Sí, a veces son los rebeldes los que hacen eso. Mientras lo oía hablar, su tono monocorde y su desmedido entusiasmo me recordaron aquel día en que Steve Jobs se sentó en el patio trasero de su casa y me recitó de memoria las frases que había ayudado a redactar para el anuncio de Apple «Think Different» sobre los rebeldes, los inadaptados y los alborotadores que huyen de las normas y no tienen ningún respeto por el *statu quo*. «Impulsan la humanidad hacia delante —dijo Jobs—, porque las personas que están lo bastante locas como para creer que pueden cambiar el mundo son las que lo cambian.»

Una razón por la que sería difícil evitar futuros bebés CRISPR, argumentaría Zayner en un artículo para *Stat*, era que esa tecnología estaría pronto al alcance de expertos inadaptados: «La gente está ya editando células humanas con un microscopio invertido de ciento cincuenta dólares», decía, y empresas online como la suya vendían ya proteína Cas9 y ARN guía. «El material necesario para inyectar a un embrión es mínimo: un microinyector, una micropipeta y un microscopio. Todo ello se puede comprar en eBay y se puede montar por unos miles de dólares.» Los embriones humanos se podían conseguir en clínicas de fecundación por unos mil dólares, afirmaba: «Un médico estadounidense implantaría seguramente el embrión si no le contamos qué hemos hecho, y, si no, se puede llevar a cabo en otro país [...]. De modo que no pasará mucho tiempo antes de que se edite e implante el siguiente embrión humano».[2]

Lo fantástico de la edición germinal, afirma Zayner, es que puede erradicar para siempre de la especie humana una enfermedad o una anormalidad genética:

—No solo curarla en un paciente, sino eliminar por completo enfermedades que son una desgraciada sentencia de muerte, como la distrofia muscular, del futuro de la humanidad, para siempre.

Zayner apoya incluso el uso de las CRISPR para el mejoramiento en niños:

—Si pudiese hacer que mi hijo fuese menos propenso a la obesidad o darle unos genes que mejorasen su rendimiento atlético y demás, ¿por qué habría de decir que no?[3]

Para Zayner, es también una cuestión personal. Cuando hablé con él a mediados de 2020, su pareja y él estaban tratando de concebir un hijo por medio de fecundación *in vitro*, y recurrieron al diagnóstico genético preimplantacional para elegir el sexo del bebé. Los doctores practicaron asimismo un cribado para descartar enfermedades genéticas importantes, pero se negaban a proporcionarle a Zayner la secuencia genómica completa y los marcadores de los embriones candidatos.

—No podemos escoger los genes que recibirá nuestro bebé, lo cual es una locura —dice—. En lugar de eso, lo dejamos al azar. Creo que está bien escoger los genes que quieres para tus hijos. Da miedo y va a dar lugar al *Homo sapiens* versión dos punto cero, pero también creo que es tremenda, tremenda, tremendamente emocionante.

Cuando empiezo a contraatacar, Zayner me detiene en seco citando un ejemplo personal de la clase de disposición genética que querría editar:

—Yo sufro trastorno bipolar —dice—. Es terrible. Me causa problemas muy serios en la vida. Me encantaría poder deshacerme de él.

¿No le preocupa, le pregunté, que eliminar ese trastorno le hiciese dejar de ser la persona que es?

—La gente se inventa esas mentiras de que si te ayuda a ser más creativo y todas esas chorradas, pero es una enfermedad. Es una enfermedad que provoca sufrimiento, la hostia de sufrimiento. Creo que seguramente podríamos encontrar otras maneras de ser creativos sin ella.

Zayner sabe que hay numerosos genes que influyen de maneras misteriosas en los trastornos psicológicos, y que hoy no sabemos lo bastante para poder resolverlos. Sin embargo, hipotéticamente, si consiguiésemos que funcionara, cree que querría recurrir a la edición genética germinal para asegurarse de que sus hijos tuvieran menos probabilidades de sufrir.

—Si pudiese editar mis genes de un modo que redujese la probabilidad de que mi hijo fuese bipolar, si pudiese reducir un poco esa posibilidad para mi hijo, o sea, ¿cómo no iba a hacerlo? ¿Cómo voy a querer que mi hijo crezca y tenga que sufrir como he sufrido yo? No creo que fuese capaz.

¿Y qué hay de ediciones menos necesarias desde el punto de vista médico?

—Desde luego, yo haría que mis hijos fuesen quince centímetros más altos, y más atléticos, si pudiese —dice—. Y más atractivos. A la gente más alta y más atractiva le va mejor, ¿no? ¿Qué querrías tú para tu hijo? Evidentemente, para mis hijos..., yo lo querría todo para ellos.

Zayner se figura, con acierto, que crecí en un hogar con unos padres que me proporcionaron la mejor educación posible.

—¿Qué diferencia hay entre eso, pregunta, y querer darle a un niño los mejores genes?

Ni rastro de respuesta negativa

Cuando Doudna regresó a casa desde Hong Kong, se encontró con que su hijo adolescente no entendía por qué se había armado tanto revuelo por la edición genética de He.

—Andy se mostraba muy despreocupado, lo que me hace preguntarme si las futuras generaciones verán tanto problema en ello —dice—. Puede que lo vean como la fecundación *in vitro*, muy polémica en los comienzos.

Sus padres, recuerda, se escandalizaron cuando nació la primera niña probeta en 1978. Doudna tenía entonces catorce años, acababa de leer *La doble hélice*, y recuerda hablar con ellos de por qué consideraban que crear bebés por fecundación *in vitro* era antinatural y no les parecía correcto.

—Pero luego pasó a estar aceptado, y mis padres lo aceptaron también. Tenían amigos que solo podían concebir por fecundación *in vitro* y estaban encantados de que existiera.[4]

Resultó que la reacción pública y política hacia los bebés CRISPR

372

estaba en línea con la de Andy. Dos semanas después de su regreso de Hong Kong, Doudna asistió a un encuentro en el Capitolio para hablar sobre la edición genética con ocho senadores. Esta clase de reuniones suelen ser un foro en el que los políticos expresan su escándalo y consternación a propósito de algo que no acaban de comprender y sobre lo que luego piden más leyes y regulaciones. Ocurrió más bien lo contrario en esta reunión en el Senado, que estuvo organizada por el representante demócrata de Illinois, Richard «Dick» Durbin, y contó con Lindsey Graham (Carolina del Sur, republicano), Jack Reed (Rhode Island, demócrata), Lamar Alexander (Tennessee, republicano) y el médico Bill Cassidy (Luisiana, republicano).

—Me alegró que todos esos senadores, todos ellos, alentaran la idea general de que la edición era una tecnología importante —explica Doudna—. Me sorprendió que ninguno pidiese más regulaciones. Lo único que querían averiguar era: ¿por dónde tiramos ahora?

Doudna y el director de los Institutos Nacionales de Salud, Francis Collins, que la acompañaba, explicaron que existían ya regulaciones en vigor que restringían el uso de la edición genética en embriones. Los senadores estaban más interesados en intentar comprender el valor que podían tener las CRISPR para la medicina y la agricultura. En lugar de centrarse en las bebés CRISPR chinas que acababan de nacer, formularon preguntas detalladas acerca de cómo podrían funcionar las CRISPR, tanto en terapias somáticas como en ediciones germinales, para curar la anemia falciforme.

—Estaban entusiasmados por el potencial en relación con la anemia falciforme, y con otras enfermedades monogénicas como la enfermedad de Huntington y la de Tay-Sachs —relata Doudna—. Hablaron de lo que suponía de cara a una atención sanitaria sostenible.[5]

Se crearon dos comisiones internacionales para abordar el asunto de la edición germinal. La primera la organizaron las academias nacionales de ciencias que formaban parte del proceso desde 2015. La segunda la convocó la Organización Mundial de la Salud (OMS). Doudna temía que la existencia de dos grupos condujese a mensajes contradictorios, lo que permitiría a los futuros He Jiankui interpretar a su manera las directrices. De modo que visité a Victor Dzau, presidente de la Academia Nacional de Medicina estadounidense, y a Margaret

Hamburg, copresidenta de la comisión de la OMS, para ver cómo iban a repartirse las responsabilidades. «El grupo de academias nacionales se centrará en los aspectos científicos —explicó Hamburg—. La OMS está buscando la manera de establecer un marco regulador mundial.» Si bien habrá dos informes, será mejor que en el pasado, afirmaba Dzau, cuando las academias científicas de los distintos países elaboraban directrices distintas.

Sin embargo, Hamburg reconocía que era improbable que eso evitara que cada país elaborase sus propias normativas: «Tienen actitudes y criterios reguladores distintos, como ocurre en relación con los alimentos transgénicos, que reflejan sus diferentes valores sociales», explicó. Eso podía conducir, por desgracia, al turismo genético. Las personas privilegiadas que quieran acceder a mejoras genéticas viajarán a los países que las ofrezcan. Hamburg admitía que para la OMS sería complicado controlar el cumplimiento: «No estamos hablando de armas nucleares, con las que puedes poner guardas y candados para imponer unas medidas de seguridad».[6]

EL DILEMA DE LA MORATORIA

Mientras ambas comisiones se ponían a trabajar a mediados de 2019, en la comunidad científica estalló una disputa pública que enfrentó de nuevo a Doudna con el implacable Eric Lander, del Instituto Broad. Fue en torno al uso del término «moratoria», que la mayoría de comités científicos llevaban años evitando.

En algunos aspectos, la disputa sobre pedir o no una moratoria oficial era semántica. Las condiciones que se habían especificado para hacer permisible la edición genética de embriones —que fuese segura y «médicamente necesaria»— no se podían satisfacer por el momento. Sin embargo, algunos sostenían que las acciones de He mostraban la necesidad de un semáforo rojo más claro y luminoso. Entre ellos estaban Lander, su pupilo Feng Zhang, Paul Berg, Francis Collins y Emmanuelle Charpentier, la colaboradora científica de Doudna. «Si usas esa palabra que empieza por "m" —explicaba Collins—, tiene algo más de peso.»[7]

A Lander le gustaba ser un intelectual público y un asesor político. Elocuente, divertido, sociable y magnético —al menos para aquellos a los que su vehemencia no echaba para atrás—, tenía mucha habilidad para defender las posiciones y aunar a los grupos de fervientes escépticos. Sin embargo, Doudna sospechaba que, si había atizado la cuestión de la moratoria, era, al menos en una pequeña parte, porque David Baltimore y ella, en mayor medida que el apocado Zhang, acaparaban los focos como los pensadores más destacados de las políticas públicas en relación con las CRISPR.

—Eric y el Instituto Broad tienen un megáfono enorme —afirma Doudna—. Su petición de una moratoria era una forma de protagonizar un montón de titulares sobre un tema por el que nunca antes habían dado la cara.

Cualesquiera que fuesen sus razones (y yo me inclinó por creer que eran francas), Lander se lanzó a reunir apoyos para un artículo que se publicaría en la revista *Nature* con el título «Adopt a Moratorium on Heritable Genome Editing». Zhang, por supuesto, lo firmó, como lo hizo también Charpentier, la antigua colaboradora de Doudna. Y también Berg, cuyos descubrimientos en torno al ADN recombinante habían desembocado en el congreso de Asilomar cuarenta y cuatro años antes. «Pedimos una moratoria mundial en todos los usos clínicos de la edición germinal humana; esto es, modificar el ADN heredable (en el esperma, los óvulos o los embriones) para crear niños genéticamente modificados», comenzaba el artículo.[8]

Lander coordinó el artículo junto con su amigo Collins, con quien había trabajado en el Proyecto Genoma Humano. «Tenemos que afirmar de la forma más clara posible que este es un camino que no estamos preparados para tomar, no de momento, y posiblemente nunca», declaró Collins en una entrevista el mismo día en que se publicó el artículo de Lander.

Lander recalcaba que el asunto no debía dejarse en manos de la decisión individual y el libre mercado: «Estamos tratando de planificar el mundo que les dejaremos a nuestros hijos —decía—. ¿Es ese un mundo en el que consideramos detenidamente las aplicaciones médicas y las usamos en casos graves?, ¿o es un mundo inmerso en una rivalidad comercial desenfrenada?». Zhang señalaba que las cuestiones que rodeaban la edición genética debía resolverlas la sociedad en conjunto y no los individuos: «Podemos imaginar una situación en la que los padres sientan presión para modificar a sus hijos porque otros padres lo hacen —decía—. Podría exacerbar aún más la desigualdad. Podría crear un desbarajuste total en la sociedad».[9]

«¿Por qué está Eric tan decidido a presionar públicamente por una moratoria?», me preguntó Margaret Hamburg, copresidenta del grupo de la OMS. Era una pregunta sincera. Lander tenía tal reputación que, hasta cuando hacía algo que parecía sincero, los demás recelaban de sus razones. La petición de una moratoria, sentía Hamburg, parecía un alarde; era innecesaria, dado que tanto la OMS como las academias nacionales estaban ya embarcadas en el proceso de definir unas directrices adecuadas, en lugar de imponer un alto en la edición germinal.[10]

También Baltimore mostró su desconcierto. Lander había intentado reclutarlo para que firmase la carta, pero, al igual que en el debate sobre el ADN recombinante cuarenta años antes en Asilomar, Baltimore estaba más interesado en encontrar «una senda prudente» para lo que podía ser un avance que salvara vidas que en declarar una moratoria que quizá, una vez en vigor, costase levantar. Sospechaba que Lander podría estar presionando en ese sentido para congraciarse con Collins, director de los Institutos Nacionales de Salud, que proporcionan cuantiosos fondos a los laboratorios universitarios.

En cuanto a Doudna, su oposición a la moratoria se hacía más firme cuanto más presionaba Lander.

—Dado que ya se ha practicado la edición germinal en el caso de las bebés chinas, creo que pedir una moratoria en este punto sencillamente no es realista —afirma—. Si reclamas una moratoria, te estás excluyendo a todos los efectos de la conversación.[11]

La postura de Doudna se impuso. En septiembre de 2020, la comisión de academias de ciencia internacionales, que se había formado tras el impactante anuncio de He, publicó un informe de doscientas páginas. No se pedía ninguna moratoria, ni se mencionaba siquiera la palabra, pese a que Lander era uno de los dieciocho miembros de la comisión. En su lugar, afirmaba que la edición heredable del genoma humano «podía proporcionar en el futuro una opción reproductiva» para parejas con enfermedades genéticas. El informe señalaba que hacer esta clase de ediciones no era seguro todavía y, en general, tampoco médicamente necesario, pero se decantaba a favor de «definir una senda responsable para el uso clínico de la edición heredable del genoma humano». En otras palabras, a favor de seguir persiguiendo el objetivo de esa «senda prudente» que se había aprobado en enero de 2015 en el congreso de Napa organizado por Doudna.[12]

LA CONDENA DE HE JIANKUI

En lugar de aclamarlo como a un héroe nacional, como él había fantaseado, He terminó yendo a juicio a finales de 2019 en el Tribunal Popular de Shenzhen. El proceso contuvo muchos de los elementos de un juicio justo: se le permitió contar con sus propios abogados y hablar en su defensa. Sin embargo, dado que se había declarado culpable de la acusación de «práctica médica ilegal», no había ninguna duda en torno al veredicto. Lo condenaron a tres años de prisión y a una multa de cuatrocientos treinta mil dólares, y quedó inhabilitado de por vida para trabajar en ciencias reproductivas. «Buscando fama y provecho, violó deliberadamente las regulaciones nacionales correspondientes y cruzó los límites fundamentales de la ética médica y científica», declaró el tribunal.[13]

Las noticias chinas oficiales acerca del juicio revelaron también que una segunda mujer había dado a luz a un tercer bebé CRISPR diseñado por He. No se dieron detalles del bebé, ni tampoco del estado actual de Lulu y Nana, las gemelas CRISPR originales.

Cuando *The Wall Street Journal* le pidió a Doudna que comentase el fallo, ella tuvo cuidado en criticar la labor de He sin censurar la edición genética germinal. La comunidad científica tendría que solventar los problemas éticos y de seguridad, afirmaba, pero «para mí, la gran pregunta no es si esto volverá a ocurrir. Creo que la respuesta es sí. La pregunta es cuándo, la pregunta es cómo».[14]

SÉPTIMA PARTE

Las cuestiones morales

Si los científicos no juegan a ser Dios, ¿quién lo va a hacer?

JAMES WATSON, ante la comisión científica del Parlamento británico, 16 de mayo de 2000

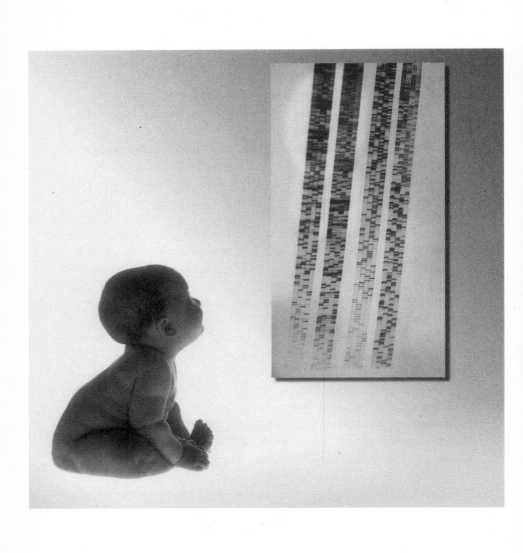

40

Líneas rojas

Una serie de desafíos

Cuando He Jiankui dio vida a los primeros bebés CRISPR del mundo, con el propósito de hacer que tanto ellos como su descendencia fuesen inmunes al ataque de un virus mortal, la mayoría de los científicos serios expresó su indignación. Se consideró una iniciativa prematura, en el mejor de los casos, y, en el peor, aborrecible. Sin embargo, como consecuencia de la pandemia de coronavirus de 2020, la idea de editar nuestros propios genes para hacernos inmunes a los ataques víricos comenzó a despertar mucha menos indignación y a resultar mucho más atractiva. De este modo, las llamadas a aplazar la edición genética de la línea germinal humana se desvanecieron. Como el desarrollo del sistema de inmunidad frente a los virus había llevado a las bacterias miles de años de evolución, quizá los seres humanos debíamos acudir al ingenio para buscar el mismo resultado.

Si pudiésemos editar los genes de forma segura para hacer que nuestra descendencia sea menos propensa al VIH o a los coronavirus, ¿sería un error hacerlo? ¿O el error sería, más bien, no hacerlo? ¿Y qué hay de la edición genética con otros arreglos y mejoras en mente, algo que podría conseguirse en solo unas décadas? Una vez que se probase que el procedimiento es seguro, ¿deberían los gobiernos impedir que recurriésemos a él?[1]

Se trata de uno de los problemas más trascendentales al que los seres humanos nos hemos enfrentado. Por primera vez en la historia evolutiva de la vida en este planeta, una especie ha desarrollado la capacidad de editar su propia constitución genética, lo cual encierra la posibilidad de eliminar muchas enfermedades mortales y alteraciones que debilitan. Y, algún día, ofrecerá la promesa y el riesgo de que podamos, o al menos de que algunos de nosotros puedan, optimizar el propio cuerpo, así como perfeccionar a nuestros bebés para que tengan mejores músculos, memoria y estados de ánimo.

En las próximas décadas, a medida que obtengamos una mayor capacidad para hackear nuestra propia evolución, tendremos que plantearnos cuestiones muy serias de índole moral y espiritual. ¿Hay una bondad inherente en la naturaleza? ¿Es virtuoso aceptar los dones que se nos ofrecen? ¿Depende la empatía de la creencia en que, sea por la gracia de Dios, sea por la aleatoriedad de la lotería de la naturaleza, podríamos haber nacido con un conjunto de dotaciones diferente? ¿Hará el énfasis en la libertad personal de los más fundamentales aspectos de la naturaleza humana una simple elección de consumo en el supermercado genético? ¿Deberían poder los ricos comprar los mejores genes? ¿Hemos de dejar las decisiones de este calado al criterio individual o las sociedades tienen que llegar a un consenso sobre lo que puede y no puede permitirse?

¿Es posible que, como suele suceder, estemos poniéndonos demasiado dramáticos con tanta tribulación? ¿Por qué diablos no íbamos a aprovechar los beneficios de librar a nuestra especie de peligrosas enfermedades y mejorar las capacidades de nuestros hijos?[2]

La línea germinal como línea roja

La principal preocupación es la edición de la línea germinal, unos cambios que se hacen sobre los óvulos o el esperma de los seres humanos o en embriones en las primeras fases de desarrollo, de manera que cada célula de la niña o del niño resultante, así como las de sus descendientes, portará el rasgo editado. Ya se ha aceptado de forma generalizada, creo que de forma acertada, lo que se conoce como «edición somática», es decir, alteraciones que se hacen en células específicas de un paciente vivo y que no afectan a las reproductivas. Si algo no va bien en una de estas terapias, puede llegar a ser desastroso para el paciente, pero no para la especie.

La edición somática puede utilizarse con ciertos tipos de células, como las de la sangre, los músculos o los ojos. Sin embargo, son tratamientos muy costosos, no funcionan con cualquier célula y los efectos pueden no ser permanentes. Las ediciones de la línea germinal podrían servir para hacer arreglos en cualquier célula del cuerpo, por lo que resultan mucho más prometedoras; pero también se consideran más peligrosas.

Hasta que se dio vida a los primeros bebés CRISPR en 2018, existían sobre todo dos métodos médicos para seleccionar los rasgos genéticos de un niño o de una niña. El primero era la prueba prenatal, que consiste en llevar a cabo una serie de ensayos genéticos en embriones, cuando estos aún están desarrollándose en el útero. A día de hoy, gracias a estas pruebas se pueden detectar el síndrome de Down, el sexo y toda una serie de enfermedades congénitas. Los padres pueden tomar la decisión de abortar si no están satisfechos con los rasgos. En Estados Unidos, un diagnóstico prenatal de síndrome de Down acaba en aborto en cerca de dos tercios de los casos.[3]

El desarrollo de la fecundación *in vitro* supuso, en su momento, otro avance para el control genético, el conocido como diagnóstico genético de preimplantación. Una pareja puede, si lo desea, producir varios óvulos fertilizados y que se les hagan, antes de implantarlos en el útero, unas pruebas en una placa de Petri, para conocer sus características genéticas. Así podrán saber si se dan en ellos las mutaciones que ocasionan la enfermedad de Huntington o la de Tay-Sach, o células falciformes, etcétera. O quizá, algún día, podamos saber, como ocurre en la película *Gattaca*, si tienen los genes deseados para la altura, la memoria o la masa muscular. Con los diagnósticos de preimplantación, se pueden implantar aquellos óvulos fertilizados que cuenten con los rasgos que los padres consideren preferibles, para descartar al resto.

Las dos técnicas presentadas ponen sobre la mesa las mismas cuestiones morales que atañen a la edición genética de la línea germinal. Por ejemplo, James Watson, el deslenguado codescubridor del ADN, opinaba en una ocasión que las mujeres deberían tener el derecho de abortar con base en sus preferencias o prejuicios, incluso el no querer tener un descendiente que vaya a ser disléxico, gay o de sexo femenino.[4]

Esto ocasionó que mucha gente se echara para atrás, lo que resulta comprensible. Con todo, el diagnóstico genético de preimplantación se considera en la actualidad como moralmente aceptable, y los padres, en general, tienen la libertad de seguir sus propios y exclusivos criterios a la hora de tomar decisiones.

La cuestión es si la edición genética de la línea germinal llegará a considerarse algún día como una más de una larga lista de intervenciones biológicas en otro tiempo controvertidas, como es el caso de la prueba prenatal o de preimplantación, que se han ido aceptando poco a poco. Si esto es así, ¿tiene sentido mirar a la edición de la línea germinal como si se tratase de algo distinto, sujeto a un conjunto de patrones morales diferente?

Podríamos definirlo como un rompecabezas continuo. Hay expertos en ética a los que se les da muy bien hacer distinciones, así como hay otros con mucha habilidad para desmitificarlas. O, para decirlo de otro modo, hay expertos en ética que tienden a marcar la línea y otros que tienden a desdibujarla. Estos últimos, en general, alegarán que las líneas son tan difusas que no hay un fundamento para establecer categorías distintas.

Comparemos el asunto con el de la bomba atómica. Cuando el secretario de la Guerra Henry Stimson se debatía sobre si lanzarla o no sobre Japón, algunos adujeron que se trataba de una nueva categoría de arma, como una línea que no debía traspasarse. Otros, en cambio, defendían que en lo fundamental no era distinta y que, de hecho, sería mucho menos devastadora que las campañas de bombardeos que se habían venido desplegando sobre Dresde y Tokio. Fueron estos últimos quienes acabaron por imponerse, de manera que la bomba, como sabemos, se lanzó. No obstante, con el tiempo, el armamento atómico llegaría a incluirse dentro de una categoría diferente y, desde entonces, no ha vuelto a utilizarse.

Creo que, en el caso de la edición genética, la línea germinal es, de hecho, una línea real. Quizá no haya una divisoria clara y terminante, como si se tratase de una cuchilla de afeitar, que la diferencie de otras biotecnologías, pero, como Leonardo da Vinci nos enseñó con su *sfumato*, incluso aquellas que son un poco difusas pueden ser decisivas. El cruce de la línea germinal nos transporta a un reino nuevo y distinto, implica el diseño de un genoma, más que el cultivo de uno producido de forma natural, y supone la introducción de alteraciones que los futuros descendientes pueden heredar.

No obstante, esto no significa que nunca haya que cruzar esa línea, sino tan solo que podemos verla como un cortafuegos que nos proporciona la ocasión de interrumpir, si es que esto debiera hacerse, el avance de las técnicas de ingeniería genética. Así pues, la pregunta es: ¿en qué casos, si los hay, es legítimo cruzar la línea germinal?

TRATAMIENTO FRENTE A MEJORA

Otra línea que podemos considerar, además de la que hay entre la edición somática y la línea germinal, está relacionada con la distinción entre «tratamientos» diseñados para resolver anomalías genéticas peligrosas y «mejoras» pensadas para modificar las capacidades o los rasgos de los seres humanos. A primera vista, parece más fácil justificar los tratamientos que las mejoras.

No obstante, la distinción entre tratamientos y mejoras es más difusa de lo que a primera vista parece. Los genes pueden predisponer o predeterminar a un ser humano para ser más bajo, u obeso, o tener déficit de atención o depresión. ¿En qué punto las modificaciones genéticas para cambiar estos rasgos cruzan la línea entre el tratamiento sanitario y la mejora genética? ¿Qué decimos de las modificaciones genéticas que sirven para evitar que alguien se contagie de VIH o de un coronavirus, o que tenga cáncer o el alzhéimer? Quizá necesitaríamos una tercera categoría para este tipo de casos, la de «prevenciones», junto con las de «tratamientos» y «mejoras», tan pobremente definidas. Puede que sea posible añadir incluso una cuarta, la de las «supermejoras», en la que se incluirían nuevas capacidades humanas que la especie nunca había tenido antes, como la de la visión infrarroja o la audición de ondas centimétricas, o la de sortear la pérdida ósea, muscular o de la memoria que acarrea la edad.

Como pueden ver, la categorización puede volverse una cuestión compleja, que no necesariamente tiene una correlación con lo que pueda ser deseable o ético. Para trazar nuestra senda a través de este campo de minas moral, puede ser útil hacer algunas disquisiciones.

David Sanchez observa un tratamiento CRISPR para las células falciformes

41

Disquisiciones

LA ENFERMEDAD DE HUNTINGTON

Antes de precipitarnos y sumergirnos en una serie de afirmaciones rápidas e irreflexivas del tipo «la edición somática está bien, pero no las ediciones heredables de la línea germinal» o «los tratamientos están bien, pero no las mejoras», vamos a ver algunos casos específicos y pensar en los interrogantes a los que dan lugar.

Si hubo alguna vez una razón para editar los genes humanos, esta sería sin duda la de deshacerse de aquellas mutaciones que dan lugar a ese trastorno cruel y dolorosamente asesino conocido como enfermedad de Huntington, causado por una repetición anormal de las letras de una secuencia de ADN y que, a la larga, ocasiona la muerte de las células del cerebro. Los síntomas comienzan a aparecer en la mediana edad, en la forma de unas incontrolables contracciones nerviosas. A los enfermos les cuesta mantener la atención, acaban por perder el trabajo y, en un determinado momento, llegan a estar incapacitados para caminar, más adelante para hablar y después para tragar. En algunos casos también desarrollan demencia. Se trata de una muerte agónica y muy lenta. Además, el proceso es devastador para las familias, en particular para los hijos, que han de presenciar la horrible degeneración de sus padres, enfrentarse a la compasión o al escarnio de sus compañeros y, en última instancia, descubrir que tienen, como mínimo, un 50 por ciento de posibilidades de sufrir el mismo destino. Hay que ser un fanático creyente en la salvación a través del sufrimiento para pensar que puede derivarse algún bien de la existencia de esta enfermedad.[1]

La de Huntington es una enfermedad rara y dominante; basta con una copia de la mutación para que el conjuro fatal surta efecto.

En general, los síntomas no se manifiestan hasta después de que el portador haya llegado a la edad reproductiva, así que las víctimas, en su mayoría, ya han tenido prole antes de saber que padecían esta enfermedad genética. Así pues, la selección natural no puede encargarse de eliminarla. El proceso evolutivo se preocupa poco de lo que nos ocurra después de haber tenido descendencia y haberla criado hasta alcanzar una edad en la que puede estar segura por sí misma, así que hay todo un acervo de enfermedades que aparecen en la mediana edad, incluida la de Huntington y la mayor parte de las formas de cáncer, de las que quizá los seres humanos querríamos deshacernos, con independencia de que la naturaleza no vea ninguna necesidad de ello.

La corrección de la enfermedad de Huntington no requiere de una edición compleja, y la secuencia silvestre de ADN excedente no tiene ningún propósito beneficioso. De manera que ¿por qué no editar la línea germinal de las familias afectadas y liberar de esa lacra a nuestra especie de una vez por todas?

Uno de los argumentos en contra es que sería mejor, si es posible, encontrar un método alternativo para la edición génica de la línea germinal. En la mayoría de los casos, excepto cuando son ambos padres los que tienen la enfermedad, es posible asegurar la salud de la descendencia con un diagnóstico genético de preimplantación. Si los padres producen suficientes óvulos fertilizados, podrán desecharse los que presenten la enfermedad. No obstante, como sabe cualquiera que haya pasado por un tratamiento de fertilidad, producir bastantes óvulos viables no siempre resulta fácil.

Otra alternativa es la adopción. No obstante, en el momento actual tampoco se trata de algo sencillo. Además, quienes pretenden ser padres, en general, quieren que entre su prole y ellos haya una relación genética. ¿Se trata de un deseo razonable o de simple vanidad?[2] Con independencia de lo que los expertos en ética puedan decir, la mayoría de los padres albergan el sentimiento de que, en efecto, se trata de algo razonable. Los organismos, desde las bacterias hasta los seres humanos, han pugnado durante millones de años para encontrar el modo de transmitir sus genes, lo que indica que el impulso de tener una descendencia con la que haya una relación genética se encuentra entre los más naturales de este planeta.

Al editar los genes para eliminar la enfermedad de Huntington, no se induciría ningún cambio más allá de la eliminación de esa horrible mutación. Así que ¿debería estar permitido ese procedimiento, en particular en los casos en los que un examen de preimplantación presente dificultades? Aunque decidiésemos poner muy alto el nivel de las exigencias para el recurso a la edición de la línea germinal, parece (o, al menos, a mí me lo parece) que la de Huntington es una enfermedad genética que deberíamos tratar de erradicar en la especie humana.

Y si es así, ¿qué otros problemas genéticos darían a los padres el derecho a no pasárselos a sus bebés? Ya que se trata de una pendiente resbaladiza, vamos a ir paso a paso.

CÉLULAS FALCIFORMES

La anemia de células falciformes es otro caso interesante que hay que tener en cuenta, porque pone de relieve dos asuntos complejos, uno médico y otro moral. Al igual que ocurre con la enfermedad de Huntington, la de las células falciformes la provoca una sencilla mutación. Esta se produce en aquellos individuos que heredan dos copias defectuosas del gen, una de cada uno de sus progenitores, e induce una deformación de los glóbulos rojos, encargados de distribuir el oxígeno por todos los tejidos del cuerpo, que adquieren la apariencia de una media luna. Debido a que estas células desfiguradas tienen un ciclo vital más corto y mayores dificultades para desplazarse por el cuerpo, la enfermedad puede ocasionar cansancio, infecciones, dolorosos calambres y una muerte prematura. Hay una mayor tendencia a sufrirla entre los africanos y los afroamericanos.

En 2020, se estaban llevando a cabo una serie de estudios para terapias de células falciformes, incluso el que hemos descrito, con la participación de aquella mujer de Misisipi, Victoria Gray, como parte de un ensayo clínico desarrollado en Nashville. Aquel consistía en extraer las células madre sanguíneas de los pacientes, editarlas y después reintroducirlas en el cuerpo. Sin embargo, se trataba de un procedimiento extraordinariamente caro, fuera del alcance de los más de cuatro millones de afectados que hay en todo el mundo. Si se pudiese reparar la mutación de las células falciformes en la línea germinal, ya fuese mediante la edición de los óvulos o del esperma, o de los embriones en las primeras fases del desarrollo, resultaría más económico una sola cura que se heredaría y que, llegado un punto, podría hasta eliminar la enfermedad del acervo de nuestra especie.

Así que ¿entra en la misma categoría que la de Huntington? ¿Hablamos de una enfermedad que debería erradicarse con ediciones heredables?

En fin, como ocurre con muchos de estos genes, hay una complicación. Quienes reciben una sola copia del gen, de cualquiera de sus dos progenitores, no desarrollan la enfermedad, pero sí una inmunidad a la mayoría de las formas de malaria. En otras palabras, el gen tenía (y en algunos lugares aún tiene) una utilidad, en especial en el África subsahariana. Ahora que existen tratamientos para esta enfermedad, la ventaja es menor. No obstante, se trata de un buen recordatorio, para cuando se nos ocurra revolver en el trastero de la madre naturaleza, de que los genes pueden desempeñar varios papeles y de que hay una razón evolutiva para que existan.

Vamos a suponer que se llega a demostrar, mediante la investigación, que el trabajo de edición para suprimir la mutación de las células falciformes es seguro. ¿Quedaría entonces alguna razón para que se impidiera a los pacientes editar sus genes a la hora de concebir a un niño o a una niña?

En este punto de la discusión, aparece un chaval llamado David Sanchez para añadir otra nota más de complejidad. Se trata de un adolescente afroamericano de California, valiente, encantador y brillante, al que le encanta jugar al baloncesto, excepto cuando la anemia de células falciformes que padece le hace retorcerse del dolor. Es la inesperada estrella de un conmovedor documental sobre las CRISPR, *Human Nature*.

—Es de suponer que no le gusto mucho a mi sangre —afirma—. A veces tengo pequeñas crisis de células falciformes; hay ocasiones en que son muy malas. Pero no pienso dejar de jugar al baloncesto.[3]

Todos los meses, la abuela de Sanchez lo lleva al hospital infantil de la Universidad de Stanford, donde recibe una infusión de las células sanas de los donantes de sangre. Este método lo alivia temporalmente. Matthew Porteus, el pionero de la edición genética de la universidad, ha estado ayudándolo con el tratamiento. Hubo una ocasión en la que este le explicó a Sanchez que algún día, en el futuro, la edición genética de la línea germinal podría servir para erradicar la enfermedad.

—Quizá, algún día, con las CRISPR —le contó—, sea posible cambiar los genes de un embrión para que esa criatura, cuando nazca, no tenga células falciformes.

Los ojos de Sanchez se iluminaron.

—Eso estaría muy guay —dijo, para luego hacer una pausa—. Aunque creo que es el niño el que debería elegir.

Al preguntarle por qué, se paró a pensar un momento, para luego continuar pausadamente.

—He aprendido muchas cosas gracias a tener células falciformes, como, por ejemplo, a ser paciente con todo el mundo y también a ser positivo.

Pero ¿le habría gustado nacer sin la anemia de células falciformes? De nuevo, hace una pausa.

—No, no me gustaría no haberla tenido nunca —declara—. No creo que fuese el mismo si no tuviese células falciformes.

Luego se explaya en una gran y encantadora sonrisa. Sin duda, nació para salir en el documental.

Sin embargo, no todo el mundo con anemia de células falciformes es como David Sanchez. Es más, puede que David Sanchez no sea siempre como el David Sanchez del documental. A pesar de lo que haya dicho ante las cámaras, me cuesta imaginar que un niño opte por tener células falciformes pudiendo elegir lo contrario. Y me parece aún más difícil pensar en unos padres, en particular aquellos que han sufrido una vida con la enfermedad en sus propias carnes, que decidan que quieren que sus hijos la tengan. Después de todo, Sanchez está inscrito en un programa con el fin de mantener su anemia de células falciformes bajo control.

No pude dejar de darle vueltas a este asunto, así que me propuse plantearle algunas preguntas al chico.[4] En esta ocasión, hizo gala de un modo de pensar un poco distinto a cuando lo entrevistaron para el documental. Al enfrentarnos a problemas personales complejos, como es el caso, resulta natural que nuestra opinión al respecto fluctúe. Le pregunté, pues, si le gustaría que encontrasen una manera para asegurarse de que sus hijos nacieran sin anemia de células falciformes.

—Sí —respondió—. Si hay esa opción, por supuesto que sí.

¿Y qué pasa con la paciencia y la actitud positiva que, como contaba a los productores del documental, había aprendido a tener gracias a tener anemia de células falciformes?

—La empatía es algo de verdad muy importante para los seres humanos —dijo—. Eso es algo que he aprendido de mi enfermedad y que sinceramente me gustaría transmitir a mis hijos si estos pudiesen llegar a nacer sin ella. Pero no quiero que ni ellos ni ninguna otra persona pase por lo que yo he pasado.

Cuanto más aprende sobre las CRISPR, más le emociona la posibilidad de que llegue a servir para curarlo y para proteger a sus hijos. Sin embargo, es un tema complicado.

CARÁCTER

Las sabias palabras de David Sanchez nos llevan a abordar una cuestión de mayor calado. A menudo, los desafíos y las llamadas discapacidades nos ayudan a hacernos un carácter, nos enseñan a aceptar las cosas y nos infunden fortaleza. Es posible que hasta se puedan relacionar con la creatividad. Tomemos el ejemplo de Miles Davis. El dolor de las células falciformes lo sumergió en las drogas y en la bebida, quizá incluso lo llevó a la muerte; aunque, por otra parte, es posible que también lo convirtiese en el artista lleno de creatividad que alumbró *Kind of Blue* y *Bitches Brew*. ¿Habría llegado Miles Davis a ser Miles Davis sin células falciformes?

La pregunta no constituye ninguna novedad. Franklin D. Roosevelt se forjó con la polio; esta dificultad le transformó el carácter. Del mismo modo, yo tenía un conocido, uno de los últimos niños en padecer la polio antes de que Salk y Sabin consiguiesen las vacunas a finales de la década de 1950. Si él salió adelante, creo yo, fue en parte por su gran profundidad de carácter, sin dejar nunca de ofrecernos lecciones de coraje, gratitud y humildad. Mi novela favorita, *El cinéfilo*, de Walker Percy, tiene como tema la influencia transformadora que Lonnie, un discapacitado, ejerce sobre el resto de los personajes.

La experta en bioética Rosemarie Garland-Thomson, que nació con los brazos deformes, tiene un círculo de amigas nacidas con trastornos genéticos: una es ciega, otra sorda y otra padece un deterioro muscular. «Nuestras respectivas condiciones genéticas nos proporcionaron una ventaja de partida para acceder a una variedad de oportunidades expresivas, creativas, inventivas y relacionales para prosperar como seres humanos», escribe.[5] Un caso similar es el de Jory Fleming, un fantástico joven nacido con autismo grave, además de otras engorrosas complicaciones de la salud. No era capaz de arreglárselas en clase, así que le proporcionaron una educación en casa. A medida que se hacía mayor, fue autoinstruyéndose sobre cómo lidiar con el hecho de que su mundo interior era diferente al de los demás. Llegaría a obtener una beca Rhodes para estudiar en Oxford. En su autobiografía, *How to Be Human*, publicada en 2021, reflexiona sobre qué pasaría si la edición genética se utilizase, en caso de ser viable, para suprimir algunas de las causas del autismo. «Estaríamos borrando del mapa un aspecto de la experiencia humana —se puede leer en el libro—. Y, exactamente, ¿qué beneficios se obtendrían?» Padecer autismo supone una dura experiencia, sostiene, pero gran parte de las dificultades también vienen del hecho de que vivimos en un mundo con poca disposición a dar acomodo a aquellas personas cuya vida emocional es distinta. Máxime cuando se trata de diferencias que, de hecho, pueden ofrecernos una perspectiva muy provechosa al resto de las personas, incluso sobre cómo tomar decisiones sin dejarse influir en exceso por las emociones. «¿Hace falta que la sociedad cambie para darse cuenta de los beneficios del autismo en lugar de ver tan solo las dificultades? —se pregunta—. Desde luego, mi experiencia ha sido muy exigente, pero también he obtenido recompensas. Y, quién sabe, con suerte quizá llegue a hacer algo con mi vida que de alguna manera sea de provecho para otros.»[6]

Sin duda, es un dilema interesante. Una vez que se descubrió una vacuna para detener la polio, los seres humanos decidimos, sin demora y sin inconvenientes, valernos de ella para librar a nuestra especie de esa enfermedad, incluso a riesgo de que dejasen de forjarse los Franklin D. Roosevelt del futuro. El recurso a la edición genética para prevenir ciertos trastornos puede terminar en una sociedad menos diversa y creativa. Pero ¿da esto derecho a los gobiernos a decir a los padres si pueden o no recurrir a estas tecnologías?

SORDERA

Así pues, se plantea la cuestión de qué características han de etiquetarse como «discapacidad». Sharon Duchesneau y Candy McCullough son pareja y en un momento de su vida decidieron buscar a un donante de esperma para poder tener hijos. Ambas son sordas, consideran la sordera como parte de lo que son, más que como algo que haya que solucionar, y deseaban que su prole se convirtiese en parte de la identidad cultural que las caracterizaba. Así pues, buscaron a un donante que tuviese sordera congénita. Lo encontraron y ahora tienen una niña y un niño, ambos sordos.

La pareja apareció en un reportaje de *The Washington Post*, que las llevó a ser juzgadas por mucha gente por haber impuesto una discapacidad a unos niños.[7]

Sin embargo, la comunidad sorda las aplaudió. ¿Cuál era la respuesta adecuada? ¿Debíamos criticarlas por hacer que sus hijos tuviesen una discapacidad o más bien debíamos alabarlas por preservar una subcultura que contribuye a la diversidad y quizá hasta a la empatía social? ¿Habría sido diferente si en lugar de recurrir al esperma de un donante, la pareja hubiese optado por el diagnóstico de preimplantación para elegir un embrión con la mutación genética de la sordera? ¿Estaría esto bien? ¿Y si le hubiesen pedido al médico que le perforase los tímpanos al bebé después de nacer?

En algunos casos, a la hora de formular argumentos morales resulta útil llevar a cabo una valoración a la inversa. El filósofo de Harvard Michael Sandel es amigo de recurrir a este experimento mental. Supongamos que un padre va al médico y le dice: «Mi hija va a nacer sorda, pero quiero que usted haga algo para asegurarse de que pueda oír». El trabajo del doctor es intentarlo, ¿verdad? Sin embargo, imaginemos ahora a un padre que dice: «Mi hija va a nacer con plenas capacidades auditivas, pero quiero que usted haga algo para asegurarse de que nace sorda». Creo que la mayor parte de nosotros recularíamos si el médico accediese. Consideramos la sordera como una discapacidad por instinto.

¿Cómo podemos distinguir entre aquellos rasgos que constituyen auténticas discapacidades y los que tan solo lo llegan a ser porque la sociedad no se adapta a ellos? Volvamos al caso de la pareja de lesbianas con sordera. Mucha gente consideraría ambas propiedades, tanto la de ser lesbianas como la de ser sordas, como una desventaja. ¿Qué pasaría si quisiesen contar con un procedimiento genético que aumentase las probabilidades de que sus hijos fuesen heterosexuales? O, supongamos lo contrario, que quisieran aumentar las probabilidades de que sus hijos sean homosexuales (recordemos que se trata de una disquisición; no existe un gen de la homosexualidad sin más). Asimismo, nacer negro en Estados Unidos podría considerarse una desventaja. Hay un gen (el SLC24A5) que tiene una grandísima influencia en la determinación del color de la piel. ¿Qué ocurriría si unos padres negros consideraran que el color de su piel constituye una desventaja social y, en consecuencia, quisieran editar ese gen para que sus hijos tuvieran la piel clara?

Interrogantes de esta naturaleza deben llevarnos a reflexionar sobre las «discapacidades» y preguntarnos si, de hecho, estas lo son de por sí o los impedimentos con los que se asocian son fruto de constructos y de prejuicios sociales. Las desventajas de ser sordo, ya sea para un ser humano, ya sea para cualquier otro animal, son muy reales. Por el contrario, cualquier tipo de menoscabo relacionado con ser homosexual o negro, por ejemplo, se deberá a una serie de actitudes sociales que pueden y deben cambiar. Por eso somos capaces de plantearnos la distinción moral entre utilizar la tecnología genética para corregir la sordera y hacerlo para alterar características como el color de la piel o la orientación sexual.

La musculatura y el deporte

Ahora procederemos a hacer unas disquisiciones para considerar el caso de que quisiésemos traspasar la difusa línea entre el recurso a la edición genética para tratar las discapacidades auténticas y su uso para mejorar los rasgos de la propia descendencia. El gen MSTN codifica una proteína que limita el crecimiento de los músculos una vez que estos alcanzan un tamaño normal. Si se suprime dicho gen, se quita el freno. De hecho, los investigadores ya lo han hecho, y esto ha dado lugar a «superratones», así como a animales de ganado con el doble de musculatura. Es el fundamento de los kits para hacer superranas que ideó nuestro ya conocido biohacker Josiah Zayner, así como de la inyección de CRISPR que se puso.

Entre quienes tienen un gran interés en esta línea de ediciones genéticas, además de los ganaderos, se encuentran los directores deportivos. Sin duda, los avasalladores padres que quieren que sus hijos lleguen a ser campeones en alguna modalidad serían los siguientes en la lista. Valiéndose sobre todo de la edición de la línea germinal, podrían engendran una nueva casta de atletas, con unos huesos más recios y unos músculos más robustos.

Añadamos a dicha combinación una rara mutación genética que se descubrió en el campeón olímpico de esquí Eero Mäntyranta, al que en un principio se acusó de dopaje, cuando la realidad era que poseía un gen que aumentaba el número de glóbulos rojos que tenía en la sangre en más de un 25 por ciento, lo que elevaba de manera natural la medida de su resistencia y su capacidad de oxígeno.

Así pues, ¿qué decimos a los padres que quieran recurrir a la edición genética para tener unos niños y niñas con los músculos mucho más desarrollados y una mayor resistencia, que puedan correr maratones, rebasar un placaje o doblar barras de acero con las manos desnudas? ¿Y qué sería entonces de la idea que tenemos del deporte? ¿Hemos de pasar de admirar la diligencia de un atleta a quedarnos fascinados con la magia lograda por la ingeniería genética? Es fácil poner entre comillas el alto número de *home run* registrados por José Canseco o Mark McGwire después de que admitiesen que en aquellos años estaban consumiendo esteroides. Pero ¿qué pasa si la musculatura añadida de un deportista ya está en los genes con los que nació? ¿Es relevante si sus padres pagaron por esos genes en lugar de que sean fruto de la lotería natural?

La función de los deportes, al menos desde que se celebraran los primeros Juegos Olímpicos en el año 776 a. C., es celebrar la combinación de dos cosas, a saber, el talento natural y el esfuerzo disciplinado. Las mejoras podrían cambiar el equilibrio entre esos dos elementos y convertirían el tesón humano en un componente menos importante a la hora de obtener la victoria. De esta manera, los éxitos de los atletas se harían menos encomiables e inspiradores. El que un deportista pueda acceder a ciertas ventajas físicas gracias a la ingeniería genética huele un poco a farsa.

Sin embargo, por su parte, dicho argumento de equidad también acarrea problemas. La mayoría de los atletas de éxito han sido personas que de por sí ya contaban con una genética mejor orientada para los deportes que la del resto. El esfuerzo personal es un ingrediente importante, pero nacer con unos genes que nos doten con el potencial de una buena musculatura, circulación sanguínea, coordinación y otras ventajas innatas, sin duda ayuda mucho.

Por ejemplo, casi todos los corredores con algún título de campeón o campeona cuentan con lo que se conoce como el «alelo R del gen ACTN3», el cual codifica una proteína que proporciona unas fibras musculares que se contraen a mayor velocidad y al mismo tiempo se asocia con un mayor desarrollo físico y una mejor recuperación de las lesiones musculares.[8] Quizá algún día sea posible editar esta variación del gen ACTN3 e introducirlo en el ADN de sus hijos. ¿Sería algo injusto? ¿Es injusto que muchos nazcan con ella de manera natural? ¿Por qué es más injusta una cosa que la otra?

La altura

Otra forma de plantearse lo justo o injusto de recurrir a la edición genética para inducir mejoras físicas es pensar en la estatura. Existe una enfermedad, causada por una mutación del gen CDKN1C y conocida como el síndrome de IMAGe, que reduce la talla de quien la padece de forma drástica. ¿Debería estar permitida la edición genética para suprimir esta condición, para que quienes la sufren puedan alcanzar una estatura dentro del promedio? Muchos de nosotros diríamos que sí.

Tomemos ahora el caso de unos padres de muy baja estatura. ¿Habría que permitirles que editasen los genes de sus descendientes para que puedan alcanzar una estatura dentro del promedio? Si la respuesta fuese «no», ¿dónde radica la diferencia moral entre uno y otro caso?

Supongamos que hubiese un proceso de edición que permitiese añadir unos veinte centímetros de altura. ¿Sería apropiado recurrir a él para que un chico que de otro modo fuese a medir un metro y medio llegase a tener asimismo una altura media? ¿Y en el caso de un chico que fuese a tener una estatura dentro del promedio para que midiese un metro ochenta?

Un modo de enfrentarse a estas preguntas es distinguir entre «tratamientos» y «mejoras». Hay varias características, como la altura, la vista, el oído, la coordinación muscular y cosas así, con las que podemos valernos de la estadística para definir lo que sería el «funcionamiento típico de la especie». Una variante relevante por debajo de la cual se definiese una condición de discapacidad.[9] Partiendo de dicho estándar, podríamos aprobar el tratamiento de un niño o de una niña que fuese a medir nada más de un metro y medio, pero rechazar asimismo la idea de introducir mejoras en un sujeto que de cualquier forma va a gozar de la estatura media.

Al sopesar la cuestión de la altura, podemos hacer otra distinción útil, a saber, entre lo que sería una mejora absoluta y una mejora de posición. En la primera categoría se incluirían las mejoras que son beneficiosas, aunque todo el mundo cuente con ellas. Imaginemos que se descubre un modo de mejorar la memoria o la resistencia a las infecciones víricas. La ventaja que supone esta mejora se mantiene, aunque se induzca en los demás. De hecho, como la pandemia de coronavirus ha venido a demostrar, funcionará mejor si está extendida entre la población.

Sin embargo, las ventajas provistas por un incremento de la altura revisten un carácter de posición. Vamos a denominarlo el «problema de ponerse de puntillas». Imagine que está en mitad de una sala abarrotada: para ver lo que pasa al fondo, ha de ponerse de puntillas, lo que, en un principio, funciona. Y entonces todo el mundo alrededor recurre a la misma solución. Todo el mundo gana unos sesenta centímetros más de altura, pero nadie en la sala, usted incluido, llega a ver mejor que quienes están justo delante.

Supongamos, en la misma línea, que mi estatura está dentro del promedio. Si pudiese ganar unos veinte centímetros, sería más alto que la mayoría de la gente, lo que supondría un beneficio. Sin embargo, si todo el mundo obtuviese dicha mejora, no obtendría ningún beneficio. La mejora no me ayudaría a mí como individuo ni a la sociedad en conjunto a destacar, en particular dado el poco espacio para las piernas que hay en los asientos de los aviones actuales. Los únicos beneficiarios reales serían los carpinteros, que se especializarían en dar más altura a los marcos de las puertas. De manera que la altura mejorada es un bien «de posición», mientras que la resistencia vírica mejorada es uno «absoluto».[10]

No obstante, con esto no damos respuesta a la pregunta de si deberíamos permitir las mejoras genéticas. Aun así es cierto que a medida que vamos tanteando en busca de una serie de principios para integrarlos al cálculo moral que tratamos de hacer, la distinción nos ha puesto sobre la pista de un factor importante que debemos tener en cuenta: la posibilidad de favorecer mejoras que sean beneficiosas para toda la sociedad por encima de las que den una ventaja de posición al receptor.

SUPERMEJORAS Y TRANSHUMANISMO

Quizá algunas mejoras sean susceptibles de una mayor aceptación social. Pasemos a hablar entonces de «supermejoras». ¿Querríamos diseñar rasgos y capacidades que excedan el potencial del ser humano en toda la historia? El jugador de golf Tiger Woods se sometió a cirugía láser para mejorar su vista y ponerla incluso por encima de 20-20. ¿Nos gustaría que nuestros hijos contasen con una supervisión? ¿Y si añadimos la capacidad de visión infrarroja o de captar algún color nuevo?

Quizá en la DARPA, la agencia de investigación del Pentágono, puedan estar interesados en crear unos soldados superiores con visión nocturna. O tal vez traten de concebir una mejora que permita que las células humanas sean más resistentes a la radiación, con un posible ataque nuclear en mente. De hecho, ya están trabajando en ello. La DARPA tiene un proyecto de tal naturaleza en marcha, en colaboración con el laboratorio de Doudna, un estudio para lograr soldados mejorados genéticamente.

Una curiosa consecuencia de permitir las supermejoras sería que las niñas y los niños pasarían a ser algo así como los iPhone, con una nueva versión en el mercado cada pocos años que incluya nuevas mejoras y aplicaciones. ¿Sentirán esos chiquillos, a medida que vayan pasando los años, que se han quedado obsoletos, al no contar con esas mejoras tan flamantes que se van implantando en los recién nacidos, como unas lentes triples en los ojos?

Por suerte, podemos tratar de responder a estas preguntas por puro entretenimiento, pero no daremos con la respuesta: corresponderá a nuestros nietos dar con ella.

TRASTORNOS PSICOLÓGICOS

Dos décadas después de haberse cerrado el Proyecto Genoma Humano, aún entendemos poco del modo en que la disposición genética influye sobre la psicología humana. No obstante, con el tiempo podremos aislar aquellos genes que contribuyen a que se produzca una predisposición a la esquizofrenia, el trastorno bipolar, la depresión aguda y otros retos relacionados con la mente.

En ese caso, tendremos que decidir si se ha de permitir a los padres, quizá incluso si han de ser animados, a recurrir a la edición para suprimir esos genes en su prole. Viajemos hacia atrás en el tiempo. Si se pudiese haber editado alguno de los factores genéticos que predispusieron a Rufus, el hijo de Watson, a la esquizofrenia, ¿habría sido esto oportuno? ¿Deberíamos haber dejado a sus padres que tomasen esa decisión?

Para Watson no hay duda de cuál debería ser la respuesta. «Por supuesto que hemos de valernos de la terapia basada en la línea germinal para arreglar accidentes terribles de la naturaleza, como es el caso de la esquizofrenia», defiende. Hacerlo acabaría con un montón de sufrimiento. La esquizofrenia, la depresión y el trastorno bipolar pueden ser brutales, a menudo mortales. Nadie puede querer que una persona lo padezca, ni tampoco que lo sufran sus familiares.

Sin embargo, si estamos de acuerdo en que es deseable librar a la humanidad de la esquizofrenia y de otros trastornos similares, también hemos de considerar si esto tendría algún coste para la sociedad, incluso para la propia civilización. Vincent van Gogh padecía esquizofrenia o trastorno bipolar, al igual que el matemático John Nash; aunque también personas como Charles Manson o John Hinkley. Entre la lista de personas con trastorno bipolar podemos incluir a Ernest Hemingway, Mariah Carey, Francis Ford Coppola, Carrie Fisher, Graham Greene, Julian Huxley (el eugenista), Gustav Mahler, Lou Reed, Franz Schubert, Sylvia Plath, Edgar Allan Poe, Jane Pauley y cientos de otros artistas e intérpretes. Por otro lado, el número de creadores con trastorno depresivo grave se cuenta por miles. Un estudio hecho por Nancy Andreasen, pionera de la investigación sobre la esquizofrenia sobre una muestra de treinta eminentes autores contemporáneos, recogía que veinticuatro de ellos habían experimentado al menos un episodio grave de depresión o algún trastorno emocional, y hasta veinte tenían diagnosticado un trastorno bipolar.[11]

¿Hasta qué punto lidiar con cambios de humor, fantasías, ilusiones, compulsiones, manía o depresión profunda ayuda a muchas personas a espolear la creatividad y los impulsos artísticos? ¿Es menos probable que alguien llegue a convertirse en artista sin tener algún rasgo compulsivo o incluso maniaco? ¿Impedirían que su propio hijo o hija padeciese esquizofrenia, aunque supieran que, de no hacerlo, se convertiría en el próximo Vincent van Gogh y revolucionaría el mundo del arte? No olvidemos, por otra parte, que Van Gogh se suicidó.

En este punto de nuestro razonamiento debemos hacer frente al posible conflicto que se da entre lo que un individuo desea y lo que es mejor para la civilización. La mayoría de quienes se ven afectados por uno de estos trastornos, así como sus familiares, verán beneficiosa una disminución de los trastornos emocionales. Sin duda, desearían que se lleve a cabo. Pero ¿el asunto varía si lo vemos desde una perspectiva social? A medida que vayamos aprendiendo a tratar los trastornos emocionales con medicamentos y, con el transcurrir del tiempo, con ayuda de la edición genética, ¿nos encontraremos con más felicidad, pero con casi ningún Hemingway? ¿Queremos vivir en un mundo donde no exista un Van Gogh?

Preguntarse sobre la posibilidad de que la ingeniería genética pueda servir para librarnos de los trastornos emocionales nos lleva a preguntarnos algo incluso más fundamental, a saber, ¿cuál es el objetivo o el propósito de la vida? ¿Es la felicidad? ¿La satisfacción? ¿La ausencia de dolor o de estados de ánimo negativos? Si es así, puede resultar fácil. A una vida sin dolor responde el esquema de los líderes supremos de *Un mundo feliz*, que se afanan para que las masas consuman el soma, una droga que aumenta la sensación de felicidad de los ciudadanos y les ayuda a mantener alejada cualquier sensación de preocupación, de tristeza o de ira. Supongamos que podemos enganchar nuestro cerebro a eso que el filósofo Robert Nozick bautizó como «máquina de experiencias», cuya función sería sumergirnos en una simulación en la que hacemos un *home run* tras otro, bailamos con estrellas de cine o flotamos en una bahía paradisiaca.[12] No cabe duda de que nos sentiríamos en la gloria. Pero ¿se trata de algo deseable?

¿O la idea de una buena vida tiene una finalidad más profunda? ¿Habría de ser la meta que cada persona pueda desarrollarse de un modo más profundo, gracias a sus propios rasgos y talentos, de un modo que sea totalmente enriquecedor? Si este fuese el caso, ¿harían falta experiencias de verdad, logros reales y esfuerzos auténticos, más que unos de diseño? ¿La buena vida implica hacer alguna contribución a la comunidad, a la sociedad y a la civilización? ¿Ha encriptado la evolución tales objetivos en la naturaleza humana? Algo así acarrearía sacrificios, dolor, desazón interior y dificultades no siempre fruto directo de nuestra elección.[13]

INTELIGENCIA

Ahora vamos con el colofón, el más terrible y esperanzador: hablemos de la posibilidad de mejorar habilidades cognitivas como la memoria, la concentración, el procesamiento de la información y hasta, quizá algún día, la inteligencia, un concepto muy vagamente definido. A diferencia de lo que ocurre con la estatura, las capacidades cognitivas son beneficiosas más allá de la mera posición. Si todo el mundo fuese un poco más listo, es probable que eso nos hiciese mejores en conjunto. De hecho, aunque solo una parte de la población llegue a serlo, de igual manera podría ser beneficioso para toda la sociedad.

Es posible que la memoria llegue a ser la primera mejora que seamos capaces de inducir en la mente y, por suerte, se trata de un tema menos controvertido que el de la inteligencia artificial. Ya se ha mejorado en ratones, con técnicas como la potenciación de los genes de los receptores NMDA de las células nerviosas. En el ser humano, podría servir tanto para prevenir la pérdida de la memoria con el envejecimiento como para incrementar la de las personas más jóvenes.[14]

Quizá lleguemos a mejorar nuestras capacidades cognitivas hasta un punto en que seamos capaces de enfrentarnos al desafío que supone utilizar con sabiduría los medios tecnológicos a nuestro alcance. Sin embargo, aquí se esconde una argucia, la de la idea de «sabiduría». De toda la complejidad de elementos que conforman la inteligencia humana, es posible que este sea el más resbaladizo. Puede que para entender los integrantes genéticos de la sabiduría debamos, en primer lugar, comprender la conciencia, algo que, sospecho, no sucederá en este siglo. Entretanto, tendremos que poner en funcionamiento esa asignación limitada de sabiduría que la naturaleza nos ha brindado, mientras sopesamos cómo utilizar las técnicas de ingeniería genética que hemos ingeniado. La inventiva, sin sabiduría, resulta peligrosa.

42

¿Quién ha de decidir?

El vídeo de la Academia Nacional

> ¿Sueñas con ser más fuerte? ¿O más listo? ¿Sueñas con tener en casa a un estudiante de primera o a una estrella del deporte? ¿O que tus hijos estén libres de cualquier #enfermedad hereditaria? ¿Es posible que la #edición_genética llegue a hacer posible eso y más?

No hay duda de que este es un tuit provocador, quizá un poco más de lo buscado. Se trata de un intento, que se remonta a octubre de 2019, por parte de la usualmente mesurada Academia Nacional de las Ciencias, de incentivar un «debate público de mayor amplitud» en torno a la edición de los genes, tal y como se recomendaba en todas las conferencias en que se hablaba del tema. El tuit contenía el enlace a una batería de preguntas y a un vídeo en el que se explicaba la edición genética de la línea germinal.

Este último comenzaba con cinco «personas comunes y corrientes» que ponían una serie de notas adhesivas en un diagrama en el que aparecía representado un cuerpo. Las personas fantaseaban con los cambios que harían en sus genes.

—Supongo que me gustaría ser más alto —decía uno.

También se expresaron otros deseos personales como: «Me gustaría quitarme la grasa del cuerpo», «Vamos a prevenir la calvicie» o «Deshagámonos de la dislexia».

La propia Doudna aparecía en el vídeo, explicando cómo funcionaban las CRISPR. Después, un grupo de personas debatía sobre la perspectiva de proyectar los genes de su futura descendencia.

—¿Crear un ser humano perfecto? —reflexionaba uno.

—¡Suena bastante guay! —afirmaba otro—. Lo que uno quiere es que sus retoños tengan las mejores cualidades.

—Si pudiese hacer que mi niña tuviese el mejor ADN posible —intervino una mujer—, sin duda optaría por la inteligencia.

Otros hablaban de sus propios problemas de salud, como el trastorno por déficit de atención e hiperactividad o una elevada presión en la sangre.

—Me la quitaría de encima sin dudarlo —decía un hombre sobre la enfermedad cardiaca que padecía—, y no quiero que mis hijos tengan que pasar por ella.[1]

Los expertos en bioética no tardaron en irrumpir desatados en la red social. «Pero qué despropósito —tuiteaba Paul Knoepfler, investigador del cáncer y profesor de bioética en la Universidad de California en Davis—. Alguien del departamento de comunicación la Academia Nacional de las Ciencias se ha encargado de perpetrar un estrafalario tuit y de acompañarlo con unos enlaces rebosantes de un inquietante optimismo sobre la edición de los genes heredables de los seres humanos y de ideas triviales en torno al diseño de bebés.»

Resulta que Twitter, esto no sorprenderá, no es el mejor foro para tener discusiones serias sobre bioética. Una cosa resulta evidente sobre los foros de internet: todos los debates terminan con alguien escupiendo el adjetivo «nazi» a la séptima respuesta. En el caso de los hilos sobre la edición genética, lo normal es que salga ya a la tercera. «¿Estamos en la Alemania de la década de 1930?», tuiteaba uno; a lo que otro añadía: «¿Qué decía exactamente el original alemán?».[2]

En veinticuatro horas, la gente de la Academia Nacional de las Ciencias se batía en retirada. Borraron el tuit y quitaron el vídeo de su página. Un portavoz se disculpó por haber dado «la impresión de que el uso de la edición del genoma para la "mejora" de los caracteres humanos puede permitirse o tomarse a la ligera».

Esta efímera borrasca vino a demostrar que el obvio clamor por un debate social más amplio sobre las cuestiones morales relacionadas con la edición de los genes era más fácil de predicar que de practicar. También dejaba sobre la mesa la pregunta de quién debería decidir el modo en que se pueden usar las herramientas de edición genética. Ya vimos en los casos de las disquisiciones del capítulo 41 que muchas cuestiones difíciles en torno a este tema no se limitan a qué decisión tomar, sino también a quién ha de tomarla. Como sucede en numerosos asuntos políticos, los deseos de un individuo pueden llegar a entrar en conflicto con lo que es bueno para el conjunto de la comunidad.

¿EL INDIVIDUO O LA COMUNIDAD?

Uno de los mayores problemas morales presenta dos perspectivas en competición. Una pone el énfasis en los derechos individuales, la libertad personal y el respeto al derecho a elegir. Originada en las ideas de John Locke y de otros pensadores ilustrados del siglo XVII, dicha tradición reconoce que las personas tienen creencias distintas sobre lo que es bueno para su vida, con lo que arguye que el Estado debe ofrecerles un amplio margen de libertad para elegir, siempre que esto no perjudique a otros.

Las perspectivas opuestas son todas aquellas que ven la justicia y la moral a través de las lentes de lo que es mejor para la sociedad y quizá (como es el caso de la bioingeniería y de las políticas climáticas) incluso para la especie. Ejemplos de este enfoque serían la exigencia de que se vacune en los colegios o la obligación de que la gente lleve mascarillas durante una pandemia. Hacer hincapié en los beneficios sociales por encima de los derechos individuales puede verse en la forma del utilitarismo de John Stuart Mill, que consistiría en la búsqueda de la mayor cantidad de felicidad para una sociedad, incluso cuando eso implique pasar por encima de la libertad de algunos individuos. Aunque también se incluirían otra serie de teorías más enredadas sobre el contrato social, en las que las obligaciones morales emanan de unos acuerdos a los que habríamos llegado para formar la sociedad en la que queremos vivir.

Estos puntos de vista contrapuestos conforman la división política más básica de nuestro tiempo. Por un lado, están quienes quieren maximizar la libertad individual, minimizar la regulación y las cargas impositivas y mantener al Estado fuera de su vida tanto como sea posible; por otro, están quienes buscan promover el bien común, crear beneficios para toda la sociedad, minimizar los daños que pueda ocasionar un mercado libre y sin trabas a las condiciones laborales y al medioambiente, así como restringir los comportamientos egoístas que puedan causar perjuicios a la comunidad y al planeta.

Los cimientos modernos de cada una de estas perspectivas se expresan en dos influyentes libros escritos hace cincuenta años: *Teoría de la justicia*, de John Rawls, que inclina la balanza del lado del mayor bien para la comunidad, y *Anarquía, Estado y utopía*, de Robert Nozick, que insiste en la base moral de la libertad del individuo.

Rawls trata de definir un mínimo de reglas en las que podríamos llegar a estar de acuerdo si nos reuniésemos para concertarlo. Según él, para asegurarnos de que estas son «justas», hemos de concebirlas de modo que no sepamos cuál es el lugar que vamos a ocupar en la sociedad y teniendo en cuenta las habilidades naturales con las que contamos. Para Rawls, gracias a este «velo de ignorancia», la gente estaría más capacitada para decidir qué tipo de desigualdades son permisibles, solo hasta el extremo de que supongan un beneficio para el conjunto de la sociedad y en particular para quienes cuentan con menos ventaja. Del libro de Rawls se puede deducir que justificaría la ingeniería genética solo si no supone un aumento de la desigualdad.[3]

Nozick, cuyo libro supone una respuesta al de su colega de Harvard, elucubraba asimismo cómo habría surgido nuestra sociedad a partir de un Estado natural anárquico. Así, sostiene que en lugar de un complicado contrato social las normas sociales se originarían por las elecciones revolucionarias de los individuos. Su principio rector es que no se debe forzar a los individuos a lograr objetivos sociales o morales concebidos por otros, lo que lo lleva a inclinarse por un Estado mínimo, limitado a las funciones de seguridad pública y observancia de los contratos, pero que evite la mayoría de los ejercicios de regulación y los esfuerzos redistributivos. En una nota al pie, se refiere en particular a la cuestión de la ingeniería genética, sobre la que adopta un punto de vista libertario a favor del libre mercado. Lo que sostiene es que en lugar del control centralizado y de las leyes establecidas por los reguladores, debería haber «un supermercado genético», donde los médicos se adaptasen a las «especificidades individuales (dentro de ciertos límites morales) de los futuros padres».[4] Desde que Nozick escribiera este volumen, el término «supermercado genético» se ha convertido en una término de uso frecuente, al que recurren tanto defensores como detractores, para referirse a la idea de dejar las decisiones que atañen a la ingeniería genética en manos de los individuos y del libre mercado.[5]

Dos libros de ciencia ficción también pueden servirnos para dar forma a esta discusión: *1984*, de George Orwell, y *Un mundo feliz*, de Aldous Huxley.[6]

El primero conjura un mundo en el que la tecnología de la información a la que recurre el Gran Hermano, un dirigente que siempre está vigilando (con la ayuda del poder centralizado de un mega-Estado), ejerce un control total sobre una población acoquinada. La libertad individual y el pensamiento crítico son avasallados por la vigilancia electrónica y por el control absoluto de la información. Lo que Orwell pretendía en esta obra era advertirnos sobre los peligros de que un Franco o un Stalin llegasen a controlar algún día las tecnologías de la información y a acabar con la libertad individual.

Lo cierto es que no llegó a ocurrir. Cuando el año 1984 llegó de verdad, Apple lanzó un ordenador personal fácil de usar, el Macintosh, para cuyo anuncio Steve Jobs escribió: «Y verás por qué 1984 no será como *1984*». Había una verdad profunda en esa frase. Los ordenadores no se convirtieron en un instrumento para la represión centralizada, sino que la combinación de los ordenadores personales y la naturaleza descentralizada de internet abrió una vía para delegar más poder en cada individuo, liberando un pozo de petróleo para la libertad de expresión y unos medios radicalmente democratizados. Puede que demasiado. El lado oscuro de la nueva tecnología de la información que tenemos en nuestras manos no es que permita la represión gubernamental de la libertad de palabra, sino más bien lo contrario, esto es, habilita a cualquiera para propagar, con un riesgo muy pequeño a la hora de tener que asumir alguna responsabilidad, cualquier tipo de teorías conspirativas, mentiras, mensajes de odio, estafas o ardides, con el resultado de que las sociedades se vuelven menos cívicas y gobernables.

El caso de las tecnologías genéticas podría ser el mismo. En su novela de 1932, Huxley advertía al lector de «un mundo feliz» en el que las ciencias reproductivas estarían bajo el control centralizado del Gobierno. En la novela, hay un «Centro de Incubación y Acondicionamiento» donde se producen unos embriones, a los que luego se clasifica para someterlos a un proceso de manipulación genética en virtud de distintos cometidos sociales. Aquellos a quienes se elige para la clase «alfa» gozan de mejoras físicas y mentales, pues se convertirán en los dirigentes. En el otro extremo del espectro estarían los de la clase «épsilon», engendrados para dedicarse a tareas serviles y condicionados para vivir en un sopor lleno de dicha.

Huxley declaró haber escrito el libro como reacción «a la deriva actual hacia el control totalitario de todos los aspectos de la vida».[7] Sin embargo, igual que en el caso de la tecnología de la información, puede que los peligros de la tecnología genética no se hayan traducido tanto en un excesivo control gubernamental como en un exceso de potestad individual. Los excesos del movimiento eugenésico a principios del siglo XX en Estados Unidos o el diabólico programa nazi dejaron marcado cualquier programa genético posterior bajo control del Estado y confirieron a la eugenesia, cuyo significado es «buenos genes», su mala fama. En la actualidad, sin embargo, quizá se está iniciando una nueva eugenesia, la eugenesia de tipo liberal o libertario, con la libertad de elección y el consumismo de mercado como pilares.

Es posible que Huxley hubiera apoyado dicha eugenesia de libre mercado. En 1962, escribió una poco conocida novela utópica con el nombre de *La isla*, en la que las mujeres se inseminaban voluntariamente con el esperma de hombres con un elevado cociente intelectual o con talentos artísticos. «[...] la mayoría de las parejas de casados consideran que es más moral tratar de tener un hijo de superior calidad que correr el riesgo de reproducir servilmente las taras o defectos que puedan existir en la familia del esposo», explica el personaje principal.[8]

EUGENESIA DE LIBRE MERCADO

En estos tiempos, lo más probable es que las decisiones sobre la edición genética, para bien o para mal, queden en manos del consumidor y del persuasivo poder del mercado. Y en fin, ¿qué tiene de malo? ¿Por qué no vamos a dejar las decisiones al respecto a los individuos, a los padres, al igual que se hace con otras opciones reproductivas? ¿Por qué hemos de convocar congresos sobre ética, buscar un consenso social amplio o retorcernos las manos como colectivo? ¿No es mejor dejar que la decisión la tomemos usted, yo o cualquier individuo que quiera unas perspectivas mejores para su prole y la prole de su prole?[9]

Comencemos por abrir un poco la mente y deshacernos de cualquier sesgo a favor del estado actual de las cosas y hagámonos una pregunta básica: ¿qué hay de malo en las mejoras genéticas? Si podemos recurrir a ellas de manera segura, ¿por qué no perfeccionar nuestras capacidades e inducir mejoras?

—No veo por qué deshacerse de una discapacidad o ponerle los ojos azules a un niño o a una niña o darle quince puntos más en el cociente intelectual va a ser una amenaza para la salud o para la moral públicas —afirma Church, el amigo de Doudna y genetista de Harvard.[10]

De hecho, ¿no estaríamos obligados moralmente a cuidar del bienestar de nuestros hijos e hijas y de los seres humanos del futuro en general? Casi todas las especies comparten el instinto evolutivo, codificado en la misma esencia de la evolución, de recurrir a cualquier treta que puedan concitar para maximizar las oportunidades de que sus crías prosperen.

El principal filósofo en abogar por ello es Julian Savulescu, profesor de ética práctica en Oxford, que ha acuñado el término «beneficencia procreativa» para poner de relieve la cualidad moral de dotar a quienes aún no han nacido de los mejores genes. De hecho, su argumento es que no hacerlo sería inmoral. «Una pareja debería seleccionar los embriones o los fetos con más probabilidades de disfrutar de la mejor vida posible», afirma. También desecha cualquier problematización de que una práctica semejante beneficie a los más ricos a la hora de comprar los mejores genes para su descendencia y, de este modo, dé lugar a una nueva clase (o incluso una subespecie), a una élite mejorada. «Hemos de habilitar la selección de genes no portadores de enfermedades, aunque esto suponga una mayor desigualdad», sentencia y aboga en particular por los «genes relacionados con la inteligencia».[11]

Hagamos una nueva disquisición para analizar este punto de vista. Imaginemos un escenario en el que el uso de la ingeniería genética venga determinado sobre todo por la libertad de elección individual, en el que la legislación al respecto sea copiosa y no se den esos molestos debates sobre bioética en los que se nos dice lo que se puede y no se puede hacer. Supongamos entonces que, en un mundo así, vamos a una clínica de fertilidad en la que nos dan, como si de un supermercado genético se tratase, una lista con los rasgos que podemos comprar para nuestros hijos e hijas. ¿Suprimiríamos las enfermedades graves de origen genético, como la de Huntington o las células falciformes? Desde luego que sí. Personalmente, optaría por que mis descendientes no tuviesen ningún gen que pueda inducirles la ceguera. ¿Y qué hay de desechar una altura por debajo de la media o un peso por encima de la media o un cociente intelectual bajo? Es bastante probable que también todos nos decantásemos por tales opciones. Creo que hasta podría llegar a aceptar un lote especial de altura, músculos y cociente intelectual a precio reducido. Ahora añadamos el caso de que hubiese unos genes que predispusieran a ese niño o a esa niña a ser heterosexual antes que gay. Una persona sin prejuicios ignoraría, en un principio, esa posibilidad; pero, al ponderarlo un poco y racionalizarlo, y con el supuesto de que nadie lo va a juzgar, podría querer que sus hijas o sus hijos se libren de la discriminación o que haya más probabilidades de que le den nietos. Y, mientras se lo piensa, ¿quizá se decante asimismo por el cabello rubio y los ojos azules?

¡Un momento! Aquí ha pasado algo raro. Al final, ¡sí ha resultado ser una pendiente resbaladiza! Sin barreras ni indicadores, no es difícil que acabemos cuesta abajo y sin frenos, llevándonos por delante la diversidad de nuestras sociedades y el propio genoma humano.

Aunque lo anterior suena como si fuese una escena de *Gattaca*, lo cierto es que en 2019 una empresa emergente de New Jersey, Genomic Prediction, lanzó una versión en el mundo real de un servicio de diseño de bebés de esa índole, con apoyo en el diagnóstico de preimplantación. Las clínicas de fecundación *in vitro* pueden enviar a la empresa unas muestras genéticas de los futuros bebés. Entonces se secuencian las células de ADN de unos embriones que cuentan con días, para hacer una estimación estadística de las probabilidades que tienen de desarrollar una larga lista de trastornos. Los futuros padres pueden elegir qué embrión implantar, de acuerdo con las características que deseen para el futuro niño o niña. En el examen al que se somete a los embriones pueden detectarse trastornos con origen en un solo gen, como la fibrosis quística o la anemia de células falciformes; además, las pruebas sirven para hacer predicciones estadísticas de otros que requieren de la intervención de varios genes, como la diabetes, los riesgos cardiovasculares o la hipertensión, así como, de acuerdo con el material promocional de la empresa, las posibles «discapacidades intelectuales» y la «altura». Los fundadores han afirmado que es probable que, en unos diez años, cuenten con la capacidad de hacer predicciones sobre el cociente intelectual, de manera que los padres puedan optar por tener una prole más inteligente.[12]

Así pues, podemos ver que hay un problema en el hecho de dejar sin más tales decisiones a la elección individual. Una genética liberal o libertaria sobre la base de la libertad de elección individual podría llegar a conducirnos, del mismo modo que una eugenesia controlada por el Gobierno, a una sociedad menos diversa y alejada de la norma. Puede que los resultados agraden a un padre en particular, pero en el horizonte social nos enfrentaríamos a una reducción de la creatividad, la inspiración y la agudeza. La diversidad no solo es buena para una sociedad, sino para el conjunto de la especie, pues la evolución y la adaptación vienen reforzadas por una pizca de aleatoriedad en la reserva genética.

El problema es que el valor de la diversidad, como hemos demostrado con las disquisiciones, puede entrar en conflicto con la elección individual. Como sociedad, podemos percibir lo tremendamente beneficioso que es para la comunidad contar con personas bajas y altas, homosexuales y heterosexuales, apacibles y atormentadas, ciegas o con buena vista... Pero ¿qué derecho moral tenemos para exigir a una familia que renuncie a una intervención genética deseada con el fin de hacer un poco más diversa una sociedad? ¿Querríamos que el Estado nos obligue a algo así?

Una de las razones para abrazar las limitaciones a la elección individual es que la edición genética podría exacerbar las desigualdades e incluso cifrarlas de manera permanente en la especie. Desde luego, ya toleramos ciertos grados de desigualdad con origen en el nacimiento y las elecciones paternas. Admiramos a los progenitores que leen a sus hijos, se aseguran de que van a buenos centros educativos o juegan con ellos al fútbol. Hasta aceptamos, quizá con un suspiro de impaciencia, a quienes contratan a tutores para el SAT o envían a sus hijos a campamentos de informática. Muchas de estas prácticas confieren las mismas ventajas que los privilegios heredados. Sin embargo, el hecho de que ya haya desigualdad no constituye un argumento para aumentarla o consagrarla para siempre.

Permitir a los padres que compren los mejores genes para sus bebés supondría todo un salto cualitativo. En otras palabras, no sería solo un gran salto, sino uno hacia una nueva órbita, desvinculada de la anterior. Después de siglos de reducir los sistemas aristocráticos y de castas, apuntalados en los privilegios con base en el nacimiento, la mayor parte de las sociedades han adoptado un principio moral que es al mismo tiempo una premisa básica de la democracia: creemos en la igualdad de oportunidades. Si convirtiésemos las desigualdades económicas en desigualdades genéticas, cercenaríamos las obligaciones sociales que emanan del dogma «[hemos sido] creados iguales».

Todo esto no significa que la edición genética sea intrínsecamente mala. Se trata de una serie de argumentos contra la posibilidad de que llegue a convertirse en un bazar promovido por el libre mercado, donde los ricos puedan adquirir los mejores genes y enraizarlos en su estirpe familiar.[13]

Puede que imponer restricciones a la elección individual resulte complicado. Varios escándalos referidos a los procesos de admisión de alumnos en la universidad nos han demostrado lo lejos que pueden llegar muchos padres y cuánto están dispuestos a pagar para dar ventaja a sus hijos e hijas. Añadamos a esto el instinto natural de los científicos para hacer descubrimientos e impulsar nuevos procedimientos. Si una nación impone demasiadas restricciones, los científicos emigrarán, y los progenitores acaudalados recurrirán a clínicas en alguna isla del Caribe o en algún paraíso extranjero.

A pesar de las muchas objeciones, es posible vislumbrar un mínimo consenso social sobre la edición genética, antes que dejar cualquier problemática en manos de la elección individual. Sin duda, hay prácticas que no podemos controlar en su integridad, desde el robo en tiendas hasta el tráfico sexual, que pueden reducirse al mínimo con una mezcla de sanciones legales y reprobación social. La Administración de Medicamentos y Alimentos, por ejemplo, se encarga de regular los nuevos medicamentos y los procedimientos del sector. Y aunque mucha gente siga traficando con estupefacientes para usos no aprobados o acuda a otros países para someterse a tratamientos alternativos, las restricciones de la Administración resultan muy efectivas. El desafío que tenemos por delante es vislumbrar una normativa apropiada para la edición de los genes. Solo entonces podremos establecer los medios de control y las sanciones sociales que harán que la mayor parte de las personas nos atengamos a aquella.[14]

JUGAR A SER DIOS

Otra razón que nos puede hacer sentir incómodos con la gestión de nuestra propia evolución y el diseño de nuestros bebés es el hecho de que estaríamos «jugando a ser Dios». Igual que Prometeo cuando robó el fuego, estaríamos usurpando un poder que, de manera muy apropiada, está por encima de nosotros. Al hacerlo, perdemos cierta noción de humildad con respecto a nuestro lugar en la creación.

La reticencia a jugar a ser Dios también puede entenderse desde una perspectiva laica. Como un teólogo católico dijo en una ocasión, en una charla en la Academia Nacional de Medicina: «Un noventa y nueve por ciento de las veces que alguien dice que no debemos jugar a ser Dios, doy por hecho que esa persona es atea». El argumento puede reducirse, sin más, a que no deberíamos dejarnos llevar por la soberbia y atribuirnos la tarea de manosear en las fantásticas, misteriosas, delicadas, entretejidas y hermosas fuerzas de la naturaleza. «La evolución ha estado en marcha para optimizar el genoma humano durante casi cuatro mil millones de años —afirma Francis Collins, director de los Institutos Nacionales de Salud, que, por su parte, no es ningún ateo—. ¿De verdad creemos que un grupito de humanos que se ponen a juguetear con el genoma podrá hacerlo mejor sin dar lugar a toda clase de inesperadas consecuencias?»[15]

Sin duda, el respeto que tenemos por la naturaleza y por el dios que gobierna sobre ella habría de infundirnos un mínimo de humildad a la hora de interferir en el trabajo de nuestros genes. Pero ¿significa esto que haya de prohibirse por completo? Después de todo, el *Homo sapiens* es parte de esa misma naturaleza, no menos de lo que lo son las bacterias, los tiburones o las mariposas. Sea con una sabiduría infinita o a causa de un traspié a ciegas, la naturaleza ha dotado a nuestra especie de la capacidad de editar sus propios genes. En el caso de que sea un error que nos sirvamos de las CRISPR, la razón no puede ser algo tan simple como que no se trata de algo natural. Es tan natural como los trucos de los que se valen las bacterias o los virus.

A lo largo de la historia, los seres humanos (como todas las especies, de hecho) hemos estado combatiendo los regalos envenenados de la naturaleza, frente a la opción de aceptarlos sin más. La madre naturaleza nos ha brindado innumerables sufrimientos, que ha distribuido de forma poco equitativa. Así, tratamos de concebir el modo de combatir plagas, curar enfermedades, solucionar la sordera y la ceguera u obtener mejores plantas, animales o vástagos.

Darwin escribió sobre el «torpe, manirroto, errático, pobre y horriblemente cruel obrar de la naturaleza». Él descubrió que la evolución no lleva la huella de un diseñador inteligente ni de un dios benévolo. De hecho, hizo una lista detallada de frutos de la evolución que se podrían tildar de defectuosos, incluidas las infecciones del tracto urinario de los machos de los mamíferos, el drenaje deficiente de los senos de los primates o la incapacidad de los seres humanos para sintetizar la vitamina C.

Estos defectos de diseño son meras excepciones. Son la consecuencia natural del modo en que la evolución avanza, que da un tropezón tras otro y confecciona nuevos contenidos, más o menos como ocurría en los peores tiempos de Microsoft Office, en lugar de seguir un plan de ordenación con un producto final en mente. La principal guía de la evolución es la aptitud reproductiva, que se basa en qué rasgos sirven para que un organismo se reproduzca más, un proceso que admite, y hasta quizá alienta, todo tipo de plagas, incluidos los coronavirus y los cánceres, que azotan a los organismos una vez que estos han pasado ya su edad óptima para concebir. Todo esto no quiere decir que, por mero respeto a la naturaleza, debamos dejar de investigar formas de combatir los coronavirus y el cáncer.[16]

Sin embargo, hay un argumento más profundo contra la idea de jugar a ser Dios, articulado de forma certera por el filósofo Michael Sandel, de la Universidad de Harvard. Y es que, si los seres humanos encontramos el modo de trucar la lotería natural y de manipular la dotación genética de nuestros hijos e hijas, es mucho menos probable que veamos los rasgos que nos caracterizan como un don que hemos aceptado. Una cosa así vendría a socavar esa empatía que emana del sentido del «podría pasarme a mí» que desplegamos ante aquellos otros seres humanos que han tenido menos suerte que nosotros. «Lo que se pierde e incluso se destruye en ese camino hacia el control total es el aspecto de don que revisten las facultades y los logros del ser humano —escribe Sandel—. Aceptar el regalo de la vida supone reconocer que nuestros talentos y capacidades no son en su integridad un fruto del propio obrar.»[17]

Por supuesto, no pretendo hacer un dictamen absoluto, como tampoco lo hace Sandel, sobre tener que mostrar el máximo respeto ante el carácter espontáneo de los regalos que la naturaleza nos ofrece. La historia humana ha consistido en una cruzada (una de carácter muy natural) por imponerse a dificultades en apariencia improvisadas, ya se tratase de pandemias, de sequías o de grandes tormentas. No hay mucha gente que vaya a reconocer el alzhéimer o la enfermedad de Huntington como el fruto de una dádiva. Cuando creamos la insulina para combatir la diabetes, o la quimioterapia para luchar contra el cáncer, o las vacunas para hacer lo propio con los coronavirus, o las herramientas de edición genética para corregir los defectos de nacimiento, lo que hacemos, muy acertadamente, es ejercer el dominio que tenemos sobre la naturaleza, antes que aceptar lo espontáneo como parte de un don.

Sin embargo, el argumento de Sandel puede servir para darnos un pequeño empujón, me parece a mí, hacia una necesaria humildad, en especial cuando se trata de diseñar mejoras y perfeccionamientos para nuestra prole. Lo que él hace es una defensa profunda, hermosa e incluso espiritual de la renuncia a alcanzar un dominio total, uno que llegue a ponerse por encima de lo espontáneo. Podemos encauzar el rumbo para eludir esa búsqueda prometeica de controlar nuestras dotes, sin dejar de evitar al mismo tiempo una sumisión total a una caprichosa lotería. La sabiduría entraña encontrar el justo equilibrio.

En la cumbre de Hong Kong

43

El recorrido ético de Doudna

Cuando estuvo claro que la herramienta CRISPR-Cas9 de la que era coinventora podría utilizarse para editar los genes humanos, Doudna tuvo una «reacción visceral, como instintiva». Según explica ella misma, la idea de editar los genes de un niño parecía algo fuera de la naturaleza humana, casi aterrador.

—Los primeros días me opuse como si fuera un acto reflejo».[1]

Comenzaría a cambiar de postura en el congreso sobre edición genética de enero de 2015 en el valle de Napa que ella misma era la encargada de organizar. En una de las sesiones, durante un encendido debate sobre si debía permitirse la edición de la línea germinal, uno de los participantes se adelantó y dijo con tranquilidad: «Algún día lo que consideraremos poco ético será el no recurrir a la edición de la línea germinal para aliviar el sufrimiento humano».

La idea de que esa clase de ediciones no era algo natural comenzó a borrársele del pensamiento, pues adquirió plena conciencia de que todos los avances médicos se destinan a corregir algo que, de hecho, es «natural».

—A veces los actos de la naturaleza son muy crueles, hay una gran cantidad de mutaciones que causan un enorme sufrimiento, así que la idea de que la edición de la línea germinal no era natural comenzó a pesar menos en mis consideraciones —explica—. Lo cierto es que no estoy segura de cómo se podría hacer, en medicina, una distinción clara entre lo que es natural y lo que no lo es, y de hecho creo que es peligroso recurrir a esa dicotomía para poner trabas a algo que puede mitigar el sufrimiento y remediar las discapacidades.

Una vez hubo adquirido fama por sus investigaciones en torno a la edición genética, comenzaron a llegar a sus oídos historias de gente afectada por enfermedades genéticas y que clamaban por que desde la ciencia se hiciese todo lo posible.

—Como madre, las que tenían a niños y niñas como protagonistas eran las que más me conmovían —recuerda.

Le viene a la mente uno de los ejemplos en particular. Una mujer le envió fotos de su hijo recién nacido, lampiño y precioso, el cual le recordó a Doudna a su propio hijo, Andy, cuando acababa de nacer. El bebé había sido diagnosticado con una enfermedad genética neurodegenerativa; pronto sus células nerviosas comenzarían a morir y, llegado un punto, no sería capaz ni de caminar, ni de hablar, ni, más adelante, de tragar y comer. Estaba condenado a morir de una muerte prematura y agónica. La carta a la que se adjuntaban las fotos constituía una desgarradora súplica de ayuda.

—¿Cómo no iba a querer que se hiciesen progresos hacia un modo de evitar cosas así? —pregunta Doudna—. Se me rompió el corazón.

Si se pudiese impedir que ocurra lo mismo en el futuro, sería inmoral no hacerlo; eso fue lo que decidió. Respondió a todos los correos electrónicos. Escribió, por supuesto, una respuesta para aquella madre. Le prometía que tanto ella como otros investigadores trabajarían con ahínco para encontrar terapias y métodos de prevención para esa clase de trastornos genéticos.

—Pero también era mi deber explicarle que aún faltaban años para que algo como la edición de los genes pudiera servirle —dice—. De ninguna manera quería confundirla.

Tras hacer una aparición en el Foro Económico Mundial de Davos, en enero de 2016, donde compartió sus reparos éticos en torno a la edición genética, una mujer que también estaba en la mesa de debate llevó aparte a Doudna para contarle que su hermana había nacido con una enfermedad degenerativa. No la afectaba solo a ella, sino también a la vida y a las condiciones económicas de toda la familia.

—Me dijo que si se pudiese haber recurrido a la edición genética para evitarlo, todos y cada uno de los miembros de su familia habrían estado por completo a favor —recuerda Doudna—. Se alteraba mucho al pensar en la crueldad de quienes pretenden impedir la edición de la línea germinal, estuvo a punto de llorar... Este episodio también me llegó mucho.

Más adelante, ese mismo año, un hombre acudió a Berkeley con la intención de hablar con ella. Su padre y su abuelo habían muerto a causa de la enfermedad de Huntington. En aquel momento, acababan de diagnosticar a tres de sus hermanas, con lo que se enfrentaban a una muerte lenta y dolorosa. Doudna se abstuvo de preguntarle si él mismo estaba afectado por la enfermedad. Sea como fuere, la visita sirvió para convencerla de que si la edición de la línea germinal podía convertirse en un método seguro y eficaz para acabar con aquella enfermedad, ella, desde luego, estaba a favor. Cuando has mirado a los ojos a alguien con una enfermedad genética, refiere Doudna, en especial a alguien con la enfermedad de Huntington, se hace bastante difícil explicar por qué hemos de abstenernos de recurrir a la edición genética.

Su pensamiento también se vio influido por las largas conversaciones con Janet Rossant, jefa de investigación en el Hospital de Enfermedades Infantiles de Toronto, y con George Daley, decano de la facultad de Medicina de Harvard.

—Empecé a darme cuenta de lo cerca que estábamos de corregir aquellas mutaciones que causaban enfermedades —explica—. ¿Quién no desea eso?

¿Por qué había que imponer a las CRISPR, en definitiva, unos patrones más exigentes que a cualquier otro procedimiento médico?

La evolución en el modo de pensar que tomó forma en ella hizo que empatizara más con la idea de que muchas de las decisiones que se pueden tomar sobre la edición de los genes pueden dejarse en manos de una elección individual, antes que en las de unos burócratas o de someterlas al arbitrio de una charla sobre ética.

—Al fin y al cabo soy estadounidense, y dar una gran prioridad a la libertad personal es algo que forma parte de nuestra cultura —dice—. También lo pienso como madre, pues creo que, en lo que respecta a mi propia salud y a la de mi familia, me gustaría tener a mano esas nuevas tecnologías, a medida que vayan surgiendo.

Sin embargo, debido a que aún hay riesgos importantes que no se conocen bien, también piensa que el uso de las CRISPR ha de limitarse a necesidades médicas para las que no hay otra alternativa.

—Todo esto se traduciría en que no hay razón para ponernos a usarlas ahora mismo —sostiene—. Por eso me rechinó tanto cuando He Jiankui se valió de las CRISPR para inducir la inmunidad al

VIH. Hay otras formas de hacerlo. No se trataba de una necesidad médica.

Uno de los problemas morales que sigue siendo importante para ella es el de la desigualdad, en especial si se da el caso de que solo los ricos puedan adquirir mejoras genéticas para su prole.

—Podríamos propiciar una brecha genética que se pudiese ensanchar con cada nueva generación —dice—. Si nos paramos a pensar en las desigualdades actuales, basta imaginar cómo sería una sociedad en la que, junto con los estratos económicos, estuviesen los genéticos, en la que llevásemos transcrita la desigualdad económica en el código genético.

Según Doudna, si se limita la edición genética a los casos en los que de verdad sea «necesaria desde el punto de vista médico», podemos reducir las probabilidades de que los padres traten de «mejorar» a sus hijos e hijas, algo que no parece muy acertado ni desde el punto de vista moral ni desde el social. Reconoce que la línea que separa lo que es un tratamiento de una mejora puede ser difusa, pero tampoco es que carezca de sentido. Sabemos muy bien dónde está la diferencia entre corregir un gen tremendamente dañino y agregar algún rasgo genético sin que se dé ninguna exigencia médica.

—Mientras nos dediquemos a corregir mutaciones genéticas con la restauración de la versión «normal» de un gen dado y no inventemos mejoras novedosas en exceso, nunca vistas en el genoma humano promedio, lo más probable es que nos estemos moviendo en terreno seguro.

También confía en que todas las cosas buenas que puedan venir de las CRISPR, en un momento u otro, estarán por encima de los peligros que pueda acarrear.

—La ciencia no da pasos hacia atrás, no podemos desaprender nuestros conocimientos, así que hemos de abrirnos paso hacia delante por el camino más seguro —afirma, repitiendo el título del informe que escribió tras el encuentro de 2015 en el valle de Napa—. La sociedad nunca había tenido ante sí nada como esto. Ahora contamos con el poder de controlar nuestro futuro genético, que es impresionante y al mismo tiempo da un poco de miedo. Así que debemos seguir hacia delante, con cautela y respeto ante el poder que hemos obtenido.

OCTAVA PARTE

Despachos desde el frente

Esto va por los locos. Por los inadaptados. Por los rebeldes. Por los alborotadores. Por los que no encajan nunca en ninguna parte. Por los que ven las cosas de forma distinta; huyen de las normas y no sienten ningún respeto por el *statu quo*. Los puedes citar, puedes discrepar, puedes glorificarlos o vilipendiarlos; pero una de las pocas cosas que no puedes hacer es ignorarlos. Porque cambian las cosas. Impulsan la humanidad hacia delante. Y aunque para algunos estén locos, nosotros vemos su genio. Porque las personas que están lo bastante locas como para creer que pueden cambiar el mundo son las que lo cambian.

STEVE JOBS,
anuncio «Think Different» de Apple, 1997

Samuel Sternberg

44

Quebec

LOS GENES SALTARINES

Mientras estaba en el Congreso CRISPR-Cas9 de 2019 en Quebec, se me hizo de pronto evidente que la biología se ha convertido en la nueva tecnología. En el encuentro flotaba la misma energía que en los encuentros del Homebrew Computer Club o de la West Coast Computer Faire de finales de la década de 1970, solo que los jóvenes innovadores trajinaban con el código genético en lugar de hacerlo con el código informático. El ambiente estaba cargado de una catalizadora mezcla de competitividad y cooperación que recordaba a los tiempos en que Bill Gates y Steve Jobs frecuentaban las primeras ferias de ordenadores personales, salvo que en Quebec las estrellas de rock eran Jennifer Doudna y Feng Zhang.

Los cerebrillos de la biotecnología ya no son, comprendo, unos marginados. La revolución CRISPR y la crisis del coronavirus los ha convertido en los chicos molones a la vanguardia, como ocurrió con aquellos pioneros cohibidos que colonizaron en su día la ciberfrontera. Mientras me paseaba por ahí, mandando despachos desde el frente de su revolución, me di cuenta de que, al tiempo que persiguen nuevos descubrimientos, se sienten también empujados, antes que los *techies* digitales en su día, a hacer una evaluación moral de la nueva era que están alumbrando.

La expectación en Quebec giró en torno a un fascinante adelanto que ha prendido de nuevo la tensión entre el reino de Doudna y el de Zhang, y en cuyo origen están los descubrimientos rivales de dos modos eficientes de añadir secuencias nuevas en el ADN. En lugar de practicar un corte en la doble cadena de ADN, este sistema CRISPR recién descubierto inserta un trozo nuevo de ADN recurriendo a los transposones, conocidos como «genes saltarines», que son segmentos largos de ADN que pueden desplazarse de un punto a otro de los cromosomas.

Sam Sternberg, ese bioquímico brillante que había sido alumno de Doudna y al que habían reclutado después para llevar su propio laboratorio en Columbia, acababa de publicar en la revista *Nature* su primer artículo importante como profesor adjunto. En él se describe un sistema de CRISPR guía que inserta un gen saltarín modificado en la posición deseada de ADN. Sin embargo, para sorpresa de Sternberg, Zhang consiguió que le publicasen unos días antes un artículo similar en la web de la revista *Science*.[1]

Sternberg parecía decaído a su llegada a Quebec, y sus amigos, incluida Doudna, estaban furiosos. Sternberg había presentado su artículo a *Nature* el 15 de marzo, y el rumor de su descubrimiento había empezado a propagarse después de que una de sus estudiantes de doctorado diese una ponencia al respecto.

—Feng, entonces, corrió calladamente a hacer que su artículo se publicase antes —me contó Martin Jinek en el congreso.

A Doudna esto le parecía típico de Zhang:

—Su red de contactos le da el aviso de algún artículo y él corre a adelantarse.[2]

Rememorando la carrera de 2012, tanto ella como Eric Lander me habían reconocido que meter prisa para que se publicase un artículo tuyo cuando detectabas que había rivalidad era juego limpio. Sin embargo, la publicación de Zhang sobre los transposones provoca resentimiento. Él había presentado su artículo a *Science* el 4 de mayo, siete semanas después de que Sternberg hubiese enviado el suyo, pero el de Zhang se publicó online el 6 de junio y el de Sternberg no apareció hasta el día 12.

A mí me cuesta compartir la indignación del bando de Doudna hacia Zhang. Ambos artículos implican el uso de genes saltarines, pero difieren en aspectos importantes, y cada uno hace su particular contribución al avance de las CRISPR. Casualmente, tenía previsto visitar a Zhang en su laboratorio del Instituto Broad el día siguiente de que se publicase online su artículo, lo que sucedió diez días antes del congreso de Quebec, y me explicó entonces las investigaciones que había realizado sobre los transposones. Su artículo no era un trabajo hecho deprisa y corriendo. Llevaba mucho tiempo fraguándose. Sin embargo, cuando oyó unos pasos que se acercaban, metió prisa a *Science* para que lo revisara y lo publicase online sin más tardanza; igual que había hecho Doudna con aquel artículo seminal de 2012, escrito a cuatro manos con Charpentier, cuando había oído los pasos de Virginijus Šikšnys y demás investigadores.[3]

El primer día del congreso de Quebec, los amigos de Sternberg, incluida Doudna, se reunieron en el bar del hotel para celebrarlo con él —y consolarlo— entre copas de Romeo's gin, un aromático producto canadiense. Su personalidad es de natural tan entusiasta que parecía haber superado el enfado cuando llegó el momento de dar su ponencia el día siguiente, seguida de la de Zhang. A fin de cuentas, su descubrimiento es un gran triunfo y un paso hacia delante en su carrera, un paso que el hallazgo complementario de Zhang no menoscaba en modo alguno. Así pues, Sternberg se mostró cortés en su exposición:

—Como ya nos ha explicado Feng en su ponencia de hoy, la CRISPR-Cas12 puede movilizar elementos transponibles —dice—. De lo que vengo a hablarles yo es de un trabajo publicado recientemente sobre sistemas de tipo I que actúan de maneras similares, pero también distintas, para movilizar estos transposones bacterianos.

Y se aseguró también de colmar de méritos a la estudiante de doctorado de su laboratorio de Columbia, Sanne Klompe, que había llevado a cabo los experimentos principales.

—¿Hay algún campo más competitivo y despiadado que la investigación biológica? —me preguntó uno de los asistentes tras el duelo de ponencias de Zhang y Sternberg.

Bueno, sí, pienso, puede serlo casi cualquier campo, de los negocios al periodismo. Lo que distingue a la investigación biológica es la colaboración que se entrelaza con esa competitividad. La camaradería entre guerreros rivales embarcados en una misión común impregnaba el congreso de Quebec. El deseo de conseguir premios y patentes tiende a generar rivalidad, y esta estimula el ritmo de los descubrimientos. Sin embargo, igual de motivadora, pienso, es esa pasión por revelar lo que Leonardo da Vinci llamaba «las infinitas obras de la naturaleza», en particular cuando se refiere a algo de una belleza tan imponente como los mecanismos internos de una célula viva.

—Los descubrimientos sobre los genes saltarines muestran lo divertida que es la biología —dice Doudna.

BISONTE SELLADO

Cuando terminó la primera jornada de ponencias, Douda y Sternberg fueron a un restaurante informal en el casco antiguo de Quebec, y yo acepté la invitación de Feng Zhang para cenar con él y un pequeño grupo de amigos. No solo quería que me explicara su perspectiva, también me interesaba echarle un vistazo a ese restaurante nuevo tan creativo que había escogido, Chez Boulay, en el que sirven pastel crujiente de carne de foca, unas vieiras crudas enormes, trucha ártica, bisonte sellado y morcilla de col. Nuestro grupo, de una docena de comensales, incluía a Kira Makarova, del Centro Nacional de Información Biotecnológica estadounidense, coautora junto con Zhang del artículo sobre los genes saltarines; el pionero de las CRISPR-Cas9 Erik Sontheimer, que fue en su día mentor de Luciano Marraffini, pero que se ha mantenido al margen de las rivalidades en el campo de las CRISPR-Cas9; y April Pawluk, antigua estudiante de posdoctorado en el laboratorio de Doudna y editora ahora en *Cell,* una revista de revisión por pares que compite con *Science* y *Nature.* Hay una relación simbiótica entre los investigadores de primera línea, que quieren asegurarse de que sus artículos reciban un trato rápido y favorable, y editoras inteligentes como Pawluk, que buscan publicar los hallazgos más importantes.

Sontheimer eligió el vino, que era de Quebec y resultó inesperadamente bueno, y brindamos por los transposones. Cuando la conversación pasó de la ciencia a los dilemas éticos que rodean a las CRISPR-Cas9, la mayor parte de los presentes coincidían en que, siempre que sea segura y apropiada, la edición genética —incluso las ediciones heredables en la línea germinal humana— debería emplearse en caso de necesidad para remediar mutaciones monogénicas, como la enfermedad de Huntington y la anemia de células falciformes. Sin embargo, reculaban ante la idea de usar la edición genética para el mejoramiento humano, como, por ejemplo, tratar de dar a nuestros hijos una mayor masa muscular o más altura, o quizá algún día un cociente intelectual más alto y mayores capacidades cognitivas.

El problema es que resulta difícil definir ese límite, y aún más imponerlo.

—La línea que separa remediar anomalías y hacer mejoras es muy borrosa —dice Zhang.

De modo que le pregunté:

—¿Qué tiene de malo hacer mejoras?

Guarda un largo silencio.

—Es solo que no me gusta —responde—. Es entrometerse en la naturaleza. Y, desde una perspectiva poblacional a largo plazo, podríamos estar reduciendo la diversidad.

Zhang había asistido al famoso curso de Harvard sobre justicia moral impartido por el filósofo Michael Sandel, y estaba claro que eran cuestiones con las que había bregado de un modo muy profundo. Sin embargo, como el resto de nosotros, no había encontrado respuestas fáciles.

Un dilema ético inminente, coincidió todo el mundo, es que la edición genética podría exacerbar, y hasta sistematizar, la desigualdad social.

—¿Habría que permitir que los ricos comprasen los mejores genes que se puedan permitir? —pregunta Sontheimer.

Es cierto, desde luego, que todas las ventajas de la sociedad, incluidas las médicas, están repartidas de manera desigual, pero crear un mercado de mejoramiento genético heredable proyectaría la cuestión a una órbita completamente nueva.

—Mira lo que están dispuestos a hacer los padres por meter a sus hijos en la universidad —dice Zhang—. Está claro que algunas personas pagarían por hacer mejoras genéticas. En un mundo en el que hay personas que no tienen acceso a unas gafas, cuesta imaginar cómo podríamos encontrar la manera de disponer de un acceso igualitario al mejoramiento genético. Imaginemos el efecto que tendrá eso en nuestra especie.

Gavin Knott haciendo una demostración del proceso de edición

45

Aprendo a editar

GAVIN KNOTT

Ahora que estaba inmerso en el mundo de los pioneros CRISPR-Cas9, decidí que debía, a mi modesta manera, iniciarme en el club. Tenía que aprender a editar ADN por medio de CRISPR-Cas9.

De modo que quedo en pasar unos cuantos días en el laboratorio sin paredes divisorias de Doudna, entre las decenas de estaciones de trabajo, atiborradas de centrifugadoras y pipetas y placas de Petri, en las que sus alumnos y colaboradores posdoctorales realizan sus experimentos. Quiero emular esos grandes avances que he relatado: usar CRISPR-Cas9 para editar ADN en un tubo de ensayo, como describieron Doudna y Charpentier en junio de 2012, y usarlo después para editar una célula humana, como describieron Zhang, Church, Doudna y otros en enero de 2013.

Para lo primero, tengo la ayuda de Gavin Knott, un joven investigador de posdoctorado de barba recortada y trato fácil natural del oeste de Australia. Siendo doctorando, decidió que quería encontrar enzimas asociadas a CRISPR-Cas9 que atacasen el ARN en lugar del ADN, y le escribió una carta a Doudna proponiéndole trabajar en ello en su laboratorio. El equipo de Doudna estaba ya encima del tema, estudiando una enzima conocida como Cas13.

—Ella estaba mucho más al tanto que yo —dice Knott.

Sin embargo, lo invitó de todos modos a su laboratorio. Entre otras responsabilidades, pasó a formar parte del grupo encargado del proyecto Safe Genes para la DARPA.[1]

Cuando entramos en la zona segura del Doudna Lab donde se llevan a cabo los experimentos, me pongo la bata de laboratorio y las gafas de protección, rocío los guantes con espray para esterilizarlos, y al instante me siento como un profesional. Knott me conduce hasta una de las campanas de gases, una mesa de trabajo con ventilación y parcialmente cercada por mamparas de plástico. Justo antes de empezar a trabajar, Doudna pasa disparada, con una bata blanca de laboratorio encima de unos vaqueros y una camiseta negra del Innovative Genetics Institute. Se detiene brevemente para ver cómo van los experimentos de cada uno de sus alumnos (también el mío) y se marcha después a pasar el día en un retiro de planificación estratégica con los principales investigadores del instituto.

El experimento por el que me guía Knott implica un fragmento de ADN que contiene un gen capaz de hacer que las bacterias sean resistentes a la penicilina. Eso no es nada conveniente, en particular si eres una persona contagiada por esa bacteria. De modo que Knott prepara para mí un poco de Cas9 con un ARN guía diseñado para eliminar el gen. El laboratorio ha fabricado todo esto desde cero.

—La Cas9 que necesitamos viene codificada en un fragmento de ADN, así que cualquiera que pueda cultivar bacterias en un laboratorio puede producirla en grandes cantidades —asegura.

Mi expresión debe de transmitir que no estoy seguro de estar muy dotado para esto.

—No se preocupe —dice—. Si no lo quiere fabricar todo desde cero, puede comprar la Cas9 por internet a empresas como IDT. Venden hasta ARN guía. Si uno quiere editar genes, resulta fácil conseguir los componentes online.

(Más tarde, busqué en internet. En la web de IDT anuncian «todos los reactivos necesarios para editar con éxito el genoma», con kits diseñados para la administración a células humanas a partir de noventa y cinco dólares. En otra web llamada GeneCopoeia, tienen proteína Cas9 con secuencia de localización nuclear a partir de ochenta y cinco dólares.)[2]

Algunos de los viales que Knott ha preparado están colocados en fila en una mininevera de aspecto anticuado, una de esas que usa hielo para mantener los líquidos en frío.

—Esta nevera tiene historia —dice, al tiempo que le da la vuelta.

En la parte de atrás lleva grabado el nombre «Martin». Era de Jinek, antes de que se marchara para dirigir su propio laboratorio en la Universidad de Zúrich.

—La heredé —dice Knott, orgulloso. Me siento parte de una cadena histórica. Los experimentos que estamos a punto de hacer emulan los de Jinek en 2012: tomar un fragmento de ADN y dejarlo incubar junto con la Cas9 y el ARN guía para cortar en el punto deseado. Es bonito estar usando su nevera.

Knott me guía a lo largo de los diversos pasos, usamos pipetas para combinar los ingredientes y los dejamos incubar diez minutos. Añadimos un tinte que nos ayuda a visualizar los resultados, y así podemos crear una imagen de lo que hemos conseguido por medio de un proceso llamado «electroforesis», que consiste en aplicar una corriente eléctrica a través de un gel para separar las moléculas de ADN según su tamaño. La impresión de los resultados muestra unas bandas en distintas posiciones a lo largo del gel, bandas que nos indican si se ha producido el corte, y cómo, por obra de la Cas9.

—¡Un resultado de manual! —exclama Knott cuando recoge la imagen de la impresora—. Fíjese en las diferencias en estas bandas.

Al salir de laboratorio, me encuentro junto al ascensor con Jamie Cate, el marido de Doudna, y le enseño mis hojas de resultados. Él señala unas bandas borrosas que hay al pie de dos de las columnas y me pregunta:

—¿Y esto qué es?

De hecho, me sé la respuesta (gracias al tutorial de Knott):

—Es el ARN —le respondo.

Algo más tarde, Cate publica un tuit con una foto en la que salimos Knott y yo trabajando en el banco de laboratorio, con el texto: «¡Y Walter Isaacson ha pasado mi examen sorpresa!». Por un momento, hasta que comprendo que ha sido Knott el que ha hecho todo el trabajo importante, me siento como un auténtico editor genético.

Jennifer Hamilton

El siguiente reto es editar un gen en una célula humana. En otras palabras, quiero dar ese paso que lograron a finales de 2012 los laboratorios de Zhang, Church y Doudna.

Para ello formó equipo con otra investigadora de posdoctorado del laboratorio de Doudna, Jennifer Hamilton, oriunda de Seattle y doctorada en Microbiología en el centro médico Mount Sinai de la ciudad de Nueva York. Con sus grandes gafas y su sonrisa aún más grande, Hamilton irradia entusiasmo por el uso de virus para la introducción de herramientas de edición genética en las células humanas. Cuando Doudna fue a dar una charla al grupo de Women in Science en el Mount Sinai en 2016, Hamilton ejerció de alumna anfitriona:

—Sentí una conexión instantánea con ella —recuerda.

Doudna estaba entonces sentando las bases del Innovative Genomics Institute de Berkeley, que reuniría a investigadores de toda la bahía. Una parte de su misión consistía en encontrar formas de introducir las herramientas CRISPR en las células humanas para llevar a cabo tratamientos médicos. De modo que reclutó a Hamilton.

—Yo tenía conocimientos de ingeniería viral, y quería aplicarlos a la búsqueda de métodos de introducción de CRISPR en humanos —explica Hamilton.[3]

Se trataba de una especialidad que se reveló muy valiosa cuando el laboratorio tuvo que hacer frente a la pandemia de coronavirus y encontrar formas de introducir en las células humanas tratamientos basados en las CRISPR.

Cuando emprendemos nuestro intento de editar ADN en una célula humana, Hamilton recalca que es más difícil que hacerlo en un tubo de ensayo. Las cadenas de ADN que había editado el día anterior con Knott contenían solo 2,1 kilobases (2.100 pares de bases) frente a los 6,4 «millones» de kilobases presentes en la célula que planeábamos utilizar, procedente de una célula renal humana.

—El reto con la edición genética humana —me explica— es conseguir que las herramientas de edición atraviesen la membrana plasmática exterior y la membrana nuclear para llegar hasta el ADN, y luego hay que conseguir también que tus herramientas encuentren la posición correcta en el genoma.

La explicación que hace Hamilton de nuestro procedimiento previsto parece respaldar, si bien casi sin querer, el argumento de Zhang cuando dice que pasar de editar ADN en un tubo de ensayo a editarlo en una célula humana no es un paso cualquiera. Sin embargo, el hecho de que yo esté a punto de hacerlo podría usarse, supongo, para defender el argumento contrario.

—Nuestro plan —dice Hamilton— es conseguir que la doble

cadena se rompa en un punto diana del ADN de la célula humana. Además, incluiremos una plantilla para que se inserte un nuevo gen. La célula humana con la que empezamos a trabajar ha sido modificada para obtener un gen que produce una proteína fluorescente de resplandor azul. En uno de nuestros procedimientos, recurriremos a la CRISPR-Cas9 para cortar el gen y, de este modo, desactivarlo. En otra muestra, introduciremos una plantilla que la célula procederá a incorporar, y que cambiará tres pares de bases del ADN de la célula, con el resultado de que la proteína fluorescente pasará del azul al verde.

El método que empleamos para introducir la CRISPR-Cas9 y la plantilla en el núcleo de la célula se llama «nucleofección», y recurre a los impulsos eléctricos para hacer que las membranas de la célula sean más permeables. Cuando llegamos al final proceso de edición, puedo mirar por un microscopio de fluorescencia y ver los resultados. El brillo del grupo de control sigue siendo azul. El grupo que hemos cortado con la CRISPR-Cas9, pero sin proporcionar una plantilla de reemplazo, no brilla. Por último, hay un tercer grupo que hemos cortado y a continuación editado. Miro en el microscopio ¡y veo que emite un resplandor verde! Acabo de editar una célula humana —bueno, en realidad ha sido Hamilton, conmigo de entusiasta copiloto— y de modificar uno de sus genes.

Sin embargo, antes de que se asusten por lo que me pueda haber salido, no se alarmen: lo cogimos todo, lo mezclamos con lejía y lo tiramos por el fregadero. Aunque sí descubrí lo más o menos fácil que puede ser el proceso para un estudiante o para un científico sin escrúpulos con ciertos conocimientos de laboratorio.

Retrato al óleo en Cold Spring Harbor, obra de Lewis Miller

James Watson y su hijo Rufus en el documental de la PBS *Decoding Watson*

46

Watson revisado

LA INTELIGENCIA

El Cold Spring Harbor Laboratory, en el que James Watson puso en marcha en 1986 un influyente ciclo de encuentros anuales sobre el genoma humano, decidió añadir uno nuevo centrado en la edición genética CRISPR que se inauguró en el otoño de 2015. Entre los ponentes ese primer año estaban nuestros cuatro personajes principales: Jennifer Doudna, Emmanuelle Charpentier, George Church y Feng Zhang.

Watson asistió al encuentro inicial del grupo CRISPR, como hacía casi siempre en Cold Spring Harbor, y se sentó en la primera fila del auditorio, bajo un gran retrato al óleo de sí mismo, para escuchar la ponencia de Doudna. Para ella, eso fue como regresar a su primera visita al centro como estudiante de doctorado en el verano de 1987, con Watson también entonces sentado enfrente mientras ella presentaba, con nerviosismo juvenil, un artículo sobre la capacidad de algunos ARN de autorreplicarse. Tras la ponencia sobre las CRISPR-Cas9 de Doudna, Watson se levantó para pronunciar unas palabras elogiosas, tal y como había hecho casi treinta años antes. Era importante, dijo, impulsar la ciencia de la edición genética en humanos, incluido el mejoramiento de la inteligencia. Para algunos de los asistentes, fue un momento histórico. El profesor de Biología de Stanford David Kingsley hizo una foto de Watson y Doudna hablando.[1]

Sin embargo, cuando acudo al encuentro de 2019, Watson no está en su asiento habitual de la primera fila. Tras cincuenta años, se ha vetado su presencia en los actos y han retirado su retrato al óleo. Ahora vive condenado a un exilio interior, con su esposa, Elizabeth, en el elegante, pero atenazado, aislamiento de Ballybung, su mansión de estilo paladiano situada al extremo norte del campus.

Sus problemas comenzaron en 2003, cuando celebró el quincuagésimo aniversario de su codescubrimiento de la estructura del ADN concediendo una entrevista para un documental que se emitiría en la PBS y la BBC. La ingeniería genética debía usarse algún día para «curar» a las personas con escasa inteligencia, afirmó: «Si eres verdaderamente idiota, yo lo consideraría una enfermedad». Aquello reflejaba su profunda confianza —alimentada tal vez por el orgullo de su trascendental descubrimiento, así como por la congoja diaria de vivir con su hijo esquizofrénico, Rufus— en el poder del ADN para explicar la naturaleza humana. «Ese 10 por ciento de abajo, el de los que tienen verdaderas dificultades, incluso en la escuela primaria, ¿a qué se debe? —se preguntaba Watson—. Un montón de gente dirá, "Bueno, la pobreza, esas cosas". Seguramente no sea esta la razón. Así que me gustaría librarnos de ello, ayudar a ese diez por ciento de abajo.» Y como para asegurarse de atizar suficiente polémica, Watson añadió que la edición genética podría usarse también para mejorar el aspecto de las personas: «La gente dice que sería terrible que hiciésemos que todas las chicas fuesen bonitas. Pero a mí me parecería estupendo».[2]

Watson se tenía a sí mismo como un progresista. Había apoyado siempre a los demócratas, de Franklin D. Roosevelt a Bernie Sanders. Si abogaba por la edición genética, insistía, era porque quería mejorar la suerte de los más desafortunados. Sin embargo, como señaló el filósofo de Harvard Michael Sandel, «el lenguaje de Watson desprende algo más que un tufillo de la antigua sensibilidad eugenésica».[3] Un tufillo que era particularmente molesto que emanase de Cold Spring Harbor, dado el largo historial del laboratorio fomentando la sensibilidad eugenésica.

Los comentarios de Watson acerca de la inteligencia crearon polémica, pero en 2007 cruzó la línea al vincularlos a la raza. Ese año publicó unas nuevas memorias, *Prohibido aburrirse (y aburrir)*, o *Avoid Boring People,* en el original; una expresión que Watson pretendía que se leyese en ambos sentidos: con *boring* como verbo y como adjetivo. Hostil por naturaleza, tal vez congénitamente, hacia las personas aburridas, a Watson le encantaba farfullar comentarios incorrectos y provocadores, a menudo acompañados de un potente resoplido y de una sonrisita maliciosa. Esto resultó ser material inflamable cuando, como parte de la campaña de publicidad del libro, concedió una serie de entrevistas a Charlotte Hunt-Grubbe, periodista científica *freelance* que estaba escribiendo para *The Sunday Times* londinense una semblanza de Watson. Este, siempre con la guardia baja, la bajó aún más en esta ocasión, porque Hunt-Grubbe era una antigua alumna suya que había vivido con los Watson un año en Cold Spring Harbor y con la que seguía jugando al tenis.

El resultado fue un flojo reportaje en el que Hunt-Grubbe seguía a Watson de la biblioteca de su casa a una cafetería local y de ahí a las pistas de tenis sobre hierba del Piping Rock Club. Tras un partido, Watson reflexionaba sobre su vida actual: «Sigo pensando: ¿llegaré a ver cómo se descubren los genes de las enfermedades mentales, habremos frenado el cáncer dentro de diez años, mejorará mi servicio de tenis?».[4]

Hacia el final del texto de cuatro mil palabras, Hunt-Grubbe dejaba caer como si tal cosa algunas de las reflexiones de Watson en torno a la raza:

> Dice que es «pesimista por naturaleza respecto al futuro de África», porque «todas nuestras políticas sociales se basan en el hecho de que su inteligencia es igual a la nuestra, pese a que todos los test indican que no es así, en realidad, y sé que va a ser difícil abordar esta patata caliente». Desearía que todas las personas fuesen iguales pero, replica, «la gente que tiene que lidiar con empleados negros descubre que no es así».

El artículo fue una bomba, y Watson se vio obligado a dimitir como rector honorario de Cold Spring Harbor. Por el momento, sin embargo, dejaron que bajara paseando desde su casa al norte del campus siempre que quisiera asistir a algún encuentro.

Watson intentó retractarse y afirmó que estaba «muerto de vergüenza» por haber dado entender que los africanos eran «de algún modo genéticamente inferiores». En un elaboradísimo comunicado que emitió el laboratorio, añadía: «No era eso lo que quería decir. Y, más importante desde mi punto de vista, no hay base científica alguna para sostener esa creencia».[5] Sin embargo, había un problema con sus disculpas: eso era realmente lo que había querido decir, y siendo la clase de persona que era, le iba a resultar inevitablemente difícil no volver a soltarlo en algún momento.

El noventa cumpleaños de Watson

Cuando Watson cumplió los noventa años en 2018, la polémica que lo rodeaba parecía haber amainado. Su cumpleaños, junto con el quincuagésimo aniversario de su llegada al Cold Spring Harbor Laboratory y de su matrimonio con Elizabeth, se celebró en el auditorio del campus con un concierto de Mozart a cargo del pianista Emanuel Ax y una cena de gala. Se recaudaron unos fondos de setecientos cincuenta mil dólares para subvencionar una cátedra en su honor en el laboratorio.

Los amigos y colegas de Watson se esforzaban por mantener un delicado equilibrio. Se le homenajeaba por ser uno de los pensadores más influyentes en la ciencia moderna, se le toleraba su actitud provocadora en escritos y conversaciones y se le condenaba por sus comentarios sobre la inteligencia racial. Ese equilibrio era a veces difícil de sostener. Pocas semanas después de la celebración, en un encuentro sobre genética en el campus, pidieron a Eric Lander que hiciese un brindis por Watson, que estaba sentado entre el público. Lander señaló que Watson «tenía sus fallos», pero añadió con su talante entusiasta comentarios amables sobre su liderazgo del Proyecto Genoma Humano y agradeció que los hubiese «empujado a todos a explorar las fronteras de la ciencia para el beneficio de la humanidad».

El brindis provocó reacciones negativas, en particular en Twitter. Lander, al que habían acribillado ya a críticas por minimizar el papel de Doudna y Charpentier en su artículo «Heroes of CRISPR», se disculpó: «Me equivoqué al hacer ese brindis, lo lamento —escribió en una nota a sus colegas del Broad que hizo pública más tarde—. Sus opiniones me parecen detestables. No tienen cabida en la ciencia, que debe acoger a todo el mundo». Y añadía un enigmático comentario en referencia a una conversación que había tenido en su día con Watson a propósito de los donantes judíos de sus respectivas instituciones. «Como alguien que había sido ya destinatario de sus aborrecibles observaciones, debería haber percibido el daño que implicaría darle cualquier tipo de reconocimiento.»[6]

A Watson lo enfureció que Lander afirmase que era un error «darle cualquier tipo de reconocimiento» y la insinuación de antisemitismo. «A Lander lo tienen por un hazmerreír —estalló Watson—. Mi vida ha estado dominada, en primerísimo lugar, por el amor de mi padre hacia los judíos, y todos mis buenos amigos en América han sido judíos.» Y a continuación pasó a exponerme, con un énfasis que no habría aplacado a sus críticos, su opinión de que los judíos asquenazíes, que vivieron durante siglos en el norte de Europa, eran genéticamente más inteligentes que otros grupos étnicos, argumento que respaldó recitando de un tirón los nombres de todos los que habían ganado el Premio Nobel.[7]

UN *AMERICAN MASTER*

Cuando la serie *American Masters* de la PBS decidió hacer un documental sobre Watson en 2018, se propuso ofrecer una visión ecuánime, íntima, compleja y matizada tanto de sus triunfos científicos como de sus polémicas opiniones. Watson cooperó en todo y permitió que las cámaras lo siguiesen por su elegante mansión y por el campus de Cold Spring Harbor. El documental abordaba su vida al completo, incluida su amistad fraternal con Francis Crick, la polémica por su uso no autorizado de las imágenes del ADN de Rosalind Franklin y la búsqueda, al final de su carrera, de tratamientos genéticos para el cáncer. Las escenas en las que aparecía con su mujer y con su hijo Rufus, que sigue viviendo en casa a los cuarenta y ocho años, mientras lidia con su esquizofrenia, resultaban muy conmovedoras.[8]

El documental entraba también en la polémica a raíz de sus comentarios sobre la raza. Joseph Graves, primer afroamericano doctorado en Biología Evolutiva, refutaba de forma razonada sus opiniones. «Sabemos ya muchísimo de las variaciones genéticas humanas y de cómo se distribuyen en todo el mundo —decía—, y no hay absolutamente ninguna evidencia de que existan diferencias genéticas que favorezcan la inteligencia en ninguna subpoblación de seres humanos.» A continuación, el entrevistador daba a Watson la oportunidad —casi lo empujaba— de renunciar o de desdecirse de algunas de sus polémicas afirmaciones.

No lo hizo. Con la cámara enfocándole en primer plano, Watson pareció vacilar, incluso temblar levemente, como un colegial que no sabe decir lo que esperan de él. Era como si tuviese una incapacidad congénita para edulcorar sus opiniones o morderse la lengua. «Me alegraría por ellos que eso hubiese cambiado, que tuviésemos nuevos conocimientos que afirmasen que la crianza es mucho más importante que la herencia —dijo mientras las cámaras grababan—. Pero yo no lo veo. Y hay una diferencia en la media entre negros y blancos en los test de cociente intelectual. Yo diría que esa diferencia es... es genética.» Después, había un momento en que tomaba conciencia de sus palabras: «No debería sorprender a nadie que alguien que ganó la carrera para descubrir la doble hélice piense que los genes son importantes».

El documental se emitió la primera semana de enero de 2019, y Amy Harmon escribió un artículo sobre los comentarios de Watson en *The New York Times*: «James Watson tenía la oportunidad de salvar su reputación en torno a la raza —decía el titular—. Y lo empeoró aún más».[9] Harmon señalaba que había debates complejos sobre la relación entre raza y cociente intelectual, y a continuación citaba a Francis Collins, director de los Institutos Nacionales de Salud y sucesor de Watson como director del Proyecto Genoma Humano, que ofrecía la visión imperante. Los expertos en inteligencia, decía, «consideran que cualquier diferencia entre blancos y negros en los test de cociente intelectual proviene sobre todo de diferencias ambientales, y no genéticas».[10]

La junta del Cold Spring Harbor Laboratory decidió al final que debía cortar casi todos los vínculos que los seguían uniendo a Watson. Definieron sus comentarios como «censurables y sin ningún fundamento científico», lo despojaron de sus títulos honoríficos y retiraron ese gran retrato suyo, de despreocupada elegancia, que colgaba en el auditorio principal. Sin embargo, se le permitió seguir viviendo en el campus, en su casa señorial junto a la bahía.[11]

LA PARADOJA DE JEFFERSON

Watson brinda así a los historiadores lo que podría considerarse una paradoja de Jefferson: ¿hasta qué punto podemos respetar a alguien por sus grandes logros («sostenemos como evidentes estas verdades») cuando vienen acompañados de faltas censurables («son creados iguales»)?

Una de las cuestiones que suscita esta paradoja se vincula, al menos en un sentido metafórico, con la edición genética. Suprimir el gen de una característica indeseada (como la anemia falciforme o el receptor VIH) podría modificar al mismo tiempo una característica deseable existente (la resistencia a la malaria o al virus del Nilo occidental). La cuestión no es solo si podemos casar el respeto por los logros de la persona con un desprecio por sus fallos. La cuestión, más compleja, es si estos logros y fallos son inextricables de algún modo. Si Steve Jobs hubiese sido más amable y considerado, ¿habría tenido esa pasión que le permitió doblegar la realidad y empujar a la gente alcanzar todo su potencial? ¿Poseía Watson una tendencia congénita a ser sacrílego y provocador, y era esta la que lo había ayudado a ampliar las fronteras de la ciencia cuando estaba en lo cierto, y a sumirse en un abismo profundo de prejuicios cuando se equivocaba?

Yo creo que los fallos de la gente no se pueden excusar asumiendo que van unidos a su grandeza. Sin embargo, Watson es una parte importante de la historia que estoy escribiendo —este libro comienza con Doudna leyendo su trascendental *La doble hélice* y decidiendo que algún día será bioquímica— y sus opiniones sobre genética y mejoramiento humano son una corriente que subyace tras los debates políticos sobre edición genética. De modo que decidí hacerle una visita justo antes del congreso CRISPR del verano de 2019 en Cold Spring Harbor.

UNA VISITA A WATSON

Conozco a James Watson desde comienzos de la década de 1990, cuando, en mis tiempos en *Time,* antes de que Watson fuese tan polémico, cubrimos su labor en el Proyecto Genoma Humano, le encargamos ensayos y lo incluimos en nuestra lista de las cien personas más influyentes del siglo XX. En la cena de 1999 en la que se celebraban lo que llamamos «Los 100 de Time», le pedí que hiciese un brindis en honor del difunto Linus Pauling, al que había batido en la carrera por descubrir la estructura del ADN. «El fracaso se cierne inquietantemente cerca de la grandeza —dijo de Pauling—. Lo que importa ahora son sus aciertos, no sus antiguos desaciertos.»[12] Puede que la gente diga eso de Watson algún día, pero en 2019 era un paria.

Cuando llegué a su casa en el campus de Cold Spring Harbor, Watson, con aspecto delicado, se instaló en un sillón de cretona. Unos meses antes, cuando regresaba de un viaje a China, y al no haber ningún coche de cortesía del laboratorio para recogerlo en el aeropuerto, había conducido él mismo de noche. Terminó saliéndose de la carretera y despeñándose hacia la bahía junto a su casa, lo que se tradujo en una larga hospitalización. Sin embargo, sigue teniendo la mente despejada y aboga por desplegar las CRISPR-Cas9 de un modo igualitario.

—Si se usan únicamente para resolver los problemas y deseos del 10 por ciento de arriba será horrible —dice—. Hemos ido evolucionando más y más en las últimas décadas hacia una sociedad desigual, y esto acabaría de empeorarlo.[13]

Un paso que tal vez ayudase un poco, propone, sería no permitir las patentes de tecnologías de ingeniería genética. Es probable que aun así siguiese habiendo muchos fondos destinados a encontrar formas seguras de curar enfermedades devastadoras, como la enfermedad de Huntington o la anemia de células falciformes. Sin embargo, sin patentes, no habría tanto incentivo para intentar ser el primero en diseñar métodos de mejora, y los que se inventaran quizá fuesen más baratos y más accesibles si cualquiera pudiese reproducirlos:

—Yo aceptaría una ralentización de la ciencia a cambio de hacerla más igualitaria —dice.

Cuando hacía una afirmación sabiendo que iba a escandalizar, soltaba esa risita nasal suya y sonreía como un pillo que acaba de cometer una travesura.

—Creo que mi naturaleza terca y directa beneficia a mi ciencia, porque yo no acepto las cosas sencillamente porque otra gente las crea —dice—. Mi punto fuerte no es que sea más listo, es que estoy más dispuesto a ofender al público.

A veces, admitió, ha sido «demasiado sincero» con el fin de defender una idea:

—Hay que exagerar.

¿Es ese el caso, le pregunté, de sus comentarios sobre la raza y la inteligencia? Como es natural en él, consiguió parecer apesadumbrado, pero no arrepentido.

—El documental que me dedicó la PBS era, en realidad, muy bueno, pero ojalá no hubiesen destacado tanto mis antiguos comentarios sobre la raza —responde—. Ya no hablo de ese tema en público.

Y entonces, como si se sintiese obligado a ello, empezó a deslizarse de nuevo por ese camino.

—No podía negar lo que creía —me dice.

Comenzó a hablar de diversas medidas históricas del cociente intelectual, del efecto del clima y de lo que le enseñó en sus tiempos de estudiante en la Universidad de Chicago Louis Leon Thurstone sobre el análisis factorial de la inteligencia.

¿Por qué siente la necesidad de decir esas cosas?, le pregunto.

—No he vuelto a dar una entrevista desde que hablé con esa chica de *The Sunday Times* —dice—. Ella había vivido en África y lo sabía. La única vez que lo repetí fue con ese entrevistador de televisión, porque no me pude contener.

Le insinué que podría contenerse si quisiera.

—Yo sigo siempre el consejo de mi padre de decir la verdad —responde—. Alguien tiene que decir la verdad.

—Sin embargo, no es la verdad. La mayoría de expertos —le respondo— dicen que sus opiniones están equivocadas.

Eludió el tema, así que le pregunté qué otros consejos le dio su padre.

—Sé siempre amable —responde.

—¿Ha seguido ese consejo?

—Eso me gustaría haberlo hecho mejor —reconoce—. Me gustaría haberme esforzado más en ser siempre amable.

Ardía en deseos de estar de nuevo entre el público para el congreso CRISPR-Cas9 anual en Cold Spring Harbor, que se iba a celebrar una semana después, pero el laboratorio no quería levantarle el veto. De modo que me pidió que llevase a Doudna colina arriba para poder hablar con ella tras el encuentro.

RUFUS

Sentado en la cocina, durante mi visita, estaba su hijo Rufus. No se nos unió, pero no se perdió detalle.

De pequeño, Rufus se parecía a su padre de niño: larguirucho, con el pelo revuelto, la sonrisa fácil y la cara angulosa, a menudo ladeada como con curiosidad. De tal palo, tal astilla. Herencia y educación. Sin embargo, Rufus tenía ahora cuarenta y muchos, y estaba rechoncho e iba algo desaliñado. Ha perdido la capacidad de reír con espontaneidad. Es muy consciente de sus circunstancias, y también de las de su padre. Voluble, sensible, brillante, desaliñado, sin tapujos, propenso a hablar más de la cuenta, brutalmente sincero, atento a cualquier conversación y también afable: son todos ellos rasgos que caracterizan la esquizofrenia de Rufus. En distinto grado y de alguna forma, todos y cada uno de estos rasgos se podrían atribuir también a su padre. Quizá algún día el desciframiento del genoma humano pueda explicar eso. O tal vez no.

«Mi padre dice "Mi hijo Rufus es muy inteligente, pero tiene una enfermedad mental" —le contó Rufus al entrevistador de *American Masters*—. Mientras que yo lo veo al revés. Yo creo que soy lento, pero no tengo ninguna enfermedad mental.» Siente que ha decepcionado a su padre. «Hasta que no me di cuenta de lo lento que soy no se me ocurrió que era extraño, porque mi padre no es lento —dijo—. Y entonces pensé que soy una carga para mis padres, porque él es un triunfador, y merece tener un hijo triunfador. Ha trabajado mucho, y si crees en el karma, debería haberle tocado un hijo triunfador.»[14]

En cierto momento de mis conversaciones con James Watson, cuando se desvió hacia la cuestión de la raza, Rufus irrumpió desde la cocina gritando:

—Si le va a dejar usted decir esas cosas, entonces voy a tener que pedirle que se marche.

Watson se limitó a encogerse de hombros y no le dijo nada a su hijo, pero dejó el tema.[15]

Noté el profundo instinto protector que Rufus siente hacia su padre. Y esos arranques revelan en él una sensatez de la que su padre a menudo carece. «Las declaraciones de mi padre lo podrían hacer quedar como alguien intolerante, discriminatorio —dijo una vez—. Pero solo representan su interpretación, bastante cerrada, del destino genético.» Tiene razón. En muchos aspectos, es más sabio que su padre.[16]

47

La visita de Doudna

UNA CAUTA CONVERSACIÓN

Atendiendo a la petición de Watson, le pregunté a Doudna si estaría dispuesta a hacerle una visita en el transcurso de ese congreso al que le han prohibido asistir. Cuando llegamos los dos a su casa, Watson pidió ver el libro de ponencias con los resúmenes de los artículos científicos que se presentaban. Me resistí a enseñárselo porque llevaba en la cubierta la Fotografía 51, aquella imagen tomada por difracción de rayos X que ayudó a Watson a descubrir la estructura del ADN. Sin embargo, más que molestarlo, parecía hacerle gracia:

—Ah, esa foto, me perseguirá toda la vida —dice, y luego calla un momento con una sonrisa traviesa en los labios—. Pero ella no llegó a averiguar que era una hélice.[1]

Watson, con un jersey color melocotón en el salón moteado de luz, nos enseñó algunas de las obras de arte que ha ido coleccionando durante los años. Muy reveladoramente, las piezas más destacadas son modernos retratos y abstractos de rostros humanos contraídos por la emoción. Ahí se incluyen pinturas y dibujos de John Graham, André Derain, Wifredo Lam, Duilio Barnabè, Paul Klee, Henry Moore y Joan Miró, así como un dibujo de la propia cara de Watson, algo contraída y conmovedoramente meditabunda, obra de David Hockney. Sonaba música clásica de fondo. Elizabeth Watson estaba sentada en un rincón leyendo un libro, y Rufus rondaba por la cocina, fuera de nuestra vista, escuchando. Todo el mundo intentaba hablar con cautela, incluso Watson, en su mayor parte.

Doudna hablando con James Watson bajo el retrato de este

—La razón por la que las CRISPR son el descubrimiento más importante desde la estructura del ADN —dice a Doudna— es que no solo describen el mundo, como hicimos nosotros con la doble hélice, sino que hacen que sea fácil cambiarlo.

Doudna y él se pusieron a hablar del otro hijo de los Watson, Duncan, que vive en Berkeley cerca de Doudna.

—Estábamos solo de visita —explica Watson—. A esos estudiantes de Berkeley no hay quien los aguante, qué progresistas son. Estos chavales progresistas son aún más tontos que los republicanos.

Elizabeth intervino de nuevo para cambiar de tema.

La complejidad de la vida humana

Fue una visita corta y, cuando volvíamos colina abajo de casa de Watson, le pregunté a Doudna qué pensaba.

—Me estaba acordando de cuando tenía doce años y empecé a leer aquel ejemplar hecho polvo de *La doble hélice* —dice—. Habría sido una locura saber que años después estaría de visita en su casa teniendo esa conversación.

No dice mucho más ese día, pero el eco de la visita sigue resonando. A lo largo de los meses siguientes, volvimos a ella en nuestras conversaciones.

—Fue una visita triste y emotiva —dice Doudna—. Es evidente que es alguien que ha tenido una influencia enorme en la biología y en la genética, pero expresa unas opiniones que son totalmente detestables.

Reconoció que la decisión de visitarlo le generó sentimientos encontrados.

—Pero accedí por su influencia en la biología y en mi propia vida. Se trata de una persona con una carrera increíble, que tenía el potencial de convertirse en una verdadera figura venerable en el campo, y se fue todo al traste por esas opiniones. Alguien pensará que no debería haberlo visitado, pero para mí no es tan sencillo.

Doudna recordó un aspecto de la personalidad de su padre que solía molestarle mucho. Martin Doudna tendía a clasificar a las personas en buenas o malas, con poca consideración por los matices que definen a la mayoría de gente.

—Había personas a las que veneraba, a las que consideraba maravillosas, que no podían hacer nada malo; y luego había personas que eran horribles, con las que discrepaba en todo, que no podían hacer nada bueno.

Como reacción a eso, Doudna se esforzaba por ver a las personas en toda su complejidad:

—Para mí el mundo es una especie de escala de grises. Hay gente que posee grandes cualidades, pero tiene también defectos.

Le mencioné el término «mosaico», que a menudo se usa en biología.

—Esa descripción es mejor que la de la escala de grises —dice—. Y, francamente, se aplica a todos nosotros. Todos, si somos sinceros con nosotros, sabemos que hay cosas que hacemos muy bien y otras que no hacemos tan bien.

Esa confesión indirecta de que todos tenemos nuestros defectos me dejó intrigado. Intenté sonsacarle más, le pregunté cómo se aplica eso a ella.

—Si me arrepiento de algo, es de que no me siento nada orgullosa de la forma en que, en algunos casos, me relacioné con mi padre —responde—. Me decepcionaba porque veía a la gente con un filtro en blanco y negro.

—¿Influye eso —le pregunto— en la manera en que intenta ver a James Watson?

—No quiero hacer como hacía mi padre y emitir juicios simples —responde—. Intento conciliarme con esas personas que hacen grandes cosas, pero con las que también discrepo completamente en otras.

Watson es un ejemplo perfecto, afirma:

—Ha dicho cosas horribles, pero cada vez que lo veo vuelvo a aquel día en el que leí *La doble hélice* y comencé a pensar, por primera vez: «Ostras, me pregunto si yo podría dedicarme a esa clase de ciencia algún día».[2]

NOVENA PARTE

El coronavirus

Yo no sé lo que me espera, ni lo que vendrá después de todo esto. Por el momento hay unos enfermos a los que hay que curar.

ALBERT CAMUS, *La peste*, 1947

48

Llamada a las armas

EL INNOVATIVE GENOMICS INSTITUTE

A finales de febrero de 2020, Doudna tenía previsto viajar de Berkeley a Houston para asistir a un seminario. La vida en Estados Unidos no se había visto aún trastocada por la inminente pandemia de coronavirus. No había todavía muertes registradas. Sin embargo, las banderas rojas ondeaban ya. En China se habían producido dos mil ochocientas treinta y cinco muertes, y la Bolsa empezaba a fijarse. El Dow Jones cayó más de mil puntos el 27 de febrero.

—Estaba nerviosa —recuerda Doudna—. Hablé con Jamie sobre si ir o no. Pero en aquel momento toda la gente que conocía seguía como de costumbre, así que fui a Houston.

Se llevó una provisión de toallitas de manos.

A su regreso, se puso a pensar en lo que sus colegas y ella deberían estar haciendo para frenar la pandemia. Tras convertir la CRISPR-Cas9 en una herramienta de edición genética, Doudna tenía un profundo conocimiento de los mecanismos moleculares que los humanos podían emplear para detectar y destruir virus. Y, más importante, se había convertido en una experta en el trabajo en colaboración. Empezó a tener claro que para combatir el coronavirus sería necesario aunar equipos que abarcaran numerosas especialidades.

Por suerte, contaba con una base desde la que emprender esta campaña. Doudna se había convertido en la directora ejecutiva del Innovative Genomics Institute (IGI), fruto de la alianza investigadora entre Berkeley y la Universidad de California en San Francisco, con un espacioso y moderno edificio de cinco plantas en el extremo noroeste del campus de Berkeley. (En un principio iba a llamarse Centro de Ingeniería Genética, pero a la universidad comenzó a preocuparle que el nombre inquietara a la gente.)[1] Uno de los principios fundamentales del instituto es impulsar la colaboración entre distintos campos, por lo que su edificio acoge a botánicos, a microbiólogos y a biomédicos. Entre los investigadores que tienen su laboratorio en las instalaciones está el marido de Doudna, Jamie; su primera colaboradora CRISPR-Cas9, Jillian Banfield; su antiguo colaborador posdoctoral Ross Wilson; y el bioquímico Dave Savage, que estaba utilizando las CRISPR-Cas9 para mejorar la forma en que las bacterias de las charcas convierten el carbono de la atmósfera en componentes orgánicos.[2]

Doudna llevaba casi un año hablando con Savage, cuyo despacho es contiguo al suyo, de lanzar algún proyecto en el IGI que se convirtiese en un modelo de trabajo multidisciplinar en equipo. Uno de los orígenes del plan había llegado de la mano de su hijo, Andy, que había hecho unas prácticas de verano en una empresa de biotecnología. Su día allí se iniciaba con una puesta en común en la que los líderes de las distintas divisiones compartían lo que estaban haciendo para impulsar los proyectos de la empresa. Al oírlo, Doudna se echó a reír y le dijo a Andy que no se imaginaba gestionando un laboratorio académico de ese modo. «¿Por qué no?», le preguntó él. Ella le explicó que los investigadores académicos se acomodan en sus compartimentos estancos y se vuelven muy celosos de su independencia. Aquello fue el comienzo en su casa de una conversación prolongada en el tiempo sobre equipos, innovación y formas de crear un entorno de trabajo que estimulara la creatividad.

A finales de 2019, en un restaurante japonés de *noodles* en Berkeley, Doudna le lanzó varias ideas a Savage. ¿Cómo combinarías, le preguntó, lo mejor de la cultura del equipo corporativo y la independencia académica? Se preguntaron si sería posible encontrar un proyecto que aglutinara a investigadores de diversos laboratorios alrededor de un único objetivo. Bautizaron la idea como Wigits, de Workshop for IGI Team Science, y bromeaban diciendo que se cogerían todos de las manos y construirían el *wigits* juntos.

Cuando dejaron caer la idea en una de las reuniones informales de los viernes, al terminar la jornada, algunos de los alumnos la recibieron con entusiasmo, pero no así la mayoría de profesores.

—En el sector privado, todo el mundo se centra en alcanzar unos objetivos comunes acordados —explica Gavin Knott, uno de los estudiantes ansiosos por verlo en marcha—. Pero, en el ámbito académico, todo el mundo funciona dentro de su propia burbuja. Nos centramos todos en nuestras propias investigaciones y solo colaboramos cuando es necesario.

De manera que, sin fuentes de financiación, y con poco entusiasmo por parte del claustro, la idea se quedó en el limbo.[3]

Y entonces llegó el coronavirus. Los alumnos de Savage le habían ido mandando mensajes, preguntándole qué iba a hacer Berkeley para abordar la crisis, y se dio cuenta de que ese podría ser el objetivo del tipo de enfoque colaborativo que habían estado considerando. Cuando entró en el despacho de Doudna con la idea, descubrió que ella tenía en mente algo similar.

Acordaron que Doudna debía convocar una reunión con sus colegas del IGI y otros colaboradores del Área de la Bahía que tal vez estuviesen interesados en unirse a la campaña contra el coronavirus. El encuentro, que es el que se describe en la introducción de este libro, se celebró a las dos de la tarde del viernes 13 de marzo: el día después de que Doudna y su marido hiciesen aquel trayecto de madrugada a Fresno para recoger a su hijo del concurso de robótica.

El SARS-CoV-2

Ya entonces, ese nuevo coronavirus que tan rápido se estaba propagando había recibido un nombre oficial: coronavirus de tipo 2 causante del síndrome respiratorio agudo grave, o SARS-CoV-2. Se denominó así porque era similar en sus síntomas al coronavirus SARS que había salido de China en 2003 y que infectó a más de ocho mil personas en todo el mundo. La enfermedad causada por este nuevo virus recibió el nombre de COVID-19.

Los virus son pequeñas cápsulas, engañosamente simples, portadoras de malas noticias.* No son más que una pizca diminuta de material genético, ya sea ADN o a ARN, contenida en una cápside de proteína. Cuando se infiltran en la célula de un organismo, son capa-

* Sí, en el mundo hay infinidad de virus muy útiles y necesarios, pero serían el tema de otro libro.

ces de secuestrar su maquinaria para autorreplicarse. En el caso de los coronavirus, el material genético está compuesto de ARN, la especialidad de Doudna. El ARN del SARS-CoV-2 tiene alrededor de veintinueve mil novecientas bases, frente a los más de tres mil millones del ADN humano. Su secuencia viral proporciona el código con el que producir apenas veintinueve proteínas.[4]

Este es un fragmento de ejemplo del código del ARN del coronavirus: CCUCGGCGGGCACGUAGUGUAGCUAGUCAAUC-CAUCAUUGCCUACACUAUGUCACUUGGUGCA-GAAAAUUC. Esta secuencia forma parte de una cadena que codifica para una proteína que se sitúa en el exterior de la envoltura del virus. Dicha proteína tiene forma de espícula, lo que otorga al virus, visto a través de un microscopio electrónico, la apariencia de una corona, de ahí su nombre. Esta espícula es como una llave que encaja en receptores específicos de la superficie de las células humanas. En particular, las primeras doce bases de la secuencia permiten que la espícula se acople con mucha fuerza a un receptor específico de nuestras células. La evolución de esta breve secuencia explica que el virus pudiera saltar de los murciélagos a otros animales y después a nosotros.

El receptor humano para el SARS-CoV-2 es una proteína conocida como ACE2. Desempeña un papel similar al de la proteína CCR5 en el caso del VIH, esa proteína que el doctor chino He Jiankui suprimió sin escrúpulos en sus gemelas CRISPR. Dado que la proteína ACE2 cumple otras funciones, y no solo la de receptor, seguramente no sea buena idea pretender eliminarla de nuestra especie.

El nuevo coronavirus saltó a los humanos en algún momento a finales de 2019. La primera muerte oficial se registró el 9 de enero de 2020. También ese día los investigadores chinos publicaron el código genético completo del virus. Por medio de criomicroscopía electrónica, una técnica que dispara electrones a las proteínas previamente congeladas en un líquido, los biólogos estructurales pudieron crear un modelo preciso, átomo a átomo y giro a giro, del coronavirus y sus espículas. Con la información secuencial y los datos estructurales en la mano, los biólogos moleculares se lanzaron a buscar tratamientos y vacunas que bloqueasen la capacidad del virus de acoplarse a las células humanas.[5]

El orden de batalla

La reunión del 13 de marzo convocada por Doudna atrajo a muchos más participantes de los que Savage y ella habían esperado. Una docena de líderes y estudiantes de laboratorios clave se congregaron esa tarde de viernes en la sala de reuniones ubicada en la planta baja del IGI, mientras se procedía al cierre del resto del campus. Otros cincuenta investigadores de la región se sumaron por Zoom.

—Sin planearlo, y sin tener ni idea de cómo surgiría —dice Doudna—, aquella idea nuestra del restaurante de *noodles* se hizo realidad.[6]

Formar parte de grandes organizaciones, como la Universidad de California en Berkeley y el IGI, tiene ventajas, descubrió Doudna. La innovación surge a menudo de garajes y de residencias de estudiantes, pero son las instituciones las que la sustentan. Frente a proyectos complejos, hace falta una estructura con la que manejar la logística necesaria. Esto es particularmente cierto durante una pandemia.

—Tener el IGI ya implantado resultó increíblemente útil —dice Doudna—, porque había equipos de gente que podían ayudar con cosas como redactar propuestas, configurar los canales de Slack, enviar correos electrónicos colectivos, organizar reuniones por Zoom y coordinar el material.

El departamento legal de Berkeley elaboró una normativa que permitía compartir libremente descubrimientos con otros investigadores implicados en el coronavirus al tiempo que protegía la propiedad intelectual subyacente. En una de las primeras reuniones, una abogada de la universidad presentó una plantilla para concesiones sin royalties: «Permitiremos la concesión gratuita y no exclusiva de cualquier trabajo que salga de esta iniciativa —afirmó—. Aun así, nos interesa solicitar la protección de patentes para cualquier cosa que se descubra, pero acto seguido la haremos accesible con este propósito». Doudna tenía una diapositiva al respecto pensada para la segunda reunión del grupo por Zoom, que se celebró el 18 de marzo. Resumió el mensaje: «Aquí no se trata de ganar dinero».

Cuando llegó el día de esta segunda reunión, Doudna tenía preparada también una diapositiva con una lista de los diez proyectos que habían decidido emprender, y los nombres de los respectivos líderes de equipo. Algunas de las tareas planificadas recurrían a la más moderna tecnología CRISPR, incluido el desarrollo de un test de diagnóstico basado en CRISPR y la búsqueda de vías seguras de introducción en los pulmones de un sistema basado en CRISPR que pudiese localizar y destruir el material genético del virus.

Cuando empezaron a barajarse ideas, uno de los grandes expertos presentes en la sala, un profesor llamado Robert Tjian, intervino en pos de la claridad. «Vamos a dividirlo en dos partes —dijo—. Hay cosas nuevas que podríamos tratar de inventar, pero hay que empezar por el problema que nos quema el culo.» Se hizo un breve silencio, y luego se explicó: tenían que abordar la necesidad urgente de hacer test a la población antes de sentarse en sus bancos de laboratorio y buscar biotecnologías para el futuro. De modo que el primer equipo que montó Doudna recibió la misión de reconvertir un espacio en la planta baja del edificio, cerca de donde estaban, en un laboratorio de test de coronavirus puntero, automatizado y de alta velocidad.

49

El diagnóstico

EL FRACASO DE ESTADOS UNIDOS

Las primeras recomendaciones dirigidas a las autoridades sanitarias locales de Estados Unidos en relación con las pruebas de diagnóstico del nuevo coronavirus llegaron en una teleconferencia celebrada el día 15 de enero de 2020 y encabezada por Stephen Lindstrom, microbiólogo de los Centros para el Control y la Prevención de Enfermedades (CDC, por sus siglas en inglés). Los CDC habían desarrollado un test para el nuevo coronavirus, explicó, pero no se podía poner a disposición de los departamentos de salud estatales hasta que la Administración de Medicamentos y Alimentos (FDA, por sus siglas en inglés) lo aprobara. Eso sucedería pronto, prometió Lindstrom, pero hasta entonces los médicos tendrían que enviar las muestras a la sede central de los CDC en Atlanta para su diagnóstico.

Al día siguiente, un médico de Seattle mandó a los CDC una muestra nasal procedente de un hombre de treinta y cinco años que había regresado de una visita a Wuhan y que presentaba síntomas gripales. Se convirtió en la primera persona en Estados Unidos en dar positivo en coronavirus.[1]

El 31 de enero, el secretario de Salud y Servicios Humanos, Alex Azar, cuyo departamento supervisa a la FDA, decretó una emergencia de salud pública. Esta declaración otorgó derecho a la FDA para acelerar la aprobación de test de coronavirus, pero tuvo también una extraña e imprevista consecuencia. En circunstancias normales, los laboratorios de los hospitales y las universidades pueden diseñar los test que se van a utilizar en sus propias instalaciones, siempre y cuando no los comercialicen. Sin embargo, la declaración de una emergencia de

Fiódor Urnov recibe las primeras muestras diagnósticas de manos de Dori Tieu, del cuerpo de bomberos de Berkeley, ante la mirada de Dirk Hockemeyer

salud pública impone el requerimiento de que estos test no se utilicen hasta recibir una «autorización de uso por emergencia». El propósito es evitar que durante una crisis sanitaria se empleen test que no han sido probados. Así pues, la declaración de Azar desencadenó nuevas restricciones para los laboratorios universitarios y los hospitales, algo que no habría supuesto ningún problema si el test de los CDC hubiese estado ampliamente disponible; sin embargo, la FDA no lo había aprobado aún.

La aprobación llegó al fin el 4 de febrero, y al día siguiente los CDC empezaron a enviar kits de diagnóstico a los laboratorios estatales y locales. El test funciona —o funcionaba, al parecer— con una muestra tomada insertando un hisopo largo hasta el fondo del conducto nasal del paciente. El laboratorio emplea entonces los reactivos químicos incluidos en el kit para extraer cualquier ARN presente en el moco. Este ARN se somete a una «transcripción inversa» para convertirlo en ADN, y las cadenas de ADN se amplifican hasta conseguir millones de copias por medio de un proceso bien conocido llamado «reacción en cadena de la polimerasa» (PCR), que la mayoría de estudiantes universitarios de biología aprenden a realizar.

El proceso PCR lo inventó en 1983 Kary Mullis, químico empleado en una empresa de biotecnología. Una noche, mientras conducía, Mullis ideó una forma de marcar una secuencia de ADN y usar enzimas para duplicarla por medio de un ciclo repetido de calentamiento y enfriamiento conocido como «termociclación». «Partiendo de una única molécula de ADN, la PCR puede generar cien mil millones de moléculas similares en una tarde», explicaba.[2] Hoy este proceso se suele hacer con una máquina del tamaño de un microondas que eleva y reduce alternativamente la temperatura de la mezcla. Si el material genético del coronavirus está presente en el moco, el proceso PCR lo amplifica para que pueda ser detectado.

Cuando los funcionarios estatales de salud recibieron los kits de los CDC, se pusieron a verificar su funcionamiento probándolos con muestras de pacientes cuyo diagnóstico ya se conocía. «A primera hora del 8 de febrero, uno de los primeros kits de diagnóstico de los CDC llegó en un paquete de Federal Express a un laboratorio de salud pública de la zona este de Manhattan —informaba *The Washington Post*—. Durante horas, los técnicos de laboratorio se afanaron por verificar que el test funcionara.» Cuando diagnosticaban las muestras que se sabía que contenían el virus, obtenían un resultado positivo. Eso estaba bien. Por desgracia, cuando le practicaban el test a una muestra de agua destilada, también obtenían un resultado positivo. Uno de los compuestos químicos incluidos en los kits de los CDC era defectuoso. Se había contaminado durante el proceso de fabricación. «Joder —dijo Jennifer Rakeman, inspectora adjunta del departamento de salud de la ciudad—. ¿Y ahora qué hacemos?»[3]

Para acabar de empeorarlo, la Organización Mundial de la Salud había repartido entre países de todo el mundo doscientos cincuenta mil test de diagnóstico que funcionaban perfectamente. Estados Unidos podría haber recibido algunos de esos test, o copiarlos, pero había rechazado la oferta.

LA UNIVERSIDAD DA UN PASO AL FRENTE

La Universidad de Washington, en el epicentro de uno de los primeros brotes de COVID-19 en Estados Unidos, fue la primera en correr a meterse en este campo de minas. A principios de enero, tras ver los informes que llegaban desde China, Alex Greninger, un joven de cara redonda, director adjunto del laboratorio de virología del centro médico de la universidad, habló con su jefe, Keith Jerome, de desarrollar su propio test. «Puede ser que desperdiciemos el dinero en esto —dijo Jerome—. Es muy posible que no llegue hasta aquí, pero hay que estar preparados.»[4]

En cuestión de dos semanas, Greninger tenía un test que funcionaba y que, rigiéndose por la normativa habitual, podría haber utilizado en su propio sistema hospitalario, pero la declaración de emergencia del secretario Azar se traducía en regulaciones más estrictas. Así pues, Greninger presentó una solicitud formal a la FDA para conseguir la «autorización de uso por emergencia». Le llevó cerca de un centenar de horas rellenar todos los formularios, y luego topó con un asombroso berenjenal burocrático. El 20 de febrero recibió una respuesta de la FDA en la que se le informaba de que, además de enviar su solicitud telemáticamente, debía remitir por correo una copia impresa junto con otra grabada en un disco compacto (¿alguien se acuerda de qué era eso?) a la sede central de la FDA en Maryland. En un correo electrónico que le escribió a un amigo ese día para explicarle el absurdo enfoque de la FDA, Greninger se descargaba: «Repite conmigo: emergencia».

Al cabo de unos días, la FDA respondió para requerirle que hiciese más ensayos para ver si el test que estaba usando detectaba los virus del MERS y el SARS, pese a que ambos llevaban años durmientes. Greninger no disponía de muestras con las que poder diagnosticar. Cuando llamó a los CDC para ver si podían proporcionarle una muestra del antiguo virus SARS, se negaron. «Ahí fue cuando pensé: "Mm, puede que la FDA y los CDC no hayan hablado para nada de esto —le contó Greninger a la reportera Julia Ioffe—. Me di cuenta de que, uf, esto va a ir muy lento.»[5]

Otros se encontraron con problemas similares. La Mayo Clinic había reunido un comité de crisis para hacer frente a la pandemia. De sus quince miembros, cinco asumieron la tarea de lidiar a tiempo completo con las exigencias burocráticas de la FDA. A finales de febrero, había un sinfín de hospitales y de laboratorios universitarios —incluidos Stanford, el Instituto Broad del MIT y Harvard— que habían alcanzado capacidad de testeo, pero ninguno había logrado obtener la autorización de la FDA.

En ese momento, Anthony Fauci, jefe de enfermedades infecciosas de los Institutos Nacionales de Salud, que se había convertido en una superestrella nacional, intervino. El 27 de febrero, habló con Brian Harrison, jefe de gabinete del secretario Azar en el Departamento de Salud y Servicios Humanos, y lo instó a que la FDA permitiera a universidades, hospitales y servicios privados de diagnóstico empezar a usar sus propios test mientras esperaban las autorizaciones de uso por emergencia. Harrison celebró una teleconferencia con las agencias implicadas y les dijo, con lenguaje contundente, que antes de dar por terminada la reunión debían tener definido un plan de esas características.[6]

La FDA acabó por transigir el sábado 29 de febrero, y anunció que permitiría a los laboratorios no gubernamentales emplear sus propios test mientras aguardaban la autorización de uso por emergencia. El lunes siguiente, el laboratorio de Greninger practicó el test a treinta pacientes. En cuestión de unas pocas semanas, estaría haciendo más de dos mil quinientas pruebas al día.

El Instituto Broad de Eric Lander también saltó a la palestra. Deborah Hung, codirectora del programa de enfermedades infecciosas del instituto, trabajaba también como médico en el Brigham and Women's Hospital de Boston. La tarde del 9 de marzo, cuando la cifra de casos de COVID-19 confirmados en el estado llegó a cuarenta y uno, comprendió de pronto lo grave que iba a ser el virus. Llamó a su colega Stacey Gabriel, directora del centro de secuenciación genómica del Instituto Broad, que está a unas cuantas manzanas de la sede del instituto, en un antiguo almacén donde se guardaban la cerveza y las palomitas para el campo de béisbol de Fenway Park. ¿Podría reconvertir el laboratorio en un centro de diagnóstico del coronavirus? Gabriel respondió que sí, y luego llamó a Lander para ver si le parecía bien. Lander, como siempre, se mostró más que dispuesto a desplegar recursos científicos en beneficio de la sociedad, a la vez que orgulloso, y con razón, de los compañeros de equipo que había reunido y que compartían ese instinto.

—La llamada fue más bien irrelevante —explica Lander—. Por supuesto le dije que sí, pero ella iba a hacerlo de todos modos, como debía ser.

El laboratorio alcanzó el pleno funcionamiento el 24 de marzo, y recibía muestras de hospitales de toda la zona de Boston.[7] Dado el fracaso de la Administración Trump a la hora de llevar a cabo un testeo masivo, los laboratorios universitarios comenzaron a asumir un papel que por lo general había desempeñado el Gobierno.

50

El laboratorio de Berkeley

Un ejército de voluntarios

Cuando en la reunión del 13 de marzo, Doudna y sus colegas del IGI decidieron centrarse en poner en marcha su propio laboratorio diagnóstico de coronavirus, hubo un debate sobre qué tecnología emplear. ¿Debían recurrir al aparatoso (pero fiable) proceso de amplificar el material genético a partir de los frotis por medio de PCR, como se ha descrito en las páginas anteriores? ¿O debían tratar de inventar un nuevo tipo de test, uno que utilizara la tecnología CRISPR para detectar directamente el ARN del virus?

Decidieron que harían ambas cosas, pero para empezar concentrarían sus esfuerzos en la primera estrategia. «Tenemos que empezar por el principio —dijo Doudna en la conclusión del debate—. Pongámonos enseguida con la tecnología existente, y luego ya innovaremos.»[1] Si contaba con su propio laboratorio diagnóstico, el IGI dispondría de datos y muestras de pacientes con los que ensayar nuevos métodos.

Tras el encuentro, el instituto publicó un tuit:

> Innovative Genomics Institute @igisci: Nos estamos esforzando todo lo posible por alcanzar capacidad de testeo clínico de la #COVID19 en el campus de @UCBerkeley. Actualizaremos esta página con frecuencia para solicitar reactivos, equipamiento y voluntarios.

En cuestión de un par de días, habían respondido más de ochocientas sesenta personas, y hubo que cerrar la lista de voluntarios.

Enrique Lin Shiao y Jennifer Hamilton

El equipo que había reunido Doudna era un reflejo de la diversidad de su laboratorio y del campo biotecnológico en general. Para dirigir la operación, recurrió a Fiódor Urnov, un mago de la edición genética que había encabezado las iniciativas del IGI para el desarrollo de métodos asequibles con los que curar la anemia de células falciformes.

Nacido en 1968 en el corazón de Moscú, Urnov aprendió inglés de su madre, Julia Palievsky, que era profesora, y de su padre, Dimitri Urnov, destacado crítico literario, experto en Shakespeare, admirador de William Faulkner y biógrafo de Daniel Defoe. Le pregunté a Fiódor si el coronavirus lo había llevado a preguntarle a su padre, que ahora vive cerca de él en Berkeley, sobre la obra de Defoe, de 1722, *Diario del año de la peste*. «Sí —respondió—. Le voy a pedir que nos dé a mi hija, que vive en París, y a mí una conferencia sobre el libro.»[2]

Al igual que Doudna, Urnov leyó *La doble hélice* de Watson cuando tenía unos trece años y decidió que se convertiría en biólogo.

—Jennifer y yo bromeábamos con el hecho de que ambos leímos *La doble hélice* más o menos a la misma edad —dice—. A pesar de todos los defectos de Watson, que son de importancia, compuso un magnífico relato que hace que la búsqueda de los mecanismos de la vida parezca tremendamente emocionante.

A los dieciocho, a Urnov, que era un poco rebelde, lo llamaron a filas en el ejército soviético y le afeitaron la cabeza («Salí ileso», dice), tras lo cual se marchó a Estados Unidos.

—En agosto de 1990, me encontré aterrizando en el aeropuerto Logan de Boston, tras ser aceptado en Brown, y un año después a mi madre le concedieron una beca Fulbright para venir de profesora visitante a la Universidad de Virginia.

Poco después, Urnov andaba cursando felizmente su doctorado en Brown, sepultado entre tubos de ensayo.

—Me di cuenta de que no iba a volver a Rusia.

Urnov se cuenta entre esos investigadores que están cómodos con un pie en la universidad y otro en el sector privado. A lo largo de dieciséis años, mientras impartía clase en Berkeley, fue líder de equipo en Sangamo Therapeutics, que convierte los descubrimientos científicos en tratamientos médicos. Sus raíces rusas y su literaria ascendencia infundieron en él una vena dramática que combina, de forma obstinada, con una pasión por el espíritu del querer-es-poder estadounidense. Cuando Doudna le encomendó que dirigiese laboratorio, hizo circular una cita de *El señor de los anillos:*

> —Desearía que no hubiese ocurrido en mi época —dijo Frodo.
> —Y yo —respondió Gandalf—, y también todos los que han vivido para ver unos tiempos como estos. Pero no les toca a ellos decidir. Lo único que debemos decidir es qué hacer con el tiempo que nos es dado.

Una de sus dos mariscales de campo científicas era Jennifer Hamilton, la protegida de Doudna que un año antes había dedicado un día a enseñarme a editar un gen humano con técnicas CRISPR. Creció en Seattle, estudió Bioquímica y Genética en la Universidad de Washington, y luego trabajó como técnica de laboratorio mientras escuchaba el podcast *This Week in Virology.* Hizo el doctorado en el centro médico Mount Sinai de Nueva York, donde convertía virus y partículas víricas en mecanismos de entrega de tratamientos médicos, y luego se incorporó al laboratorio de Doudna como estudiante posdoctoral. En el congreso de Cold Spring Harbor de 2019, Doudna atendió orgullosa mientras Hamilton presentaba sus investigaciones sobre el uso de partículas víricas para la introducción de herramientas de edición genética CRISPR-Cas9 en los humanos.

Cuando azotó la crisis del coronavirus, a principios de marzo, Hamilton le dijo a Doudna que quería implicarse igual que lo estaba haciendo la gente en la Universidad de Washington, su *alma mater.* De modo que Doudna la reclutó para dirigir el desarrollo técnico del laboratorio.

—Parecía una llamada a las armas —dice Hamilton—. Solo podía decir que sí.

Jamás soñó que su destreza optimizando la extracción de ARN resultaría ser una habilidad imperiosamente necesaria en medio de una crisis mundial. Asimismo, ese despliegue en el mundo real les sirvió a ella y a sus compañeros de universidad como experiencia de la clase de trabajo en equipo orientado a proyectos que es habitual en el sector empresarial.

—Es la primera vez que formo parte de un equipo científico en el que converge tanta gente con talentos dispares en torno a un objetivo común.[3]

Trabajando codo a codo con Hamilton para poner en marcha el laboratorio diagnóstico estaba Enrique Lin Shiao, nacido y criado en Costa Rica e hijo de unos emigrantes taiwaneses que lo dejaron todo atrás para empezar de cero en otro lugar. La clonación de la oveja Dolly en 1996 despertó su interés por la genética. Al terminar el instituto, consiguió una beca para estudiar en la Universidad Técnica de Múnich, donde investigó la manera de plegar el ADN con formas distintas para producir herramientas nanobiotecnológicas. De ahí pasó a la Universidad de Cambridge para estudiar las implicaciones del plegado de ADN en el funcionamiento celular. Para su doctorado, acudió a la Universidad de Pensilvania, donde averiguó el papel que podían tener en la evolución de una enfermedad las regiones no codificantes de nuestro genoma, descritas previamente como «ADN basura». En otras palabras, al igual que Feng Zhang, la de Enrique Lin Shiao era la típica historia de éxito estadounidense de aquellos tiempos en los que el país era un imán para todo tipo de talento mundial.

Como investigador posdoctoral en el laboratorio de Doudna, Lin Shiao trabajaba en el diseño de herramientas de edición genética que pudiesen cortar y pegar secuencias largas de ADN. Refugiado en casa en marzo de 2020 se encontró, echando un vistazo en Twitter, con el tuit de sus colegas del IGI pidiendo voluntarios para el futuro laboratorio diagnóstico.

—Pedían gente con experiencia en extracción de ARN y en PCR, que son técnicas que empleo diariamente en el laboratorio —explica—. Al día siguiente me llegó un correo electrónico de Jennifer en el que me preguntaba si estaría interesado en codirigir las labores técnicas, y yo accedí de inmediato.[4]

El laboratorio

El IGI tenía la suerte de contar en la planta baja del edificio con un espacio de doscientos cincuenta metros cuadrados que estaba en proceso de reconvertirse en un laboratorio de edición genética. El equipo de Doudna empezó a trasladar allí máquinas nuevas y cajas llenas de reactivos químicos para transformar el espacio en una instalación de diagnóstico de coronavirus. Un proyecto de construcción para un laboratorio que normalmente habría llevado meses se completó en días.[5]

Consiguieron, mediante solicitud, préstamo o apropiación, suministros de los laboratorios de todo el campus. Un día, cuando estaban listos para comenzar un experimento, se dieron cuenta de que no tenían las placas adecuadas para trabajar con una de las máquinas de PCR. Lin Shiao y otros recorrieron todos los laboratorios del IGI y se metieron luego en otros dos edificios cercanos hasta que encontraron algunas.

—Como el campus estaba en su mayor parte cerrado, parecía una colosal gincana —explica—. Todos los días eran un poco como una montaña rusa: nos topábamos con un problema nuevo temprano por la mañana, nos preocupábamos y lo acabábamos resolviendo al final del día.

El laboratorio se gastó unos quinientos cincuenta mil dólares en equipamiento y suministros.[6] Una de las máquinas, un artilugio con el que automatizar la extracción del ARN de las muestras de los pacientes, fue clave. La Hamilton STARlet emplea unas pipetas robóticas para succionar una pequeña cantidad de la muestra de cada paciente que deposita luego en placas del tamaño de un iPhone con noventa y seis pocillos. Las bandejas se introducen entonces en la cámara de la máquina, donde se añaden a cada una de las muestras los reactivos para extraer el ARN. Por medio de un código de barras, las máquinas controlan en todo momento la información del paciente del que procede cada muestra, con lo que de este modo se garantiza que se cumplen las directrices de seguridad. Fue una experiencia nueva para los investigadores universitarios:

—Por lo general, los científicos de laboratorio como nosotros tenemos la sensación de que tenemos una repercusión algo indirecta y a largo plazo —dice Lin Shiao—. Esto es directo e inmediato.[7]

El abuelo de Hamilton había colaborado como ingeniero en los lanzamientos del programa Apolo de la NASA, y un día su equipo hizo una pausa para ver un vídeo que había colgado alguien en el canal de Slack. Era un clip de la película *Apolo 13* en el que los ingenieros tienen que encontrar «el modo de meter una pieza cuadrada en un agujero redondo» para salvar a los astronautas.

—Nos enfrentamos a retos a diario, pero vamos resolviendo esos problemas sobre la marcha, porque sabemos que no hay tiempo —dice

Hamilton—. Esta experiencia me ha llevado a preguntarme si para mi abuelo sería así trabajar en la NASA en los años sesenta.

La comparación es acertada. La COVID-19 y las CRISPR estaban ayudando a convertir las células humanas en la próxima frontera.

Doudna tuvo que averiguar las responsabilidades legales en las que podía incurrir la universidad al practicarle test a gente que no perteneciera a la institución. Era un proceso que por lo general habría sumido a los abogados en semanas de congoja, así que Doudna llamó a la presidenta del Sistema de la Universidad de California, Janet Napolitano, antigua secretaria de Seguridad Nacional. En cuestión de doce horas, Napolitano había dado su aprobación y había ajustado la burocracia legal del sistema de universidades. Urnov señala que es muy útil sacar a Doudna como un cañón en tales ocasiones:

—La llamo en broma el buque USS *Jennifer Doudna* —dice.

Con el testeo federal aún desbarajustado y los laboratorios comerciales con un retraso de más de una semana en la entrega de los resultados, el servicio diagnóstico de Berkeley recibió una demanda enorme. La directora de salud pública de la ciudad, Lisa Hernandez, pidió a Urnov cinco mil test, algunos de los cuales se practicarían a las personas pobres y sin techo de la zona. Y el jefe de bomberos, David Brannigan, hizo saber a Urnov que treinta de sus efectivos estaban en cuarentena porque no recibían los resultados de las pruebas. Doudna y Urnov prometieron atender a todos.

«GRACIAS, IGI»

El primer desafío importante del nuevo laboratorio consistió en asegurarse de que sus test COVID-19 fuesen precisos. Doudna prestó especial atención a esta tarea, puesto que era una experta en descifrar lecturas de ARN desde sus tiempos de doctoranda. Cuando llegaban los resultados, los investigadores los compartían en la pantalla de Zoom y luego veían online cómo Doudna se inclinaba hacia la pantalla y observaba concentrada las imágenes de triángulos azules invertidos, triángulos verdes y cuadrados que señalan puntos de datos. A veces se quedaba ahí mirando, sin moverse, mientras los demás contenían la respiración. «Sí, parece que está bien», dijo durante una sesión, mientras señalaba con el cursor un punto concreto del test de detección de ARN; pero entonces su expresión cambió a la vista de todos los conectados, señaló otro punto y murmuró: «Nah, nah, nah».

Por fin, a principios de abril, revisó los últimos datos que había reunido Lin Shiao y dijo «Estupendo». Los test estaban listos para ser operativos.

El lunes 6 de abril, a las ocho de la mañana, una furgoneta del cuerpo de bomberos se detuvo frente a la puerta del IGI, y una funcionaria llamada Dori Tieu entregó una caja llena de muestras. Urnov, con guantes de látex y mascarilla azul, recibió la neverita de porexpán ante la mirada de su colega Dirk Hockemeyer. Le prometieron a Tieu que tendrían los resultados la mañana siguiente.

Mientras hacían los últimos preparativos para poner el laboratorio en marcha, Urnov salió a llevarles algo de comer a sus padres, que viven cerca. Cuando regresó al edificio del IGI se encontró una hoja de papel pegada con celo a la puerta de cristal. En ella decía: «¡Gracias, IGI! Atentamente, los habitantes de Berkeley y del mundo».

El reflejo de Fiódor Urnov mientras toma una foto de la nota

Janice Chen y Lucas Harrington

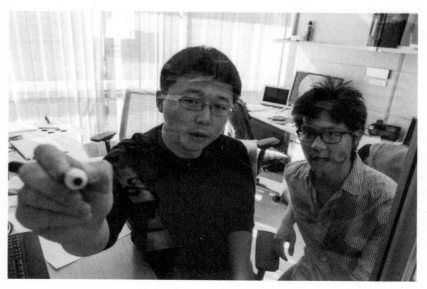

Feng Zhang con Patrick Hsu

51

Mammoth y Sherlock

Las CRISPR como herramienta de detección

En la reunión del 13 de marzo que convocó Doudna para hablar del coronavirus, decidió que una de las prioridades sería crear un laboratorio de diagnóstico rápido usando PCR convencional. Sin embargo, durante el debate, Fiódor Urnov propuso que consideraran también una idea más innovadora: emplear las CRISPR para detectar el ARN del coronavirus, imitando el modo en que las bacterias usan las CRISPR para detectar a los virus atacantes.

«Acaba de salir un artículo sobre ese tema», intervino un asistente. Urnov lo interrumpió con un ligero arranque de impaciencia, pues conocía bien el artículo: «Sí, es de Janice Chen, trabajaba antes en el Doudna Lab».

De hecho, se acababan de publicar dos artículos parecidos. Uno era de un grupo de antiguos miembros del Doudna Lab que habían fundado una empresa que usaba las CRISPR como herramienta de detección. El otro, como cabía esperar, venía de Feng Zhang, del Instituto Broad. Una vez más, los dos círculos competían. En esta ocasión, sin embargo, no había una carrera para patentar métodos de edición genética humana: en esta nueva carrera, el objetivo era ayudar a salvar a la humanidad del nuevo coronavirus, y sus descubrimientos se compartían de forma gratuita.

La Cas12 y Mammoth

En 2017, Janice Chen y Lucas Harrington trabajaban como estudiantes de doctorado en el laboratorio de Doudna explorando las enzimas asociadas a las CRISPR que se acababan de descubrir. En concreto, estaban analizando una que se conocería como Cas12a y que tenía una propiedad especial. Se la podía dirigir, como a la Cas9, para que localizara y cortara una secuencia específica de ADN; pero no se detenía ahí. Una vez cortada la doble cadena del ADN diana, se liaba a tijeretazos indiscriminados y hacía picadillo cualquier ADN de cadena simple, o monocatenario, que hubiese cerca.

—Estábamos empezando a ver este extrañísimo comportamiento —explica Harrington.[1]

Un día, desayunando, el marido de Doudna, Jamie Cate, sugirió que tal vez se podría aprovechar esta propiedad para crear una herramienta de diagnóstico. Chen y Harrington tuvieron la misma idea. Combinaron el sistema CRISPR-Cas12 con una molécula denominada «reportero», que es un marcador fluorescente conectado a un pequeño fragmento de ADN monocatenario. Cuando el sistema CRISPR-Cas12 localizaba la secuencia diana de ADN, cortaba también el reportero, y el marcador fluorescente, al quedar liberado, emitía un resplandor. El resultado era una herramienta diagnóstica que podía detectar la presencia en el paciente de un virus, bacteria o cáncer particular. Chen y Harrington lo bautizaron como «reportero trans-CRISPR dirigido a endonucleasa de ADN», un nombre aparatoso pensado para dar lugar al crisperiano acrónimo DETECTR.

Cuando Chen, Harrington y Doudna remitieron un artículo con sus hallazgos a la revista *Science* en noviembre de 2017, los editores les pidieron que ampliasen la información relativa a la posible aplicación diagnóstica del descubrimiento. Hasta las revistas científicas tradicionales mostraban ahora más interés en conectar la ciencia fundamental con sus potenciales aplicaciones.

—Si una revista te pide que hagas algo así —explica Harrington—, te pones a trabajar en ello con todas tus fuerzas.

Así, durante las vacaciones de Navidad de 2017, Chen y él colaboraron con un investigador de la Universidad de California en San Francisco para mostrar cómo su herramienta CRISPR-Cas12 podía detectar el virus del papiloma humano (VPH), una enfermedad de transmisión sexual.

—Íbamos de aquí para allá con un trasto enorme del laboratorio en un Uber, analizando muestras de distintos pacientes —cuenta.

Doudna instó a *Science* a acelerar la publicación como parte de su programa de vía rápida. Presentaron de nuevo el artículo en enero de 2018 con los datos que habían pedido los editores; aquellos mostraban que el DETECTR detectaba las infecciones de VPH, la revista lo aceptó y en febrero se publicó una versión online.

Desde que Watson y Crick concluyeron su famoso artículo sobre el ADN diciendo: «No se nos escapa el hecho de que la combinación que acabamos de postular nos lleva a pensar de inmediato en un posible mecanismo de copia del material genético», se ha convertido en una convención terminar los artículos de las revistas científicas con una frase comedida, pero relevante y con miras al futuro. Chen, Harrington y Doudna concluyeron el suyo afirmando que el sistema CRISPR-Cas12 «proporciona una nueva estrategia para mejorar la velocidad, la sensibilidad y la especificidad de la detección de ácido nucleico en aplicaciones de diagnóstico inmediato». En otras palabras, podía usarse para crear un test sencillo con el que detectar rápidamente infecciones víricas, en casa o en un hospital.[2]

Pese a que Harrington y Chen no habían obtenido todavía el doctorado, Doudna los animó a fundar una empresa. Estaba más que convencida de que la investigación básica debía combinarse con la investigación traslacional y de que era necesario trasladar los avances del laboratorio a pie de cama.

—Muchas otras tecnologías que habíamos descubierto las habían terminado comprando como estrategia defensiva grandes empresas que luego no las desarrollaban —explica Harrington—. Y eso nos llevó a fundar nuestra propia empresa.

Mammoth Biosciences arrancó oficialmente en abril de 2018, con Doudna como presidenta de la junta de asesores científicos.

LA CAS13 Y SHERLOCK

Como solía ocurrir, Doudna y su equipo competían con su rival de la otra punta del país, el Instituto Broad de Feng Zhang. En colaboración con el pionero de las CRISPR, Eugene Koonin, de los Institutos Nacionales de Salud, Zhang había recurrido a la bioinformática para revisar los genomas de miles de microbios, y en octubre de 2015 informaron del descubrimiento de muchas enzimas nuevas asociadas a CRISPR. Sumándose a las ya conocidas Cas9 y Cas12, que localizan ADN, Zhang y Koonin descubrieron una clase de enzimas que localizan ARN.[3] Estas se conocerían como Cas13.

La Cas13 presenta la misma característica curiosa que la Cas12: cuando encuentra su objetivo, se lía a tijeretazos. La Cas13 no solo cortaba su ARN diana, sino que procedía a cortar cualquier otro ARN cercano.

En un primer momento, Zhang dio por hecho que se trataba de un error:

—Pensábamos que la Cas13 seccionaría el ARN del mismo modo que la Cas9 secciona el ADN —explica—. Pero cada vez que utilizábamos la Cas13 en una reacción, el ARN terminaba cortado en muchos puntos distintos.

Le preguntó a su equipo de laboratorio si estaban seguros de haber purificado la enzima correctamente; tal vez estuviese contaminada. Eliminaron concienzudamente todas las posibles fuentes de contaminación, pero el corte indiscriminado se seguía produciendo. Zhang especuló que tal vez fuese un método evolutivo para que una célula se suicidase si un virus invasor la infectaba demasiado y prevenir así que el virus se propagase demasiado rápido.[4]

El laboratorio de Doudna contribuyó entonces al estudio del funcionamiento preciso de la Cas13. En un artículo de octubre de 2016, Doudna y sus coautores —incluidos su marido, Jamie Cate, y Alexandra East-Seletsky, una estudiante de doctorado que había hecho algunos de los experimentos clave sobre las CRISPR en las células humanas en 2012— explicaban las distintas funciones que lleva a cabo la Cas13, entre ellas la de trocear indiscriminadamente miles de ARN cercanos una vez que alcanza su objetivo. Este troceo indiscriminado permite usar la Cas13 con reporteros fluorescentes (al igual que con la Cas12) y emplearla como herramienta de detección de una secuencia de ARN específica, como, por ejemplo, la del coronavirus.[5]

Zhang y sus colegas del Broad consiguieron crear una de esas herramientas de detección en abril de 2017, a la que llamaron «Desbloqueo de reportero de enzimas específicas de alta sensibilidad», cuyas siglas en inglés se sometieron a ingeniería inversa (de aquella manera) para obtener el acrónimo SHERLOCK. «¡Comienza el juego!» Mostraron que el SHERLOCK podía detectar cepas específicas de los virus del Zika y el dengue.[6] A lo largo del año siguiente, crearon una versión que combinaba la Cas13 y la Cas12 para detectar múltiples objetivos en una sola reacción. Así lograron simplificar el sistema y permitir que la detección se registrara en tiras de papel de flujo lateral, similares a las de las pruebas de embarazo.[7]

Zhang decidió poner en marcha una compañía de diagnóstico con la que comercializar el SHERLOCK, del mismo modo que Chen y Harrington habían fundado Mammoth. Contó como cofundadores con dos estudiantes de doctorado que eran los autores principales de muchos de los artículos sobre la CRISPR-Cas13 que habían salido de su laboratorio: Omar Abudayyeh y Jonathan Gootenberg. Este último recuerda que estuvieron a punto de no publicar un artículo cuando descubrieron la inclinación de la Cas13 a cortar el ARN con un frenesí indiscriminado. Les pareció un capricho inútil de la naturaleza. Sin embargo, cuando Zhang averiguó cómo aprovechar ese capricho para crear una tecnología de detección de virus, Gootenberg comprendió que los descubrimientos en ciencia fundamental pueden acabar teniendo aplicaciones imprevistas en el mundo real:

—En fin, la naturaleza esconde un montón de secretos asombrosos —dice.[8]

La creación y el lanzamiento de Sherlock Biosciences tardó un poco en llegar porque Zhang y sus dos estudiantes de doctorado no querían que el lucro se convirtiera en el principal objetivo de la empresa. Querían que su tecnología fuese accesible para los países en vías de desarrollo, de manera que la empresa se estructuró de un modo que le permitía a la vez sacar beneficio de sus innovaciones y mantener un enfoque sin ánimo de lucro en los lugares más necesitados.

A diferencia de la rivalidad por las patentes de Doudna y Zhang, la que implicó a estas dos compañías de diagnóstico no generó muchos conflictos. Ambos bandos sabían que sus tecnologías tenían un potencial beneficioso enorme. Siempre que hubiese una nueva epidemia, Mammoth y Sherlock podían reprogramar rápidamente sus herramientas diagnósticas para detectar el nuevo virus y producir kits de pruebas. El equipo del Broad, por ejemplo, mandó un destacamento con el SHERLOCK a Nigeria en 2019 para ayudar a detectar a las víctimas de un brote de fiebre de Lassa, un virus emparentado con el virus del Ébola.[9]

En aquel momento, usar las CRISPR como herramienta diagnóstica parecía un digno empeño, pero no especialmente emocionante. No concentraba tanto interés como el uso de las CRISPR para tratar enfermedades o editar los genes humanos. Sin embargo, a principios de 2020, el mundo cambió de repente. La capacidad de detectar con rapidez un virus atacante pasó a ser decisiva. Y la mejor forma de hacerlo de un modo más rápido y barato que con los test PCR convencionales, que requerían de muchas mezclas y ciclos de temperatura, era desplegar esas enzimas guiadas por ARN y programadas para detectar el material genético del virus; en otras palabras, adaptar el sistema CRISPR que las bacterias llevaban millones de años desplegando.

52

Los test de coronavirus

FENG ZHANG

A principios de enero de 2020, Feng Zhang empezó a recibir correos electrónicos escritos en chino en relación con el coronavirus. Algunos eran de profesores chinos a los que conocía, pero recibió también uno inesperado de un funcionario científico del consulado chino en la ciudad de Nueva York: «Pese a que es usted estadounidense y no vive en China —decía—, se trata realmente de un problema importante para la humanidad». Citaba un antiguo proverbio chino: «Cuando un lugar atraviesa problemas, la ayuda llega de todas partes». «Así que esperamos que pueda considerarlo y ver qué puede hacer», lo apremiaba el correo electrónico.[1]

Zhang sabía poca cosa del nuevo coronavirus, más allá de lo que había leído en un artículo de *The New York Times* que describía la situación en China, pero aquellos correos:

—Me transmitieron una sensación de urgencia en torno a la situación —dice.

En particular en el caso de los mensajes que se cruzó con el consulado chino.

—No acostumbro a recibir ninguna interacción por su parte —explica Zhang, que emigró a Iowa con sus padres cuando tenía once años.

Le pregunté si las autoridades chinas lo consideraban un científico chino.

—Sí, es posible —respondió tras pensarlo un momento—. Creo que es probable que consideren chinas a todas las personas chinas. Pero eso es irrelevante, porque el mundo hoy está muy conectado, especialmente en medio de una pandemia.

Feng Zhang *(arriba a la izquierda)* con Omar Abudayyeh *(arriba a la derecha)* y Jonathan Gootenberg *(en el centro a la derecha)* en una reunión vía Zoom sobre la detección de la COVID-19

Zhang decidió reconfigurar la herramienta de detección SHER-LOCK para que pudiese diagnosticar el nuevo coronavirus. Por desgracia, no había nadie en su laboratorio que pudiera encargarse de los experimentos necesarios. De modo que decidió sentarse en su banco de trabajo y llevarlos a cabo él mismo. Reclutó también a sus antiguos estudiantes de doctorado, Omar Abudayyeh y Jonathan Gootenberg. Se habían marchado para montar su propio laboratorio en el Instituto McGovern del MIT, a una manzana del Broad, y accedieron a colaborar de nuevo con él.

Zhang no tuvo acceso en un primer momento a muestras provenientes de pacientes infectados con coronavirus, de modo que fabricó una versión sintética. Por medio del proceso SHERLOCK, su equipo y él diseñaron un test de detección que requería solo de tres pasos y que podía practicarse en una hora sin un complicado equipamiento. Lo único que hacía falta era un pequeño dispositivo que mantenía la temperatura constante mientras el material genético de las muestras se amplificaba por medio de un proceso químico más sencillo que el de la PCR. Los resultados se podían leer sumergiendo una tira reactiva.

El 14 de febrero, mucho antes de que la mayor parte de Estados Unidos se centrara en el nuevo coronavirus, el laboratorio de Zhang publicó un libro blanco en el que describía el funcionamiento del test e invitaba a cualquier laboratorio a usar o adaptar libremente el proceso. «Hoy compartimos un protocolo de investigación para la detección del #coronavirus COVID-19 basado en SHERLOCK, esperando que sirva de ayuda a otros que están trabajando para combatir el brote —tuiteó Zhang—. Seguiremos actualizándolo a medida que hagamos progresos.»[2]

La empresa que había creado, Sherlock Biosciences, se puso de inmediato a trabajar para convertir el proceso en un instrumento diagnóstico comercial que pudiera usarse en hospitales y consultas médicas. Cuando el director ejecutivo, Rahul Dhanda, le explicó a su equipo que quería que la empresa se centrase en la COVID-19, los investigadores se volvieron a sus bancos de trabajo girando literalmente sus sillas para acometer la misión.

—Y cuando decimos giro, queremos decir que hubo un giro literal de sillas al mismo tiempo que la compañía giraba hacia su nuevo objetivo —dice.

A finales de 2020, se habían asociado con fabricantes para producir máquinas pequeñas que proporcionarían los resultados en menos de una hora.[3]

CHEN Y HARRINGTON

Más o menos por la misma época en que Zhang comenzó a trabajar en su test de coronavirus, Janice Chen recibió la llamada de uno de los investigadores de la junta de asesores científicos de Mammoth Sciences, la empresa que había fundado con Doudna y Lucas Harrington. «¿Qué te parecería desarrollar un diagnóstico basado en CRISPR para detectar el virus SARS-CoV-2?», le preguntó. Chen coincidió en que debían intentarlo. Como resultado, Harrington y ella pasaron a embarcarse en la enésima competición de punta a punta del país entre el círculo de Doudna y el de Zhang.[4]

En cuestión de dos semanas, el equipo de Mammoth había conseguido reconfigurar su herramienta DETECTR para que identificase el SARS-CoV-2. Una ventaja de colaborar con la Universidad de California en San Francisco es que cuenta con su propio hospital, por lo que pudieron practicar los test con muestras reales, extraídas de treinta y seis pacientes de COVID-19, a diferencia del Broad, que en un principio tuvo que usar virus sintéticos.

El test de Mammoth se basaba en una enzima asociada a CRISPR que Chen y Harrington habían estudiado en el laboratorio de Doudna, la Cas12, que localiza el ADN. Eso podría hacerla parecer menos indicada que la Cas13 del sistema SHERLOCK, que localiza el ARN, el material genético del coronavirus. Sin embargo, ambas técnicas de detección necesitan convertir el ARN del coronavirus en ADN para amplificarlo. En el caso de SHERLOCK, hay que transcribirlo de nuevo en forma de ARN para detectarlo, añadiendo así un pequeño paso al proceso.

Chen y Harrington corrieron a publicar un libro blanco online con los detalles de su test Mammoth. En muchos aspectos, era similar al proceso SHERLOCK. Lo único que hacía falta era un bloque calentador, los reactivos y tiras de flujo para leer los resultados. Al igual que Zhang, el equipo Mammoth decidió ceder lo que habían ideado al dominio público, para que cualquiera pudiese compartirlo libremente.

El 14 de febrero, cuando se disponían a publicar su libro blanco online, Chen y Harrington vieron cómo saltaba un mensaje en el canal de Slack que estaban utilizando. Alguien había colgado el tuit que acababa de compartir Zhang en el que se anunciaba la publicación de su libro blanco con el protocolo SHERLOCK para detectar los coronavirus.

—Nos quedamos en plan: «Oh, jod...».

Chen recuerda aquel viernes tarde. Al cabo de unos minutos, sin embargo, comprendieron que la aparición de ambos libros blancos era positiva. Añadieron una posdata al texto que estaban a punto de colgar: «Mientras redactamos este libro blanco, se publicó otro protocolo para la detección del SARS-CoV-2 mediante diagnóstico CRISPR (SHERLOCK, v. 20200214)», decía. A continuación, incluyeron un práctico diagrama en el que se comparaban los flujos de trabajo de ambas técnicas.[5]

Zhang fue elegante, aunque para él era fácil, pues había ganado al equipo Mammoth por un día: «Echad un vistazo al recurso que ha proporcionado Mammoth —tuiteó, adjuntando un enlace a su libro blanco—. Me alegro de que los científicos estemos trabajando a una y compartiendo públicamente. #coronavirus».

Este tuit era el reflejo de una nueva y bienvenida tendencia en el ámbito CRISPR. La enardecida competición por las patentes y los premios había desembocado en el secretismo en torno a las investigaciones y a la fundación de empresas CRISPR rivales. Sin embargo, la urgencia que Doudna, Zhang y sus colegas sentían por combatir el coronavirus los llevó a estar más abiertos y dispuestos a compartir su trabajo. La rivalidad seguía siendo una parte importante, y útil, de la ecuación. Continuaba existiendo una carrera entre el sector de Doudna y el de Zhang por publicar artículos y hacer avances sobre los nuevos test COVID-19.

—No voy a maquillar la realidad —dice Doudna—. Desde luego que hay rivalidad. Esta hace que la gente sienta la necesidad de seguir avanzando, pues, si no, otros llegarán primero.

Sin embargo, el coronavirus hizo que esta rivalidad fuese menos encarnizada, porque las patentes no eran un interés primordial.

—Si hay algo increíblemente bueno en esta situación terrible es que todas las cuestiones en relación con la propiedad intelectual se han dejado de lado, y que todo el mundo está concentrado nada más que en encontrar soluciones —afirma Chen—. La gente está centrada en sacar cosas que funcionen, y no en los aspectos empresariales.

Los test en casa

Los test basados en CRISPR desarrollados por Mammoth y SHERLOCK son más baratos y más rápidos que los test PCR convencionales. Y tienen además una ventaja frente a los test de antígenos, como el desarrollado por Abbott Labs, que se aprobó en el mes de agosto del año de la peste. Los test basados en CRISPR son capaces de detectar la presencia de ARN viral en cuanto la persona se contagia. Sin embargo, el test de antígenos, que detecta la presencia de unas proteínas se encuentran en la superficie del virus, alcanza su máxima precisión cuando el paciente pasa a tener una alta capacidad de contagio.

El objetivo último de todos estos métodos era crear un test de coronavirus basado en CRISPR que fuese como un test de embarazo en casa: barato, desechable, rápido y sencillo, que se pudiese comprar en cualquier farmacia y usar en la privacidad de nuestro cuarto de baño.

Harrington y Chen, del equipo Mammoth, desvelaron la idea que habían desarrollado para un instrumento de estas características en mayo de 2020, y anunciaron que iban a asociarse con una multinacional farmacéutica con sede en Londres —GlaxoSmithKline, fabricantes del antimigraña Excedrin y el antiácido Tums— para producirlo. Proporcionaría resultados precisos en veinte minutos y no se necesitaría ningún equipo especial.

De manera similar, el laboratorio de Zhang desarrolló ese mismo mes una forma de simplificar el sistema de detección SHERLOCK, que constaba originalmente de dos pasos, para reducirlo a un solo paso. Un recipiente que mantuviese el sistema a una temperatura estable de sesenta grados centígrados era el único equipamiento necesario. Zhang lo bautizó como STOP, de SHERLOCK Testing in One Pot.[6]

—Deje que le enseñe la pinta que tendrá —me dice Zhang con su entusiasmo juvenil, mientras comparte diapositivas y bocetos vía Zoom—. Solo hay que meter una muestra nasal o de saliva en este cartucho, introducirlo en el aparato, abrir una ampolla para liberar la solución que extrae el virus ARN y luego otra que libera las CRISPR liofilizadas para la reacción en la cámara amplificadora.

Zhang llamó a este dispositivo STOP-COVID, pero la plataforma se podía adaptar con facilidad para detectar cualquier virus.

—Por eso hemos escogido el nombre STOP, que se puede emparejar con cualquier objetivo —explica—. Podríamos crear un STOP-gripe, o un STOP-VIH, o tener muchos objetivos para detectar en la misma plataforma. Al dispositivo le es indiferente qué virus buscar.[7]

Mammoth tiene la misma visión: hacer que sea fácil reprogramar su herramienta para detectar cualquier virus nuevo que aparezca.

—Lo bonito de las CRISPR es que, una vez que tienes una plataforma, se trata solo de reconfigurar la química para detectar un virus distinto —explica Chen—. Se puede utilizar frente a la próxima pandemia, o frente a cualquier virus. Y también frente a cualquier bacteria o frente cualquier cosa que tenga una secuencia genética, incluso el cáncer.[8]

La biología entra en casa

El desarrollo de kits de testeo de uso doméstico tiene cierto impacto potencial más allá de la lucha contra la COVID-19: llevar la biología a los hogares, de la misma forma que en la década de 1970 los ordenadores personales introdujeron los productos y servicios digitales —y un conocimiento de los microchips y el código de software— en la vida cotidiana y la conciencia de las personas.

Los ordenadores personales, y más tarde los *smartphones*, se convirtieron en las plataformas sobre las que oleadas de innovadores podían diseñar sus ingeniosos productos, y ayudaron además a convertir la revolución digital en algo «personal», lo que llevó a la gente a desarrollar cierta comprensión de la tecnología.

Cuando Zhang era pequeño, sus padres insistían en que debía usar el ordenador como herramienta con la que construir cosas. Cuando sus intereses saltaron de los microchips a los microbios, se preguntó por qué la biología no estaba tan inserta como los ordenadores en la vida cotidiana de la gente. No existían plataformas ni dispositivos biológicos sencillos que sirviesen de base a los innovadores para construir cosas nuevas o que la gente pudiese utilizar en sus hogares.

—Mientras hacía experimentos de biología molecular, pensaba: «Esto es genial y potentísimo, pero ¿por qué no ha influido en la vida de la gente del mismo modo que una aplicación de software?».

Seguía haciéndose esa pregunta cuando llegó a la escuela de doctorado. «¿Se te ocurre como podríamos llevar la biología molecular a la cocina o a la casa de la gente?», les preguntaba a sus compañeros de clase. Mientras trabajaba en el desarrollo de sus test CRISPR de uso doméstico, comprendió que esa podría ser la manera de conseguirlo. Los kits de testeo doméstico podrían convertirse en la plataforma, en el sistema operativo y en el factor de forma que nos permitiesen insertar de un modo más profundo en nuestra vida cotidiana las maravillas de la biología molecular.

Puede que los desarrolladores y los emprendedores tengan la posibilidad algún día de usar estos kits de testeo doméstico basados en CRISPR como plataformas sobre las que diseñar una diversidad de aplicaciones biomédicas: diagnósticos de virus y enfermedades, detección de cánceres, análisis nutricionales, estudios de microbioma y test genéticos.

—Podemos lograr que la gente se haga una prueba en casa para saber si tiene una gripe o un simple resfriado —dice Zhang—. Y si a sus hijos les duele la garganta, pueden determinar si se trata de un estreptococo.

Esto, por el camino, podría aportarnos a todos una comprensión más amplia del funcionamiento de la biología molecular. Es posible que los mecanismos internos de las moléculas continuaran siendo, para la mayoría de la gente, tan misteriosos como los de los microchips, pero al menos seríamos todos un poco más conscientes de la belleza y del poder de ambos.

53

Las vacunas

MI INYECCIÓN

«Míreme a los ojos», me ordenó la doctora, observándome a través de su pantalla de protección de plástico. Sus ojos eran de un azul intenso, casi tan azules como su mascarilla quirúrgica. Sin embargo, al cabo de un momento, empecé a volverme hacia otro médico a mi izquierda, que me estaba clavando una larga aguja muy hondo en el músculo del brazo. «¡No! —me espetó la primera doctora—. ¡Míreme a mí!»

Luego me lo explicó. Como formaba parte de un ensayo clínico doble ciego de una vacuna contra la COVID-19,[1] debían asegurarse de que no tuviese ninguna idea de si me estaban inyectando una dosis real o un placebo compuesto de una solución salina. ¿Sería capaz de adivinarlo solo con mirar la jeringa? «Seguramente no —respondió ella—, pero queremos ir con cuidado.»

Estábamos a principios de agosto del año de la peste, y yo me había ofrecido a participar en el ensayo clínico para la vacuna anti-COVID-19 que estaba desarrollando Pfizer junto con la empresa alemana BioNTech. Se trataba de un nuevo tipo de vacuna que nunca antes se había implementado: en lugar de administrar componentes desactivados del virus en cuestión, como ocurre con las vacunas tradicionales, inyectaban en los humanos un fragmento de ARN.

Como ya sabrán a estas alturas, el ARN es una cadena que recorre de principio a fin la carrera de Doudna y este libro. En la década de 1990, mientras el resto de científicos se centraban en el ADN, su profesor en Harvard Jack Szostak despertó en ella el interés por su hermano —no tan famoso, pero más trabajador—, que se encargaba de supervisar la síntesis de proteínas, ejercía de guía para las enzimas,

Dariia Dantseva, Josiah Zayner y David Ishee inyectándose su propia vacuna

era capaz de autorreplicarse y constituía, quizá, el origen de toda vida en la Tierra.

—Jamás, jamás he dejado de sentir fascinación ante el hecho de que el ARN pueda hacer tantas cosas —me dice Doudna cuando le cuento que participo en el ensayo de la vacuna ARN—. Es el material genético del coronavirus y, curiosamente, podría ser la base de vacunas y tratamientos.[2]

LAS VACUNAS TRADICIONALES

Las vacunas actúan estimulando el sistema inmunitario de las personas. Una sustancia que se parece a algún virus peligroso (o algún otro patógeno) se inocula en el cuerpo de la persona. Esta sustancia puede ser una versión desactivada del virus, o un fragmento inofensivo de este, o instrucciones genéticas para producir ese fragmento. Con ello se pretende poner en marcha el sistema inmunitario de la persona. Y, cuando funciona, el cuerpo produce anticuerpos que repelerán, a veces a lo largo de muchos años, cualquier contagio si alguna vez ataca el virus real.

Las vacunas aparecieron en la década de 1790 de la mano de un doctor inglés llamado Edward Jenner, que reparó en que muchas ordeñadoras eran inmunes a la viruela. Todas ellas se habían contagiado con una variante de la enfermedad que afecta a las vacas, pero es inofensiva para los humanos, y Jenner dedujo que esta viruela bovina había conferido a las ordeñadoras inmunidad frente a la viruela. De modo que extrajo algo de pus de una pústula de viruela bovina, frotó con ella unos rasguños que había practicado en el brazo del hijo de ocho años de su jardinero y luego (esto fue en los tiempos anteriores a los comités bioéticos) expuso al niño a la viruela. No enfermó.

Las vacunas emplean una diversidad de métodos para tratar de estimular el sistema inmunitario humano. Uno bastante tradicional consiste en inocular una versión debilitada e inofensiva (atenuada) del virus. Estos virus pueden ser muy buenos maestros, porque son casi iguales que el virus real. El cuerpo responde produciendo anticuerpos para combatirlos y la inmunidad puede durar toda la vida. Este fue el método empleado por Albert Sabin para la vacuna oral contra la polio en la década de 1950, y es la manera en que nos defendemos hoy del sarampión, de las paperas, de la rubeola y de la varicela. Se tarda mucho tiempo desarrollar y cultivar estas vacunas (hay que incubar los virus en huevos de gallina), pero en 2020 algunas farmacéuticas recurrieron a este método como opción a largo plazo para combatir la COVID-19.

Mientras Sabin estaba intentando obtener un virus atenuado de la polio para su vacuna, Jonas Salk tuvo éxito con otro método que parecía en cierto modo más seguro: usar un virus muerto. Este tipo de vacunas pueden, aun así, enseñarle al sistema inmunitario de la persona a acabar con el virus vivo. El laboratorio Sinovac, con sede en Pekín, empleó este método para diseñar una primera vacuna anti-COVID-19.

Otro procedimiento tradicional consiste en inyectar una subunidad del virus, como, por ejemplo, una de las proteínas presentes en su envoltura. El sistema inmunitario la recordará en adelante y permitirá que el cuerpo organice una respuesta rápida y contundente cuando tope con el virus real. La vacuna contra el virus de la hepatitis B, por ejemplo, funciona de este modo. Como solo utilizan un fragmento del virus, es más seguro inocularlas en el paciente y son más fáciles de producir, pero en general no son tan eficientes a la hora de generar inmunidad a largo plazo. Muchas farmacéuticas adoptaron este método en la carrera por una vacuna anti-COVID-19 en 2020, y para ello se pusieron a buscar formas de introducir en las células humanas la proteína de la espícula presente en la superficie del coronavirus.

LAS VACUNAS GENÉTICAS

El año de la peste de 2020 será recordado, seguramente, como el momento en que las vacunas genéticas empezaron a reemplazar a las vacunas tradicionales. En lugar de inocular en las personas una versión atenuada o incompleta de un virus peligroso, estas nuevas vacunas administran un gen o un fragmento de código genético que incita a las células humanas a producir, por su cuenta, componentes del virus. El objetivo es que sean estos componentes los que estimulen el sistema inmunitario del paciente.

Un método para conseguirlo consiste en coger un virus inofensivo e introducir en él un gen que produzca el componente buscado. Como hemos descubierto ya, a los virus se les da muy bien eso de colarse en las células humanas, de ahí que se puedan emplear virus inofensivos como sistemas de entrega, o vectores, con los que transportar el material al interior de las células de los pacientes.

Este procedimiento produjo una de las primeras candidatas a vacuna anti-COVID-19, que se desarrolló en el Instituto Jenner (un nombre muy apropiado) de la Universidad de Oxford. Allí los científicos modificaron genéticamente un virus inofensivo —un adenovirus que causa la gripe en chimpancés— introduciendo en él el gen que produce la proteína de la espícula del coronavirus. Otras vacunas similares desarrolladas por otras farmacéuticas en 2020 recurrieron a una versión humana del adenovirus. La vacuna creada por Johnson & Johnson, por ejemplo, empleó un adenovirus humano como mecanismo de entrega con el que transportar el gen que codifica para una parte de la proteína de la espícula. Sin embargo, el equipo de la Universidad de Oxford decidió que era mejor utilizar el del chimpancé, porque los pacientes que hubiesen padecido previamente resfriados podrían presentar inmunidad a la variante humana.

La idea en la que se basaban las vacunas de Oxford y de Johnson & Johnson era que los adenovirus rediseñados se abrirían paso hacia el interior de las células humanas para incitarlas a producir grandes cantidades de esta proteína espicular. Esto a su vez induciría al sistema inmunitario de la persona a producir anticuerpos y, como resultado, el sistema inmunitario quedaría cebado y listo para responder rápidamente ante un ataque del coronavirus real.

La investigadora jefe en Oxford fue Sarah Gilbert.[3] En 1998, tras dar a luz prematuramente a trillizos, su marido dejó aparcado un tiempo su trabajo para que ella pudiese regresar al laboratorio. En 2014, Gilbert trabajó en el desarrollo de una vacuna para el síndrome respiratorio de Oriente Próximo (MERS, por sus siglas en inglés), para lo que usó un adenovirus del chimpancé que contenía, previa modificación, el gen de una proteína espicular. La epidemia remitió antes de que pudiese ponerse en práctica su vacuna, pero le dio ventaja para responder cuando arremetió la COVID-19. Ya entonces Gilbert sabía que el adenovirus del chimpancé había conseguido introducir en los humanos el gen que codifica la proteína de la espícula del MERS. Tan pronto como los investigadores chinos publicaron la secuencia genética del nuevo coronavirus, en enero de 2020, se puso a editar el virus del chimpancé para que contuviese el gen de la proteína espicular, levantándose todos los días a las cuatro de la mañana.

Sus trillizos tenían ya veintiún años, y estaban todos estudiando bioquímica. Se presentaron voluntarios para las primeras pruebas: recibieron la vacuna y se comprobó si desarrollaban anticuerpos. (Así fue.) Los ensayos con monos realizados en un centro primatológico de Montana en marzo arrojaron también resultados prometedores.

La Fundación Bill y Melinda Gates aportó los primeros fondos. Bill Gates presionó para que Oxford se aliara con una farmacéutica de primera línea capaz de producir y distribuir la vacuna si esta funcionaba. De modo que Oxford se asoció con AstraZeneca, empresa farmacéutica anglosueca.

LAS VACUNAS DE ADN

Hay otra manera de introducir material genético en una célula humana y llevarla a producir los componentes de un virus capaz de estimular el sistema inmunitario. En lugar de insertar el gen de dicho componente en un virus mediante ingeniería genética, se puede inyectar directamente el código genético del componente —en forma de ADN o de ARN— en las células humanas. De este modo, las células se convierten en una planta de producción de vacunas.

Comencemos por las vacunas de ADN. Si bien antes de la epidemia de la COVID-19 no se había aprobado ninguna vacuna de ADN, la idea sonaba prometedora. Los investigadores de Inovio Pharmaceuticals y algunas otras empresas crearon en 2020 un pequeño círculo de ADN que codificaba para ciertas partes de la proteína espicular del coronavirus. La idea era que, si conseguía entrar en el núcleo de una célula, el ADN podría producir a destajo un sinfín de cadenas de ARN mensajero que procederían a supervisar la producción de estas proteínas que más tarde servirían para estimular el sistema inmunitario. El ADN es barato de producir y no hace falta manipular virus vivos ni incubarlos en huevos de gallina.

El gran reto frente a una vacuna de ADN es la inserción. ¿Cómo conseguir que ese anillito de ADN modificado no solo entre en una célula humana, sino en el núcleo de la célula? Inyectar en el brazo de un paciente un montón de vacuna de ADN puede servir para que penetre algo de ADN en las células, pero no es un método muy eficiente.

Algunos de los desarrolladores de vacunas de ADN, incluido Inovio, intentaron facilitar la introducción en las células humanas aplicando un método llamado «electroporación», que aplica impulsos eléctricos al paciente en la zona de la inyección. Eso abre poros en las membranas celulares y permite que penetre el ADN. Las pistolas de impulsos eléctricos tienen montones de agujas diminutas y son algo inquietante de ver. Resulta comprensible que sea una técnica impopular, en especial para los que la reciben.

Uno de los equipos que Doudna organizó en los inicios de la crisis del coronavirus, en marzo de 2020, se centraba justo en estas dificultades para la administración de las vacunas de ADN. Lo encabezaban un antiguo alumno, Ross Wilson —que ahora dirige su propio laboratorio unas puertas más allá del de Doudna en Berkeley— y Alex Marson, de la Universidad de California en San Francisco. En una de sus reuniones periódicas vía Zoom, Wilson mostró una diapositiva del matamoscas eléctrico de Inovio: «Disparan literalmente al paciente en el músculo con una de estas pistolas —explicó—. En diez años, casi el único avance visible es que ahora llevan un trocito de plástico que esconde las agujas para que al paciente no le dé tanto miedo».

Marson y Wilson diseñaron una manera de administrar la vacuna de ADN usando la CRISPR-Cas9. Mezclaron una proteína Cas9, un ARN guía y una secuencia de localización nuclear que ayuda al complejo a entrar en el núcleo. El resultado era una «lanzadera» que podía llevar la vacuna de ADN al interior de las células. A continuación, el ADN ordena a las células que produzcan la proteína espicular del coronavirus, estimulando así el sistema inmunitario para que sea capaz de repeler al coronavirus real.[4] Es una idea brillante que podría ser útil para numerosos tratamientos en el futuro, pero no ha sido fácil ponerla en práctica. A comienzos de 2021, Wilson y Marson seguían intentando demostrar que podría ser efectiva.

LAS VACUNAS DE ARN

Esto nos lleva de nuevo a nuestra molécula favorita, la estrella bioquímica de este libro: el ARN.

La vacuna que se estaba probando en mi ensayo clínico saca partido de la función más básica del ARN en el dogma central de la biología: ejercer de mensajero (ARNm) trasladando las instrucciones genéticas del ADN, atrincherado en el núcleo de una célula, hacia la región productora de la célula, donde ordena qué proteína fabricar. En el caso de la vacuna anti-COVID-19, este ARNm indica a la célula que fabrique una parte de la proteína espicular presente en la superficie del coronavirus.[5]

Las vacunas de ARN trasladan su carga útil en el interior de unas diminutas cápsulas aceitosas, llamadas «nanopartículas lípidas», que se inyectan por medio de una larga jeringa en los músculos del brazo. El mío me dolió durante días.

Una vacuna de ARN presenta ciertas ventajas frente a otra de ADN. La más señalada es que el ARN no necesita meterse en el núcleo de la célula, donde el ADN tiene su sede central. El ARN desarrolla su labor en la región exterior de la célula, en el citoplasma, que es donde se fabrican las proteínas. Así, una vacuna de ARN no necesita más que depositar su carga en esta región exterior.

A principios de 2020, dos jóvenes e innovadoras empresas farmacéuticas produjeron vacunas de ARN contra la COVID-19: Moderna, con sede en Cambridge, Massachusetts, y la alemana BioNTech, que estaba asociada con la empresa estadounidense Pfizer. Mi ensayo clínico era para la de BioNTech-Pfizer.

BioNTech nació en 2008 de la mano del matrimonio de investigadores formado por Uğur Şahin y Özlem Türeci con el objetivo de crear inmunoterapias contra el cáncer: tratamientos que inducen al sistema inmunitario a combatir las células cancerosas. Sin embargo, pronto pasaría también a liderar el diseño de procedimientos que emplean el ARNm como vacuna antiviral. En enero de 2020, después de leer en una revista médica un artículo sobre el nuevo coronavirus en China, Şahin mandó un correo electrónico a la junta de BioNTech en el que decía que era un error creer que este virus pasaría de largo tan fácilmente como los del MERS y el SARS: «Esta vez es otra cosa».[6]

BioNTech lanzó lo que bautizaron como Project Lightspeed para diseñar una vacuna basada en secuencias de ARN que inducirían a las células humanas a fabricar versiones de la proteína espicular del coronavirus. Cuando el proyecto tomó un rumbo prometedor, Şahin llamó a Kathrin Jansen, la directora de investigación y desarrollo de vacunas de Pfizer. Ambas empresas llevaban trabajando juntas desde 2018, desarrollando vacunas antigripales con tecnología de ARNm, y le preguntó si Pfizer querría emprender una colaboración similar para una vacuna anti-COVID-19. Jansen le dijo que había estado pensando en llamarlo para proponerle lo mismo. El trato se firmó en marzo.[7]

Para entonces, Moderna, una farmacéutica mucho más pequeña, con tan solo ochocientos empleados, tenía ya en desarrollo una vacuna de ARN similar. Su presidente y cofundador Noubar Afeyan, un armenio nacido en Beirut que había emigrado a Estados Unidos, quedó fascinado en 2005 por la perspectiva de que el ARNm pudiera insertarse en las células humanas para ordenar la producción de una proteína deseada. De modo que contrató a algunos jóvenes estudiantes de doctorado del laboratorio que tenía en Harvard Jack Szostak, que había sido el tutor de tesis de Jennifer Doudna y le había descubierto las maravillas del ARN. La empresa se centró sobre todo en el uso del ARNm con vistas a desarrollar tratamientos anticáncer personalizados, pero había empezado también a experimentar con posibles vacunas antivirales mediante esta técnica.

En enero de 2020, Afeyan estaba celebrando el cumpleaños de una de sus hijas en un restaurante de Cambridge cuando le llegó un mensaje urgente del director ejecutivo de su compañía, Stéphane Bancel, desde Suiza. Salió del restaurante, a una temperatura glacial, para devolverle la llamada. Bancel le dijo que quería poner en marcha un proyecto para intentar crear una vacuna de ARNm contra el nuevo coronavirus. En ese momento, Moderna tenía veinte fármacos en desarrollo, pero ninguno había sido aprobado o había alcanzado siquiera la última fase de ensayos clínicos. Afeyan lo autorizó de inmediato para ponerse a trabajar, sin esperar la aprobación de la junta al completo. Dado que carecía de los recursos de Pfizer, Moderna dependería de la financiación del Gobierno estadounidense. Anthony Fauci, el experto en enfermedades infecciosas del Gobierno, le expresó su apoyo: «A por ello —dijo—. Da igual lo que cueste, no te preocupes por eso». Moderna tardó solo dos días en crear las secuencias de ARN que servirían para fabricar la proteína espicular, y trein-

495

ta y ocho días después mandó la primera caja de viales a los Institutos Nacionales de Salud para comenzar con la primera fase de ensayos. Afeyan lleva una foto de esa caja en su móvil.

Al igual que con las terapias CRISPR, un aspecto complicado del desarrollo de la vacuna fue crear un mecanismo de introducción en la célula. Moderna llevaba diez años trabajando en el perfeccionamiento de nanopartículas lípidas, esas diminutas cápsulas sintéticas capaces de introducir moléculas en la célula humana. Esto le supuso una ventaja respecto a BioNTech/Pfizer: sus partículas eran más estables y no había que almacenarlas a temperaturas tan extremadamente bajas. Esta es la tecnología que ha utilizado para insertar las CRISPR en las células humanas. [8]

Nuestro biohacker entra en escena

En ese momento, Josiah Zayner, el científico DIY que se había inyectado CRISPR a sí mismo, salió de nuevo al escenario en su papel de Puck. Mientras otros esperaban ansiosos los resultados de las vacunas genéticas que habían entrado en ensayo clínico en el verano de 2020, Zayner puso su espíritu de bufón sabio en la batalla y enroló a un par de biohackers afines en la causa. Su plan consistía en producir y más tarde inocularse una de las muchas vacunas anti-COVID-19 candidatas que estaban en desarrollo. De este modo vería (a) si sobrevivía y (b) si desarrollaba anticuerpos que lo protegieran frente a la COVID-19. «Tómatelo como un truco para la llamar la atención, pero lo que hay aquí realmente es un grupo de gente tomando el control de la ciencia para meterle un puñetero empujón», me dijo. [9]

En concreto, decidió fabricar y probar una posible vacuna que unos investigadores de Harvard habían presentado en mayo en un artículo de la revista *Science* y que justo entonces se estaba empezando a ensayar en humanos. [10] Era una vacuna de ADN que incluía el código genético para fabricar la espícula del coronavirus, y el artículo describía con precisión cómo hacerla. Receta en mano, Zayner encargó los ingredientes y se puso a ello.

Desde su garaje-laboratorio de Oakland, a tan solo once kilómetros al sur del laboratorio de Doudna en Berkeley, Zayner inició en YouTube un curso en *streaming* —con el nombre de Proyecto

McAfee, en honor al programa antivirus— para que otros pudieran irlos siguiendo y practicar sobre sí mismos los experimentos. «Los biohackers podrían ser como los pilotos de pruebas del mundo moderno, los encargados de hacer esas mierdas un poco locas que hay que hacer sí o sí», declaró.

Zayner contaba con dos copilotos. David Ishee, con su sempiterna cola de caballo, es un criador de perros del Misisipi rural que emplea las CRISPR para modificar los genes de sus dálmatas y sus mastines con el fin de hacerlos más sanos y fuertes (y, en un excéntrico experimento, hacer también que brillasen en la oscuridad). Se conectaba por Skype desde el cobertizo de madera del patio trasero de su casa, atiborrado de instrumentos de laboratorio. Cuando Zayner dijo que emitirían sus experimentos en *streaming* a lo largo de los dos meses siguientes, Ishee dio un sorbo de bebida energética Monster y dejó caer, con su acento sureño y lánguido y con atisbos a madreselva: «O hasta que las autoridades vengan a buscarnos». En la misma llamada de Skype estaba también Dariia Dantseva, una estudiante de Dnipró, Ucrania, que había creado el primer laboratorio de biohackeo de su país.

—Ucrania tiene una normativa bastante laxa respecto al biohackeo, porque el Estado literalmente no existe —dice—. Yo creo que el conocimiento no es solo para las élites, es para todos nosotros. Por eso estamos haciendo esto.

Los experimentos que Zayner llevó a cabo a lo largo del verano de 2020 no eran simples ganas de ofrecer un espectáculo, como cuando se inyectó CRISPR en el brazo en aquel congreso de San Francisco. «Podríamos inyectarnos esa mierda y punto —dijo de la vacuna de ADN descrita por los investigadores de Harvard—. Pero no creo que nadie saque nada de ella. Queremos añadirle mucho más valor.» Así que, en lugar de eso, sus copilotos y él fueron mostrando cuidadosamente a la gente, en directo, semana tras semana, cómo fabricar el código de las proteínas espiculares del coronavirus. De ese modo conseguirían que decenas (y puede que cientos) de personas la probasen, y reunirían datos muy útiles sobre su efectividad.

—Si una panda de matados como nosotros puede hacer esto, cientos de personas también pueden hacerlo, hacer que la ciencia avance más rápido —dice—. Queremos que todo el mundo tenga la oportunidad de crear esta vacuna de ADN y de comprobar si crea anticuerpos en las células humanas.

Le pregunté qué le llevaba a creer que una vacuna de ADN funcionaría con una simple inyección, sin la electroporación u otras técnicas que algunos investigadores afirmaban que eran necesarias para garantizar que el ADN entrase en el núcleo de las células humanas. «Queríamos seguir el artículo de Harvard lo más fielmente posible, y ellos no usaron ninguna técnica especial, como la electroporación —respondió—. El ADN es fácil de producir, de manera que si algún método de administración duplica la eficiencia, se pueden obtener los mismos resultados solo con duplicar más o menos la cantidad de ADN que te inyectas.»

El domingo 9 de agosto, los tres biohackers aparecieron juntos en directo —desde California, Misisipi y Ucrania— para inyectarse en el brazo las vacunas que habían estado confeccionando a lo largo de los dos meses anteriores. «Los tres hemos intentado impulsar la ciencia demostrando lo que la gente es capaz de hacer en un entorno DIY —explicó Zayner al comienzo del vídeo—. Así que, en fin, ¡allá vamos! ¡Hagámoslo!» Y a continuación, Zayner, con una camiseta roja de tirantes de Michael Jordan, insertó una larga aguja en su brazo, mientras Dantseva e Ishee hacían lo propio. Zayner lanzó un comentario tranquilizador para el público: «A todos los que habéis entrado para vernos morir: eso no va a pasar».

Tenía razón. No se murieron. Solo hicieron un montón de muecas de dolor. Y al final encontraron pruebas de que la vacuna podría haber funcionado. Dado que su experimento no incluía ningún método especial para hacer que el ADN penetrara en el núcleo de las células humanas, los resultados no fueron del todo claros ni convincentes, pero cuando Zayner analizó su sangre en septiembre, en una retransmisión en directo a través internet, para que todo el mundo pudiese verlo, encontró indicios de que había desarrollado anticuerpos neutralizadores con los que combatir el coronavirus. Se refirió a ello como un «éxito moderado», pero señaló que la biología arroja a menudo tibios resultados. Aquello le hizo valorar más los meticulosos ensayos clínicos.

Algunos de los investigadores científicos con los que hablé estaban horrorizados por lo que Zayner había hecho. Sin embargo, yo me puse de su lado. «Si nosotros, vanas sombras, os hemos ofendido, pensad solo esto y todo está arreglado: "Una mayor implicación ciudadana en la ciencia es algo positivo".» Programar el código genético no será nunca una labor tan democratizada y hecha en colaboración como la de programar código informático, pero la biología tendría que dejar de ser el dominio exclusivo de unos sacerdotes celosos del Evangelio. Cuando Zayner me mandó amablemente una dosis de su vacuna casera, decidí no inoculármela, pero sentí admiración hacia él y hacia sus dos mosqueteros por haberlo hecho, y aquello me animó a implicarme en los ensayos de vacunas, solo que por una vía más oficial.[11]

MI ENSAYO CLÍNICO

Mi forma de implicarme en la ciencia ciudadana consistió en apuntarme a un ensayo clínico de la vacuna de ARNm de Pfizer-BioN-Tech. Como he mencionado al inicio de este capítulo, se trataba de un estudio doble ciego, lo que significa que ni yo ni los investigadores sabíamos quién había recibido la vacuna real y quién un placebo.

Cuando me presenté voluntario en el hospital Ochsner de Nueva Orleans, me dijeron que el estudio podía llegar a durar dos años. Eso suscitó algunas preguntas en mi mente. ¿Qué pasaría, le pregunté a la coordinadora, si la vacuna se aprobaba antes? Me dijo que entonces «desenmascararían» el estudio, lo que significaba que me dirían si había recibido el placebo y, si así era, me administrarían la vacuna real.

¿Qué pasaría si se aprobaba alguna otra vacuna mientras nuestro ensayo seguía todavía en marcha? Yo podía dejarlo en cualquier momento, me dijo, y hacer que me pusieran la vacuna aprobada. Luego le hice una pregunta más difícil: si abandonaba el ensayo, ¿sabría qué me habían inyectado? Guardó silencio. Llamó a su supervisor, que guardó silencio también. Finalmente me respondieron: «Aún no está decidido».[12]

De modo que apunté más arriba. Le planteé estas preguntas a Francis Collins, de los Institutos Nacionales de Salud, que estaba supervisando los estudios con la vacuna. (Ser escritor tiene sus ventajas.) «Ha planteado usted una pregunta que tiene ahora mismo a los miembros del grupo de trabajo de vacunas embarcados en un tremendo debate», respondió. Apenas unos días antes, el departamento de Bioética de los Institutos Nacionales de Salud, con sede en Bethesda, Maryland, había preparado un «informe de consulta» al respecto.[13] Ya antes de leer el informe de cinco páginas, me impresionó y tranquilizó que los Institutos Nacionales de Salud tuviesen algo llamado departamento de Bioética.

El informe era muy razonado. En él se contraponían, para una diversidad de situaciones posibles, el valor científico que podía aportar el hecho de proseguir con un estudio doble ciego y la salud de los participantes en el ensayo. En caso de que la vacuna recibiese la aprobación de la FDA, la recomendación era: «Será obligatorio informar a los participantes para que puedan decidir si desean obtener la vacuna».

Tras asimilar todo esto, decidí no hacer más preguntas y alistarme. Tal vez eso ayudase un poco a la ciencia, y yo aprendería de primera mano, o de primer brazo, más cosas sobre las vacunas ARN. Algunas personas son escépticas respecto a las vacunas y los ensayos clínicos. Yo peco más bien de confiado.

El ARN sale victorioso

En diciembre de 2020, con la COVID-19 resurgiendo una vez más en la mayor parte del mundo, las dos vacunas de ARN fueron las primeras en recibir autorización en Estados Unidos y se convirtieron en el primer frente de la batalla biotecnológica para combatir la pandemia. La pequeña y valiente molécula de ARN, que había alumbrado la vida en nuestro planeta y luego nos había atormentado en forma de coronavirus, vino en nuestro rescate. Jennifer Doudna y sus colegas habían empleado el ARN para crear una herramienta con la que editar nuestros genes, y más tarde como método para detectar los coronavirus. Ahora los científicos habían encontrado una forma de aprovechar la función biológica más básica del ARN para convertir nuestras células en plantas de producción de la proteína espicular que estimularía nuestra inmunidad frente al coronavirus.

Miren ese halo de letras: GCACGUAGUGU... Se trata de un fragmento del ARN que codifica para el componente de la proteína de la espícula que se acopla a las células humanas: esas letras pasaron a formar parte del código empleado en las nuevas vacunas. Era la primera vez que se aprobaba el uso de una vacuna de ARN. Sin embargo, un año después de que se identificase el nuevo coronavirus, tanto Pfizer-BioNTech como Moderna habían diseñado vacunas genéticas y las habían probado en amplios ensayos clínicos, implicando a personas como yo, con los que habían demostrado más de un 90 por ciento de efectividad. Cuando el director ejecutivo de Pfizer, Albert

Bourla, fue informado de los resultados en una teleconferencia, incluso él quedó asombrado: «Repite eso, ¿has dicho el 19 o el 90?».[14]

A lo largo de la historia de la humanidad, nos hemos visto sometidos a una ola tras otra de epidemias virales y bacterianas. La primera que se conoce fue la epidemia de gripe de Babilonia, en torno al siglo XII a. C. La peste de Atenas en el año 429 a. C. mató a cerca de cien mil personas, la peste antonina del siglo II mató a diez millones, la plaga de Justiniano en el siglo VI acabó con cincuenta millones y la peste negra del siglo XIV se cobró casi doscientos millones de vidas, casi la mitad de la población europea.

La pandemia de la COVID-19 que ha matado a más de un millón y medio de personas en 2020 no será la plaga definitiva. Sin embargo, gracias a la nueva tecnología de vacunas de ARN, es probable que nuestras defensas frente a la mayoría de virus futuros sean inmensamente más rápidas y más efectivas.

—Fue un mal día para los virus —afirma el presidente de Moderna, Afeyan, refiriéndose a ese domingo de noviembre en el que recibió las primeras noticias sobre los resultados de los ensayos clínicos.

—El equilibrio evolutivo entre lo que es capaz de hacer la tecnología humana y lo que son capaces de hacer los virus dio un tumbo instantáneo. Es posible que no volvamos a ver una pandemia nunca más.

La invención de vacunas de ARN fácilmente reprogramables ha sido un triunfo supersónico del ingenio humano, pero se basa en décadas de investigaciones impulsadas por la curiosidad en torno a uno de los aspectos más fundamentales de la vida en la Tierra: la manera en que los genes compuestos de ADN se transcriben en forma de fragmentos de ARN que le dicen a la célula qué proteínas fabricar. De un modo similar, la tecnología de edición genética CRISPR surgió de la comprensión del mecanismo con el que las bacterias emplean fragmentos de ARN para guiar a las enzimas hacia virus peligrosos y hacerlos picadillo. Los grandes inventos nacen de la comprensión de la ciencia fundamental. Vista así, la naturaleza es hermosa.

Stanley Qi

Nathan y Cameron Myhrvold

54

Las curas CRISPR

El desarrollo de vacunas —tanto convencionales como de ARN— terminará por ayudar a combatir la pandemia del coronavirus; pero no son la solución perfecta. Dependen de la estimulación del sistema inmunitario de las personas, que siempre es un movimiento algo arriesgado. (La mayoría de muertes por la COVID-19 se debieron a la inflamación de órganos provocada por una respuesta inmunitaria indeseada.)[1] Como han ido descubriendo repetidamente los desarrolladores de vacunas, el sistema inmunitario multicapa de los humanos es muy difícil de controlar. En él los misterios acechan. No cuenta con ningún sencillo interruptor que lo encienda y lo apague, sino que funciona por la interacción de moléculas complejas que no son fáciles de calibrar.[2]

El uso de anticuerpos extraídos del plasma sanguíneo de pacientes que se han recuperado, o fabricados sintéticamente, también ha ayudado a combatir la epidemia de la COVID-19. Sin embargo, estos tratamientos tampoco son una solución perfecta a largo plazo que sirva para cada nueva oleada del virus. Es difícil recoger el plasma de convaleciente de donantes en grandes cantidades, y también es complicado producir anticuerpos monoclonales.

La solución a largo plazo para luchar contra los virus es la misma que encontraron las bacterias: emplear las CRISPR para guiar a una enzima similar a una tijera y que esta corte el material genético del virus, sin tener que movilizar el sistema inmunitario del paciente. Una vez más, los círculos de científicos en torno a Doudna y a Zhang se embarcaron en una competición para adaptar las CRISPR a esta apremiante misión.

CAMERON MYHRVOLD Y CARVER

Cameron Myhrvold tiene un pie en el mundo del código digital y otro en el del código genético, lo cual no debería sorprender dadas su herencia y su educación. Clavado a su padre, Nathan Myhrvold, que fue durante mucho tiempo director jefe de tecnología y genio avispado de Microsoft, ha heredado de él sus ojos alegres, la cara mofletuda y de ardilla, la risa rebosante de vitalidad y la curiosidad sin barreras. La gente de mi generación admiramos el talento de su padre, no solo en el ámbito digital, sino también en campos que van desde la ciencia culinaria y el rastreo de asteroides hasta la velocidad con la que los dinosaurios debían de sacudir la cola. Cameron tiene la facilidad de su padre para el código informático, pero como muchos de su generación se ha centrado más bien en el código genético y en las maravillas de la biología.

Cuando llegó a Princeton, estudió Biología Molecular y Bioinformática, y más tarde se doctoró con el Programa de Biología Cuantitativa, Sintética y de Sistemas de Harvard, que combina las ciencias biológicas e informáticas. Disfrutaba muchísimo del desafío intelectual, pero le preocupaba que su labor con la nanoingeniería de organismos fuese tan puntera que no tuviese aplicaciones prácticas en un futuro próximo.[3] De modo que, tras doctorarse, se tomó un descanso y se fue de travesía por el sendero del Colorado.

—Quería tratar de averiguar qué camino científico tomar —dice.

En un tramo de la travesía, conoció a un tipo que le hizo un montón de preguntas serias sobre ciencia.

—En esa conversación —explica Myhrvold— fue evidente para mí que me gustaba trabajar en problemas que fuesen directamente relevantes para la salud humana.

Eso lo decidió a incorporarse como investigador posdoctoral en el laboratorio de Pardis Sabeti, bióloga de Harvard que emplea algoritmos informáticos para explicar la evolución de la enfermedad. Había nacido en Teherán y de niña huyó con su familia a Estados Unidos para escapar de la revolución islámica. Hoy, miembro del Instituto Broad, colabora estrechamente con Feng Zhang.

—Incorporarme al laboratorio de Pardis y trabajar con Feng Zhang me pareció una manera estupenda de abordar el problema de la lucha contra los virus —dice Myhrvold.

Como resultado, Myhrvold pasó a formar parte de la órbita bostoniana de Zhang, y terminaría siendo uno de los protagonistas en la guerra estelar CRISPR contra la órbita berkeliana de Jennifer Doudna.

Mientras estudiaba el doctorado en Harvard, Myhrvold se hizo amigo de Jonathan Gootenberg y Omar Abudayyeh, otros dos estudiantes de doctorado que trabajaban con Zhang en el estudio de la CRISPR-Cas13. Myhrvold solía intercambiar ideas con ellos cuando visitaba el laboratorio de Zhang para usar la máquina de secuenciación genética.

—Ahí fue cuando me di cuenta de que, caray, esos dos tipos eran un dúo realmente especial —explica Myhrvold—. Se nos ocurrieron maneras de usar la Cas13 para detectar diferentes secuencias de ARN, y me pareció que aquello era una oportunidad increíble.

Cuando Myhrvold le propuso a Sabeti que colaborase con el laboratorio de Zhang, ella se mostró entusiasmada, porque había mucha sinergia entre ambos equipos. Aquello dio lugar a un pelotón estadounidense con una diversidad de película: Gootenberg, Abudayyeh, Zhang, Myhrvold y Sabeti.

Trabajaron todos juntos en el artículo de Zhang de 2017 en el que se describía el sistema SHERLOCK para detectar virus ARN.[4] Al año siguiente, colaboraron en otro artículo que mostraba cómo simplificar aún más el proceso SHERLOCK.[5] Este último apareció en el mismo número de *Science* que el artículo del laboratorio de Doudna en el que se presentaba la herramienta de detección de virus desarrollada por Chen y Harrington.

Además del uso de la CRISPR-Cas13 para detectar virus, a Myhrvold empezó a interesarle la posibilidad de convertirla en una herramienta terapéutica, una que sirviese para deshacerse de los virus.

—Hay cientos de virus capaces de infectar a la gente, pero solo hay fármacos disponibles para unos cuantos —dice—. Eso se debe en parte a que los virus son muy distintos entre ellos. Pero ¿y si diésemos con un sistema que pudiésemos programar para tratar diferentes virus?[6]

La mayoría de los virus que pueden causar problemas en los humanos, incluidos los coronavirus, tienen su material genético en forma de ARN.

—Son precisamente la clase de virus para los que vendría bien una enzima CRISPR que localice ARN, como lo es la Cas13 —afirma.

De modo que encontró la manera de que la CRISPR-Cas13 hiciese por los humanos lo que hace para las bacterias: detectar un virus peligroso y cortarlo. Siguiendo con la tradición de aplicar la ingeniería inversa para dar con acrónimos ocurrentes para los inventos basados en CRISPR, bautizó a ese sistema como CARVER, por las siglas en inglés de «restricción mediada por CRISPR-Cas13 de la expresión y la transcripción viral».

En diciembre de 2016, poco después de incorporarse como investigador posdoctoral en el laboratorio de Sabeti, Myhrvold le mandó un correo electrónico para informarle de algunos experimentos iniciales en los que había utilizado el CARVER para localizar un virus que causa síntomas de meningitis o encefalitis. Sus datos mostraban que reducía de forma significativa los niveles del virus.[7]

Sabeti consiguió una subvención de la DARPA para estudiar el sistema CARVER como mecanismo de destrucción de virus en los humanos.[8] Myhrvold y otros miembros del laboratorio llevaron a cabo un análisis informático de más de trescientos cincuenta genomas de virus ARN que infectaban a los humanos e identificaron lo que se conoce como «secuencias conservadas», que son aquellas que se repiten en muchos virus. Estas secuencias se han mantenido inmutables a lo largo de la evolución, y no se prevé, por tanto, que muten más o menos pronto. Su equipo diseñó un arsenal de ARN guía programados para localizar estas secuencias. A continuación, puso a prueba la capacidad de la Cas13 para bloquear tres virus, incluido el que provoca la gripe grave. En los cultivos celulares de un laboratorio, el sistema CARVER también fue capaz de reducir de manera significativa el nivel de virus.[9]

El artículo del equipo se publicó online en octubre de 2019. «Nuestros resultados demuestran que es posible hacer uso de la Cas13 para localizar un amplio abanico de virus ARN monocatenarios —decían—. Una tecnología antiviral programable permitiría el rápido desarrollo de antivirales capaces de localizar patógenos existentes o recientemente identificados.»[10]

Pocas semanas después de que apareciese el artículo sobre el CARVER, se detectaron los primeros casos de COVID-19 en China.

—Fue uno de esos momentos en que descubres que las cosas en las que llevas tanto tiempo trabajando podrían ser mucho más relevantes de lo que creías —dice Myhrvold.

Creó una carpeta nueva en su ordenador con el título nCov, por «nuevo coronavirus», dado que aún no se le había dado nombre oficial.

A finales de enero, sus colegas y él habían analizado ya la secuencia del genoma del coronavirus y se habían puesto a trabajar en test basados en CRISPR para detectarlo. El resultado, en la primavera de 2020, fue un aluvión de artículos enfocados a la mejora de las tecnologías de detección de virus basadas en CRISPR. Entre ellas había un sistema conocido como CARMEN, diseñado para detectar ciento sesenta y nueve virus a la vez,[11] así como un proceso que combinaba la capacidad de detección del SHERLOCK con un método de extracción de ARN llamado HUDSON para alumbrar una técnica de detección en un solo paso que Myhrvold bautizó como SHINE.[12] En el Broad, aparte de ser unos magos de las CRISPR, eran también unos maestros ideando acrónimos.

Myhrvold decidió entonces que tal vez su tiempo estaría mejor empleado en el desarrollo de herramientas capaces de detectar virus, en lugar de continuar trabajando en tratamientos como el CARVER, diseñados para destruirlos. Iba a trasladar su laboratorio a Princeton, donde había aceptado un puesto al que se incorporaría en 2021.

—Creo que a largo plazo necesitamos tratamientos —dice—, pero decidí que el diagnóstico era algo a lo que le podíamos dar respuesta muy rápido.

En la órbita de Jennifer Doudna en la costa oeste, sin embargo, había un equipo que estaba haciendo avances con un tratamiento contra el coronavirus. Similar al sistema CARVER que había inventado Myhrvold, empleaba también las CRISPR para buscar y destruir los virus.

STANLEY QI Y EL PAC-MAN

Stanley Qi creció en lo que define como una pequeña ciudad china, Weifang, situada en la costa a unos de quinientos kilómetros al sur de Pekín. Su núcleo urbano alberga, en realidad, a más de dos millones y medio de personas, más o menos como Chicago.

—Pero eso se considera pequeño en China —explica.

Tiene mucha actividad industrial, pero ninguna universidad de talla mundial, de manera que Qi (que se pronuncia «chi») fue a la Universidad Tsinghua de Pekín, donde se licenció en Física y Matemáticas. Presentó su solicitud en Berkeley para doctorarse en Física, pero entonces se dio cuenta de que la biología lo atraía cada vez más.

—Daba la impresión de tener más aplicaciones para ayudar al mundo —dice—, así que decidí saltar de la física a la bioingeniería después de mi segundo año en Berkeley.[13]

Allí, fue gravitando hacia laboratorio de Doudna, que se convirtió en una de sus dos tutoras. En lugar de centrarse en la edición genética, Qi desarrolló nuevas vías para interferir en la expresión de los genes por medio de las CRISPR.

—Me sorprendió que dedicase su tiempo a hablar de ciencia conmigo, no a un nivel superficial, sino yendo al fondo, incluyendo detalles técnicos clave —explica.

Su interés por los virus aumentó en 2019 cuando recibió (al igual que Myhrvold y Doudna) una subvención de la DARPA dentro del programa de prevención de pandemias.

—Empezamos centrando el foco en encontrar un método CRISPR con el que combatir la gripe —cuenta.

Entonces azotó el coronavirus. A finales de enero de 2020, tras leer un reportaje sobre la situación en China, Qi reunió a su equipo y trasladó el foco de la gripe a la COVID-19.

El enfoque de Qi fue parecido al que había adoptado Myhrvold. Pretendía usar una enzima guiada para localizar y a continuación seccionar el ARN del virus invasor. Al igual que Zhang y Myhrvold, decidió emplear una versión de la Cas13. El descubrimiento de la Cas13a y la Cas13b se había producido en el Broad de la mano de Zhang. Sin embargo, un brillante bioingeniero de la órbita de Doudna, Patrick Hsu, que tenía experiencia tanto en el Broad como en Berkeley, había dado con otra variante.[14]

Nacido en Taiwán, Hsu se había licenciado en Berkeley y se había doctorado en Harvard, donde pasó un tiempo trabajando en el Zhang Lab, en la época en que Zhang competía con Doudna por conseguir que las CRISPR funcionasen en las células humanas. Hsu estuvo luego trabajando dos años como científico en Editas, la empresa CRISPR que había cofundado Zhang y de la que Doudna se había marchado. De ahí pasó al Instituto Salk, en California del Sur, donde descubrió la enzima que se conocería como Cas13d. En 2019, se convirtió en profesor asociado en Berkeley y en uno de los líderes de equipo de la campaña de Doudna contra la COVID-19.

Por su pequeño tamaño y su capacidad de identificación altamente específica, la Cas13d descubierta por Hsu fue la escogida de Qi como la mejor enzima para atacar el coronavirus en las células pulmonares humanas. En la competición por dar con los mejores acrónimos, Qi puntuó alto: bautizó a su sistema como PAC-MAN, por las siglas en inglés de «CRISPR profiláctico antiviral en células humanas». El nombre era el de aquel personaje comilón del famoso videojuego. «Me gustan los videojuegos —le contó Qi a Steven Levy, de *Wired*—. Pac-Man intenta comerse las galletas mientras lo persigue un fantasma. Sin embargo, cuando se encuentra con una galleta especial, la galleta de energía (en nuestro caso un sistema CRISPR-Cas13), se vuelve de pronto superpoderoso. Puede empezar a comerse a los fantasmas y arrasar con todo el campo de batalla.[15]

Qi y su equipo probaron el PAC-MAN en fragmentos sintetizados de coronavirus. A mediados de febrero, su alumno de doctorado Tim Abbott llevó a cabo experimentos de laboratorio que mostraban que el PAC-MAN reducía el número de coronavirus en un 90 por ciento. «Demostramos que la identificación genética basada en la Cas13d puede, en efecto, localizar y seccionar las secuencias de ARN de los fragmentos de SARS-CoV-2 —afirmaban Qi y sus colaboradores—. El PAC-MAN es una estrategia prometedora no solo para combatir los coronavirus, incluido el causante de la COVID-19, sino un amplio abanico de virus.»[16]

El artículo se publicó online el 14 de marzo de 2020, al día siguiente de la primera reunión convocada por Doudna con los investigadores de la zona que se habían sumado a la lucha contra el coronavirus. Qi le mandó un enlace y ella le respondió antes de una hora para invitarlo a sumarse al grupo y exponer el artículo en su segunda reunión semanal online.

—Le dije que necesitábamos algunos recursos para desarrollar la idea del PAC-MAN, acceder a muestras vivas de coronavirus y encontrar sistemas de administración que pudiesen introducirlo en las células pulmonares de los pacientes —dice—. Me mostró todo su apoyo.[17]

LA ADMINISTRACIÓN

La idea en la que se asentaban los sistemas CARVER y PAC-MAN era brillante, aunque, para ser justos, deberíamos señalar que a las bacterias ya se les había ocurrido hace más de mil millones de años. Si se conseguía poner en práctica, ambos sistemas actuarían de un modo más eficiente que una vacuna y su consiguiente respuesta inmunitaria. Dado que atacan de forma directa a los virus invasores, estas tecnologías basadas en CRISPR no dependen de la errática respuesta inmunitaria del cuerpo.

El reto era la administración: ¿cómo se podía llegar hasta las células indicadas del paciente y atravesar después las membranas de esas células? Se trata de un desafío muy complicado, en particular cuando implica acceder a las células pulmonares, y es el motivo por el que ni el CARVER ni el PAC-MAN están listos aún, en 2021, para su implementación en humanos.

En su encuentro semanal del 22 de marzo, Doudna presentó a Qi y mostró una diapositiva en la que se describía el grupo que este pasaría a dirigir en su lucha contra el coronavirus.[18] Lo unió a los investigadores de su laboratorio que estaban trabajando en nuevos métodos de administración, y colaboró con él en la redacción de un libro blanco con el que presentar el proyecto a potenciales inversores. «Empleamos una variante CRISPR, la Cas13d, para localizar las secuencias de ARN viral y para su posterior escisión y destrucción —decían—. Nuestro trabajo ofrece una nueva estrategia con un uso potencial como vacuna y tratamiento genético de la COVID-19.»[19]

La forma de administración tradicional de las CRISPR y de otras terapias génicas consiste en utilizar virus inofensivos —como virus adenoasociados, que no causan ninguna enfermedad ni provocan respuestas inmunitarias graves— como «vectores virales» que llevan el material genético al interior de las células. También se pueden crear partículas víricas sintéticas para llevarlo a cabo (la especialidad de Jennifer Hamilton y de otros investigadores en el laboratorio de Doudna). Otro método, la electroporación, actúa aplicando un campo eléctrico en la membrana de la célula para hacerla más permeable. Sin embargo, todas esas técnicas tienen sus inconvenientes. El reducido tamaño de los vectores virales limita a menudo el tipo de proteínas CRISPR y el número de ARN guía que se pueden administrar. En su búsqueda de un mecanismo seguro y efectivo, el IGI tendría que hacer honor a su nombre e innovar.

Para ayudar a Qi con los sistemas de administración, Doudna lo puso en contacto con Ross Wilson, antiguo estudiante de posdoctorado. Wilson, que ahora tiene su propio laboratorio cerca del de Doudna en Berkeley, es experto en nuevas formas de administración de material en las células de los pacientes. Como he mencionado antes, en estos momentos colabora con Alex Marson en el diseño de un sistema de administración para la vacuna de ADN.[20]

Wilson teme que introducir el PAC-MAN o el CARVER en las células será tarea complicada. Qi, no obstante, tiene esperanzas de que estas terapias basadas en CRISPR puedan implementarse en cuestión de unos años. Un método que ha mostrado ser prometedor es el de recubrir el complejo de CRISPR-Cas13 con una envoltura de moléculas sintéticas llamadas «lipitoides», que tiene más o menos el tamaño de un virus. Wilson lleva un tiempo trabajando en el diseño de lipitoides capaces de introducir el PAC-MAN en las células pulmonares en el Centro de Nanoestructuras Biológicas del Laboratorio Nacional Lawrence-Berkeley, un extenso complejo gubernamental ubicado en lo alto de una colina con vistas al campus.[21]

Esto tal vez podría funcionar, explica Qi, administrando los tratamientos PAC-MAN por medio de un espray nasal o alguna otra forma de nebulizador.

—Mi hijo tiene asma —dice—, así que, cuando jugaba al fútbol americano de pequeño, usaba un nebulizador como medida preventiva. La gente los utiliza de manera regular para preparar los pulmones y reducir las reacciones alérgicas si se exponen a algo.

Se podría hacer lo mismo en el transcurso de una pandemia; la gente podría recurrir a un espray nasal para protegerse mediante el PAC-MAN o algún otro tratamiento profiláctico basado la CRISPR-Cas13.

Una vez que se encuentre el mecanismo de administración apropiado, sistemas CRISPR como el PAC-MAN o el CARVER podrán tratar y proteger a la gente sin necesidad de activar el sistema inmunitario, que puede ser algo peliagudo y delicado de hacer. Estos sistemas, además, se pueden programar para detectar secuencias esenciales del código genético de los virus e impedir que estos los despisten fácilmente por medio de mutaciones. Y son fáciles de reprogramar cuando surge un nuevo virus.

Esta idea de reprogramación se aplica también en un sentido más amplio. Los tratamientos CRISPR son el resultado de reprogramar un sistema que nosotros, los seres humanos, hemos encontrado en la naturaleza:

—Esto me hace tener la esperanza —dice Myhrvold— de que la próxima vez que nos enfrentemos a grandes desafíos médicos, seremos capaces de encontrar en la naturaleza otras tecnologías similares y ponerlas en práctica.

Es un recordatorio del valor de la investigación fundamental, nacida de la curiosidad por adentrarse en lo que a Leonardo da Vinci le gustaba denominar las infinitas obras de la naturaleza.

—Nunca sabes cuándo alguna cosa recóndita que andas estudiando va a tener implicaciones importantes para la salud humana —afirma Myhrvold.

Como le gusta decir a Doudna: «Vista así, la naturaleza es hermosa».

55

Un Cold Spring Harbor virtual

LAS CRISPR Y LA COVID-19

El relato de las CRISPR y el de la COVID-19 confluyeron en el congreso anual CRISPR que se celebró en agosto de 2020 en el Cold Spring Harbor Laboratory. Uno de los principales temas fue el uso que se estaba dando a las CRISPR en la lucha contra el coronavirus, con ponencias de Jennifer Doudna y Feng Zhang, así como de algunos de los guerreros COVID-19 de sus órbitas rivales. En lugar de congregarse en el campus de laderas sinuosas con vistas a una cala de Long Island Sound, los participantes se reunieron vía Zoom y Slack, con una pinta algo amodorrada después de meses interaccionando con caras encajonadas en las pantallas de sus ordenadores.

El congreso recogió también otro hilo de este libro. Se celebraba el centenario del nacimiento de Rosalind Franklin, cuya labor pionera en torno a la estructura del ADN llevó a Doudna a tomar conciencia, cuando leyó de niña *La doble hélice*, de que las mujeres podían dedicarse a la ciencia. La cubierta del programa del congreso mostraba una fotografía coloreada de Franklin mirando por un microscopio.

Fiódor Urnov, que dirigía el laboratorio de diagnósticos de la COVID-19 que había creado Doudna en Berkeley, dio el discurso inaugural de homenaje a Franklin. Yo esperaba su habitual estilo teatral, pero en lugar de ello ofreció, como era de recibo, una perspectiva seria de su trabajo científico, incluidas sus investigaciones sobre la ubicación del ARN en el virus del mosaico del tabaco. La única floritura llegó al final, cuando mostró una foto de su banco de laboratorio, vacío tras su muerte. «La mejor forma de honrarla es recordar que el sexismo estructural al que tuvo que enfrentarse sigue hoy entre

513

Cold Spring Harbor Laboratory

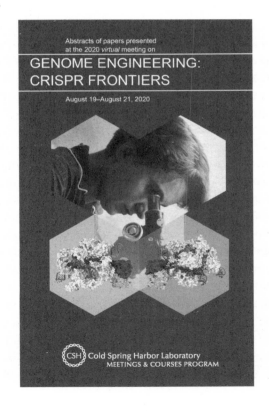

nosotros —dijo, con la voz algo entrecortada—. Rosalind es la madrina de la edición genética.»

La ponencia de Doudna comenzó con un recordatorio de la conexión natural entre las CRISPR y la COVID-19: «Las CRISPR son una manera fabulosa que ha encontrado la evolución para lidiar con el problema de las infecciones víricas —dijo—. Podemos aprender de ellas en esta pandemia». Zhang fue el siguiente, con una puesta al día de su tecnología STOP para máquinas de diagnóstico portátiles y fáciles de usar. Cuando terminó le mandé un mensaje para preguntarle cuándo estaría disponible en aeropuertos y escuelas, y él me respondió en cuestión de segundos con fotos de los últimos prototipos, que se habían entregado esa semana. «Estamos trabajando al máximo para que esté disponible este otoño», decía. Cameron Myhrvold, hablando animadamente y moviendo ambas manos, igual que su padre, explicó cómo podría programarse su sistema CARMEN para detectar múltiples virus a la vez. Después fue el turno de Janice Chen, antigua alumna de Doudna, con una presentación sobre la plataforma DETECTR que Lucas Harrington y ella habían creado en Mammoth. Patrick Hsu dio cuenta del trabajo que se estaba llevando a cabo con el equipo de Doudna en la búsqueda de métodos más eficaces de amplificación del material genético para su posterior detección. Y Stanley Qi explicó cómo su sistema PAC-MAN podría usarse no solo para detectar coronavirus, sino también para destruirlos.

A mí me invitaron a moderar una tertulia sobre la COVID-19, y comencé por preguntarles a Zhang y a Doudna por la posibilidad de que la pandemia pudiera expandir el interés por la biología entre el público. Cuando los kits de diagnóstico doméstico sean económicos y fáciles de usar, respondió Zhang, servirán para democratizar y descentralizar la medicina. Los pasos más importantes que tenemos por delante son las innovaciones en «microfluidos», lo que implica introducir cantidades diminutas de líquido en un dispositivo, y luego conectar la información con nuestros teléfonos móviles. Eso nos permitirá a todos, en la intimidad de nuestro hogar, analizar cientos de indicadores médicos en nuestra saliva y nuestra sangre, controlar nuestro estado de salud por medio del móvil y compartir los datos con médicos e investigadores. Doudna añadió que la pandemia había acelerado la convergencia de la ciencia con otros campos: «La implicación de personas no científicas en nuestra tarea nos conducirá a una revolución biotecnológica increíblemente interesante», predijo. Había llegado el gran momento de la biología molecular.

Hacia el final de la tertulia, un miembro del público llamado Kevin Bishop pidió por vía electrónica la palabra.[1] Trabajaba en los Institutos Nacionales de Salud y quería preguntar por qué había tan pocos afroamericanos como él apuntados en los ensayos clínicos de las vacunas contra la COVID-19. Eso llevó a un debate sobre la desconfianza de los afroamericanos hacia los ensayos médicos por culpa de atrocidades históricas como los experimentos de Tuskegee, en los que se administró placebo a un número de aparceros que habían contraído la sífilis y se les hizo creer que estaban recibiendo tratamiento médico. Algunos de los asistentes cuestionaron la importancia de contar con diversidad racial en los ensayos de las vacunas anti-COVID-19. (El consenso: sí, por motivos médicos y morales.) Bishop propuso que se buscara la colaboración de iglesias y universidades afroamericanas en un esfuerzo por reclutar voluntarios.

El problema de la diversidad, comprendí entonces, va mucho más allá de los ensayos clínicos. A juzgar por la lista de asistentes al congreso, las mujeres tienen cada vez más representación en el campo de la investigación biológica. Sin embargo, había muy pocas personas negras, tanto en el congreso como en los bancos de trabajo de los distintos laboratorios que había visitado. A ese respecto, esta nueva revolución de las ciencias de la vida se parece, por desgracia, a la revolución digital. Si no se destinan esfuerzos a reforzar la divulgación y la tutoría, la biotecnología se convertirá en la enésima revolución que deja a las personas negras por el camino.

LAS CRISPR SIGUEN ADELANTE

Las ponencias en torno a las aplicaciones CRISPR contra la COVID-19 fueron impresionantes, pero no lo fueron menos los informes de los nuevos descubrimientos que seguían impulsando el campo de la edición genética CRISPR. Los más importantes eran obra de uno de los coorganizadores del congreso, la discreta superestrella de Harvard David Liu. Este trabaja a caballo entre Cambridge y Berkeley. Tras licenciarse en Harvard con las mejores notas de su promoción, se doctoró en Berkeley y regresó más tarde como profesor a Harvard, donde pasó a ser colega de Zhang en el Instituto Broad y cofundador, junto con este, de Beam Therapeutics. Con su arrolladora amabilidad y su cordial inteligencia, ha mantenido una estrecha relación tanto con Doudna como con Zhang.

A partir de 2016, Liu empezó a desarrollar una técnica conocida como «edición de bases», que permite hacer cambios precisos en una sola base del ADN sin introducir un corte en las cadenas, como un lápiz de punta muy afilada con el que introducir correcciones. En el congreso de Cold Spring Harbor de 2019, Liu anunció un nuevo avance llamado «edición de calidad» en el que un ARN guía transporta una secuencia larga para introducirla en un segmento diana del ADN. No es necesario romper la doble cadena, sino solo una diminuta muesca en el ADN, y es posible editar hasta ochenta bases.[2] «Si las CRISPR-Cas9 son como tijeras y los editores de base son como lápices, entonces podríamos considerar que los editores de calidad son como procesadores de texto», explicó Liu.[3]

En el congreso de 2020, decenas de ponencias corrieron a cargo de jóvenes investigadores que habían encontrado formas nuevas e ingeniosas de aplicar la edición de bases y la edición de calidad. El propio Liu presentó su descubrimiento más reciente, en torno a la implementación de herramientas de edición de bases en la región productora de energía de las células,[4] y era también coautor de un artículo en el que se describía una aplicación de internet de fácil manejo con la que diseñar experimentos de edición de calidad.[5] La COVID-19 no ha puesto freno a la revolución CRISPR.

La importancia de la edición de bases quedaba patente en la cubierta del programa del congreso. Justo debajo de la fotografía coloreada de Rosalind Franklin, aparecía una bonita imagen en 3D de un editor de bases acoplado a un ARN guía de color morado y un ADN diana azul. La imagen, fruto de algunas de las técnicas de biología estructural y de visualización introducidas por Franklin, la habían publicado un mes antes los laboratorios de Doudna y Liu, y gran parte del trabajo había corrido a cargo de Gavin Knott, el investigador posdoctoral que me había enseñado a editar ADN por medio de CRISPR.[6]

EL BLACKFORD BAR

En el comedor del campus de Cold Spring Harbor hay un local con revestimientos de madera, conocido como el Blackford Bar, que se las apaña para ser al mismo tiempo espacioso y acogedor. Las paredes están plagadas de antiguas fotografías, sirven una infinita variedad de cervezas de barril, en el televisor pasan tanto conferencias científicas como los partidos de béisbol de los Yankees y cuenta también con una terraza exterior con vistas al plácido puerto. Allí, las noches de verano, a menudo puedes encontrar asistentes a congresos, investigadores de los edificios de laboratorios cercanos y algún que otro jardinero o trabajador del campus. Otros años, cuando se celebraba el congreso CRISPR, el local bullía de conversaciones sobre descubrimientos inminentes, ideas sorprendentes, posibles vacantes y chismorreo de alto y bajo nivel.

En 2020, los organizadores del congreso intentaron recrear la escena con un canal de Slack y una sala de Zoom llamada #virtualbar. La intención, decían, era «simular los encuentros fortuitos que uno habría experimentado en el Blackford Bar». Así que decidí probar. La primera noche, aparecieron otras cuarenta personas. La gente se presentaba de una manera algo forzada, como en un cóctel real. Luego un moderador nos separó en grupos de seis y nos mandó a salas de Zoom distintas. Al cabo de veinte minutos, estas sesiones reducidas terminaban y nos asignaban un nuevo grupo de forma aleatoria. Curiosamente, el formato funcionaba bastante bien cuando las conversaciones entraban al detalle de cuestiones científicas específicas. Hubo conversaciones interesantes sobre temas como técnicas de síntesis de proteínas y el hardware que estaban fabricando en Synthego para automatizar la edición celular. Sin embargo, no hubo ni rastro de esa charla social y prosaica que engrasa la vida real y nutre las conexiones emocionales. No hubo ningún partido de los Yankees de fondo ni ningún atardecer que compartir sentados en la terraza. Me desconecté después de dos rondas.

Cold Spring Harbor Laboratory se fundó en 1890 guiado por la fe en la magia de los encuentros en persona. La fórmula consiste en atraer a personas interesantes a un paraje idílico y proporcionarles oportunidades de interacción, también en un bar agradable. La belleza de la naturaleza y la alegría que desprende la interacción humana espontánea son una poderosa combinación. Y hasta cuando no interacciona —como el día en que aquella joven Jennifer Doudna se cruzó, intimidada, con un icono como la ya anciana Barbara McClintock por el camino del campus de Cold Spring Harbor— la gente se beneficia de un ambiente cargado de tal modo que estimula la creatividad.

Una de las transformaciones que ha obrado la pandemia de coronavirus es que, en el futuro, muchos más encuentros serán virtuales. Es una lástima. Si la COVID-19 no nos mata, Zoom lo hará. Como subrayó Steve Jobs cuando construyó una sede central de Pixar y planificó un renovado campus para Apple, las nuevas ideas nacen de encuentros fortuitos. Las interacciones en persona son especialmente importantes en la primera puesta en común y a la hora de forjar vínculos personales. Somos animales sociales, decía Aristóteles, y ese es un instinto que no se puede satisfacer de forma plena online.

Habrá, no obstante, un lado positivo en la manera en que el coronavirus ha expandido el modo en que trabajamos juntos y compartimos ideas. Precipitando la era de Zoom, la pandemia ampliará los horizontes de la cooperación científica y ayudará a hacerla aún más global y colaborativa. Un paseo por las calles adoquinadas de San Juan fue el catalizador de la colaboración entre Doudna y Charpentier, pero la tecnología de Skype y Dropbox les permitió, a ellas y a sus dos colaboradores posdoctorales, trabajar codo a codo durante seis meses desde tres países distintos para descifrar la CRISPR-Cas9. Ahora que la gente ya se ha acostumbrado a reunirse encajonada en una pantalla de ordenador, el trabajo en equipo será más eficiente. Se hallará, espero, un equilibrio: la recompensa por nuestras productivas reuniones virtuales será la oportunidad de pasar un rato en persona en lugares como el campus de Cold Spring Harbor.

Charpentier, a distancia

Al final de la ponencia de Doudna en la conferencia, un joven investigador le hizo una pregunta personal: «¿Qué la llevó a interesarse por trabajar con la CRISPR-Cas9?». Doudna lo pensó un momento, dado que no era el tipo de pregunta que suelen hacerle los investigadores científicos después de una ponencia técnica. «Comenzó como una maravillosa colaboración con Emmanuelle Charpentier —respondió—. Le estaré siempre en deuda por el trabajo que hicimos juntas.»

Fue una respuesta interesante, pues, pocos días antes, Doudna me había contado lo mucho que lamentaba que Charpentier y ella se hubiesen distanciado, tanto en lo personal como en lo científico. Le apenaba seguir notando cierta frialdad, y me preguntó si yo, en mis conversaciones con Charpentier, había reunido más pistas con respecto a la razón. «Una de las cosas que me ponen más triste de la historia de las CRISPR es que a mí me cae realmente bien Emmanuelle, pero nuestra relación se rompió», me dijo. Doudna había estudiado francés en el instituto y en la universidad, y en un momento dado se planteó incluso no estudiar la carrera de química sino la de filología francesa. «Yo estaba siempre imaginando que era una chica francesa, y Emmanuelle, de algún modo, me recordaba esa fantasía. La adoro, literalmente, en cierto sentido. Desearía que hubiésemos seguido teniendo una estrecha relación profesional y personal, que hubiésemos disfrutado como amigas de la ciencia y de todo lo que vino después.»

Cuando me contó esto, le propuse que invitara a Charpentier a participar en el congreso virtual de Cold Spring Harbor. Doudna se aferró de inmediato a la idea, y le pidió a través de la coorganizadora del congreso, Maria Jasin, que se encargase del homenaje a Rosalind Franklin o que hablase de cualquier otro tema. Yo le escribí también por mi parte para animarla a aceptar.

En un primer momento, dudó, pero al fin respondió que debía asistir virtualmente a otro congreso en esos mismos días. Jasin y Doudna le ofrecieron flexibilidad de fecha y de hora, pero Charpentier declinó. Viendo sus reticencias, probé otra estrategia: la invité a unírsenos por Zoom a Doudna y a mí el día después del congreso para una charla privada. Le dije que quería incluir sus recuerdos en el cierre del libro. Me sorprendió, pues aceptó encantada la idea; incluso le mandó un correo electrónico a Doudna en el que le decía que le hacía mucha ilusión.

Así pues, nos encontramos online el domingo después del congreso. Yo tenía preparada una lista de preguntas. Sin embargo, tan pronto Doudna y Charpentier se conectaron, empezaron a hablar entre ellas y a ponerse al día, al principio con esa actitud un poco forzada de la gente que hace tiempo que no se ve, y luego, al cabo de diez minutos, más animadamente. Doudna empezó a dirigirse a Charpentier por su apodo, Manue, y pronto ambas estaban riendo. Yo apagué la cámara y les dejé la pantalla para ellas solas mientras escuchaba.

Doudna le contó lo alto que estaba su hijo adolescente, Andy, y compartió una foto que había enviado Martin Jinek con su nuevo hijo; bromearon recordando una entrega de premios de la Sociedad Americana del Cáncer en la que ambas habían participado en 2018, y en la que Joe Biden les había dicho que no tenía pensado presentarse a presidente. Doudna felicitó a Charpentier por el éxito de su empresa, CRISPR Therapeutics, en el ensayo en Nashville de su tratamiento contra la anemia falciforme. «Publicamos nuestro artículo en 2012, y aquí estamos, en 2020, y ya hay alguien que se ha curado de una enfermedad», dijo Doudna. Charpentier asintió, riendo: «Podemos estar muy contentas de lo rápido que han ido las cosas», dijo.

La charla se fue tornando más personal. Charpentier rememoró el comienzo de su colaboración, aquel día en que almorzaron en el congreso de Puerto Rico, pasearon juntas por las calles adoquinadas y terminaron tomando una copa en un bar. «Muchas veces, cuando conoces a otro científico —dijo Charpentier—, sabes que nunca en la vida podrías trabajar con él.» Sin embargo, su encuentro fue todo lo contrario: «Sabía que seríamos buenas colaboradoras». Luego se pusieron a intercambiar recuerdos sobre la época en que trabajaban a todas horas, a través de Skype y de Dropbox, en su carrera de seis meses por descifrar la CRISPR-Cas9. Charpentier confesó que lo pasaba mal cada vez que le mandaba a Doudna algún texto para el artículo que redactaron juntas. «Creía que tendrías que corregirme el inglés», dijo. A lo que Doudna respondió: «Tu inglés es perfecto, y recuerdo que tuviste que corregirme tú a mí algunos errores. Fue muy divertido escribir ese artículo juntas, porque tenemos formas distintas de plantearnos las cosas».

Finalmente, cuando la conversación comenzó a decaer, encendí mi cámara para hacerles una pregunta. «A lo largo de los últimos años, os habéis distanciado, tanto desde el punto de vista científico como personal —les dije—. «¿Echáis de menos la amistad que compartíais?»

Charpentier corrió a responder, ansiosa por explicar lo que había sucedido. «Pasábamos mucho tiempo de aquí para allá yendo a ceremonias de premios y otras cosas —dijo—. La gente empezó a sobrecargarnos de compromisos, y no teníamos ni un momento para disfrutar entre uno y otro. Así que parte del problema fue el simple hecho de que pasamos estar las dos tremendamente ocupadas.» Recordó con nostalgia la semana que habían pasado juntas en Berkeley, en junio de 2012, cuando estaban terminando el artículo. «Hay una foto nuestra, en la que salgo con un corte de pelo muy raro, delante de tu instituto», dijo, refiriéndose a la foto que aparece al comienzo del capítulo 17 de este libro. Esa era la última vez que se habían relajado juntas, señaló Charpentier. «Después de eso, fue una locura, por la repercusión que tuvo nuestro artículo. Apenas teníamos tiempo para nosotras.»

Las palabras de Charpentier hicieron sonreír a Doudna, que se abrió todavía más: «Yo disfrutaba con nuestra amistad tanto como del hecho de investigar juntas —le dijo—. Tu forma de ser me parece encantadora. Y siempre he tenido la fantasía, desde que estudiaba francés en el colegio, de vivir en París. Y, Manue, tú encarnabas eso para mí».

Al final de su conversación terminaron hablando de volver a trabajar juntas algún día. Charpentier le dijo que había recibido una beca para investigar en Estados Unidos. Doudna, por su parte, había hecho planes, que la COVID-19 había echado por tierra, para tomarse en la primavera de 2021 un semestre sabático en Columbia. Decidieron que debían hacer coincidir sus periodos sabáticos. «Tal vez en la primavera de 2022, en Nueva York», propuso Doudna. «Me encantaría eso, estar ahí contigo —respondió Charpentier—. Podríamos volver a colaborar.»

56

El Premio Nobel

«Reescribir el código de la vida»

Doudna estaba profundamente dormida cuando a las 2:53 del 9 de octubre de 2020 la despertó el persistente zumbido del móvil, que había dejado en modo vibración. Estaba sola en una habitación de hotel de Palo Alto, adonde había ido para participar en un pequeño congreso sobre la biología del envejecimiento, el primer acto en persona de esas características al que había asistido en siete meses, desde el comienzo de la crisis del coronavirus. La llamada era de una periodista de *Nature*. «Odio molestarla a estas horas —le dijo—, pero quería recoger sus declaraciones a propósito del Premio Nobel.»

«¿Quién ha ganado?», preguntó Doudna, con tono un poco irritado.

«¿¡Me está diciendo que no lo sabe!? —dijo la periodista—. ¡Usted y Emmanuelle Charpentier!»

Doudna miró su teléfono y vio un puñado de llamadas perdidas que parecían, en efecto, procedentes de Estocolmo. Tras un breve silencio para asimilar la noticia, dijo: «La llamo enseguida».[1]

La concesión del Premio Nobel de Química de 2020 a Doudna y Charpentier no fue una completa sorpresa, pero el reconocimiento llegó con una prontitud histórica. El descubrimiento de las CRISPR se había producido apenas ocho años antes. El día anterior, sir Roger Penrose había recibido el Premio Nobel de Física compartido por un descubrimiento en torno a los agujeros negros que había hecho más de cincuenta años antes. Y flotaba también la sensación de que ese premio de química era histórico. Más que limitarse a reconocer un

Celebrándolo con Andy y Jamie en la cocina de su casa justo después del anuncio de la concesión del Premio Nobel

logro, daba la impresión de que anunciaba el advenimiento de una nueva era. «El premio de este año abre la posibilidad de reescribir el código de la vida —proclamó el secretario general de la Academia Sueca al hacer el anuncio—. Estas tijeras genéticas han llevado a las ciencias de la vida a entrar en una nueva época.»

Era también reseñable que el premio fuese a parar únicamente a dos personas, en lugar de las tres habituales. Teniendo en cuenta que seguía abierta la disputa sobre quién había descubierto las CRISPR como herramienta de edición genética, el tercer puesto podría haber sido para Feng Zhang, aunque eso habría dejado fuera a George Church, que publicó hallazgos similares por la misma época. Además, había otros muchos candidatos que habían hecho méritos, entre ellos Francisco Mojica, Rodolphe Barrangou, Phillipe Horvath, Erik Sontheimer, Luciano Marraffini y Virginijus Šikšnys.

Que el premio hubiese ido a parar a dos mujeres le añadía una relevancia histórica. Uno podía imaginar una sonrisa irónica en el rostro del espectro de Rosalind Franklin. Porque, a pesar de que las imágenes que ayudaron a James Watson y a Francis Crick a descubrir la estructura del ADN eran obra suya, Franklin quedó convertida en un mero personaje secundario en los primeros relatos, y murió antes de que ellos recibiesen el Premio Nobel en 1962. Y de haber seguido viva, incluso es poco probable que hubiese reemplazado a Maurice Wilkins como tercera galardonada ese año. Hasta 2020, solo cinco mujeres —la primera de ellas Marie Curie, en 1911— habían ganado el Nobel de Química de un total de ciento ochenta y cuatro galardonados.

Cuando Doudna llamó al número de Estocolmo que había quedado grabado en su buzón de voz, le respondió un contestador. Al cabo de unos minutos, sin embargo, consiguió contactar y recibió oficialmente la noticia. Después de responder a unas cuantas llamadas más, incluida la de Martin Jinek y la de la insistente periodista de *Nature*, metió su ropa en la bolsa y de un salto subió al coche para volver a Berkeley, que estaba a una hora de camino. Mientras iba para allá telefoneó a Jamie, que le dijo que un equipo de comunicación de la universidad ya estaba instalándose en el patio de su casa. Cuando llegó, a las 4.30 de la mañana, mandó un mensaje a sus vecinos para disculparse por las luces y el alboroto.

Pudo celebrar la noticia unos minutos tomando un café con Jamie y Andy. Luego hizo algunas declaraciones a cámara en el patio de su casa y se dirigió a Berkeley para dar una conferencia de prensa global y virtual organizada a toda prisa. Por el camino, habló con su colega Jillian Banfield, que la había llamado un buen día de 2006 y le había propuesto quedar en el Free Speech Movement Café del campus para hablarle de unas secuencias repetidas y agrupadas que encontraba una y otra vez en el ADN de las bacterias. «Estoy muy agradecida de tenerte de colaboradora y de amiga —le dijo a Banfield—. Ha sido divertidísimo.»

En la conferencia de prensa, gran parte de las preguntas se centraron en el avance que suponían esos premios para las mujeres. «¡Estoy orgullosa de mi género! —dijo Doudna con una carcajada—. Es genial, especialmente para las mujeres jóvenes. Muchas mujeres sienten que, hagan lo que hagan, es posible que su labor no se vea reconocida como sí la de un hombre. Me gustaría ver cómo cambia eso, y este es un paso en la dirección correcta.» Luego recordó sus tiempos en el colegio: «Me dijeron muchas veces que las chicas no se dedican a la química o que las chicas no pueden ser científicas. Por suerte, no hice caso».

Mientras Doudna hablaba, Charpentier estaba ofreciendo su propia conferencia de prensa en Berlín, donde era ya primera hora de la tarde. Yo había contactado con ella unas horas antes, justo después de que recibiese la llamada oficial desde Estocolmo, y la había encontrado inusualmente conmovida. «Me habían dicho que tal vez podría suceder algún día —me contó—, pero al recibir la llamada me he puesto muy sentimental, me he emocionado mucho.» Aquello le devolvió, me dijo, a su niñez y a aquel día en que decidió, al pasar por delante del Instituto Pasteur, en su París natal, que algún día sería científica. Sin embargo, cuando llegó la hora de la conferencia de prensa, sus emociones estaban ya bien ocultas tras su sonrisa de Mona Lisa. Con una copa de vino blanco en la mano, apareció en el vestíbulo de su instituto, posó junto al busto del científico que le da nombre, Max Planck, y luego respondió a las preguntas con una actitud que conseguía ser al mismo tiempo seria y desenfadada. Al igual que en Berkeley, el foco estuvo sobre todo en lo que significaba aquel premio para las mujeres. «El hecho de que Jennifer y yo hayamos recibido este premio hoy puede lanzar a las niñas un contundente mensaje —dijo—. Puede servir para demostrarles que las mujeres también ganan premios.»

Esa tarde, su rival Eric Lander publicó un tuit desde su atalaya del Instituto Broad. «¡Mi enorme felicitación a las dras. Charpentier y Doudna por el @NobelPrize que han recibido por sus contribuciones a la asombrosa ciencia de las CRISPR! Es emocionante ver cómo siguen expandiéndose las fronteras infinitas de la ciencia, con gran repercusión para los pacientes.» En público, Doudna respondió cortésmente. «Estoy muy agradecida por el reconocimiento de Eric Lander, y es un honor que nos dedique esas palabras», dijo. Sin embargo, en privado, se preguntó si ese uso del término «contribuciones» era un eufemismo para minimizar sus premiados descubrimientos. A mí me llamaron más la atención sus palabras sobre la «gran repercusión para los pacientes» en el futuro. Me llevaron a desear que Zhang y Church y tal vez David Liu ganasen algún día el Premio Nobel de Medicina, acompañando así al de Química obtenido por Doudna y Charpentier.

Doudna había mencionado en su conferencia de prensa que le mandaba «un saludo a través del océano» a Charpentier, pero se moría de ganas de hablar directamente con ella. Le estuvo mandando mensajes durante todo el día, la llamó tres veces al móvil. «Por favor, por favor, llámame —le dijo en un momento dado—. No te robaré mucho tiempo. Solo quiero felicitarte por teléfono.» Charpentier respondió al fin: «Estoy muy, muy agotada, pero te prometo que te llamaré mañana». Así que no fue hasta la mañana siguiente cuando se conectaron para tener una charla distendida y dispersa.

Tras la conferencia de prensa, Doudna fue a su laboratorio para celebrar con champán, a lo que siguió una fiesta vía Zoom en la que brindaron por ella más o menos un centenar de amigos. Mark Zuckerberg y Priscilla Chan, cuya fundación había subvencionado parte de su trabajo, hicieron una aparición virtual, al igual que Jillian Banfield, y distintos decanos y funcionarios de Berkeley. El brindis más bonito llegó de la mano de Jack Szostak, el profesor de Harvard que había hecho que se interesara por las maravillas del ARN en sus tiempos de estudiante de doctorado. Szostak, que había ganado el Premio Nobel de Medicina en 2009 (junto con dos mujeres), alzó una copa de champán sentado en el jardín trasero de su majestuoso adosado de obra vista de Boston: «Solo una cosa puede ser mejor que ganar el Premio Nobel —dijo—; que lo gane una de tus alumnas».

Jamie y ella prepararon tortilla de patatas para cenar, y luego Doudna se conectó para charlar por FaceTime con sus dos hermanas.

Hablaron de cómo habrían reaccionado sus padres de seguir vivos. «Me habría encantado que siguiesen aquí —dijo Doudna—. Mi madre se habría emocionado mucho, y mi padre habría fingido que no. En lugar de eso, habría querido asegurarse de que entendía los fundamentos científicos, y luego me habría preguntado qué era lo siguiente que tenía planeado.»

Transformaciones

Con su reconocimiento a las CRISPR, un sistema antiviral hallado en la naturaleza, en medio de una pandemia, el comité del Premio Nobel nos recordó que la investigación fundamental impulsada por la curiosidad puede acabar teniendo aplicaciones muy prácticas. Las CRISPR y la COVID-19 están precipitando nuestra entrada en la era de las ciencias de la vida. Las moléculas se están convirtiendo en los nuevos microchips.

En el punto culminante de la crisis del coronavirus, a Doudna le pidieron que escribiese un artículo para *The Economist* sobre las transformaciones sociales que se estaban produciendo. «Como muchos otros aspectos de la vida actual, la ciencia y su práctica parecen estar atravesando cambios rápidos y tal vez permanentes —afirmaba—. Todo esto será positivo.»[2] El público, predecía, comprenderá mejor la biología y el método científico. Los cargos electos sabrán apreciar mejor la importancia de destinar fondos a la ciencia fundamental. Y se producirán cambios duraderos en la forma en que los científicos colaboran, compiten y se comunican.

Antes de la pandemia, la comunicación y la colaboración entre los investigadores de las universidades se habían ido restringiendo. Estas últimas habían creado departamentos legales enormes que se dedicaban a reivindicar cada nuevo descubrimiento, por pequeño que este fuese, y a prevenir cualquier intercambio de información que pudiera poner en peligro una solicitud de patente.

«Han convertido cualquier interacción entre científicos en una transacción de propiedad intelectual —señalaba el biólogo de Berkeley Michael Eisen—. Todo lo que recibo o lo que mando a un colega de otra institución académica implica un complejo contrato legal cuyo propósito no es promover la ciencia, sino proteger la capacidad de la universidad para sacar provecho de las hipotéticas invenciones que puedan surgir como consecuencia de que los científicos hagamos lo que se supone que tenemos que hacer: compartir nuestro trabajo unos con otros.»[3]

La carrera por hacer frente a la COVID-19 no se ha regido por esas reglas. Por el contrario, con Doudna y Zhang a la cabeza, la mayoría de laboratorios universitarios decretaron que sus descubrimientos estarían disponibles para cualquiera que estuviese luchando contra el virus. Esto permitió aumentar la colaboración entre investigadores y hasta entre países. El consorcio de laboratorios del Área de la Bahía que puso en marcha Doudna no se habría cohesionado tan rápido si hubiesen tenido que preocuparse por contratos de propiedad intelectual. Del mismo modo, los científicos de todo el mundo contribuyeron a crear una base de datos abierta de secuencias de coronavirus que, a finales de agosto de 2020, contaba con treinta y seis mil entradas.[4]

La sensación de urgencia provocada por la COVID-19 eliminó también el papel de guardián que ejercían las revistas científicas caras, de revisión por pares y con un sistema de pago por contenidos, como, por ejemplo, *Science* y *Nature*. En lugar de esperar durante meses a que los editores y revisores decidiesen si publicar o no un artículo, en el punto culminante de la crisis del coronavirus los investigadores llegaron a colgar más de cien artículos al día en servidores de prepublicación como *medRvix* y *bioRvix*, que eran gratuitos, de libre acceso y solo requerían un mínimo proceso de revisión. Esto permitió que la información se compartiese en tiempo real, sin limitaciones, y hasta que se diseccionara en las redes sociales. Pese al peligro potencial de difundir investigaciones sin revisarlas antes a fondo, esta divulgación rápida y libre fue beneficiosa, pues aceleró el proceso de trabajo a partir de cada nuevo hallazgo y permitió que el público siguiera el progreso de la ciencia mientras este se producía. En el caso de algunos artículos importantes en relación con el coronavirus, la publicación en estos servidores llevó a una recogida en colaboración de revisiones y enseñanzas por parte de expertos de todo el mundo.[5]

Como su antiguo alumno Feng Zhang, George Church señala que hacía mucho que se preguntaba si algún día se produciría un acontecimiento biológico lo bastante catalizador para incorporar la ciencia a nuestra vida cotidiana.

—La COVID-19 lo es —dice—. De vez en cuando se estrella un meteorito y de pronto los mamíferos quedamos al cargo.[6]

La mayoría de nosotros tendremos algún día en nuestra casa equipos de detección que nos permitirán controlar la presencia de virus y muchas otras enfermedades. Y llevaremos encima dispositivos con nanoporos y transistores moleculares que harán un seguimiento de todas nuestras funciones biológicas y que compartirán la información en red para crear un biomapa global donde seguir en tiempo real la propagación de las amenazas biológicas. Todo esto ha hecho de la biología un campo de estudio aún más apasionante; en agosto de 2020, aumentaron un 17 por ciento con respecto al año anterior las solicitudes para entrar en las facultades de Medicina.

El mundo académico se transformará también, y no solo por el auge de las clases online. En lugar de levantar torres de marfil, las universidades se embarcarán en la resolución de problemas del mundo real, de las pandemias al cambio climático. Proyectos que serán interdisciplinares y que derribarán los reductos académicos y los muros entre laboratorios, tradicionales feudos independientes que defienden ferozmente su autonomía. Combatir el coronavirus requería de la colaboración entre disciplinas. En ese aspecto, recordaba a los esfuerzos por desarrollar las CRISPR, un proceso que llevó a los cazadores de microbios a trabajar con genetistas, biólogos estructurales, bioquímicos y genios de la informática. Y recordaba también a la manera en que funcionan las cosas en las empresas innovadoras, en las que las distintas unidades trabajan codo a codo para acometer un proyecto o una misión específicos. La naturaleza de las amenazas científicas a las que nos enfrentamos acelerará esta tendencia hacia la colaboración orientada a proyectos entre laboratorios dispares.

Sin embargo, hay un aspecto fundamental de la ciencia que no cambiará. Ha habido siempre una colaboración entre generaciones, de Darwin y Mendel a Watson y Crick, a Doudna y Charpentier.

—Al final, son los descubrimientos los que permanecen —dice Charpentier—. Nosotros solo estamos de paso por este planeta. Hacemos nuestro trabajo, y luego nos marchamos y otros nos relevan.[7]

Todos los científicos de los que he hablado en este libro afirman que su principal motivación no es el dinero, ni siquiera la gloria, sino la posibilidad de resolver los misterios de la naturaleza y utilizar esos descubrimientos para hacer del mundo un lugar mejor. Les creo.

Y creo también que ese es quizá uno de los legados más importantes de la pandemia: recordar a los científicos la nobleza de su misión, así como infundir estos valores en una generación de alumnos que, cuando se planteen sus carreras, tal vez tiendan más a apostar por la investigación científica ahora que han visto lo fascinante e importante que esta puede ser.

Mardi Gras, 2020

Epílogo

La Gran Pandemia ha amainado temporalmente, y la tierra está empezando a sanar. Estoy sentado en mi balcón del barrio francés, y otra vez me llega la música de la calle y el olor a gamba cocida del restaurante de la esquina.

Sin embargo, sé que están por venir más olas epidémicas, ya sea del coronavirus actual o de otros virus nuevos en el futuro, así que necesitamos algo más que vacunas. Al igual que las bacterias, necesitamos un sistema que pueda adaptarse fácilmente para destruir cada nuevo virus que aparezca. Las CRISPR nos podrían proporcionar eso, como hace por las bacterias, y también las podríamos usar algún día para solucionar problemas genéticos, derrotar cánceres, mejorar genéticamente a nuestros hijos y manipular la evolución para dirigir el futuro de la raza humana.

Emprendí este viaje pensando que la biotecnología era la siguiente gran revolución científica, un tema lleno de impactantes maravillas naturales, investigaciones rivales, emocionantes descubrimientos, éxitos vitales y creadores pioneros, como Jennifer Doudna, Emmanuelle Charpentier y Feng Zhang. El año de la peste me hizo comprender que iba mucho más allá.

Hace unas semanas, encontré mi antiguo ejemplar de *La doble hélice*, de James Watson. Al igual que Doudna, fue mi padre quien me regaló el libro cuando yo aún iba al instituto. Es una primera edición, con la cubierta de un rojo pálido, y tal vez pudiera valer algo hoy día en eBay, si no fuese por esas notas de bachiller mías que inundan los márgenes, registrando y definiendo con el lápiz palabras que eran nuevas para mí, como «bioquímica».

Leer ese libro, como le ocurrió a Doudna, hizo que quisiera convertirme en bioquímico. A diferencia de ella, no seguí por ahí. Si tuviese que volver a empezar —prestad atención, estudiantes que estáis leyendo esto—, me centraría mucho más en las ciencias de la vida, en particular si fuese a entrar en la edad adulta en el siglo XXI. La gente de mi generación quedó fascinada por los ordenadores personales e internet. Nos aseguramos de que nuestros hijos aprendiesen a programar. Ahora deberemos asegurarnos de que comprendan el código de la vida.

Una forma de hacerlo pasa por hacer que todos nosotros, niños ya crecidos, comprendamos cuán útil es entender el funcionamiento de la vida, como prueban los relatos entrelazados de las CRISPR y la COVID-19. Está muy bien que algunas personas tengan opiniones muy firmes sobre los alimentos transgénicos, pero sería aún mejor que un número mayor de ellas supiese lo que es un organismo genéticamente modificado (y lo que descubrieron los fabricantes de yogures). Está muy bien tener opiniones muy firmes sobre la ingeniería genética en humanos, pero es aún mejor si sabes lo que es un gen.

Desentrañar las maravillas de la vida no es solo útil, también es inspirador y placentero. Por eso los humanos tenemos suerte de haber sido dotados de curiosidad.

Me lo recuerda una cría de lagartija que trepa por las curvas de hierro forjado de mi balcón hasta llegar a una enredadera, y que cambia entonces ligeramente de color. Me despierta la curiosidad: ¿qué es lo que hace que la piel cambie de color? ¿Y por qué, cielo santo, a esta plaga de coronavirus le ha seguido tal profusión de lagartijas? Tengo que contenerme para no invocar explicaciones medievales. Me doy una pequeña vuelta por internet para saciar mi curiosidad, y resulta agradable. Me recuerda a esa nota que Leonardo da Vinci garabateó en el margen de una de las atiborradas páginas de su cuaderno, mi favorita: «Describe la lengua del pájaro carpintero». ¿Quién se levanta una mañana y decide que necesita saber cómo es la lengua del pájaro carpintero? Leonardo, con su curiosidad lúdica y apasionada: él.

La curiosidad es la característica fundamental de todas las personas que me han fascinado, desde Benjamin Franklin y Albert Einstein hasta Steve Jobs y Leonardo da Vinci. La curiosidad impulsó a James Watson y al grupo de los fagos, que querían comprender los virus que atacaban a las bacterias; y al estudiante de doctorado Francisco Mojica, que estaba intrigado por esas secuencias repetidas y agrupadas de ADN, y a Jennifer Doudna, que quiso comprender por qué la dormilona se repliega cuando la tocas. Y puede que sea ese instinto —la curiosidad, la simple curiosidad— lo que nos salve.

Hace un año, después de varios viajes a Berkeley y de varios congresos, me senté en este balcón y traté de procesar mis opiniones sobre la edición genética. Mi temor entonces atañía a la diversidad de nuestra especie.

Había regresado a casa a tiempo para el funeral de la querida *grande dame* de Nueva Orleans, Leah Chase, que había muerto a los noventa y seis años después de regentar durante casi siete décadas un restaurante en el barrio de Tremé. Con su cucharón de madera, removía el *roux* para su *gumbo* de salchicha y gambas (una taza de aceite de cacahuete y ocho cucharadas soperas de harina) hasta que cogía el color del café con leche y servía para ligar la diversidad de ingredientes. Criolla de color, su restaurante ligó del mismo modo la diversidad de la vida de Nueva Orleans: negra, blanca y criolla.

El barrio francés estaba animadísimo ese fin de semana. Había una carrera de ciclistas desnudos con la que se pretendía promover (curiosamente) la seguridad vial. Había desfiles y *second lines* para celebrar la vida de miss Leah y también de Mac Rebennack, un músico de funk conocido como Dr. John. Era también el desfile anual del Orgullo, con sus fiestas vecinales. Y, coexistiendo felizmente con todo ello, teníamos la Feria Criolla del Tomate en el mercado francés, en la que participarían granjeros y cocineros y presumirían del sinfín de variedades locales de tomate, suculentas y no modificadas genéticamente.

Desde mi balcón, me maravillé ante la diversidad de aquel desfile humano. Había personas altas y bajas; gais, heteros y trans; gordas y delgadas; de piel clara, oscura y café con leche. Vi un grupo con camisetas de la Universidad Gallaudet, conversando entusiasmados mediante el lenguaje de signos. La supuesta promesa de las CRISPR es que tal vez algún día podamos escoger cuáles de estos rasgos queremos incorporar en nuestros hijos y en todos nuestros descendientes. Podríamos decidir que fuesen altos, musculosos, rubios, de ojos azules, y sin problemas de audición, y sin... En fin, escojan ustedes mismos.

Mientras observaba esta escena, con toda su variedad natural, supe hasta qué punto la promesa de las CRISPR podría constituir también su peligro. A la naturaleza le llevó millones de años ensamblar tres mil millones de pares de bases de ADN de un modo complejo y ocasionalmente imperfecto con el que permitir la formidable diversidad que hay en nuestra especie. ¿De verdad podemos venir ahora y editar ese genoma para eliminar lo que consideramos imperfecciones? ¿Perderemos nuestra diversidad? ¿Nuestra humildad y empatía? ¿Perderemos sabor, como nuestros tomates?

En el Mardi Gras de 2020, los participantes del desfile de St. Anne pasaron ufanos por delante de nuestro balcón; algunos disfrazados de coronavirus, con unos trajes que imitaban un botellín de cerveza Corona y unas capuchas que les hacían parecer cohetes víricos. Unas semanas después, llegó la orden de confinamiento. Doreen Ketchens, la querida clarinetista que toca con su banda frente al colmado de la esquina, dio una actuación de despedida-por-un-tiempo para una calle casi vacía. Para terminar, cantó «When the Saints Go Marching In», enfatizando ese verso que dice «when the sun begins to shine».

Los ánimos ahora no son los mismos que el año pasado, y tampoco mis opiniones sobre las CRISPR. Como nuestra especie, mi pensamiento evoluciona y se adapta ante situaciones cambiantes. Ahora veo la promesa de las CRISPR con más claridad que el peligro. Si usamos la biotecnología con sentido común, esta nos puede ayudar a combatir los virus, a sobreponernos a los defectos genéticos y a proteger nuestra mente y nuestro cuerpo.

Todas las criaturas, grandes y pequeñas, recurren a cualquier truco que esté a su alcance para sobrevivir, y eso deberíamos hacer nosotros. Es natural. Las bacterias dieron con una técnica muy inteligente de luchar contra los virus, pero les llevó billones de ciclos vitales conseguirlo. Nosotros no podemos esperar tanto. Tendremos que combinar nuestra curiosidad y nuestra inventiva para acelerar el proceso.

Después de millones de siglos durante los cuales la evolución de los organismos sucedió «de forma natural», nosotros, los seres humanos, tenemos ahora la capacidad de manipular el código de la vida y modificar nuestro futuro genético. O, para confundir a esos que tachan la edición genética de «antinatural» o de «jugar a ser Dios», expongámoslo de otra forma: la naturaleza y el Dios de la naturaleza, en su infinita sabiduría, han hecho evolucionar una especie que es capaz de modificar su propio genoma, y resulta que esa especie somos nosotros.

Como cualquier otro carácter evolutivo, esta nueva capacidad puede contribuir a que la especie prospere y quizá puede que hasta engendre una especie sucesora. O puede que no. Podría tratarse de uno de esos caracteres evolutivos que, como sucede a veces, empuja a una especie por un camino que pone en peligro su propia supervivencia. La evolución es muy veleidosa en ese aspecto.

Por eso cuando mejor funciona es cuando el proceso es lento. De vez en cuando, un rebelde o un científico sin escrúpulos —Josiah Zayner, He Jiankui— nos incita a ir más rápido. Sin embargo, si somos listos, nos detendremos y optaremos por proceder con más cuidado. Las pendientes, así, no son tan resbaladizas.

Para guiarnos no solo necesitaremos científicos, sino también humanistas. Y lo que es más importante, necesitaremos personas que se sientan cómodas en ambos mundos, como Jennifer Doudna. Por eso es útil, creo, que todos tratemos de entender este espacio nuevo en el que estamos a punto de entrar, uno que resulta misterioso, pero que está lleno de esperanza.

No hay que decidirlo todo de un día para otro. Podemos comenzar por preguntarnos qué clase de mundo queremos dejar a nuestros hijos. Y luego podemos explorar el camino juntos, paso a paso, y a ser posible cogidos de la mano.

Notas

INTRODUCCIÓN

1. Entrevista del autor con Jennifer Doudna. El concurso estaba organizado por First Robotics, un programa nacional creado por Dean Kamen, el imparable inventor de Segway.

2. Entrevistas, grabaciones de audio e imagen, notas y diapositivas facilitadas por Jennifer Doudna, Megan Hochstrasser y Fiódor Urnov; Walter Isaacson, «Ivory Power», *Air Mail*, 11 de abril de 2020.

3. Véase el capítulo 12, sobre los fabricantes de yogur, para una discusión completa sobre el proceso iterativo que se puede dar entre quienes se dedican a la investigación fundamental y la innovación tecnológica.

PRIMERA PARTE
EL ORIGEN DE LA VIDA

1. HILO

1. Entrevista del autor con Jennifer Doudna y Sarah Doudna. Otras fuentes a las que se ha recurrido para esta sección son *The Life Scientific*, BBC Radio, 17 de septiembre de 2017; Andrew Pollack, «Jennifer Doudna, a Pioneer Who Helped Simplify Genome Editing», *The New York Times*, 11 de mayo de 2015; Claudia Dreifus, «The Joy of the Discovery. An Interview with Jennifer Doudna», *The New York Review of Books*, 24 de enero de 2019; «Interview with Jennifer Doudna», *National Academy of Sciences*, 11 de noviembre de 2004; Jennifer Doudna, «Why Genome Editing Will Change Our Lives», *Financial Times*, 14 de marzo de 2018; Laura Kiessling, «A Conversation with Jennifer Doudna», *ACS Chemical Biology Journal*, 16 de febrero

de 2018; Melissa Marino, «Biography of Jennifer A. Doudna», *Proceedings of the National Academy of Sciences*, 7 de diciembre de 2004.

2. C. Dreifus, «The Joy of the Discovery»...

3. Entrevista del autor con Lisa Twigg-Smith y Jennifer Doudna.

4. Entrevistas del autor con Jennifer Doudna y James Watson.

5. Jennifer Doudna, «How COVID-19 Is Spurring Science to Accelerate», *The Economist*, 5 de junio de 2020.

2. EL GEN

1. Esta sección en torno a la historia de la genética y del ADN se apoya principalmente en el libro de Siddhartha Mukherjee, *The Gene*, Nueva York, Scribner, 2016 [hay trad. cast.: *El gen*, Barcelona, Debate, 2017]; Horace Freeland Judson, *The Eighth Day of Creation*, Nueva York, Touchstone, 1979 [hay trad. cast.: *El octavo día de la creación*, México, Conacyt, 1987]; Alfred Sturtevant, *A History of Genetics*, Nueva York, Cold Spring Harbor, 2001; Elof Axel Carlson, *Mendel's Legacy*, Nueva York, Cold Spring Harbor, 2004.

2. Janet Browne, *Charles Darwin*, vol. 1, Nueva York, Knopf, 1995 [hay trad. cast.: *Charles Darwin. El viaje*, Valencia, Publicacions de la Universitat de València (PUV), 2008] y vol. 2, Nueva York, Knopf, 2002 [hay trad. cast.: *Charles Darwin. El poder del lugar*, Valencia, Publicacions de la Universitat de València (PUV), 2009]; Charles Darwin, *The Journey of the Beagle,* 1839 [hay trad. cast.: *El viaje del «Beagle»*, Barcelona, Labor, 1984]; *On the Origin of Species*, 1859 [hay trad. cast.: *El origen de las especies*, México, Catarata-Universidad Nacional Autónoma de México (UNAM), 2009]. Puede accederse a copias electrónicas de los libros, cartas, escritos y diarios de Darwin en *Darwin Online*: <darwin-online.org.uk>.

3. Isaac Asimov, «How Do People Get New Ideas», 1959, reimpreso en *MIT Technology Review*, 20 de octubre de 2014; Steven Johnson, *Where Good Ideas Come From*, Riverhead, 2010, p. 81 [hay trad. cast.: *Las buenas ideas. Una historia natural de la innovación*, Madrid, Turner, 2016]; en Charles Darwin, *Autobiography* [hay trad. cast.: *Autobiografía*, Madrid, Alianza, 1993], se describen los acontecimientos de 1838, *Darwin Online*: <darwin-online.org.uk>.

4. Además de en S. Mukherjee, *The Gene...*, H. F. Judson, *The Eighth Day of Creation...*, y A. Sturtevant, *A History of Genetics...*, esta sección sobre Mendel también descansa en Robin Marantz Henig, *The Monk in the Garden*, Nueva York, Houghton Mifflin Harcourt, 2000. [Hay trad. cast.: *El monje en el jardín*, Barcelona, Debate, 2001.]

5. Erwin Chargaff, «Preface to a Grammar of Biology», *Science*, 14 de mayo de 1971.

3. El ADN

1. Esta sección se apoya en distintas entrevistas con James Watson realizadas a lo largo de los años y en su propio libro, *The Double Helix*, publicado por primera vez por Atheneum (Nueva York), en 1968. [Hay trad. cast.: *La doble hélice*, Madrid, Alianza, 2007, trad. de Luisa Rodríguez Tapia.] Recurrí a *The Annotated and Illustrated Double Helix*, Nueva York, Simon & Schuster, 2012, compilado por Alexander Gann y Jan Witkowski, donde se incluyen las cartas en que se describe la maqueta del ADN y otros materiales complementarios. Asimismo, se ha recurrido a otro libro de James Watson, *Avoid Boring People,* Nueva York, Oxford University Press, 2007; también a Brenda Maddox, *Rosalind Franklin. The Dark Lady of DNA*, Londres, HarperCollins, 2002; H. F. Judson, *The Eighth Day of Creation...*; S. Mukherjee, *The Gene...*; A. Sturtevant, *A History of Genetics...*

2. Según H. F. Judson, Watson fue rechazado en Harvard; este me contó, y así lo recoge también en su *Avoid Boring People...*, que sí lo aceptaron, pero que no le ofrecían ni un salario ni financiación.

3. En la actualidad, la persona más joven en haber ganado un Premio Nobel es la pakistaní Malala Yousafzai, premio Nobel de la Paz, quien fue víctima de un atentado por disparos de los talibanes y se convirtió en activista por la educación de las mujeres.

4. S. Mukherjee, *The Gene...*, p. 147.

5. Rosalind Franklin, «The DNA Riddle. King's College, London, 1951-1953», *The Rosalind Franklin Papers*, NIH National Library of Medicine, <https://profiles.nlm.nih.gov/spotlight/kr/feature/dna>; Nicholas Wade, «Was She or Wasn't She?», *The Scientist*, abril de 2003; H. F. Judson, *The Eighth Day of Creation...*, p. 99; B. Maddox, *Rosalind Franklin...*, p. 163; S. Mukherjee, *The Gen...*, p. 149.

4. La formación de una bioquímica

1. Entrevistas del autor con Jennifer Doudna.
2. Entrevistas del autor con Jennifer Doudna.
3. Entrevistas del autor con Don Hemmes (por correo electrónico).
4. Entrevistas del autor con Jennifer Doudna; Jennifer A. Doudna y

Samuel H. Sternberg, *A Crack in Creation*, Boston, Houghton Mifflin, 2017, p. 58 [hay trad. cast.: *Una grieta en la creación. CRISPR, la edición génica y el increíble poder de controlar la evolución,* Madrid, Alianza, 2017]; L. Kiessling, «A Conversation with Jennifer Doudna»...; A. Pollack, «Jennifer Doudna, a Pioneer...».

5. A menos que se indique lo contrario, todas las citas de Jennifer Doudna en esta sección proceden de mis entrevistas con ella.

6. Sharon Panasenko, «Methylation of Macromolecules during Development in *Myxococcus xanthus*», *Journal of Bacteriology,* noviembre de 1985 (enviado en julio de 1985).

5. El genoma humano

1. El Departamento de Energía inició los trabajos para secuenciar el genoma humano en 1986. La financiación oficial del Proyecto Genoma Humano dio comienzo con la propuesta presupuestaria de 1988 del presidente Reagan. El mencionado departamento y los Institutos Nacionales de Salud firmaron un memorándum de entendimiento para la formalización del proyecto en 1990.

2. Daniel Okrent, *The Guarded Gate*, Nueva York, Scribner, 2019.

3. *Decoding Watson*, dirigido y producido por Mark Mannucci para la serie *American Masters*, PBS, 2 de enero de 2019.

4. Entrevistas y encuentros del autor con James Watson, Elizabeth Watson y Rufus Watson; Algis Valiunas, «The Evangelist of molecular Biology», *The New Atlantis*, verano de 2017; James Watson, *A Passion for DNA*, Oxford, Oxford University Press, 2003 [hay trad. cast.: *Pasión por el ADN. Genes, genomas y sociedad*, Barcelona, Crítica, 2002]; Philip Sherwell, «DNA Father James Watson's "Holy Grail" Request», *The Telegraph*, 10 de mayo de 2009; Nicholas Wade, «Genome of DNA Discoverer Is Deciphered», *The New York Times*, 1 de junio de 2007.

5. Entrevistas del autor con George Church, Eric Lander y James Watson.

6. Frederic Golden y Michael D. Lemonick, «The Race is Over», y James Watson, «The Double Helix Revisited», *Time*, 3 de julio de 2000; conversaciones del autor con Al Gore, Craig Venter, James Watson, George Church y Francis Collins.

7. Notas personales del autor tomadas a partir del acto de la Casa Blanca; Nicholas Wade, «Genetic Code of Human Life is Cracked by Scientists», *The New York Times*, 27 de junio de 2000.

6. El ARN

1. S. Mukherjee, *The Gene...*, p. 250.

2. Jennifer Doudna, «Hammering Out the Shape of a Ribozyme», *Structure*, diciembre de 1994.

3. Jennifer Doudna y Thomas Cech, «The Chemical Repertoire of Natural Ribozymes», *Nature*, 11 de julio de 2002.

4. Entrevistas del autor con Jack Szostak y Jennifer Doudna; Jennifer Doudna, «Towards the Design of an RNA Replicase», tesis de doctorado, Universidad de Harvard, mayo de 1989.

5. Entrevistas del autor con Jack Szostak y Jennifer Doudna.

6. Jeremy Murray y Jennifer Doudna, «Creative Catalysis», *Trends in Biochemical Sciences*, diciembre de 2001; Tom Cech, «The RNA Worlds in Context», *Cold Spring Harbor Perspectives in Biology*, julio de 2012; Francis Crick, «The Origin of the Genetic Code», *Journal of Molecular Biology*, 28 de diciembre de 1968; Carl Woese, *The Genetic Code*, Nueva York, Harper & Row, 1967, p. 186; Walter Gilbert, «The RNA World», *Nature*, 20 de febrero de 1986.

7. Jack Szostak, «Enzymatic Activity of the Conserved Core of a Group I Self-Splicing Intron», *Nature*, 3 de julio de 1986.

8. Entrevistas del autor con Richard Lifton, Jennifer Doudna y Jack Szostak; notificación de la concesión del premio Pearl Meister Greengard a Jennifer Doudna, el 2 de octubre de 2018; Jennifer Doudna y Jack Szostak, «RNA-Catalysed Synthesis of Complementary-Strand RNA», *Nature*, 15 de junio de 1989; J. Doudna, S. Couture y J. Szostak, «A Multisubunit Ribozyme That Is a Catalyst of and Template for Complementary Strand RNA Synthesis», *Science*, 29 de marzo de 1991; J. Doudna, N. Usman y J. Szostak, «Ribozyme-Catalyzed Primer Extension by Trinucleotides», *Biochemistry*, 2 de marzo de 1993.

9. Jayaraj Rajagopal, Jennifer Doudna y Jack Szostak, «Stereochemical Course of Catalysis by the Tetrahymena Ribozyme», *Science*, 12 de mayo de 1989; Doudna y Szostak, «RNA-Catalysed Synthesis of Complementary-Strand RNA»; J. Doudna, B. P. Cormack y J. Szostak, «RNA Structure, Not Sequence, Determines the 5' Splice-Site Specificity of a Group I Intron», *PNAS*, octubre de 1989; J. Doudna y J. Szostak, «Miniribozymes, Small Derivatives of the sunY Intron, Are Catalytically Active», *Molecular and Cell Biology*, diciembre de 1989.

10. Entrevistas del autor con Jack Szostak.

11. Entrevista del autor con James Watson; James Watson *et al.*, «Evolution of Catalytic Function», *Cold Spring Harbor Symposium*, 52 (1987).

12. Entrevistas del autor con Jennifer Doudna y James Watson; Jennifer Doudna *et al.*, «Genetic Dissection of an RNA Enzyme», *Cold Spring Harbor Symposium*, 52 (1987), p. 173.

7. Plegamientos y giros

1. Entrevistas del autor con Jack Szostak y Jennifer Doudna.
2. A. Pollack, «Jennifer Doudna, a Pioneer...».
3. Entrevista del autor con Lisa Twigg-Smith.
4. Jamie Cate *et al.*, «Crystal Structure of a Group I Ribozyme Domain. Principles of RNA Packing», *Science*, 20 de septiembre de 1996. Sobre el primer gran paso en la investigación de Boulder, véase Jennifer Doudna y Thomas Cech, «Self-Assembly of a Group I Intron Active Site from Its Component Tertiary Structural Domains», *RNA*, marzo de 1995.
5. NewsChannel 8, «High Tech Shower International», YouTube, 29 de mayo de 2018; <https://www.youtube.com/watch?v=FxPFLbfrpNk&feature=share>.

8. Berkeley

1. J. Cate *et al.*, «Crystal Structure of a Group I Ribozyme Domain...».
2. Entrevistas del autor con Jamie Cate y Jennifer Doudna.
3. Andrew Fire *et al.*, «Potent and Specific Genetic Interference by Double-Stranded RNA in *Caenorhabditis elegans*», *Nature*, 19 de febrero de 1998.
4. Entrevistas del autor con Jennifer Doudna, Martin Jinek y Ross Wilson; Ian MacRae *et al.*, «Structural Basis for Double-Stranded RNA Processing by Dicer», *Science*, 13 de enero de 2006; Ian MacRae, Kaihong Zhou y Jennifer Doudna, «Structural Determinants of RNA Recognition and Cleavage by Dicer», *Natural Structural and Molecular Biology*, 1 de octubre de 2007; Ross Wilson y Jennifer Doudna, «Molecular Mechanisms of RNA Interference», *Annual Review of Biophysics*, 2013; Martin Jinek y Jennifer Doudna, «A Three-Dimensional View of the Molecular Machinery of RNA Interference», *Nature*, 22 de enero de 2009.
5. Bryan Cullen, «Viruses and RNA Interference. Issues and Controversies», *Journal of Virology*, noviembre de 2014.
6. Ross Wilson y Jennifer Doudna, «Molecular Mechanisms of RNA Interference», *Annual Review of Biophysics*, mayo de 2013.

7. Alesia Levanova y Minna Poranen, «RNA Interference as a Prospective Tool for the Control of Human Viral Infections», *Frontiers of Microbiology*, 11 de septiembre de 2018; Ruth Williams, «Fighting Viruses with RNAi», *The Scientist*, 10 de octubre de 2013; Yang Li *et al.*, «RNA Interference Functions as an Antiviral Immunity Mechanism in Mammals», *Science*, 11 de octubre de 2013; Pierre Maillard *et al.*, «Antiviral RNA Interference in Mammalian Cells», *Science*, 11 de octubre de 2013.

SEGUNDA PARTE
CRISPR

9. Repeticiones agrupadas

1. Yoshizumi Ishino *et al.*, «Nucleotide Sequence of the iap Gene, Responsible for Alkaline Phosphatase Isozyme Conversion in Escherichia coli», *Journal of Bacteriology*, 22 de agosto de 1987; «History of CRISPR-Cas from Encounter with a Mysterious Repeated Sequence to Genome Editing Technology», *Journal of Bacteriology*, 22 de enero de 2018; Carl Zimmer «Breakthrough DNA Editor Born of Bacteria», *Quanta*, 6 de febrero de 2015.

2. Entrevistas del autor con Francisco Mojica. Esta sección también se basa en Kevin Davies, «Crazy about CRISPR. An Interview with Francisco Mojica», *CRISPR Journal*, 1 de febrero de 2018; Heidi Ledford, «Five Big Mysteries about CRISPR's Origins», *Nature*, 12 de enero de 2017; Clara Rodríguez Fernández, «Interview with Francis Mojica, the Spanish Scientist Who Discovered CRISPR», *Labiotech*, 8 de abril de 2019; Veronique Greenwood, «The Unbearable Weirdness of CRISPR», *Nautilus*, marzo de 2017; Francisco Mojica y Lluís Montoliu, «On the Origin of CRISPR-Cas Technology», *Trends in Microbiology*, 8 de julio de 2016; Kevin Davies, *Editing Humanity*, Nueva York, Simon & Schuster, 2020.

3. Francesco Mojica *et al.*, «Long Stretches of Short Tandem Repeats Are Present in the Largest Replicons of the Archaea *Haloferax mediterranei* and *Haloferax volcanii* and Could Be Involved in Replicon Partitioning», *Journal of Molecular Microbiology*, julio de 1995.

4. Correo electrónico de Ruud Jansen a Francisco Mojica, 21 de noviembre de 2001.

5. Ruud Jansen *et al.*, «Identification of Genes That Are Associated with DNA Repeats in Prokaryotes», *Molecular Biology*, 25 de abril de 2002.

6. Entrevistas del autor con Francisco Mojica.

7. Sanne Klompe y Samuel Sternberg, «Harnessing "a Billion Years of

545

Experimentation"», *CRISPR Journal*, 1 de abril de 2018; Eric Keen «A Century of Phage Research», *Bioessays*, enero de 2015; Graham Hatfull y Roger Hendrix, «Bacteriophages and Their Genomes», *Current Opinions in Virology*, 1 de octubre de 2011.

8. Rodríguez Fernández, «Interview with Francis Mojica»; V. Greenwood, «The Unbearable Weirdness of CRISPR»...

9. Entrevistas del autor con Francisco Mojica; Rodríguez Fernández, «Entrevista con Francis Mojica»; K. Davies, «Crazy about CRISPR...».

10. Francisco Mojica *et al.*, «Intervening Sequences of Regularly Spaced Prokaryotic Repeats Derive from Foreign Genetic Elements», *Journal of Molecular Evolution*, febrero de 2005 (recibido el 6 de febrero de 2004 y aceptado el 1 de octubre de 2004).

11. Kira Makarova *et al.*, «A Putative RNA-Interference-Based Immune System in Prokaryotes», *Biology Direct*, 16 de marzo de 2006.

10. EL FREE SPEECH MOVEMENT CAFÉ

1. Entrevistas del autor con Jillian Banfield y Jennifer Doudna; J. A. Doudna y S. H. Sternberg, *A Crack in Creation...*, p. 39; «Deep Surface Biospheres», página del Banfield Laboratory, en el sitio web de la Universidad de Berkeley.

2. Entrevista conjunta del autor con Jillian Banfield y Jennifer Doudna.

3. Entrevista del autor con Jennifer Doudna.

11. UNIÓN DE FUERZAS

1. Entrevistas del autor con Blake Wiedenheft y Jennifer Doudna.

2. Kathryn Clakins, «Finding Adventure. Blake Wiedenheft's Path to Gene Editing», *National Institute of General Medical Sciences*, 11 de abril de 2016.

3. Emily Stifler Wolfe, «Insatiable Curiosity. Blake Wiedenheft Is at the Forefront of CRISPR Research», *Montana State University News*, 6 de junio de 2017.

4. Blake Wiedenheft *et al.*, «An Archaeal Antioxidant. Characterization of a Dps-Like Protein from Sulfolobus solfataricus», *PNAS*, 26 de julio de 2005.

5. Entrevista del autor con Blake Wiedenheft.

6. Entrevista del autor con Blake Wiedenheft.

7. Entrevistas del autor con Martin Jinek y Jennifer Doudna.

8. Kevin Davies «Interview with Martin Jinek», *CRISPR Journal*, abril de 2020.

9. Entrevista del autor con Martin Jinek.

10. M. Jinek y J. Doudna, «A Three-Dimensional View of the Molecular Machinery of RNA Interference»...; Martin Jinek, Scott Coyle y Jennifer A. Doudna, «Coupled 5' Nucleotide Recognition and Processivity in Xrn1-Mediated mRNA Decay», *Molecular Cell*, 4 de marzo de 2011.

11. Entrevistas del autor con Blake Wiedenheft, Martin Jinek, Rachel Haurwitz y Jennifer Doudna.

12. Entrevistas del autor con Blake Wiedenheft y Jennifer Doudna; Blake Wiedenheft *et al.*, «Structural Basis for DNase Activity of a Conserved Protein Implicated in CRISPR-Mediated Genome Defense», *Structure*, 10 de junio de 2009.

13. M. Jinek y J. Doudna, «A Three-Dimensional View of the Molecular Machinery of RNA Interference»...

14. Entrevistas del autor con Martin Jinek, Blake Wiedenheft y Jennifer Doudna.

15. B. Wiedenheft *et al.*, «Structural Basis for DNase Activity of a Conserved Protein...».

12. LOS FABRICANTES DE YOGUR

1. Vannevar Bush, «Science, the Endless Frontier», Office of Scientific Research and Development, 25 de julio de 1945.

2. Matt Ridley, *How Innovation Works*, Londres, HarperCollins, 2020, p. 282.

3. Entrevistas del autor con Rodolphe Barrangou.

4. Rodolphe Barrangou y Philippe Horvath, «A Decade of Discovery. CRISPR Functions and Applications», *Nature Microbiology*, 5 de junio de 2017; Prashant Nair, «Interview with Rodolphe Barrangou», *PNAS*, 11 de julio de 2017; entrevistas del autor con Rodolphe Barrangou.

5. Entrevistas del autor con Rodolphe Barrangou.

6. Rodolphe Barrango *et al.*, «CRISPR Provides Acquired Resistance against Viruses in Prokaryotes», *Science*, 23 de marzo de 2007 (enviado el 29 de noviembre de 2006 y aceptado el 16 de febrero de 2007).

7. Entrevistas del autor con Sylvain Moineau, Jillian Banfield y Rodolphe Barrangou. Programas de los congresos de 2008 a 2012 facilitados por Banfield.

8. Entrevista del autor con Luciano Marraffini.

9. Entrevista del autor con Erik Sontheimer.

10. Entrevistas del autor con Erik Sontheimer y Luciano Marraffini; Luciano Marraffini y Erik Sontheimer, «CRISPR Interference Limits Horizontal Gene Transfer in Staphylococci by Targeting DNA», *Science*, 19 de diciembre de 2008; Erik Sontheimer y Luciano Marraffini, «Target DNA Interference with crRNA», U. S. Provisional Patent Application 61/009, 317, 23 de septiembre de 2008; Erik Sontheimer, declaración de intenciones, National Institutes of Health, 29 de diciembre de 2008.

11. J. A. Doudna y S. H. Sternberg, *A Crack in Creation...*

13. GENENTECH

1. Entrevistas del autor con Jillian Banfield y Jennifer Doudna.

2. Eugene Russo, «The Birth of Biotechnology», *Nature*, 23 de enero de 2003; S. Mukherjee, *The Gene...*, p. 230.

3. Rajendra Bera, «The Story of the Cohen-Boyer Patents», *Current Science*, 25 de marzo de 2009, U. S. Patent 4237224, «Process for Producing Biologically Functional Molecular Chimeras», Stanley Cohen y Herbert Boyer, presentada el 4 de noviembre de 1974; S. Mukherjee, *The Gene...*, p. 237.

4. S. Mukherjee, *The Gene...*, p. 238.

5. Frederic Golden, «Shaping Life in the Lab», *Time*, 9 de marzo de 1981; Laura Fraser, «Clonging Insulin», historia de la empresa Genentech; *San Francisco Examiner*, primera página del 14 de octubre de 1980.

6. Entrevista del autor con Rachel Haurwitz.

7. Entrevista del autor con Jennifer Doudna.

14. EL LABORATORIO

1. Entrevistas del autor con Rachel Haurwitz, Blake Wiedenheft y Jennifer Doudna.

2. Entrevista del autor con Rachel Haurwitz.

3. Rachel Haurwitz *et al.*, «Sequence and Structure-Specific RNA Processing by a CRISPR Endonuclease», *Science*, 10 de septiembre de 2010.

4. Samuel Sternberg *et al.*, «Translation Factors Direct Intrinsic Ribosome Dynamics during Translation Termination and Ribosome Recycling», *Nature Structural and Molecular Biology*, 13 de juio de 2009.

5. Entrevistas del autor con Sam Sternberg.

6. Entrevistas del autor con Sam Sternberg y Jennifer Doudna.

7. Entrevistas del autor con Sam Sternberg y Jennifer Doudna; Sam Sternberg, «Mechanism and Engineering of CRISPR-Associated Endonucleases», tesis de doctorado, Universidad de California, Berkeley, 2014.

8. Samuel Sternberg *et al.*, «DNA Interrogation by the CRISPR RNA-Guided Endonuclease Cas9», *Nature*, 29 de enero de 2014; Sy Redding *et al.*, «Surveillance and Processing of Foreign DNA by the *Escherichia coli* CRISPR-Cas System», *Cell*, 5 de noviembre de 2015.

9. Blake Wiedenheft *et al.*, «RNA-Guided Genetic Silencing Systems in Bacteria and Archaea», *Nature*, 14 de febrero de 2012.

10. Entrevistas del autor con Sam Sternberg.

11. Entrevistas del autor con Ross Wilson y Martin Jinek.

12. Marc Lerchenmueller *et al.*, «Gender Differences in How Scientists Present the Importance of Their Research», *BMJ*, 19 de diciembre de 2019; Olga Khazan, «Carry Yourself with the Confidence of a Male Scientist», *Atlantic*, 17 de diciembre de 2019.

13. Entrevistas del autor con Blake Wiedenheft y Jennifer Doudna; Blake Wiedenheft *et al.*, «Structures of the RNA-Guided Surveillance Complex from a Bacterial Immune System», *Nature*, 21 de septiembre de 2011 (recibido el 7 de mayo de 2011 y aceptado el 27 de julio de 2011).

15. CARIBOU

1. Entrevista del autor con Jennifer Doudna y Rachel Haurwitz.

2. Gary Pisano, «Can Science Be a Business?», *Harvard Business Review*, octubre de 2006; Saurabh Bhatia, «History, Scope and Development of Biotechnology», *IPO Science*, mayo de 2018.

3. Entrevistas de autor con Rachek Haurwitz y Jennifer Doudna.

4. V. Bush, «Science, the Endless Frontier»...

5. «Sparking Economic Growth», The Science Coalition, abril de 2017.

6. «Kit for Global RNP Profiling», subvención de los NIH 1R43GM105087-01, para Rachel Haurwitz y Caribou Biosciences, 15 de abril de 2013.

7. Entrevistas del autor con Jennifer Doudna y Rachel Haurwitz; Robert Sanders, «Gates Foundation Awards $100,000 Grants for Novel Global Health Research», *Berkeley News*, 10 de mayo de 2010.

16. EMMANUELLE CHARPENTIER

1. Entrevistas del autor con Emmanuelle Charpentier. Este capítulo también se basa en Uta Deffke, «An Artist in Gene Editing», *Max Planck Research Magazine*, enero de 2016; «Interview with Emmanuelle Charpentier», *FEMS Microbiology Letters*, 1 de febrero de 2018; Alison Abbott, «A CRISPR Vision», *Nature*, 28 de abril de 2016; Kevin Davies, «Finding Her Niche. An Interview with Emmanuelle Charpentier», *CRISPR Journal*, 21 de febrero de 2019; Margaret Knox, «The Gene Genie», *Scientific American*, diciembre de 2014; Jennifer Doudna, «Why Genome Editing Will Change Our Lives», *Financial Times*, 24 de marzo de 2018; Martin Jinek *et al.*, «A Programmable Dual-RNA–Guided DNA Endonuclease in Adaptive Bacterial Immunity», *Science*, 17 de agosto de 2012.

2. Entrevista del autor con Emmanuelle Charpentier.

3. Entrevistas del autor con Rodger Novak y Emmanuelle Charpentier; Rodger Novak *et al.*, «Signal Transduction by a Death Signal Peptide Uncovering the Mechanism of Bacterial Killing by Penicillin», *Molecular Cell*, 1 de enero de 2000.

4. Emmanuelle Charpentier *et al.*, «Plakoglobin Suppresses Epithelial Proliferation and Hair Growth in Vivo», *Journal of Cell Biology*, mayo de 2000; Monika Mangold *et al.*, «Synthesis of Group A Streptococcal Virulence Factors Is Controlled by a Regulatory RNA Molecule», *Molecular Biology*, 3 de agosto de 2004; K. Davies, «Finding Her Niche...»; Philip Hemme, «Fireside Chat with Rodger Novak», Refresh Berlin, 24 de mayo de 2016, <www.labiotech.eu>.

5. Entrevista del autor con Emmanuelle Charpentier.

6. Elitza Deltcheva *et al.*, «CRISPR RNA Maturation by Trans-encoded Small RNA and Host Factor RNase III», *Nature*, 31 de marzo de 2011.

7. Entrevistas del autor con Emmanuelle Charpentier, Jennifer Doudna, Erik Sontheimer; J. A. Doudna y S. H. Sternberg, *A Crack in Creation...*, pp. 71-73.

8. Entrevistas del autor con Martin Jinek y Jennifer Doudna. Véase también la entrevista con Martin Jinek por Kevin Davies, *CRISPR Journal*, abril de 2020.

17. CRISPR-Cas9

1. Entrevistas del autor con Martin Jinek, Jennifer Doudna y Emmanuelle Charpentier.

NOTAS DE LAS PÁGINAS 163 A 180

2. Richard Aher, «An Interview with Krzysztof Chylinski», *Pioneers Zero21*, octubre de 2018.

3. Entrevistas del autor con Jennifer Doudna, Emmanuelle Charpentier, Martin Jinek y Ross Wilson.

4. Entrevistas del autor con Jennifer Doudna y Martin Jinek.

5. Entrevistas del autor con Jennifer Doudna, Martin Jinek, Sam Sternberg, Rachel Haurwitz y Ross Wilson.

18. *SCIENCE*, 2012

1. Entrevistas del autor con Jennifer Doudna, Emmanuelle Charpentier y Martin Jinek.

2. M. Jinek *et al.*, «A Programmable Dual-RNA–Guided DNA Endonuclease in Adaptive Bacterial Immunity»...

3. Entrevista del autor con Emmanuelle Charpentier.

4. Entrevistas del autor con Emmanuelle Charpentier, Jennifer Doudna, Martin Jinek y Sam Sternberg.

19. UNAS PONENCIAS EN DUELO

1. Entrevista del autor con Virginijus Šikšnys.

2. Giedrius Gasiunas *et al.*, «Cas9–crRNA Ribonucleoprotein Complex Mediates Specific DNA Cleavage for Adaptive Immunity in Bacteria», *PNAS*, 25 de septiembre de 2012 (recibido el 21 de mayo de 2012 y aprobado el 1 de agosto; publicado en línea el 4 de septiembre).

3. Entrevista del autor con Rodolphe Barrangou.

4. Entrevista del autor con Eric Lander.

5. Entrevistas del autor con Eric Lander y Jennifer Doudna.

6. Entrevista del autor con Rodolphe Barrangou.

7. Virginijus Šikšnys *et al.*, «RNA-Directed Cleavage by the Cas9-crRNA Complex», solicitud de patente internacional WO 2013/142578 Al con fecha de prioridad de 20 de marzo de 2012, tramitación formal de 20 de marzo de 2013 y publicación del 26 de septiembre de 2013.

8. Entrevistas del autor con Virginijus Šikšnys, Jennifer Doudna, Sam Sternberg, Emmanuelle Charpentier y Martin Jinek.

9. Entrevistas del autor con Sam Sternberg, Rodolphe Barrangou, Erik Sontheimer, Virginijus Šikšnys, Jennifer Doudna, Martin Jinek y Emmanuelle Charpentier.

TERCERA PARTE
LA EDICIÓN DE LOS GENES

20. UNA HERRAMIENTA PARA HUMANOS

1. Srinivasan Chandrasegaran y Dana Carroll, «Origins of Programmable Nucleases for Genome Engineering», *Journal of Molecular Biology*, 27 de febrero de 2016.

21. LA CARRERA

1. Entrevistas del autor con Jennifer Doudna; J. A. Doudna y S. H. Sternberg, *A Crack in Creation...*, p. 242.
2. Ferric C. Fang y Arturo Casadevall, «Is Competition Ruining Science?», *American Society for Microbiology*, abril de 2015; Melissa Anderson *et al.*, «The Perverse Effects of Competition on Scientists' Work and Relationships», *Science Engineering Ethics*, diciembre de 2007; Matt Ridley, «Two Cheers for Scientific Backbiting», *The Wall Street Journal*, 27 de julio de 2012.
3. Entrevista del autor con Emmanuelle Charpentier.

22. FENG ZHANG

1. Entrevistas del autor con Feng Zhang. Esta sección también se basa en Eric Topol, entresvita con Feng Zhang, *Medscape*, 31 de marzo de 2017, <https://www.medscape.com/viewarticle/877785>; Michael Specter, «The Gene Hackers», *The New Yorker*, 8 de noviembre de 2015; Sharon Begley, «Meet One of the World's Most Groundbreaking Scientists», *Stat*, 6 de noviembre de 2015.
2. Galen Johnson «Gifted and Talented Education Grades K-12 Program Evaluation», Des Moines Public Schools, septiembre de 1996.
3. Edward Boyden *et al.*, «Millisecond-Timescale, Genetically Targeted Optical Control of Neural Activity», *Nature Neuroscience*, 14 de agosto de 2005; Alexander Aravanis *et al.*, «An Optical Neural Interface. *In vivo* Control of Rodent Motor Cortex with Integrated Fiberoptic and Optogenetic Technology», *Journal of Neural Engineering*, septiembre de 2007.
4. Feng Zhang *et al.*, «Efficient Construction of Sequence-Specific TAL Effectors for Modulating Mammalian Transcription», *Nature Biotechnology*, 19 de enero de 2011.

23. GEORGE CHURCH

1. Esta sección se basa en las entrevistas y visitas del autor a George Church, así como en Ben Mezrich, *Woolly*, Nueva York, Atria Books, 2017; Anna Azvolinsky, «Curious George», *The Scientist*, 1 de octubre de 2016; Sharon Begley, «George Church Has a Wild Idea to Upend Evolution», *Stat*, 16 de mayo de 2016; Prashant Nair, «George Church», *PNAS*, 24 de julio de 2012; Jeneen Interlandi, «The Church of George Church», *Popular Science*, 27 de mayo de 2015.

2. B. Mezrich, *Woolly...*, p. 43.

3. «George Church Oral History», National Human Genome Research Institute, 26 de julio de 2017.

4. Nicholas Wade, «Regenerating a Mammoth for $10 Million», *The New York Times*, 19 de noviembre de 2008; Nicholas Wade, «The Wooly Mammoth's Last Stand», *The New York Times*, 2 de marzo de 2017; B. Mezrich, *Woolly...*

5. Entrevistas del autor con George Church y Jennifer Doudna.

24. ZHANG SE PASA A CRISPR

1. Josiane Garneau *et al.*, «The CRISPR/Cas Bacterial Immune System Cleaves Bacteriophage and Plasmid DNA», *Nature*, 3 de noviembre de 2010.

2. K. Davies, *Editing Humanity...*, p. 80; entrevista del autor con Le Cong.

3. Entrevistas del autor con Eric Lander y Feng Zhang; S. Begley, «George Church Has a Wild Idea...»; Michael Specter, «The Gene Hackers», *The New Yorker*, 8 de noviembre de 2015; K. Davies, *Editing Humanity...*, p. 82.

4. Feng Zhang, «Confidential Memorandum of Invention», 13 de febrero de 2013.

5. David Altshuler *et al.*, solicitud de fondos 1R01DK097758-01, «Isogenic Human Pluripotent Stem Cell-Based Models of Human Disease Mutations», *National Institutes of Health*, 12 de enero de 2012.

6. Broad Opposition 3, réplica UC 3.

7. Entrevistas del autor con Luciano Marraffini y Erik Sontheimer; L. Marraffini y E. Sontheimer, «CRISPR Interference Limits Horizontal Gene Transfer in Staphylococci by Targeting DNA»...; E. Sontheimer y L. Marraffini, «Target DNA Interference with crRNA»...; Kevin Davies, «Interview with Luciano Marraffini», *CRISPR Journal*, febrero de 2020.

8. Entrevistas del autor con Luciano Marraffini y Feng Zhang; correo electrónico de Zhang a Marraffini del 2 de enero de 2012 (facilitado por Marraffini).

9. Correo electrónico de Marraffini a Zhang del 11 de enero de 2012.

10. Eric Lander, «The Heroes of CRISPR», *Cell*, 14 de enero de 2016.

11. Entrevistas del autor con Feng Zhang.

12. Feng Zhang, «Declaration in Connection with U. S. Patent Application Serial 14/0054,414», USPTO, 30 de enero de 2014.

13. Shuailiang Lin, «Summary of CRISPR Work during Oct. 2011-June 2012», prueba n.º 14 de la declaración de Neville Sanjana, 23 de julio de 2015 y UC *et al.*, réplica 3, prueba 1614, en *Broad v. UC*, Patent Interference 106,048.

14. Correo electrónico de Shuailiang Lin a Jennifer Doudna, del 28 de febrero de 2015.

15. Antonio Regalado, «In CRISPR Fight, Co-Inventor Says Broad Institute Misled Patent Office», *MIT Technology Review*, 17 de agosto de 2016.

16. Entrevistas del autor con Dana Carroll; Dana Carroll, «Declaration in Support of Suggestion of Interference», Universidad de California, prueba 1476, Patent Interference 106,048, 10 de abril de 2015.

17. D. Carroll, «Declaration...»; Berkeley *et al.*, «List of Intended Motions», Patent Interference 106,115, USPTO, 30 de julio de 2019.

18. Entrevistas del autor con Jennifer Doudna y Feng Zhang; Broad *et al.*, «Contingent Responsive Motion 6» y «Constructive Reduction to Practice by Embodiment 17», UPSTO, Patent Interference, 106,048, 22 de junio de 2016.

19. Entrevistas del autor con Feng Zhang y Luciano Marraffini. Véase también K. Davies «Interview with Luciano Marraffini».

25. DOUDNA SE SUMA A LA CARRERA

1. Entrevistas del autor con Martin Jinek y Jennifer Doudna.

2. Melissa Pandika, «Jennifer Doudna, CRISPR Code Killer», *Ozy*, 7 de enero de 2014.

3. Entrevistas del autor con Jennifer Doudna y Martin Jinek.

26. LA FOTO DE LLEGADA

1. Entrevistas del autor con Feng Zhang; Fei Ann Ran, «CRISPR/Cas9», *NABC Report*, 26, Allan Eaglesham y Ralph Hardy (eds.), 8 de octubre de 2014.
2. Le Cong *et al.* «Multiplex Genome Engineering Using CRISPR/Cas Systems», *Science*, 15 de febrero de 2013 (recibido el 5 de octubre de 2012, aceptado en diciembre de 2012 y publicado online el 3 de enero de 2013).
3. Entrevistas del autor con George Church, Eric Lander y Feng Zhang.
4. Entrevistas del autor por correo electrónico con Le Cong.
5. Entrevista del autor con George Church.
6. Prashant Mali, *et al.*, «RNA-Guided Human Genome Engineering via Cas9», *Science*, 15 de febrero de 2013 (recibido el 26 de octubre de 2012, aceptado el 12 de diciembre de 2012 y publicado en línea el 3 de enero de 2013).

27. EL ESPRINT FINAL DE DOUDNA

1. M. Pandika, «Jennifer Doudna, CRISPR Code Killer»...
2. Entrevistas del autor con Jennifer Doudna y Martin Jinek.
3. Michael M. Cox, Jennifer Doudna y Michael O'Donnell, *Molecular Biology. Principles and Practice*, Nueva York, W. H. Freeman, 2011; la primera edición se encuentra a ciento noventa y cinco dólares.
4. Se trataba de Detlef Weigel, del Instituto Max Planck de Biología del Desarrollo.
5. Entrevistas del autor con Emmanuelle Charpentier y Jennifer Doudna.
6. Carta con la decisión de Detlef Weigel y respuesta como autora de Jennifer Doudna, *eLife*, 29 de enero de 2013.
7. Martin Jinek *et al.*, «RNA-Programmed Genome Editing in Human Cells», *eLife*, 29 de enero de 2013 (recibido el 15 de diciembre de 2012 y aceptado el 3 de enero de 2013).
8. Correo electrónico de Jin-Soo Kim a Jennifer Doudna, 16 de julio de 2012; Seung Woo Cho *et al.*, «Targeted Genome Engineering in Human Cells with the Cas9 RNA-Guided Endonuclease», *Nature Biotechnology*, marzo de 2013 (recibido el 20 de noviembre de 2012, aceptado el 14 de enero de 2013 y publicado en línea el 29 de enero de 2013).

9. Woong Y. Hwang *et al.*, «Efficient Genome Editing in Zebrafish Using a CRISPR-Cas System», *Nature Biotechnology*, 29 de enero de 2013.

28. Fundando empresas

1. Entrevistas del autor con Andy May, Jennifer Doudna y Rachel Haurwitz.
2. Entrevista con George Church, «Can Neanderthals Be Brought Back from the Dead?», *Der Spiegel*, 18 de enero de 2013; David Wagner, «How the Viral Neanderthal-Baby Story Turned Real Science into Junk Journalism», *The Atlantic*, 22 de enero de 2013.
3. Entrevista del autor con Rodger Novak; P. Hemme, «Fireside Chat with Rodger Novak»...; Jon Cohen, «Birth of CRISPR Inc.», *Science*, 17 de febrero de 2017; entrevistas del autor con Emmanuelle Charpentier.
4. Entrevistas del autor con Jennifer Doudna, George Church y Emmanuelle Charpentier.
5. Entrevistas del autor con Rodger Novak y Emmanuelle Charpentier.
6. Entrevista del autor con Andy May.
7. P. Hemme, «Fireside Chat with Rodger Novak»...
8. Entrevistas del autor con Jennifer Doudna.
9. Editas Medicine, SEC 10-K, presentación 2016 y 2019; John Carroll, «Biotech Pioneer in "Gene Editing" Launches with $43M in VC Cash», *FierceBiotech*, 25 de noviembre de 2013.
10. Entrevistas del autor con Jennifer Doudna, Rachel Haurwitz, Erik Sontheimer y Luciano Marraffini.

29. «Mon amie»

1. Entrevistas del autor con Jennifer Doudna, Emmanuelle Charpentier y Martin Jinek, Martin Jinek *et al.*, «Structures of Cas9 Endonucleases Reveal RNA-Mediated Conformational Activation», *Science*, 14 de marzo de 2014.
2. Jennifer Doudna y Emmanuelle Charpentier, «The New Frontier of Genome Engineering with CRISPR-Cas9», *Science*, 28 de noviembre de 2014.
3. Entrevistas del autor con Jennifer Doudnay Emmanuelle Charpentier.

4. P. Hemme, «Fireside Chat with Rodger Novak»...

5. Entrevista del autor con Rodolphe Barrangou.

6. K. Davies, *Editing Humanity...*, p. 96.

7. Entrevista del autor con Jennifer Doudna; «CRISPR Timeline», sitio web del Broad Institute, <www.broadinstitute.org>.

8. Entrevista del autor con Eric Lander; ceremonia de los premios Breakthrough, 19 de marzo de 2015.

9. Entrevistas del autor con Jennifer Doudna y George Church; ceremonia de los premios Gairdner, 27 de octubre de 2016.

30. LOS HÉROES DE LAS CRISPR

1. Entrevistas del autor con Eric Lander y Emmanuelle Charpentier.

2. E. Lander, «The Heroes of CRISPR»...

3. Michael Eisen, «The Villain of CRISPR», *It Is Not Junk*, 25 de enero de 2016.

4. E. Lander, «The Heroes of CRISPR», ochenta y cuatro comentarios, *PubPeer*, <https://pubpeer.com/pub lications/D400145518C0A557E9A-79F7BB20294>; Sharon Begley, «Controversial CRISPR History Set Off an Online Firestorm», *Stat*, 19 de enero de 2016.

5. Nathaniel Comfort, «A Whig History of CRISPR», *Genotopia*, 18 de enero de 2016; @nccom, «I made a hashtag that became a thing! #Landergate», Twitter, 27 de enero de 2016.

6. Antonio Regalado, «A Scientist's Contested History of CRISPR», *MIT Technology Review*, 19 de enero de 2016.

7. Ruth Reader, «These Women Helped Create CRISPR Gene Editing. So Why Are They Written Out of Its History?», *Mic*, 22 de enero de 2016; Joanna Rothkopf, «How One Man Tried to Write Women Out of CRISPR, the Biggest Biotech Innovation in Decades», *Jezebel*, 20 de enero de 2016.

8. Stephen Hall, «The Embarrassing, Destructive Fight over Biotech's Big Breakthrough», *Scientific American*, 4 de febrero de 2016.

9. Tracy Vence, «"Heroes of CRISPR" Disputed», *The Scientist*, 19 de enero de 2016.

10. Entrevista del autor con Jack Szostak.

11. Eric Landeer, correo electrónico al personal del Instituto Broad, 28 de enero de 2016.

12. Joel Achenbach, ««Eric Lander Talks CRISPR and the Infamous Nobel "Rule of Tree"», *The Washington Post*, 21 de abril de 2016.

31. LAS PATENTES

1. Diamond contra Chakrabarty, 447 U.S. 303, Tribunal Supremo de Estados Unidos, 1980; Douglas Robinson y Nina Medlock, «Diamond v. Chakrabarty. A Retrospective on 25 Years of Biotech Patents», *Intellectual Property & Technology Law Journal*, octubre de 2005.

2. Michael Eisen, «Patents Are Destroying the Soul of Academic Science», en el blog *it is NOT junk*, 20 de febrero de 2017. Véase también Alfred Engelberg, «Taxpayers Are Entitled to Reasonable Prices on Federally Funded Drug Discoveries», *Modern Healthcare*, 18 de julio de 2018.

3. Entrevista del autor con Eldora Ellison.

4. Martin Jinek, Jennifer Doudna, Emmanuelle Charpentier y Krzysztof Chylinski, solicitud de patente 61/652,086, Estados Unidos, «Methods and Compositions, for RNA-Directed Site-Specific DNA Modification», presentada el 25 de mayo de 2012; Jacob Sherkow, «Patent Protection for CRISPR», *Journal of Law and the Biosciences*, 7 de diciembre de 2017.

5. «CRISPR-Cas Systems and Methods for Altering Expressions of Gene Products», solicitud provisional, n.º 61/736.527, presentada el 12 de diciembre de 2012, la cual se materializaría, en 2014, en la patente n.º 8.697.359, Estados Unidos. En dicha solicitud, revisada más adelante, se incluía a Luciano Marraffini junto con Feng Zhang, Le Cong y Shuailiang Lin como inventores.

6. La primera solicitud de patente y documentos relacionados de Zhang y el Broad puede encontrarse en la Oficina de Patentes de Estados Unidos como solicitud de patente provisional n.º 61/736.527, Estados Unidos. Los documentos de Doudna/Charpentier/Berkeley se encuentran como solicitud de patente provisional n.º 61/652.086, Estados Unidos. Una buena guía para seguir los problemas relacionados con las patentes es el trabajo de Jacob Sherkow, de la facultad de Derecho de Nueva York: «Law, History and Lessons in the CRISPR Patent Conflict», *Nature Biotechnology*, marzo de 2015; «Patents in the Time of CRISPR», *Biochemist*, junio de 2016; «Inventive Steps. The CRISPR Patent Dispute and Scientific Progress», *EMBO Reports*, 23 de mayo de 2017; «Patent Protection for CRISPR».

7. Entrevistas del autor con George Church, Jennifer Doudna, Erik Lander y Feng Zhang.

8. «CRISPR-Cas Systems and Methods for Altering Expressions of Gene Products», solicitud provisional n.º 61/736.527.

9. Entrevistas del autor con Luciano Marraffini.

10. Entrevistas del autor con Feng Zhang y Eric Lander; E. Lander, «The Heroes of CRISPR»...

11. Patente n.º 8.697.359, Estados Unidos.

12. Entrevistas del autor con Andy May y Jennifer Doudna.

13. Aplicación de patente provisional 2012/61652086P, Estados Unidos, y aplicación de patente provisional 2014/0068797A1, Estados Unidos, de Doudna *et al.*; solicitud de patente provisional 2012/61736527P, Estados Unidos. (12 de diciembre de 2012) y patente concedida 8.697.359 B1, Estados Unidos (15 de abril de 2014), de Zhang *et al.*

14. «Suggestion of Interference» y «Declaration of Dana Carroll, PhD, in Support of Suggestion of Interference», en el documento en referencia a la solicitud de la patente de Jennifer Doudna *et al.*, n.º de serie 2013/842859, Oficina de Patentes y Marcas de Estados Unidos, 10 y 13 de abril de 2015; Mark Summerfield, «CRISPR–Will This Be the Last Great US Patent Interference?», *Patentology*, 11 de julio de 2015; Jacob Sherkow, «The CRISPR Patent Interference Showdown Is On», blog de la facultad de Derecho de Stanford, 29 de diciembre de 2015; Antonio Regalado, «CRISPR Patent Fight Now a Winner-Take-All Match», *MIT Technology Review*, 15 de abril de 2015.

15. Feng Zhang, «Declaration», en el documento en referencia a la solicitud de patente de Feng Zhang, n.º de serie 2014/054,414, 30 de enero de 2014, facilitado al autor para uso privado.

16. *In re Dow Chemical Co.*, 837 F.2d 469.473 (Circuito Federal 1988).

17. Jacob Sherkow, «Inventive Steps. The CRISPR Patent Dispute and Scientific Progress», *EMBO Reports*, 23 de mayo de 2017; Broad *et al.*, petición de respuesta contingente 6 en favor de la solicitud 61/736.527 de Broad *et al.*, USPTO, 22 de junio de 2016; Universidad de California *et al.*, petición en contrario 2, caso de interferencia de patentes 106,048, USPTO, 15 de agosto de 2016 (alegaciones en contra del Broad de que no existe una interferencia de hecho).

18. Alessandra Potenza, «Who Owns CRISPR?», *The Verge*, 6 de diciembre de 2016; Jacob Sherkow, «Biotech Trial of the Century Could Determine Who Owns CRISPR», *MIT Technology Review*, 7 de diciembre de 2016; Sharon Begley, «CRISPR Court Hearing Puts University of California on the Defensive», *Stat*, 6 de diciembre de 2016.

19. Transcripción de los alegatos orales ante el tribunal de patentes, 6 de diciembre de 2016, caso de interferencia de patentes 106,048, Oficina de Patentes y Marcas de Estados Unidos.

20. Entrevista a Jennifer Doudna, *Catalyst*, facultad de Química de la Universidad de Berkeley, 10 de julio de 2014.

21. Petición sustantiva de Berkeley 4, caso de interferencia de patentes 106,048, 23 de mayo de 2016. Véanse también las peticiones sustantivas 2, 3 y 5 del Broad.

22. Juicio y decisión del Tribunal de Patentes sobre las peticiones, caso de interferencia de patentes 106,048, 15 de febrero de 2017.

23. Decisión de la jueza Kimberly Moore, caso de interferencia de patentes 106.048, Tribunal de Apelaciones de Estados Unidos para el Circuito Federal, 10 de septiembre de 2018.

24. Entrevistas del autor con Eldora Ellison.

25. Interferencia de patente n.º 106.115, juicio de la patente y sala de recursos, 24 de junio de 2019.

26. Alegato oral, interferencia de patente n.º 106.115, juicio de la patente y sala de recursos, 18 de mayo de 2020.

27. «Methods and Compositions for RNA-Directed Target DNA Modification», Oficina Europea de Patentes, patente EP2800811, concedida el 7 de abril de 2017; Jef Akst, «UC Berkeley Receives CRISPR Patent in Europe», *The Scientist*, 24 de marzo de 2017; J. Sherkow, «Inventive Steps...».

28. Entrevistas del autor con Luciano Marraffini; «Engineering of Systems, Methods, and Optimized Guide Compositions for Sequence Manipulation», Oficina Europea de Patentes, patente EP2771468; Kelly Servick, «Broad Institute Takes a Hit in European CRISPR Patent Struggle», *Science*, 18 de enero de 2018; Rory O'Neill, «EPO Revokes Broad's CRISPR Patent», *Life Sciences Intellectual Property Review*, 16 de enero de 2020.

29. Entrevista del autor con Andy May.

CUARTA PARTE
LAS CRISPR EN ACCIÓN

32. LAS TERAPIAS

1. Rob Stein, «In a First, Doctors in U. S. Use CRISPR Tool to Treat Patient with Genetic Disorder», *Morning Edition*, NPR, 29 de julio de 2019; Rob Stein, «A Young Mississippi Woman's Journey through a Pioneering Gene-Editing Experiment», *All Things Considered*, NPR, 25 de diciembre de 2019.

2. «CRISPR Therapeutics and Vertex Announce New Clinical Data», *CRISPR Therapeutics*, 12 de junio de 2020.

3. Rob Stein, «A Year In, 1st Patient to Get Gene-Editing for Sickle Cell Disease Is Thriving», *Morning Edition*, NPR, 23 de junio de 2020.

4. Entrevista del autor con Emmanuelle Charpentier.

5. Entrevista del autor con Jennifer Doudna.

6. «Proposal for an IGI Sickle Cell Initiative», Innovative Genomics Institute, febrero de 2020.

7. Preetika Rana, Amy Dockser Marcus y Wenxin Fan, «China, Unhampered by Rules, Races Ahead in Gene-Editing Trials», *The Wall Street Journal*, 21 de enero de 2018.

8. David Cyranoski, «CRISPR Gene-Editing Tested in a Person for the First Time», *Nature,* 15 de noviembre de 2016.

9. Jennifer Hamilton y Jennifer Doudna, «Knocking Out Barriers to Engineered Cell Activity», *Science*, 6 de febrero de 2020; Edward Stadtmauer *et al.*, «CRISPR-Engineered T Cells in Patients with Refractory Cancer», *Science*, 6 de febrero de 2020.

10. «CRISPR Diagnostics in Cancer Treatments», página web de Mammoth Biosciences, 11 de junio de 2019.

11. «Single Ascending Dose Study in Participants with LCA10», ClinicalTrials.gov, 13 de marzo de 2019, identificador: NCT03872479; Morgan Maeder *et al.,* «Development of a Gene-Editing Approach to Restore Vision Loss in Leber Congenital Amaurosis Type 10», *Nature*, 21 de enero de 2019.

12. Marilynn Marchione, «Doctors Try 1st CRISPR Editing in the Body for Blindness», AP, 4 de marzo de 2020.

13. Sharon Begley, «CRISPR Babies' Lab Asked U. S. Scientist for Help to Disable Cholesterol Gene in Human Embryos», *Stat*, 4 de diciembre de 2018; Anthony King, «A CRISPR Edit for Heart Disease», *Nature*, 7 de marzo de 2018.

14. Matthew Porteus, «A New Class of Medicines through DNA Editing», *New England Journal of Medicine*, 7 de marzo de 2019; Sharon Begley, «CRISPR Trackr. Latest Advances», *Stat Plus.*

33. EL BIOHACKEO

1. Josiah Zayner, «DIY Human CRISPR Myostatin Knock-Out», YouTube, 6 de octubre de 2017; Sarah Zhang, «Biohacker Regrets Injecting Himself with CRISPR on Live TV», *The Atlantic*, 20 de febrero de 2018; Stephanie Lee, «This Guy Says He's the First Person to Attempt Editing His DNA with CRISPR», *BuzzFeed*, 14 de octubre de 2017.

2. Kate McLean y Mario Furloni, «Gut Hack», *The New York Times,* documental de opinión, 11 de abril de 2017; Arielle Duhaime-Ross, «A Bitter Pill», *The Verge*, 4 de mayo de 2016.

3. «About us», The Odin, <https://www.the-odin .com /about-us/; entrevistas del autor con Josiah Zayner>.

4. Entrevistas del autor con Josiah Zayner y Kevin Doxzen.

5. Entrevista del autor con Josiah Zayner. Véase también Josiah Zayner, «CRISPR Babies Scientist He Jiankui Should Not Be Villainized», *Stat*, 2 de enero de 2020.

34. LA DARPA Y LOS ANTI-CRISPR

1. Heidi Ledford, «CRISPR, the Disruptor», *Nature*, 3 de junio de 2015. Danilo Maddalo *et al.*, «In vivo Engineering of Oncogenic Chromosomal Rearrangements with the CRISPR /Cas9 System», *Nature,* 22 de octubre de 2014; Sidi Chen *et al.*, «Genome-wide CRISPR Screen in a Mouse Model of Tumor Growth and Metastasis», *Cell*, 12 de marzo de 2015.

2. James Clapper, «Threat Assessment of the U. S. Intelligence Community», 9 de febrero de 2016; Antonio Regalado, «The Search for the Kryptonite That Can Stop CRISPR», *MIT Technology Review*, 2 de mayo de 2019; Robert Sanders, «Defense Department Pours $65 Million into Making CRISPR Safer», *Berkeley News*, 19 de julio de 2017.

3. Defense Advanced Research Projects Agency, «Building the Safe Genes Toolkit», 19 de julio de 2017.

4. Entrevista del autor con Jennifer Doudna.

5. Entrevista del autor con Joe Bondy-Denomy; Joe Bondy-Denomy *et al.*, «Bacteriophage Genes That Inactivate the CRISPR /Cas Bacterial Immune System», *Nature*, 17 de enero de 2013; Elie Dolgin, «Kill Switch for CRISPR Could Make Gene Editing Safer», *Nature*, 15 de enero de 2020.

6. Jiyung Shin *et al.*, «Disabling Cas9 by an Anti-CRISPR DNA Mimic», *Science Advances*, 12 de julio de 2017.

7. Nicole D. Marino *et al.*, «Anti-CRISPR Protein Applications. Natural Brakes for CRISPR-Cas Technologies», *Nature Methods*, 16 de marzo de 2020.

8. Entrevista del autor con Fiódor Urnov; Emily Mullin, «The Defense Department Plans to Build Radiation-Proof CRISPR Soldiers», *One Zero*, 27 de septiembre de 2019.

9. Entrevistas del autor con Jennifer Doudna y Gavin Knott.

10. Entrevistas del autor con Josiah Zayner.

QUINTA PARTE
CIENTÍFICO PÚBLICO

35. LAS REGLAS DEL CAMINO

1. Robert Sinsheimer, «The Prospect of Designed Genetic Change», *Engineering and Science*, Caltech, abril 1969.

2. Bentley Glass, Presidential Address to the AAAS, 28 de diciembre de 1970, *Science*, 8 de enero de 1971.

3. John Fletcher, *The Ethics of Genetic Control. Ending Reproductive Roulette*, Nueva York, Doubleday, 1974, p. 158.

4. Paul Ramsey, *Fabricated Man*, New Haven, Yale University Press, 1970, p. 138. [Hay trad. cast.: *El hombre fabricado*, Madrid, Guadarrama, 1973.]

5. Ted Howard y Jeremy Rifkin, *Who Should Play God?*, Nueva York, Delacorte Press, 1977, p. 14; Dick Thompson, «The Most Hated Man in Science», *Time*, 4 de diciembre de 1989.

6. Shane Crotty, *Ahead of the Curve*, Berkeley, University of California Press, 2003, p. 93; S. Mukherjee, *The Gene...*, 225.

7. Paul Berg *et al.*, «Potential Biohazards of Recombinant DNA Molecules», *Science*, 26 de julio de 1974.

8. Entrevista del autor con David Baltimore; Michael Rogers, «The Pandora's Box Conference», *Rolling Stone*, 19 de junio de 1975; Michael Rogers, *Biohazard*, Nueva York, Random House, 1977; S. Crotty, *Ahead of the Curve...*, pp. 104-108; S. Mukherjee, *The Gene...*, pp. 226-30; Donald S. Fredrickson, «Asilomar and Recombinant DNA. The End of the Beginning», en *Biomedical Politics*, National Academies Press, 1991; Richard Hindmarsh y Herbert Gottweis, «Recombinant Regulation. The Asilomar Legacy 30 Years On», *Science as Culture*, otoño de 2005; Daniel Gregorowius, Nikola Biller-Andorno y Anna Deplazes-Zemp, «The Role of Scientific Self-Regulation for the Control of Genome Editing in the Human Germline», *EMBO Reports*, 20 de febrero de 2017; Jim Kozubek, *Modern Prometheus*, Cambridge, Cambridge University Press, 2016, p. 124.

9. Entrevistas del autor con James Watson y David Baltimore.

10. Paul Berg *et al.*, «Summary Statement of the Asilomar Conference on Recombinant DNA Molecules», *PNAS*, junio de 1975.

11. Paul Berg, «Asilomar and Recombinant DNA», *The Scientist*, 18 de marzo de 2002.

12. R. Hindmarsh y H. Gottweis, «Recombinant Regulation...», p. 301.

13. Claire Randall, Rabbi Bernard Mandelbaum y Bishop Thomas Kelly, «Message from Three General Secretaries to President Jimmy Carter», 20 de junio de 1980.

14. Morris Abram *et al.*, *Splicing Life*, President's Commission for the Study of Ethical Problems in Medicine and Biomedical and Behavioral Research, 16 de noviembre de 1982.

15. Alan Handyside *et al.*, «Birth of a Normal Girl after *in vitro* Fertilization and Preimplantation Diagnostic Testing for Cystic Fibrosis», *New England Journal of Medicine*, septiembre de 1992.

16. Roger Ebert, *Gattaca*, reseña, 24 de octubre de 1997, <rogerebert. com>.

17. Gregory Stock y John Campbell, *Engineering the Human Germline*, Nueva York, Oxford University Press, 2000, pp. 73-95; entrevistas del autor con James Watson; Gina Kolata, «Scientists Brace for Changes in Path of Human Evolution», *The New York Times*, 21 de marzo de 1998.

18. Steve Connor, «Nobel Scientist Happy to "Play God" with DNA», *The Independent*, 17 de mayo de 2000.

19. Lee Silver, *Remaking Eden*, Nueva York, Avon, 1997, p. 4. [Hay trad. cast.: *Vuelta al Edén. Más allá de la clonación en un mundo feliz*, Madrid, Taurus, 1998.]

20. Lee Silver, «Reprogenetics. Third Millennium Speculation», *EMBO Reports*, 15 de noviembre de 2000.

21. Gregory Stock, *Redesigning Humans. Our Inevitable Genetic Future*, Nueva York, Houghton Mifflin, 2002, p. 170.

22. Council of Europe, «Oviedo Convention and Its Protocols», 4 de abril de 1997.

23. Sheryl Gay Stolberg, «The Biotech Death of Jesse Gelsinger», *The New York Times*, 28 de noviembre de 1999.

24. Meir Rinde, «The Death of Jesse Gelsinger», *Science History Institute*, 4 de junio de 2019.

25. Harvey Flaumenhaft, «The Career of Leon Kass», *Journal of Contemporary Health Law & Policy*, 2004; «Leon Kass», Conversations with Bill Kristol, diciembre de 2015, <https://conversationswithbillkristol.org/video/leon-kass/>.

26. Leon Kass, «What Price the Perfect Baby?», *Science*, 9 de julio de 1971; id., «Review of *Fabricated Man* by Paul Ramsey», *Theology Today*, 1 de abril de 1971; id., «Making Babies. The New Biology and the Old Morality», *Public Interest*, invierno de 1972.

27. Michael Sandel, «The Case against Perfection», *The Atlantic*, abril de 2004; Michael Sandel, *The Case Against Perfection*, Cambridge (Massachusetts), Harvard University Press, 2007.

28. Francis Fukuyama, *Our Posthuman Future,* Nueva York, Farrar, Straus and Giroux, 2000, p. 10. [Hay trad. cast.: *El Fin del hombre. Consecuencias de la revolución biotecnológica,* Barcelona, Ediciones B, 2000.]

29. Leon Kass *et al., Beyond Therapy. Biotechnology and the Pursuit of Happiness,* informe del President's Council on Bioethics, octubre de 2003.

36. DOUDNA ENTRA EN ESCENA

1. J. A. Doudna y S. H. Sternberg, *A Crack in Creation...,* p. 198. Michael Specter, «Humans 2.0», *The New Yorker,* 16 de noviembre de 2015; entrevista del autor con Jennifer Doudna.

2. Entrevistas del autor con Sam Sternberg y Lauren Buchman.

3. Entrevistas del autor con George Church y Lauren Buchman.

4. J. A. Doudna y S. H. Sternberg, *A Crack in Creation...,* pp. 199-220; entrevistas del autor con Jennifer Doudna y Sam Sternberg.

5. Entrevistas del autor con David Baltimore, Jennifer Doudna, Sam Sternberg y Dana Carroll.

6. David Baltimore *et al.,* «A Prudent Path Forward for Genomic Engineering and Germline Gene Modification», *Science,* 3 de abril de 2015 (publicado *online* el 19 de marzo).

7. Nicholas Wade, «Scientists Seek Ban on Method of Editing the Human Genome», *The New York Times,* 19 de marzo de 2015.

8. Véase, por ejemplo, Edward Lanphier, Fiódor Urnov *et al.,* «Don't Edit the Human Germ Line», *Nature,* 12 de marzo de 2015.

9. Entrevistas del autor con Jennifer Doudna y Sam Sternberg; J. A. Doudna y S. H. Sternberg, *A Crack in Creation...,* pp. 214 y ss.

10. Puping Liang *et al.,* «CRISPR/Cas9-Mediated Gene Editing in Human Tripronuclear Zygotes», *Protein & Cell,* mayo de 2015 (publicado *online* el 18 de abril).

11. Rob Stein, «Critics Lash Out at Chinese Scientists Who Edited DNA in Human Embryos», *Morning Edition,* NPR, 23 de abril de 2015.

12. Entrevistas del autor con Ting Wu, George Church, Jennifer Doudna; Johnny Kung, «Increasing Policymaker's Interest in Genetics», pgEd briefing paper, 1 de diciembre de 2015.

13. Jennifer Doudna, «Embryo Editing Needs Scrutiny», *Nature,* 3 de diciembre de 2015.

14. George Church, «Encourage the Innovators», *Nature,* 3 de diciembre de 2015.

15. Steven Pinker, «A Moral Imperative for Bioethics», *The Boston*

Globe, 1 de agosto de 2015; Paul Knoepfler, Steven Pinker, entrevista, *The Niche*, 10 de agosto de 2015.

16. Entrevistas del autor con Jennifer Doudna, David Baltimore y George Church; *International Summit on Human Gene Editing*, 1-3 de diciembre de 2015, National Academies Press, 2015; Jef Akst, «Let's Talk Human Engineering», *The Scientist*, 3 de diciembre de 2015.

17. R. Alto Charo, Richard Hynes *et al.*, «Human Genome Editing. Scientific, Medical, and Ethical Considerations», informe de las National Academies of Sciences, Engineering, Medicine, 2017.

18. Françoise Baylis, *Altered Inheritance. CRISPR and the Ethics of Human Genome Editing*, Cambridge (Massachusetts), Harvard University Press, 2019; Jocelyn Kaiser, «U. S. Panel Gives Yellow Light to Human Embryo Editing», *Science*, 14 de febrero de 2017; Kelsey Montgomery, «Behind the Scenes of the National Academy of Sciences' Report on Human Genome Editing», *Medical Press*, 27 de febrero de 2017.

19. «Genome Editing and Human Reproduction», Nuffield Council on Bioethics, julio de 2018; Ian Sample, «Genetically Modified Babies Given Go Ahead by UK Ethics Body», *The Guardian*, 17 de julio de 2018; Clive Cookson, «Human Gene Editing Morally Permissible, Says Ethics Study», *Financial Times*, 17 de julio de 2018; Donna Dickenson y Marcy Darnovsky, «Did a Permissive Scientific Culture Encourage the 'CRISPR Babies' Experiment?», *Nature Biotechnology*, 15 de marzo de 2019.

20. Consolidated Appropriations Act of 2016, ley pública 114-113, sección 749, 18 de diciembre de 2015; Francis Collins, «Statement on NIH Funding of Research Using Gene-Editing Technologies in Human Embryos», 28 de abril 28 2015; John Holdren, «A Note on Genome Editing», 26 de mayo de 2015.

21. «Putin said scientists could create Universal Soldier-style supermen», YouTube, 24 de octubre de 2017, <youtube.com/watch?v=9v3T-NGmbArs>; «Russia's Parliament Seeks to Create Gene-Edited Babies», *EU Observer*, 3 de septiembre de 2019; Christina Daumann, «"New Type of Society"», *Asgardia*, 4 de septiembre de 2019.

22. Achim Rosemann, Li Jiang y Xinqing Zhang, «The Regulatory and Legal Situation of Human Embryo, Gamete and Germ Line Gene Editing Research and Clinical Applications in the People's Republic of China», Nuffield Council on Bioethics, mayo de 2017; Jing-ru Li, *et al.*, «Experiments That Led to the First Gene-Edited Babies», *Journal of Zhejiang University Science B*, enero de 2019.

SEXTA PARTE
BEBÉS CRISPR

37. HE JIANKUI

1. Esta sección bebe de Xi Xin y Xu Yue, «The Life Track of He Jiankui», *Jiemian News*, 27 de noviembre de 2018; Jon Cohen, «The Untold Story of the "Circle of Trust" behind the World's First Gene-Edited Babies», *Science*, 1 de agosto de 2019; Sharon Begley y Andrew Joseph, «The CRISPR Shocker», *Stat*, 17 de diciembre de 2018; Zach Coleman, «The Businesses behind the Doctor Who Manipulated Baby DNA», *Nikkei Asian Review*, 27 de noviembre de 2018; Zoe Low, «China's Gene Editing Frankenstein», *South China Morning Post,* 27 de noviembre de 2018; Yangyang Cheng, «Brave New World with Chinese Characteristics», *Bulletin of the Atomic Scientists*, 13 de enero de 2019; He Jiankui, «Draft Ethical Principles for Therapeutic Assisted Reproductive Technologies», YouTube, 25 de noviembre de 2018, <youtube.com/watch?v= MyNHpMoPkIg>; Antonio Regalado, «Chinese Scientists Are Creating CRISPR Babies», *MIT Technology Review*, 25 de noviembre de 2018; Marilynn Marchione, «Chinese Researcher Claims First Gene-Edited Babies», AP, 26 de noviembre de 2018; Christina Larson, «Gene-Editing Chinese Scientist Kept Much of His Work Secret», AP, 27 de noviembre de 2018; K. Davies, *Editing Humanity...*

2. Jiankui He y Michael W. Deem, «Heterogeneous Diversity of Spacers within CRISPR», *Physical Review Letters*, 14 de septiembre de 2010.

3. Mike Williams, «He's on a Hot Streak», *Rice News*, 17 de noviembre de 2010.

4. J. Cohen, «The Untold Story...»; Z. Coleman, «The Businesses behind the Doctor...».

5. K. Davies, *Editing Humanity...*, p. 209.

6. Yuan Yuan, «The Talent Magnet», *Beijing Review*, 31 de mayo de 2018.

7. Luyang Zhao *et al.*, «Resequencing the *Escherichia coli* Genome by GenoCare Single Molecule», bioRxiv, publicado *online* el 13 de julio de 2017.

8. Teng Jing Xuan, «CCTV's Glowing 2017 Coverage of Gene-Editing Pariah He Jiankui», *Caixan Global*, 30 de noviembre de 2018; Rob Schmitz, «Gene-Editing Scientist's Actions Are a Product of Modern China», *All Things Considered*, NPR, 5 de febrero de 2019.

9. «Welcome to the Jiankui He Lab», <http://sustc-genome.org.cn/people.html> (sitio web no disponible); A. Regalado, «Chinese Scientists Are Creating CRISPR Babies»...

10. «Welcome to the Jiankui He Lab», <http://sustc-genome.org.cn/people.html> (sitio web no disponible); A. Regalado, «Chinese Scientists Are Creating CRISPR Babies»...

11. J. Cohen, «The Untold Story...»; S. Begley y A. Joseph, «The CRISPR Shocker»...; entrevistas del autor con Jennifer Doudna; Jennifer Doudna y William Hurlbut, «The Challenge and Opportunity of Gene Editing», Templeton Foundation Grant, pp. 217, 398.

12. K. Davies, *Editing Humanity*..., p. 221; George Church, «Future, Human, Nature. Reading, Writing, Revolution», Innovative Genomics Institute, 26 de enero de 2017, <innovativegenomics.org/multimedia-library/George-church-lecture/>.

13. He Jiankui, «The Safety of Gene-Editing of Human Embryos to Be Resolved», entrada de blog (en chino), 19 de febrero de 2017, <blog.sciencenet.cn/home.php?mod=space&uid=514529&do=blog&id=1034671>.

14. Entrevista del autor con Jennifer Doudna.

15. He Jiankui, «Evaluating the Safety of Germline Genome Editing in Human, Monkey, and Mouse Embryos», Cold Spring Harbor Lab Symposium, 29 de julio de 2017, <youtube.com/watch?v=llxNRGMxyCc&t=3s>; A. Regalado, «Chinese Scientists Are Creating CRISPR Babies»...

16. Medical Ethics Approval Application Form, HarMoniCare Shenzhen Women's and Children's Hospital, 7 de marzo de 2017, <theregreview.org/wp-content/uploads/2019/05/He-Jiankui-Documents-3.pdf>; J. Cohen, «The Untold Story...»; Kathy Young, Marilynn Marchione, Emily Wang *et al.*, «First Gene-Edited Babies Reported in China», YouTube, 25 de noviembre de 2018, <https://www.youtube.com/watch?v=C9V3mqswbv0>; Gerry Shih y Carolyn Johnson, «Chinese Genomics Scientist Defends His Gene-Editing Research», *The Washington Post*, 28 de noviembre de 2018.

17. He Jiankui, «Informed Consent, Version: Female 3.0», marzo de 2017, <theregreview.org/wp-content/uploads/2019/05/He-Jiankui-Documents-3.pdf>; J. Cohen, «The Untold Story...»; Marilynn Marchione, «Chinese Researcher Claims First Gene-Edited Babies», AP, 26 de noviembre de 2018; C. Larson, «Gene-Editing Chinese Scientist Kept Much of His Work Secret»...

18. Kiran Musunuru, *The Crispr Generation*, Pennsauken (New Jersey), BookBaby, 2019.

19. S. Begley y A. Joseph, «The CRISPR Shocker»... Véase también Pam Belluck, «How to Stop Rogue Gene-Editing of Human Embryos?», *The New York Times*, 23 de enero de 2019; Preetika Rana, «How a Chinese

Scientist Broke the Rules to Create the First Gene-Edited Babies», *The Wall Street Journal*, 10 de mayo de 2019.

20. Entrevistas del autor con Matthew Porteus.

21. J. Cohen, «The Untold Story»...; S. Begley y A. Joseph, «The CRISPR Shocker»...; Marilyn Marchione y Christina Larson, «Could Anyone Have Stopped Gene-Edited Babies Experiment?», AP, 2 de diciembre de 2018.

22. Pam Belluck, «Gene-Edited Babies. What a Chinese Scientist Told an American Mentor», *The New York Times*, 14 de abril de 2019; «Statement on Fact-Finding Review related to Dr. Jiankui He», *Stanford News*, 16 de abril de 2019. Belluck fue la primera en publicar los correos electrónicos entre He y Quake.

23. He Jiankui, turno de preguntas, Second International Summit on Human Genome Editing, Hong Kong, 28 de noviembre de 2018; J. Cohen, «The Untold Story»...; M. Marchione y C. Larson, «Could Anyone Have Stopped Gene-Edited Babies Experiment?»...; M. Marchione, «Chinese Researcher Claims First Gene-Edited Babies»...; Jane Qiu, «American Scientist Played More Active Role in "CRISPR Babies" Project Than Previously Known», *Stat*, 31 de enero de 2019; Todd Ackerman, «Lawyers Say Rice Professor Not Involved in Controversial Gene-Edited Babies Research», *Houston Chronicle*, 13 de diciembre de 2018; página web desactivada: Rice University, Faculty, <https://profiles.rice.edu/faculty/michael-deem>; véase la búsqueda de Michael Deem en la web de Rice: <https://search.rice .edu/?q= michael+deem&tab=Search>.

24. J. Cohen, «The Untold Story...».

25. He Jiankui, Ryan Ferrell, Chen Yuanlin, Qin Jinzhou y Chen Yangran, «Draft Ethical Principles for Therapeutic Assisted Reproductive Technologies», *CRISPR Journal*, publicado originalmente el 26 de noviembre de 2019, pero retractado más tarde y retirado de la web. Véase también Henry Greeley, «CRISPR'd Babies», *Journal of Law and the Biosciences*, 13 de agosto de 2019.

26. Allen Buchanan, *Better Than Human*, Nueva York, Oxford University Press, 2011, pp. 40, 101.

27. He Jiankui, «Draft Ethical Principles for Therapeutic Assisted Reproductive Technologies»...

28. He Jiankui, «Designer Baby Is an Epithet» y «Why We Chose HIV and *CCR5* First», The He Lab, YouTube, 25 de noviembre de 2018.

29. He Jiankui, «HIV Immune Gene CCR5 Gene Editing in Human Embryos», Chinese Clinical Trial Registry, ChiCTR1800019378, 8 de noviembre de 2018.

30. Jinzhou Qin *et al.*, «Birth of Twins after Genome Editing for HIV Resistance», presentado a *Nature* en noviembre 2019 (no llegó a publicarse; el investigador estadounidense al que He Jiankui se lo envió me hizo llegar una copia); J. Qiu, «American Scientist Played More Active Role in "CRISPR Babies" Project Than Previously Known»...

31. H. Greeley, «CRISPR'd Babies»...; K. Musunuru, *The Crispr Generation*...; entrevista del autor con Dana Carroll.

32. A. Regalado, «Chinese Scientists Are Creating CRISPR Babies»...

33. M. Marchione, «Chinese Researcher Claims First Gene-Edited Babies»...; C. Larson, «Gene- Editing Chinese Scientist Kept Much of His Work Secret»...

34. He Jiankui, «About Lulu and Nana», YouTube, 25 de noviembre de 2018.

38. El congreso de Hong Kong

1. Entrevista del autor con Jennifer Doudna.

2. Entrevista del autor con David Baltimore.

3. J. Cohen, «The Untold Story»...

4. Entrevistas del autor con Victor Dzau, David Baltimore y Jennifer Doudna.

5. Entrevistas del autor con Duanqing Pei.

6. Entrevistas del autor con Jennifer Doudna; Robin Lovell-Badge, «CRISPR Babies», *Development*, 6 de febrero de 2019.

7. Artículo en caché eliminado de la web del *China's People's Daily*, 26 de noviembre de 2018; <ithome.com/html/discovery/396899.htm>.

8. Entrevistas del autor con Duanqing Pei y Jennifer Doudna.

9. Entrevistas del autor con Jennifer Doudna y Victor Dzau.

10. II Congreso Internacional sobre Edición del Genoma Humano, Universidad de Hong Kong, 27-29 de noviembre de 2018.

11. He Jiankui, ponencia, II Congreso Internacional sobre Edición del Genoma Humano, Hong Kong, 28 de noviembre de 2018.

12. K. Davies, *Editing Humanity...*, p. 235.

13. Entrevista del autor con David Baltimore.

14. Entrevista del autor con Matthew Porteus.

15. Entrevistas del autor con Jennifer Doudna.

16. Entrevista del autor con Duanqing Pei.

17. Entrevistas del autor con Jennifer Doudna, David Baltimore.

18. Entrevistas del autor con Matthew Porteus, David Baltimore.

19. Mary Louise Kelly, «Harvard Medical School Dean Weighs In on Ethics of Gene Editing», *All Things Considered*, NPR, 29 de noviembre de 2018. Véase también F. Baylis, *Altered Inheritance...*, p. 140; George Daley, Robin Lovell-Badge y Julie Steffann, «After the Storm—A Responsible Path for Genome Editing», y R. Alta Charo, «Rogues and Regulation of Germline Editing», *New England Journal of Medicine*, 7 de marzo de 2019; David Cyranoski y Heidi Ledford, «How the Genome-Edited Babies Revelation Will Affect Research», *Nature*, 27 de noviembre de 2018.

20. David Baltimore *et al.*, «Statement by the Organizing Committee of the Second International Summit on Human Genome Editing», 29 de noviembre de 2018.

39. La recepción de la noticia

1. Entrevista del autor con Josiah Zayner.

2. J. Zayner, «CRISPR Babies Scientist He Jiankui Should Not Be Villainized»...

3. Entrevista del autor con Josiah Zayner.

4. Entrevista del autor con Jennifer Doudna y cena con ella y Andrew Doudna Cate.

5. Entrevistas del autor con Jennifer Doudna, Bill Cassidy.

6. Entrevista del autor con Margaret Hamburg y Victor Dzau; Walter Isaacson, «Should the Rich Be Allowed to Buy the Best Genes?», *Air Mail*, 27 de julio de 2019.

7. P. Belluck, «How to Stop Rogue Gene-Editing of Human Embryos?»...

8. Eric S. Lander *et al.*, «Adopt a Moratorium on Heritable Genome Editing», *Nature*, 13 de marzo de 2019.

9. Ian Sample, «Scientists Call for Global Moratorium on Gene Editing of Embryos», *The Guardian*, 13 de marzo de 2019; Joel Achenbach, «NIH and Top Scientists Call for Moratorium on Gene-Edited Babies», *The Washington Post*, 13 de marzo de 2019; Jon Cohen, «New Call to Ban Gene-Edited Babies Divides Biologists», *Science*, 13 de marzo de 2019; Francis Collins, «NIH Supports International Moratorium on Clinical Application of Germline Editing», National Institutes of Health Statement, 13 de marzo de 2019.

10. Entrevista del autor con Margaret Hamburg. Véase también Sara Reardon, «World Health Organization Panel Weighs In on CRISPR–Babies Debate», *Nature*, 19 de marzo de 2019.

11. Entrevista del autor con Jennifer Doudna. Para una contundente crítica del argumento de Doudna, véase F. Baylis, *Altered Inheritance...*, pp. 163-66.

12. Kay Davies, Richard Lifton *et al.*, «Heritable Human Genome Editing», International Commission on the Clinical Use of Human Germline Genome Editing, 3 de septiembre de 2020.

13. «He Jiankui Jailed for Illegal Human Embryo Gene-Editing», Xinhua News Agency, 30 de diciembre de 2019.

14. Philip Wen y Amy Dockser Marcus, «Chinese Scientist Who Gene-Edited Babies Is Sent to Prison», *The Wall Street Journal*, 30 de diciembre de 2019.

40. Líneas rojas

1. Este capítulo se apoya en numerosos escritos sobre ética de la ingeniería genética. Entre los autores a los que he recurrido, se incluyen Françoise Baylis, Michael Sandel, Leon Kass, Francis Fukuyama, Nathaniel Comfort, Jason Scott Robert, Eric Cohen, Bill McKibben, Marcy Darnovsky, Erik Parens, Josephine Johnston, Rosemarie Garland-Thomson, Robert Sparrow, Ronald Dworkin, Jürgen Habermas, Michael Hauskeller, Jonathan Glover, Gregory Stock, John Harris, Maxwell Mehlman, Guy Kahane, Jamie Metzl, Allen Buchanan, Julian Savulescu, Lee Silver, Nick Bostrom, John Harris, Ronald Green, Nicholas Agar, Arthur Caplan y Hank Greeley. También me he basado en el trabajo del Hastings Center, el Center for Genetics and Society, el Oxford Uehiro Centre for Practical Ethics y el Nuffield Council on Bioethics.

2. M. Sandel, *The Case Against Perfection...*; Robert Sparrow, «Genetically Engineering Humans», *Pharmaceutical Journal*, 24 de septiembre de 2015; Jamie Metzl, *Hacking Darwin*, Naperville, (Illinois), Sourcebooks, 2019; Julian Savulescu, Ruud ter Meulen y Guy Kahane, *Enhancing Human* Capacities, Malden (Massachusetts), Wiley, 2011.

3. Gert de Graaf, Frank Buckley y Brian Skotko, «Estimates of the Live Births, Natural Losses, and Elective Terminations with Down Syndrome in the United States», *American Journal of Medical Genetics*, abril de 2015.

4. Steve Boggan, Glenda Cooper y Charles Arthur, «Nobel Winner Backs Abortion "for Any Reason"», *The Independent*, 17 de febrero del 1997.

41. Disquisiciones

1. Matt Ridley, *Genome*, Nueva York, HarperCollins, 2000, cap. 4, en el que se ofrece un poderoso retrato de la enfermedad de Huntington y el trabajo de investigación de Nancy Wexler en torno a este trastorno. [Hay trad. cast.: *Genoma. La autobiografía de una especie en 23 capítulos*, Madrid, Taurus, 2001.]

2. F. Baylis, *Altered Inheritance...*, p. 30; Tina Rulli, «The Ethics of Procreation and Adoption», *Philosophy Compass*, 6 de junio de 2012.

3. Adam Bolt, director, y Elliot Kirschner, productor ejecutivo, *Human Nature*, documental, The Wonder Collaborative, 2019.

4. La productora del documental *Human Nature*, Meredith DeSalazar, hizo de intermediario entre las preguntas que le formulé a David Sanchez y las respuestas que este me envió.

5. Rosemarie Garland-Thomson, «Welcoming the Unexpected», en Erik Parens y Josephine Johnston, *Human Flourishing in an Age of Gene Editing*, Nueva York, Oxford University Press, 2019; Rosemarie Garland-Thomson, «Human Biodiversity Conservation», *American Journal of Bioethics*, enero de 2015. Véase también Ethan Weiss, «Should "Broken" Genes Be Fixed?», *Stat*, 21 de febrero 2020.

6. Jory Fleming, *How to Be Human*, Nueva York, Simon & Schuster, 2021.

7. Liza Mundy, «A World of Their Own», *The Washington Post*, 31 de marzo de 2002; M. Sandel, *The Case Against Perfection...*; Marion Andrea Schmidt, *Eradicating Deafness?*, Mánchester, Manchester University Press, 2020.

8. Craig Pickering y John Kiely, «ACTN#. More Than Just a Gene for Speed», *Frontiers in Physiology*, 18 de diciembre de 2017; David Epstein, *The Sports Gene*, Nueva York, Current, 2013; Haran Sivapalan, «Genetics of Marathon Runners», *Fitness Genes*, 26 de septiembre de 2018.

9. La ley para los estadounidenses con discapacidades define una discapacidad como «una deficiencia física o mental que limita de forma sustancial una o varias de las actividades importantes de la vida».

10. Fred Hirsch, *Social Limits to Growth*, Londres, Routledge, 1977; Glenn Cohen, «What (If Anything) Is Wrong with Human Enhancement? What (If Anything) Is Right with It?», *Tulsa Law Review*, 21 de abril de 2014.

11. Nancy Andreasen, «The Relationship between Creativity and Mood Disorders», *Dialogues in Clinical Psychology*, junio de 2018; Neel Burton, «Hide and Seek. Bipolar Disorder and Creativity», *Psychology Today*,

19 de marzo de 2012; Nathaniel Comfort, «Better Babies», *Aeon*, 17 de noviembre de 2015.

12. Robert Nozick, *Anarchy, State, and Utopia*, Nueva York, Basic Books, 1974. [Hay trad. cast.: *Anarquía, Estado y utopía*, Buenos Aires, Fondo de Cultura Económica, 1988.]

13. Véase Erik Parens y Josephine Johnston (eds.), *Human Flourishing in an Age of Gene Editing*, Nueva York, Oxford University Press, 2019.

14. Jinping Liu *et al.*, «The Role of NMDA Receptors in Alzheimer's Disease», *Frontiers in Neuroscience*, 8 de febrero de 2019.

42. ¿QUIÉN HA DE DECIDIR?

1. Academia Nacional de las Ciencias, «How Does Human Gene Editing Work?», 2019, <https://thesciencebehindit.org/how-does-human-gene-editing-work/>, página eliminada; Marilynn Marchione, «Group Pulls Video That Stirred Talk of Designer Babies», AP, 2 de octubre de 2019.

2. Hilo de Twitter @FrancoiseBaylis, @pknoepfler, @UrnovFyodor, @theNASAcademies y otros, 1 de octubre de 2019.

3. John Rawls, *A Theory of Justice*, Cambridge (Massachusetts), Harvard University Press, 1971, pp. 266, 92. [Hay trad. cast.: *Teoría de la Justicia*, México, Fondo de Cultura Económica, 1979.]

4. R. Nozick, *Anarchy, State and Utopia...*, p. 315 n.

5. Colin Gavaghan, *Defending the Genetic Supermarket*, Londres-Nueva York, Routledge-Cavendish, 2007; Peter Singer, «Shopping at the Genetic Supermarket», en John Rasko (ed.), *The Ethics of Inheritable Genetic Modification*, Cambridge, Cambridge University Press, 2006; Chris Gyngell y Thomas Douglas, «Stocking the Genetic Supermarket», *Bioethics*, mayo de 2015.

6. F. Fukuyama, *Our Posthuman Future...*, cap. 1; George Orwell, *1984*, Nueva York, Harcourt, 1949 [hay trad. cast.: *1984*, Barcelona, DeBolsillo, 2020]; Aldous Huxley, *Brave New World*, Nueva York, Harper, 1932. [Hay trad. cast.: *Un mundo feliz*, Edhasa, Barcelona, 2004.]

7. Aldous Huxley, *Brave New World Revisited*, Nueva York, Harper, 1958, p. 120. [Hay trad. cast.: *Nueva visita a un mundo feliz*, Barcelona, Edhasa, 2004.]

8. Aldous Huxley *Island*, Harper, 1962, p. 232 [hay trad. cast.: *La isla*, Barcelona, Edhasa, 2017]; «The Use and Misuse of *Brave New World* in the CRISPR Debate», *CRISPR Journal*, octubre de 2019.

9. Nathaniel Comfort, «Can We Cure Genetic Diseases without Slip-

ping into Eugenics?», *The Nation*, 3 de agosto de 2015; Nathaniel Comfort, *The Science of Human Perfection*, New Haven, Yale University Press, 2012; Mark Frankel, «Inheritable Genetic Modification and a Brave New World», *Hastings Center Report*, 6 de mazo de 2012; Arthur Caplan, «What Should the Rules Be?», *Time*, 14 de enero de 2001; Françoise Baylis y Jason Scott Robert, «The Inevitability of Genetic Enhancement Technologies», *Bioethics*, febrero de 2004; Daniel Kevles, «If You Could Design Your Baby's Genes, Would You?», *Politico*, 9 de diciembre de 2015; Lee M. Silver, «How Reprogenetics Will Transform the American Family», *Hofstra Law Review*, otoño de 1999; Jürgen Habermas, *The Future of Human Nature*, Cambridge, Polity, 2003. [Hay trad. cast.: *El futuro de la naturaleza humana. ¿Hacia una eugenesia liberal?*, Barcelona, Paidós, 2002.]

10. Entrevista del autor con George Church, citas similares en Rachel Cocker, «We Should Not Fear "Editing" Embryos to Enhance Human Intelligence», *The Telegraph*, 16 de marzo de 2019; Lee Silver, *Remaking Eden*, Nueva York, Morrow, 1997; John Harris, *Enhancing Evolution*, Princeton (Nueva Jersey), Princeton University Pres, 2011; Ronald Green, *Babies by Design*, New Haven, Yale University Press, 2008.

11. Julian Savulescu, «Procreative Beneficence. Why We Should Select the Best Children», *Bioethics*, noviembre de 2001.

12. Antonio Regalado, «The World's First Gattaca Baby Tests Are Finally Here», *MIT Technology Review*, 8 de noviembre de 2019; sitio web de la empresa Genomic Prediction, «Frequently Asked Questions», consultado el 6 de julio de 2020; Hannah Devlin, «IVF Couples Could Be Able to Choose the "Smartest' Embryo"», *The Guardian*, 24 de mayo de 2019; Nathan Treff *et al.*, «Preimplantation Genetic Testing for Polygenic Disease Relative Risk Reduction», *Genes*, 12 de junio de 2020; Louis Lello *et al.*, «Genomic Prediction of 16 Complex Disease Risks», *Nature*, 25 de octubre de 2019. En noviembre de 2019, *Nature* presentaría una corrección en cuanto al conflicto de intereses, en la que se recogía que muchos de los autores no habían revelado su asociación con la empresa Genomic Prediction.

13. Además de las fuentes citadas, véanse Laura Hercher, «Designer Babies Aren't Futuristic. They're Already Here», *MIT Technology Review*, 22 de octubre de 2018; Ilya Somin, «In Defense of Designer Babies», *Reason*, 11 de noviembre de 2018.

14. Francis Fukuyama, «Gene Regime», *Foreign Policy*, marzo de 2020.

15. Francis Collins en Patrick Skerrett, «Experts Debate. Are We Playing with Fire When We Edit Human Genes?», *Stat*, 17 de noviembre de 2016.

16. Russel Powell y Allen Buchanan, «Breaking Evolution's Chains», *Journal of Medical Philosophy*, febrero de 2011; A. Buchanan, *Better Than Human...*,; Charles Darwin a J. D. Hooker, 13 de julio de 1856.

17. M. Sandel, *The Case Against Perfection...*; Leon Kass, «Ageless Bodies, Happy Souls», *The New Atlantis*, enero de 2003; Michael Hauskeller, «Human Enhancement and the Giftedness of Life», *Philosophical Papers*, 26 de febrero de 2011.

43. El recorrido ético de Doudna

1. Entrevistas del autor con Jennifer Doudna, Doudna y Sternberg, *A Crack in Creation*, pp. 222-240; Hannah Devlin, «Jennifer Doudna: "I Have to Be True to Who I Am as a Scientist"», *The Observer*, 2 de julio de 2017.

OCTAVA PARTE
Despachos desde el frente

44. Quebec

1. Sanne Klompe *et al.*, «Transposon-Encoded CRISPR-Cas Systems Direct RNA-Guided DNA Integration», *Nature*, 11 de julio de 2019 (recibido el 15 de marzo de 2019; aceptado el 4 de junio; publicado online el 12 de junio); Jonathan Strecker *et al.*, «RNA-Guided DNA Insertion with CRISPR-Associated Transposases», *Science*, 5 de julio de 2019 (recibido el 4 de mayo de 2019; aceptado el 29 de mayo; publicado *online* el 6 de junio).

2. Entrevistas del autor con Sam Sternberg, Martin Jinek, Jennifer Doudna, Joe Bondy-Denomy.

3. Entrevistas del autor con Feng Zhang.

45. Aprendo a editar

1. Entrevistas del autor con Gavin Knott.

2. «Alt-R CRISPR-Cas9 System. Delivery of Ribonucleoprotein Complexes into HEK-293 Cells Using the Amaxa Nucleofector System», <IDTDNA.com>; «CRISPR Gene-Editing Tools», <GeneCopoeia.com>.

3. Entrevistas del autor con Jennifer Hamilton.

46. WATSON REVISADO

1. Entrevistas del autor con James Watson, Jennifer Doudna; «The CRISPR/Cas Revolution», encuentro en el Cold Spring Harbor Laboratory, 24-27 de septiembre de 2015.

2. David Dugan (productor), *DNA*, documental, Windfall Films para la WNET /PBS y la BBC4, 2003; Shaoni Bhattacharya, «Stupidity Should Be Cured, Says DNA Discoverer», *The New Scientist*, 28 de febrero de 2003. Véase también Tom Abate, «Nobel Winner's Theories Raise Uproar in Berkeley», *San Francisco Chronicle*, 13 de noviembre de 2000.

3. Michael Sandel, «The Case against Perfection», *The Atlantic*, abril de 2004.

4. Charlotte Hunt-Grubbe, «The Elementary DNA of Dr Watson», *The Sunday Times,* Londres, 14 de octubre de 2007; entrevistas del autor con James Watson.

5. Entrevistas del autor con James Watson; Roxanne Khamsi, «James Watson Retires amidst Race Controversy», *The New Scientist*, 25 de octubre de 2007.

6. Entrevista del autor con Eric Lander; Sharon Begley, «As Twitter Explodes, Eric Lander Apologizes for Toasting James Watson», *Stat*, 14 de mayo de 2018.

7. Entrevistas del autor con James Watson.

8. *Decoding Watson...*

9. Amy Harmon, «James Watson Had a Chance to Salvage His Reputation on Race. He Made Things Worse», *The New York Times*, 1 de enero de 2019.

10. A. Harmon, «James Watson Had a Chance to Salvage His Reputation on Race...».

11. *Decoding Watson...*; A. Harmon, «James Watson Had a Chance to Salvage His Reputation on Race...»; entrevistas del autor con James Watson.

12. James Watson, «An Appreciation of Linus Pauling», cena de celebración del 75 aniversario de la revista *Time*, 3 de marzo de 1998.

13. Entrevistas del autor con James Watson. Incluí algunas de estas citas, así como otros pasajes, en un artículo que escribí: «Should the Rich Be Allowed to Buy the Best Genes?», *Air Mail*, 27 de julio de 2019.

14. *Decoding Watson...*

15. Encuentros del autor con James Watson, Rufus Watson y Elizabeth Watson.

16. Malcolm Ritter, «Lab Revokes Honors for Controversial DNA Scientist Watson», AP, 11 de enero de 2019.

NOTAS DE LAS PÁGINAS 445 A 455

47. LA VISITA DE DOUDNA

1. Visita de Jennifer Doudna y el autor a James Watson. El libro de ponencias fue un diseño de Megan Hochstrasser, que trabaja en el laboratorio de Doudna.
2. Entrevistas del autor con Jennifer Doudna.

NOVENA PARTE
EL CORONAVIRUS

48. LLAMADA A LAS ARMAS

1. Robert Sanders, «New DNA-Editing Technology Spawns Bold UC Initiative», *Berkeley News*, 18 de marzo de 2014; «About Us», web del Innovative Genomics Institute, <https://innovativegenomics.org/about-us/>. Se relanzó en enero de 2017 con el nombre definitivo de Innovative Genomics Institute.
2. Entrevista del autor con Dave Savage; Benjamin Oakes *et al.*, «CRISPR-Cas9 Circular Permutants as Programmable Scaffolds for Genome Modification», *Cell*, 10 de enero de 2019.
3. Entrevistas del autor con Dave Savage, Gavin Knott y Jennifer Doudna.
4. Jonathan Corum y Carl Zimmer, «Bad News Wrapped in Protein. Inside the Coronavirus Genome», *The New York Times*, 3 de abril de 2020; GenBank, National Institutes of Health, SARS-CoV-2 Sequences, actualizado el 14 de abril de 2020.
5. Alexander Walls *et al.*, «Structure, Function, and Antigenicity of the SARS-CoV-2 Spike Glycoprotein», *Cell*, 9 de marzo de 2020; Qihui Wang *et al.*, «Structural and Functional Basis of SARS-CoV-2 Entry by Using Human ACE2», *Cell*, 14 de mayo de 2020; Francis Collins, «Antibody Points to Possible Weak Spot on Novel Coronavirus», NIH, 14 de abril de 2020; Bonnie Berkowitz, Aaron Steckelberg y John Muyskens, «What the Structure of the Coronavirus Can Tell Us», *The Washington Post*, 23 de marzo de 2020.
6. Entrevistas del autor con Megan Hochstrasser, Jennifer Doudna, Dave Savage y Fiódor Urnov.

49. EL DIAGNÓSTICO

1. Shawn Boburg, Robert O'Harrow Jr., Neena Satija y Amy Goldstein, «Inside the Coronavirus Testing Failure», *The Washington Post*, 3 de abril de 2020; Robert Baird, «What Went Wrong with Coronavirus Testing in the U.S.», *The New Yorker*, 16 de marzo de 2020; Michael Shear, Abby Goodnough, Sheila Kaplan, Sheri Fink, Katie Thomas y Noah Weiland, «The Lost Month. How a Failure to Test Blinded the U.S. to COVID-19», *The New York Times*, 28 de marzo de 2020.

2. Kary Mullis, «The Unusual Origin of the Polymerase Chain Reaction», *Scientific American*, abril de 1990.

3. S. Boburg *et al.*, «Inside the Coronavirus Testing Failure»...; David Willman, «Contamination at CDC Lab Delayed Rollout of Coronavirus Tests», *The Washington Post*, 18 de abril de 2020.

4. JoNel Aleccia, «How Intrepid Lab Sleuths Ramped Up Tests as Coronavirus Closed In», *Kaiser Health News*, 16 de marzo de 2020.

5. Julia Ioffe, «The Infuriating Story of How the Government Stalled Coronavirus Testing», *GQ*, 16 de marzo de 2020; S. Boburg *et al.*, «Inside the Coronavirus Testing Failure»... El correo electrónico de Greninger a un amigo aparece en la excelente reconstrucción de *The Washington Post*.

6. S. Boburg *et al.*, «Inside the Coronavirus Testing Failure»...; Patrick Boyle, «Coronavirus Testing. How Academic Medical Labs Are Stepping Up to Fill a Void», *AAMC*, 12 de marzo de 2020.

7. Entrevista del autor con Eric Lander; Leah Eisenstadt, «How Broad Institute Converted a Clinical Processing Lab into a Large-Scale COVID-19 Testing Facility in a Matter of Days», *Broad Communications*, 27 de marzo de 2020.

50. EL LABORATORIO DE BERKELEY

1. IGI COVID-19 Rapid Response Research meeting, 13 de marzo de 2020. Se me permitió asistir a las reuniones del equipo de respuesta rápida y de sus grupos de trabajo, la mayoría de ellas a través de Zoom, mientras que el debate se desarrolló en canales de Slack.

2. Entrevistas del autor con Fiódor Urnov. Dimitri Urnov se convirtió en profesor de la Universidad Adelphi de Nueva York. Es un jinete consumado, que una vez acompañó en un viaje por mar a tres caballos que Nikita Jrushchov quería regalarle al industrial estadounidense Cyrus Eaton. Escribió junto con su esposa, Julia Palievsky, *A Kindred Writer. Dickens in Russia*. Ambos son también expertos en la obra de Faulkner.

3. Entrevistas del autor con Jennifer Hamilton; Jennifer Hamilton, «Building a COVID-19 Pop-Up Testing Lab», *CRISPR Journal*, junio de 2020.

4. Entrevistas del autor con Enrique Lin Shiao.

5. Entrevistas del autor con Fiódor Urnov, Jennifer Doudna, Jennifer Hamilton y Enrique Lin Shiao; Hope Henderson, «IGI Launches Major Automated COVID-19 Diagnostic Testing Initiative», *IGI News*, 30 de marzo de 2020; Megan Molteni y Gregory Barber, «How a Crispr Lab Became a Pop-Up COVID Testing Center», *Wired*, 2 de abril de 2020.

6. Innovative Genomics Institute SARS-CoV-2 Testing Consortium, Dirk Hockemeyer, Fiódor Urnov y Jennifer A. Doudna, «Blueprint for a Pop-up SARS-CoV-2 Testing Lab», *medRxiv*, 12 de abril de 2020.

7. Entrevistas del autor con Fiódor Urnov, Jennifer Hamilton y Enrique Lin Shiao.

51. MAMMOTH Y SHERLOCK

1. Entrevista del autor con Lucas Harrington y Janice Chen.

2. Janice Chen *et al.*, «CRISPR-Cas12a Target Binding Unleashes Indiscriminate Single-Stranded DNase Activity», *Science*, 27 de abril de 2018 (recibido el 29 de noviembre de 2017; aceptado el 5 de febrero de 2018; publicado online el 15 de febrero); John Carroll, «CRISPR Legend Jennifer Doudna Helps Some Recent College Grads Launch a Diagnostics Upstart», *Endpoints*, 26 de abril de 2018.

3. Sergey Shmakov *et al.*, «Discovery and Functional Characterization of Diverse Class 2 CRISPR-Cas Systems», *Molecular Cell*, 5 de noviembre de 2015 (publicado online el 22 de octubre de 2015); Omar Abudayyeh *et al.*, «C2c2 Is a Single-Component Programmable RNA-Guided RNA Targeting CRISPR Effector», *Science*, 5 de agosto de 2016 (publicado online el 2 de junio de 2016).

4. Entrevistas del autor con Feng Zhang.

5. Alexandra East-Seletsky *et al.*, «Two Distinct RNase Activities of CRISPR-C2c2 Enable Guide-RNA Processing and RNA Detection», *Nature*, 13 de octubre de 2016. La CRISPR-C2c2 se rebautizó como CRISPER Cas13a.

6. Jonathan Gootenberg *et al.*, «Nucleic Acid Detection with CRISPR-Cas13a/C2c2», *Science*, 28 de abril de 2017.

7. Jonathan Gootenberg *et al.*, «Multiplexed and Portable Nucleic Acid Detection Platform with Cas13, Cas12a, and Csm6», *Science*, 27 de

abril de 2018. Véase también O. Abudayyeh *et al.*, «C2c2 Is a Single Component Programmable RNA-Guided RNA-Targeting CRISPR Effector»...

8. Entrevista del autor con Feng Zhang; Carey Goldberg, «CRISPR
Comes to COVID», WBUR, 10 de julio de 2020.

9. Emily Mullin, «CRISPR Could Be the Future of Disease Diagno-
sis», *OneZero*, 25 de julio de 2019; Emily Mullin, «CRISPR Pioneer Jennifer
Doudna on the Future of Disease Detection», *OneZero*, 30 de julio de 2019;
Daniel Chertow, «Next-Generation Diagnostics with CRISPR», *Science*, 27
de abril de 2018; Ann Gronowski «Who or What Is SHERLOCK?», *EJI-
FCC*, noviembre de 2018.

52. LOS TEST DE CORONAVIRUS

1. Entrevistas del autor con Feng Zhang.

2. Feng Zhang, Omar Abudayyeh y Jonathan Gootenberg, «A Proto-
col for Detection of COVID-19 Using CRISPR Diagnostics», web del
Instituto Broad, publicado *online* el 14 de febrero de 2020; Carl Zimmer,
«With Crispr, a Possible Quick Test for the Coronavirus», *The New York
Times*, 5 de mayo de 2020.

3. C. Goldberg, «CRISPR Comes to COVID»...; «Sherlock Biosciences
and Binx Health Announce Global Partnership to Develop First CRISPR-Based Point-of-Care Test for COVID-19», *PR Newswire*, 1 de julio de 2020.

4. Entrevistas del autor con Janice Chen y Lucas Harrington; Jim Daley, «CRISPR Gene Editing May Help Scale Up Coronavirus Testing»,
Scientific American, 23 de abril de 2020; John Cumbers, «With Its Coronavirus Rapid Paper Test Strip, This CRISPR Startup Wants to Help Halt a
Pandemic», *Forbes*, 14 de marzo de 2020; Lauren Martz, «CRISPR-Based
Diagnostics Are Poised to Make an Early Debut amid COVID-19 Out-
break», *Biocentury*, 28 de febrero de 2020.

5. James Broughton *et al.*, «A Protocol for Rapid Detection of the
2019 Novel Coronavirus SARS-CoV-2 Using CRISPR Diagnostics.
SARS-CoV-2 DETECTR», web de Mammoth Biosciences, publicado online el 15 de febrero de 2020. El artículo completo con datos de los pacientes
y demás detalles: James Broughton *et al.*, «CRISPR-Cas12-Based Detection
of SARS-CoV-2», *Nature Biotechnology*, 16 de abril de 2020 (recibido el 5 de
marzo de 2020). Véase también Eelke Brandsma *et al.*, «Rapid, Sensitive and
Specific SARS Coronavirus-2 Detection. A Multi-center Comparison between Standard qRT-PCR and CRISPR Based DETECTR», *medRxiv*,
27 de julio de 2020.

6. Julia Joung *et al.*, «Point-of-Care Testing for COVID-19 Using SHERLOCK Diagnostics», *medRxiv*, 5 de mayo de 2020.

7. Entrevista del autor con Feng Zhang.

8. Entrevista del autor con Janice Chen.

53. LAS VACUNAS

1. Ochsner Health System, estudio en fase 2/3 a cargo de Pfizer Inc. y BioNTech SE de la vacuna en desarrollo BioNTech162b2, contra el SARS-CoV-2, principios de julio de 2020.

2. Entrevista del autor con Jennifer Doudna.

3. Simantini Dey, «Meet Sarah Gilbert», *News 18*, 21 de julio de 2020; Stephanie Baker, «Covid Vaccine Front-Runner Is Months Ahead of Her Competition», *Bloomberg Business-Week*, 14 de julio de 2020; Clive Cookson, «Sarah Gilbert, the Researcher Leading the Race to a Covid-19 Vaccine», *Financial Times*, 24 de julio de 2020.

4. Entrevistas del autor con Ross Wilson, Alex Marson; IGI white paper, libro blanco para obtener financiación con la que desarrollar sistemas de administración de la vacuna ADN, marzo de 2020; informe de Ross Wilson en la IGI COVID response meeting, 11 de junio de 2020.

5. «A Trial Investigating the Safety and Effects of Four BioNTech162 Vaccines against COVID-2019 in Healthy Adults», ClinicalTrials.gov, mayo de 2020, identificador: NCT04380701; «BioNTech162 SARS-CoV-2 Vaccine», *Precision Vaccinations*, 14 de agosto de 2020; Mark J. Mulligan *et al.*, «Phase 1/2 Study of COVID-19 RNA Vaccine BioNTech162b1 in Adults», *Nature*, 12 de agosto de 2020.

6. Joe Miller, «The Immunologist Racing to Find a Vaccine», *Financial Times*, 20 de marzo de 2020.

7. Entrevista del autor con Phil Dormitzer; Matthew Herper, «In the Race for a COVID-19 Vaccine, Pfizer Turns to a Scientist with a History of Defying Skeptics», *Stat*, 24 de agosto de 2020.

8. Entrevistas del autor con Noubar Afeyan, Christine Heenan.

9. Entrevista del autor e intercambio de correos electrónicos con Josiah Zayner; Kristen Brown, «One Biohacker's Improbable Bid to Make a DIY Covid-19 Vaccine», *Bloomberg Business Week*, 25 de junio de 2020; canal YouTube de Josiah Zayner, <www.youtube.com/josiahzayner>.

10. Jingyou Yu *et al.*, «DNA Vaccine Protection against SARS-CoV-2 in Rhesus Macaques», *Science*, 20 de mayo de 2020.

11. Entrevistas del autor con Josiah Zayner; Kristen Brown, «Home-

Made Vaccine Appeared to Work, but Questions Remain», *Bloomberg Business Week*, 10 de octubre de 2020.

12. Ensayo clínico del Ochsner Health System de la vacuna BioN Tech162b2, de Pfizer/BioNTech, dirigido por Julia Garcia-Diaz, directora de Investigación Clínica de Enfermedades Infecciosas y Leonardo Seoane, funcionario académico jefe.

13. Entrevista del autor con Francis Collins; «Bioethics Consultation Service Consultation Report», Department of Bioethics, NIH Clinical Center, 31 de julio de 2020.

14. Sharon LaFraniere, Katie Thomas, Noah Weiland, David Gelles, Sheryl Gay Stolberg y Denise Grady, «Politics, Science and the Remarkable Race for a Coronavirus Vaccine», *The New York Times*, 21 de noviembre de 2020; entrevistas del autor con Noubar Afeyan, Moncef Slaoui, Philip Dormitzer, Christine Heenan.

54. Las curas CRISPR

1. David Dorward *et al.*, «Tissue-Specific Tolerance in Fatal COVID-19», *medRxiv*, 2 de julio de 2020; Bicheng Zhag *et al.*, «Clinical Characteristics of 82 Cases of Death from COVID-19», *Plos One*, 9 de julio de 2020.

2. Ed Yong, «Immunology Is Where Intuition Goes to Die», *The Atlantic*, 5 de agosto de 2020.

3. Entrevista del autor con Cameron Myhrvold.

4. Jonathan Gootenberg *et al.*, «Nucleic Acid Detection with CRISPR Cas13a/C2c2», *Science*, 28 de abril de 2017.

5. Cameron Myhrvold *et al.*, «Field-Deployable Viral Diagnostics Using CRISPR Cas13», *Science*, 27 de abril de 2018.

6. Entrevista del autor con Cameron Myhrvold.

7. Cameron Myhrvold a Pardis Sabeti, 22 de diciembre de 2016.

8. Defense Advanced Research Projects Agency (DARPA), subvención D18AC00006.

9. Susanna Hamilton, «CRISPR-Cas13 Developed as Combination Antiviral and Diagnostic System», *Broad Communications*, 11 de octubre de 2019.

10. Catherine Freije *et al.*, «Programmable Inhibition and Detection of RNA Viruses Using Cas13», *Molecular Cell*, 5 de diciembre de 2019 (recibido el 16 de abril de 2019; revisado el 18 de julio de 2019; aceptado el 6 de septiembre de 2019; publicado *online* el 10 de octubre de 2019); Tanya

Lewis, «Scientists Program CRISPR to Fight Viruses in Human Cells», *Scientific American*, 23 de octubre de 2019.

11. Cheri Ackerman *et al.*, «Massively Multiplexed Nucleic Acid Detection with Cas13m», *Nature*, 29 de abril de 2020 (recibido el 20 de marzo de 2020; aceptado el 20 de abril de 2020).

12. Jon Arizti-Sanz *et al.*, «Integrated Sample Inactivation, Amplification, and Cas13-Based Detection of SARSCoV- 2», *bioRxiv*, 28 de mayo de 2020.

13. Entrevistas del autor con Stanley Qi.

14. Silvana Konermann *et al.*, «Transcriptome Engineering with RNATargeting Type VI-D CRISPR Effectors», *Cell*, 15 de marzo de 2018.

15. Steven Levy, «Could CRISPR Be Humanity's Next Virus Killer?», *Wired*, 10 de marzo de 2020.

16. Timothy Abbott *et al.*, «Development of CRISPR as a Prophylactic Strategy to Combat Novel Coronavirus and Influenza», *bioRxiv*, 14 de marzo de 2020.

17. Entrevista del autor con Stanley Qi.

18. Reunión semanal vía Zoom del IGI, 22 de marzo de 2020; entrevistas del autor con Stanley Qi y Jennifer Doudna.

19. Stanley Qi, Jennifer Doudna y Ross Wilson, «A White Paper for the Development of Novel COVID-19 Prophylactic and Therapeutics Using CRISPR Technology», sin publicar, abril de 2020.

20. Entrevistas del autor con Ross Wilson; Ross Wilson, «Engineered CRISPR RNPs as Targeted Effectors for Genome Editing of Immune and Stem Cells *In Vivo*», sin publicar, abril de 2020.

21. Theresa Duque, «Cellular Delivery System Could Be Missing Link in Battle against SARS-CoV-2», *Berkeley Lab News*, 4 de junio de 2020.

55. Un Cold Spring Harbor virtual

1. Kevin Bishop y otros me dieron permiso para citar sus intervenciones en la reunión.

2. Andrew Anzalone *et al.*, «Search-and-Replace Genome Editing without Double-Strand Breaks or Donor DNA», *Nature*, 5 de diciembre de 2019 (recibido el 26 de agosto; aceptado el 10 de octubre; publicado online el 21 de octubre).

3. Megan Molteni, «A New Crispr Technique Could Fix Almost All Genetic Diseases», *Wired*, 21 de octubre de 2019; Sharon Begley, «New CRISPR Tool Has the Potential to Correct Almost All Disease-Causing

DNA Glitches», *Stat*, 21 de octubre de 2019; Sharon Begley, «You Had Questions for David Liu», *Stat*, 6 de noviembre de 2019.

4. Beverly Mok *et al.*, «A Bacterial Cytidine Deaminase Toxin Enables CRISPR-Free Mitochondrial Base Editing», *Nature*, 8 de julio de 2020.

5. Jonathan Hsu *et al.*, «PrimeDesign Software for Rapid and Simplified Design of Prime Editing Guide RNAs», *bioRxiv*, 4 de mayo de 2020.

6. Audrone Lapinaite *et al.,* «DNA Capture by a CRISPR-Cas9-Guided Adenine Base Editor», *Science*, 31 de julio de 2020.

56. El Premio Nobel

1. Entrevistas del autor con Heidi Ledford, Jennifer Doudna, Emmanuelle Charpentier.

2. Jennifer Doudna, «How COVID-19 Is Spurring Science to Accelerate», *The Economist*, 5 de junio de 2020. Véase también Jane Metcalfe, «COVID-19 Is Accelerating Human Transformation. Let's Not Waste It», *Wired*, 5 de julio de 2020.

3. Michael Eisen, «Patents Are Destroying the Soul of Academic Science», *it is NOT junk* (blog), 20 de febrero de 2017.

4. «SARS-CoV-2 Sequence Read Archive Submissions», National Center for Biotechnology Information, <https://www.ncbi.nlm.nih.gov/sars-cov-2/>, s. f.

5. «SARS-CoV-2 Sequence Read Archive Submissions», National Center for Biotechnology Information, <https://www.ncbi.nlm.nih.gov/sars-cov-2/>, s. f.

6. Entrevista del autor con George Church.

7. Entrevista del autor con Emmanuelle Charpentier.

Agradecimientos

Quiero dar las gracias a Jennifer Doudna por su amable disposición a aguantar al pesado que suscribe. Se sentó conmigo para hacer numerosas entrevistas, respondió a mis incesantes llamadas telefónicas y correos electrónicos, me permitió pasar largos periodos en su laboratorio, me facilitó una gran cantidad de encuentros y hasta me dejó cotillear en sus canales de Slack. También quiero dar las gracias a su marido, Jamie Cate, que, por la parte que le toca, también me aguantó y ayudó.

La amabilidad mostrada por Feng Zhang fue, sin duda, destacable. Aunque el libro se centra en su competidora, me recibió con entusiasmo en su laboratorio y me concedió numerosas entrevistas. He llegado a apreciarlo y a admirarlo tanto como a Eric Lander, su colega, que también mostró una gran generosidad con su tiempo. Uno de los placeres de recabar información para este libro fue el tiempo que pasé en Berlín con Emmanuelle Charpentier, que se mostró *charmante* conmigo. Aunque no estoy seguro de su significado exacto, es algo que sé cuando lo veo, y espero que haya quedado reflejado en estas páginas. También me divertí mucho durante el tiempo que pasé con George Church, un caballero encantador (¿*charmant*?) disfrazado de científico loco.

Kevin Doxzen, del Innovative Genomics Institute, y Spencer Olesky, de Tulane, han hecho las veces de correctores de los contenidos científicos de este libro y me han proporcionado una serie de inteligentes comentarios y rectificaciones. Max Wendell, Benjamin Bernstein y Ryan Braun, de Tulane, también han contribuido. Todos ellos han sido maravillosos con su ayuda, así que no les culpen si se ha colado algún error.

Asimismo estoy muy agradecido a todos los científicos y entusiasta de la ciencia que me han dedicado su tiempo, me han proporcionado indicaciones, me han concedido entrevistas y me han corroborado los hechos, entre los que se cuentan Noubar Afeyan, Richard Axel, David Baltimore, Jillian Banfield, Cori Bargmann, Rodolphe Barrangou, Joe Bondy-Denomy, Dana Carroll, Janice Chen, Francis Collins, Kevin Davies, Meredith DeSalazar, Phil Dormitzer, Sarah Doudna, Kevin Doxzen, Victor Dzau, Eldora Ellison, Sarah Goodwin, Margaret Hamburg, Jennifer Hamilton, Lucas Harrington, Rachel Haurwitz, Christine Heenan, Don Hemmes, Megan Hochstrasser, Patrick Hsu, Maria Jasin, Martin Jinek, Elliot Kirschner, Gavin Knott, Eric Lander, Le Cong, Richard Lifton, Enrique Lin Shiao, David Liu, Luciano Marraffini, Alex Marson, Andy May, Sylvain Moineau, Francisco Mojica, Cameron Myhrvold, Rodger Novak, Val Pakaluk, Duanqing Pei, Matthew Porteus, Stanley Qi, Antonio Regalado, Matt Ridley, Meredith Salazar, Dave Savage, Jacob Sherkow, Virginijus Šikšnys, Erik Sontheimer, Sam Sternberg, Jack Szostak, Fyodor Urnov, Elizabeth Watson, James Watson, Jonathan Weissman, Blake Wiedenheft, Ross Wilson y Josiah Zayner.

Como siempre, tengo que dar un profundo agradecimiento a Amanda Urban, mi agente desde hace cuarenta años, capaz de mostrar una gran empatía y al mismo tiempo ser intelectualmente sincera, algo que sin duda resulta fortalecedor. Priscilla Painton y yo fuimos compañeros de trabajo en la revista *Time* cuando estábamos en la flor de la vida y vecinos cuando nuestras criaturas ni siquiera se encontraban en la mocedad. Hoy, resulta que es mi editora; es curioso, qué vueltas da la vida. Ha hecho un trabajo diligente y lleno de inteligencia, tanto al reestructurar el libro llegado un momento dado como al pulirlo línea a línea.

La ciencia es un trabajo en colaboración; como lo ha sido este libro. La alegría de formar parte de Simon & Schuster es que puedo trabajar con un equipo estupendo, dirigido por el incontenible y perspicaz Jonathan Karp, que parece haber leído estas páginas un sinfín de veces, sin haber dejado de proponer mejoras en todo momento. En dicho equipo se cuentan Stephen Bedford, Dana Canedy, Jonathan Evans, Marie Florio, Kimberly Goldstein, Judith Hoover, Ruth Lee-Mui, Hana Park, Julia Prosser, Richard Rhorer, Elise Ringo y Jackie Seow. Helen Manders y Peppa Mignone, de Curtis

Brown, hicieron un trabajo fantástico al tratar con los editores internacionales. Asimismo, quiero mostrarle mi agradecimiento a Lindsey Billups, mi ayudante, que es inteligente, sabia y muy sensata. Su ayuda día tras día es de un valor incalculable.

Como siempre, mi mayor agradecimiento va dirigido a mi esposa, Cathy, que se prestó a colaborar en mi investigación, leyó con atención los borradores, me brindó sabios consejos y no me dejó flaquear ni mucho menos desfallecer (ni intentarlo si quiera me dejó). Nuestra hija, Betsy, también leyó el manuscrito y aportó sugerencias muy audaces. Ellas dos son los pilares de mi vida.

El lanzamiento de este libro estuvo en manos de Alice Mayhew, que ya se había encargado de editar todos mis libros anteriores. En nuestras primeras conversaciones, me quedé asombrado por sus amplios conocimientos científicos. No se cansó de insistir en que hiciese de este libro un viaje a lo desconocido. Ya se había encargado de la publicación del clásico en este género de Horace Freeland Judson, *El octavo día de la creación*, en 1979, y, cuarenta años después, parece acordarse de cada palabra del libro. En las vacaciones de Navidad de 2019, se dedicó a leer la primera parte de este libro, para enviarme, a continuación, un torrente de felices comentarios y apuntes. No obstante, no ha vivido para verlo terminado. Tampoco mi querida Carolyn Reidy, directora de Simon & Schuster, que siempre fue para mí una mentora y guía, a quien me produce una enorme alegría haber conocido. Uno de los mayores placeres de la vida era hacer sonreír a Alice y a Carolyn; si alguna vez las hubiesen visto, me entenderían. Ojalá este libro también lo hubiese conseguido; por eso, lo dedico a su memoria.

Créditos de las imágenes

De las guardas anterior y posterior: Carlos Chavarria/Redux.
Brittany Hosea-Small/Universidad de Berkeley.

7. (Izquierda y derecha): David Jacobs.

14. Jeff Gilbert/Alamy.

24. (En el sentido de las agujas del reloj): cortesía de Jennifer Doudna; Leah Wyzykowski; cortesía de Jennifer Doudna.

34. (De izquierda a derecha): George Richmond/Wikimedia/dominio público; Wikimedia/dominio público.

40. A. Barrington Brown/Science Photo Library.

49. (De izquierda a derecha): Universal History Archive/Universal Images Group/Getty Images; Cour- tesy Ava Helen and Linus Pauling Papers, Oregon State University Libraries.

51. Imágenes históricas/Alamy.

54. Cortesía de Jennifer Doudna.

62. Instituto Nacional de Investigación del Genoma Humano.

68. Jim Harrison.

78. Youtube.

90. Cortesía de Jennifer Doudna.

96. (De arriba abajo): cortesía de la Fundación BBVA; cortesía de Luciano Marraffini.

104. The Royal Society/CC BY-SA (<https://creativecommons.org/licenses/by-sa/3.0>).

108. Mark Young.

116. (De arriba abajo): Marc Hall/Estado de Carolina del Norte, cortesía de Rodolphe Barrangou; Instituto Franklin/YouTube.

124. Cortesía de Genentech.

132. Roy Kaltschmidt/Laboratorio Nacional Lawrence Berkeley.

142. Cortesía de Caribou Biosciences.

150. Hallbauer& Fioretti/Wikimedia Commons.

162. Laboratorio Berkeley.

165. MRS Bulletin.

170. Miguel Riopa/AFP, a través de Getty Images.

174. (En el sentido de las agujas del reloj): Edgaras Karauskas/Vilniaus Universitetas; Heribert Corn/cortesía de Krzysztof Chylinski, Michael Tomes/cortesía de Martin Jinek.

184. Andriano_CZ/iStock de Getty Images.

190. (De arriba abajo): Justin Knight/Instituto McGovern; Seth Kroll/Instituto Wyss de la Universidad de Harvard; Thermal PR.

194. Justin Knight/McGovern Institute.

202. Seth Kroll/Instituto Wyss de la Universidad de Harvard.

208. Wikimedia Commons.

222. Anastassia Sapon/ *The New York Times*/Redux.

232. Cortesía de Martin Jinek.

240. Cortesía de Rodger Novak.

252. Fundación BBVA.

260. Casey Atkins, cortesía del Instituto Broad.

270. Cortesía de Sterne, Kessler, Goldstein & Fox P. L. L. C.

284. Amanda Stults, RN, Instituto de Investigación Sarah Cannon/ The Children's Hos.

294. Cortesía de The Odin.

300. Susan Merrell/UCSF.

306. (De arriba abajo): Academia Nacional de las Ciencias, cortesía del Laboratorio Cold Spring Harbor; Peter Breining/ *San Francisco Chronicle*, a través de Getty Images.

324. Pam Risdom.

340. (De arriba abajo): cortesía de He Jiankui; *ABC News*/Youtube.

358. (De arriba abajo): Kin Cheung/AP/Shutterstock.

369. Cortesía de UCDC.

380. Tom & Dee Ann McCarthy/Getty Images.

386. Wonder Collaborative.

416. Isaac Lawrence/AFP/Getty Images.

422. Nabor Godoy.

434. (De arriba abajo): Lewis Miller; PBS.

446. Cortesía de Jennifer Doudna.

450. Irene Yi/Universidad de Berkeley.

458. Fiódor Urnov.

464. Cortesía del Instituto de Genómica Innovadora.

472. (De arriba abajo): Mammoth Biosciences; Justin Knight/Instituto McGovern.

480. Omar Abudayyeh.

502. (De arriba abajo): Paul Sakuma; cortesía de Cameron Myhrvold.

514. (De arriba abajo): Wikimedia Commons; archivos del Cold Spring Harbor Laboratory.

524. Brittany Hosea-Small/Universidad de Berkeley E 103.

532. Gordon Russell.

Índice alfabético